普通高等教育市场营销专业系列教材

销售管理

主　编　刘洪深
副主编　何　昊　黄智慧　熊名宁
参　编　张　辉　张　琴　周　玲　牟宇鹏

机械工业出版社

本书较为全面、系统地阐述了销售管理的基本理论和方法，并结合案例分析说明理论与方法的应用，同时吸收了国内外销售管理领域新的研究成果和新经验。本书首先对销售管理进行概述，然后从管理职能出发，依次撰写了销售规划管理、销售人员管理、销售过程管理和销售控制管理。具体内在逻辑为：销售管理需要从销售规划开始，即制订销售计划，建立销售组织和设计销售辖区；为了完成销售计划，需要为销售组织配备销售人员，包括销售人员的招聘、培训、激励和考核；在实践中销售人员为了取得销售业绩往往需要经历销售准备、销售展示、处理顾客异议、促成交易和服务跟踪等完整的销售过程；为了更好地完成销售业绩，还需要进行控制管理，如规避销售风险，适度运用信用销售模式，定期进行销售诊断等。

本书可作为普通高等院校市场营销专业的教材，也可作为企事业单位相关人员的参考书。

图书在版编目（CIP）数据

销售管理 / 刘洪深主编． —北京：机械工业出版社，2024.2

普通高等教育市场营销专业系列教材

ISBN 978-7-111-74542-6

Ⅰ．①销… Ⅱ．①刘… Ⅲ．①销售管理—高等学校—教材 Ⅳ．① F713.3

中国国家版本馆 CIP 数据核字（2024）第 032332 号

机械工业出版社（北京市百万庄大街 22 号 邮政编码 100037）

策划编辑：曹俊玲　　　　　　责任编辑：曹俊玲　王　芳
责任校对：马荣华　牟丽英　　封面设计：张　静
责任印制：李　昂

河北京平诚乾印刷有限公司印刷

2024 年 3 月第 1 版第 1 次印刷

184mm×260mm・17.75 印张・438 千字

标准书号：ISBN 978-7-111-74542-6

定价：56.80 元

电话服务　　　　　　　　　网络服务

客服电话：010-88361066　　机　工　官　网：www.cmpbook.com
　　　　　010-88379833　　机　工　官　博：weibo.com/cmp1952
　　　　　010-68326294　　金　书　网：www.golden-book.com

封底无防伪标均为盗版　　　机工教育服务网：www.cmpedu.com

前言

销售管理是研究企业销售管理活动的规律及策略的学科,是一门建立在经济学、管理学、市场营销学和消费者行为学等学科基础上的应用学科,是企业营销实践的产物。在国内外高校中,销售管理一般是市场营销专业本科的必修核心课程,也有很多高校将其列为市场营销管理专业硕士、博士以及工商管理硕士(MBA)的必学课程或选修课程。

本书在编写过程中,借鉴了国内外大量教材、学术前沿成果以及企业实践经验,具有如下特点。

1. 完善的体系结构

继承国内外同类教材逻辑框架并有所创新。一方面,继承以往的销售规划管理、销售人员管理、销售过程管理的知识;另一方面,在销售控制管理方面有所创新,将销售风险管理纳入本书,使本书的逻辑进一步清晰,更加具备完整性和系统性。

2. 演绎《孙子兵法》

商场如战场。赢,则通吃一切;败,则一无所有。《孙子兵法》是中国现存最早的兵书,也是世界上最早的军事著作,早于克劳塞维茨《战争论》约2300年,被誉为"兵学圣典"。本书将《孙子兵法》理论贯穿全书,在销售管理领域演绎《孙子兵法》。

3. 融入思政元素

课程思政是指以构建全员、全程、全课程育人格局的形式,将各类课程与思想政治理论课同向同行,形成协同效应,把"立德树人"作为教育的根本任务的一种综合教育理念。为此,本书在编写时融入思政元素,进一步推进课程思政的效果。

全书共分为5篇16章。第1篇为销售管理概论,包含第1章和第2章,内容为销售管理概述和销售管理基本理论;第2篇为销售规划管理,包含第3章~第5章,内容为销售计划管理、销售组织管理、销售辖区的设计与管理;第3篇为销售人员管理,包含第6章~第9章,内容为销售队伍建设、销售人员的招聘与培训、销售人员的薪酬与激励、销售人员的绩效考核;第4篇为销售过程管理,包含第10章~第13章,内容为销售准备、销售展示、处理顾客异议、促成交易与服务跟踪;第5篇为销售控制管理,包含第14章~第16章,内容为销售风险管理、销售信用管理、销售诊断与分析。

本书由长沙理工大学刘洪深总体设计与策划,具体编写分工如下:刘洪深编写第1章~第3章,周玲(湖南大学)编写第4章,张琴(中南大学)编写第5章,何昊(长沙理工大学)编写第6章~第8章,张辉(湖北工程学院)编写第9章,黄智慧(长沙理工大学）编写第10章～第12章，牟宇鹏（中国矿业大学）编写第13章，熊名宁（长沙理工大学）编写第14章～第16章。刘洪深担任主编并负责统稿，何昊、黄智慧、熊名宁担任副主编并承担相应章节的审稿。

本书的完成得益于机械工业出版社的大力支持，编者也参阅了大量专业文献资料，在此一并表示感谢。

由于编者水平有限，以及时间仓促，错误与不当之处在所难免，恳请广大读者批评指正，以便再版时更正与改进。

刘洪深

2023年10月于长沙

目 录

前言

第1篇 销售管理概论

第1章 销售管理概述 ························ 2

学习目标 ·· 2
引入案例 ·· 2
1.1 销售概述 ··· 3
1.2 销售管理的含义及主要研究内容 ····· 10
1.3 销售人员向销售经理的转变 ············· 12
1.4 销售管理的发展趋势 ·························· 16
课程思政 ··· 18
本章小结 ··· 18
复习思考题 ·· 19
案例分析 ··· 19

第2章 销售管理基本理论 ················ 22

学习目标 ··· 22
引入案例 ··· 22
2.1 销售方格理论 ·· 23
2.2 销售三角理论 ·· 28
2.3 销售模式 ··· 30
课程思政 ··· 36
本章小结 ··· 36
复习思考题 ·· 37
案例分析 ··· 37

第2篇 销售规划管理

第3章 销售计划管理 ························ 40

学习目标 ··· 40

引入案例 ··· 40
3.1 销售计划概述 ·· 41
3.2 销售目标 ··· 45
3.3 销售预测 ··· 49
3.4 销售预算 ··· 52
课程思政 ··· 55
本章小结 ··· 56
复习思考题 ·· 56
案例分析 ··· 56

第4章 销售组织管理 ························ 58

学习目标 ··· 58
引入案例 ··· 58
4.1 销售组织概述 ·· 59
4.2 销售组织的建立 ···································· 60
4.3 销售组织的类型 ···································· 64
课程思政 ··· 68
本章小结 ··· 69
复习思考题 ·· 69
案例分析 ··· 69

第5章 销售辖区的设计与管理 ········· 71

学习目标 ··· 71
引入案例 ··· 71
5.1 销售辖区的设计 ···································· 72
5.2 销售辖区的管理 ···································· 75
课程思政 ··· 83
本章小结 ··· 83
复习思考题 ·· 84
案例分析 ··· 84

第3篇　销售人员管理

第6章　销售队伍建设 ················ 88

学习目标 ······································· 88
引入案例 ······································· 88
6.1　销售人员的作用与职责 ············ 89
6.2　优秀销售人员的基本素质
　　　和特征 ································· 92
6.3　销售人员战略规划 ··················· 98
课程思政 ····································· 103
本章小结 ····································· 103
复习思考题 ·································· 104
案例分析 ····································· 104

第7章　销售人员的招聘与培训 ········ 106

学习目标 ····································· 106
引入案例 ····································· 106
7.1　销售人员的招聘 ···················· 107
7.2　销售人员遴选程序 ················· 112
7.3　销售人员的培训 ···················· 118
课程思政 ····································· 123
本章小结 ····································· 124
复习思考题 ·································· 124
案例分析 ····································· 124

第8章　销售人员的薪酬与激励 ········ 126

学习目标 ····································· 126
引入案例 ····································· 126
8.1　销售薪酬的内涵与作用 ··········· 127
8.2　销售薪酬的设计原则与类型 ···· 128
8.3　激励的原理与作用 ················· 132
8.4　销售人员的激励方法和销售
　　　竞赛 ·································· 137
课程思政 ····································· 141
本章小结 ····································· 141

复习思考题 ·································· 141
案例分析 ····································· 142

第9章　销售人员的绩效考核 ·········· 143

学习目标 ····································· 143
引入案例 ····································· 143
9.1　销售人员绩效考核概述 ··········· 144
9.2　销售人员绩效考核的程序 ······· 148
9.3　销售人员绩效考核的方法 ······· 151
课程思政 ····································· 159
本章小结 ····································· 159
复习思考题 ·································· 160
案例分析 ····································· 160

第4篇　销售过程管理

第10章　销售准备 ······················· 164

学习目标 ····································· 164
引入案例 ····································· 164
10.1　销售过程 ····························· 164
10.2　寻找潜在顾客 ······················ 165
10.3　顾客资格审查 ······················ 172
10.4　销售展示准备 ······················ 174
课程思政 ····································· 181
本章小结 ····································· 181
复习思考题 ·································· 181
案例分析 ····································· 182

第11章　销售展示 ······················· 183

学习目标 ····································· 183
引入案例 ····································· 183
11.1　销售接近 ····························· 183
11.2　销售陈述和销售演示 ············ 190
课程思政 ····································· 193
本章小结 ····································· 194
复习思考题 ·································· 194

案例分析·····················194

第12章　处理顾客异议············ 196

学习目标·····················196
引入案例·····················196
12.1　顾客异议的类型与产生原因·····197
12.2　处理顾客异议的原则和方法·····201
课程思政·····················205
本章小结·····················205
复习思考题···················206
案例分析·····················206

第13章　促成交易与服务跟踪········ 208

学习目标·····················208
引入案例·····················208
13.1　促成交易的内涵、障碍与时机···209
13.2　促成交易的策略与方法········213
13.3　销售服务与跟踪·············218
课程思政·····················220
本章小结·····················220
复习思考题···················221
案例分析·····················221

第5篇　销售控制管理

第14章　销售风险管理············ 224

学习目标·····················224
引入案例·····················224
14.1　销售风险的概念、种类与特征···224

14.2　销售风险管理的概念及应对措施·····················227
课程思政·····················232
本章小结·····················233
复习思考题···················233
案例分析·····················233

第15章　销售信用管理············ 235

学习目标·····················235
引入案例·····················235
15.1　信用管理概述···············236
15.2　制定信用政策···············239
15.3　客户资信管理···············243
15.4　应收账款管理···············249
课程思政·····················253
本章小结·····················254
复习思考题···················254
案例分析·····················254

第16章　销售诊断与分析·········· 256

学习目标·····················256
引入案例·····················256
16.1　销售诊断···················257
16.2　销售活动分析···············260
课程思政·····················270
本章小结·····················270
复习思考题···················271
案例分析·····················271

参考文献···················· 273

第1篇 销售管理概论

第1章

销售管理概述

> 故善战者,求之于势,不责于人,故能择人而任势。
> ——《孙子兵法·势篇》

学习目标

1. 了解营销、销售与推销的区别
2. 了解销售管理的基本概念
3. 掌握如何由销售人员转变为销售经理
4. 掌握销售管理的发展趋势

引入案例

任何成功都是销售的成功

曾经有一位富家子弟,不希望借助家庭背景发展自己的事业,打算从最基础的工作开始,于是做起了推销员。但在经历了最初的几次挫折后,不禁萌生退意,想要换别的工作。他的父亲,一位从做推销员起家的亿万富翁是这样对他说的:"如果你连一件商品都销售不出去,你怎么能成功地销售自己呢?如果连自己都销售不了,你做什么事情能够成功呢?记住,销售就是人生。你可以逃避销售工作,但你能逃避人生吗?"

当你迈进推销员行列的时候,你应该恭喜自己得到了这样一个有助于磨炼自身社会生存能力的宝贵机会。生活中总有坎坷和困难,销售工作也会遇到各种问题,事实上,每一次问题的出现,都可以看作是对自身能力的一次考验。迈过这道坎儿,也就意味着你的销售水平跃升到了更高的层次。

任何成功,从某种角度上看都是销售的成功,无论是科技、经济、艺术还是发明,这个世界上各行各业有成就的人,他们的成就都来自销售的基本功。换句话说,销售是各行各业成功人士的基本功。

非常多的企业家在创业初期都是自己亲自做销售的。"经营之神"松下幸之助也是从推销员做起的;王永庆也是从销售做起的;蔡万霖也是从销售做起的;比尔·盖茨创办微软公司之后,也是从销售做起推销他的软件的。当他们的销售技巧磨炼得很好的时候,实际上他们的公司也有了很大的生存空间或者说成长环境。

除了创新和营销外，其他一切都是"成本"，一家企业花了很多时间在"成本"上面，费了很多工夫、投下很多金钱，但是却没有在真正带来利润的销售方面下功夫，这可能就本末倒置了。

销售技术是企业生存必备的最重要的能力，是关键中的关键。

人生处处皆销售，甚至有人说这是一个销售为赢的时代，销售已大大超出其商业内涵，成为一种贯穿和渗透于各种活动的生活理念。

（资料来源：http://www.360doc.com/content/16/0905/21/32626470_588669198.shtml .）

1.1 销售概述

在经济飞速发展的今天，销售无论是在企业中还是在社会中都扮演着极其重要的角色。曾有这样一种说法：除非销售发生，否则什么都没有发生。这正符合马克思在《资本论》中说过的：商品到货币是一次惊险的跳跃；如果掉下去，那么摔碎的不仅是商品，而且是商品的所有者。事实上，"惊险的跳跃"就是"销售"。

1.1.1 销售的含义

销售（Sales）是指企业说服和诱导潜在顾客购买某种产品或服务，从而实现企业营销目标并满足顾客需求的活动过程。简单来说，销售就是介绍商品提供的利益，满足顾客特定需求的过程。例如，顾客购买太阳镜的需求：有的是为了要酷；有的是怕阳光过强，眯着眼睛容易增加眼角皱纹；有的也许是昨天跟男朋友吵了架，哭肿了双眼，用来遮住红肿的眼睛，以方便出门。每个人的需求不一样，不管是造型多酷的太阳镜，如果镜片颜色比较浅或透光，那么要酷这个卖点便无法满足担心皱纹以及希望遮住红肿眼睛的顾客的需求。

那么，销售就是一个简单的"卖"的行为吗？事实上，销售更是一种思维和策略。要进一步了解销售是什么，也许首先必须明白销售不是什么。销售不是一股脑地解说商品，因为这时根本不知道顾客的需求是什么；销售不是与顾客辩论、斗嘴，顾客即便说不过你，也可以选择不买；销售不意味着商品最便宜，如果商品因为便宜才能卖掉，这是生产单位有效控制成本的功劳，不是销售的努力。试想一下，若没有便宜的商品可卖，怎么办呢？销售不在于口若悬河，让顾客没有说话的余地，没有互动，怎么可能掌握顾客的需求呢？销售不只是销售商品，因为只有顾客对销售人员有了好感，才会信任销售人员所说的话。

当然，随着实践活动的发展，销售的内涵也在不断地更新和延伸。销售不但是一个心理互动、信息交流、产品交换、内外协调的经营活动，而且通过销售人员有效沟通，建立关系，发现并满足顾客需求，最终通过创造顾客价值，实现双方长期的共同利益。因此，销售并不是简单的一次售卖和得到一个订单，而是建立能提供双方长期利益的一种关系。销售包括出售产品、帮助顾客确认问题、找出潜在解决方案的信息，以及提供售后服务以保障顾客的长期利益。总而言之，销售的概念越来越注重关系的视角和创造顾客价值的视角，这反映了新时代的特征。

就生产企业而言，销售活动大多发生在与各种中间商的交易过程中；对经销商或零售商来讲，销售是指向最终消费者出售商品或服务。销售本身也有着广义和狭义之分：广义的销售包括人员销售和非人员销售，其中非人员销售包括广告、公共关系、营业推广（又称销售促进)等；狭义的销售仅指人员销售。

1. 销售与推销的区别与联系

推销（Selling）是指说服顾客购买某种产品和服务，并协助满足其需要的一种活动。从表面上看，推销与销售似乎没有什么不同，而实质上，销售与推销是两个不同的概念。推销是一种"推"的策略，往往是指人员销售，顾客在推销活动中一般处于被动地位；广义的销售概念不仅包括"推"的策略，而且包括"拉"的策略，即不仅包括人员销售，而且包括通过广告、营业推广和公共关系等促销手段，吸引顾客主动上门求购产品和服务。

2. 销售、促销和营销的区别

管理大师彼得·德鲁克（Peter Drucker）（营销学之父菲利普·科特勒（Philip Kotler）称德鲁克为营销学鼻祖）曾经说过：销售只是市场营销冰山上的顶尖而已。可见，销售活动必须建立在与其他营销活动相配合的基础上。当然，为了更清楚地了解销售，有必要进一步比较销售、促销和营销。

如图1-1所示，广义的销售等同于促销，包括人员销售、广告、营业推广和公共关系；狭义的销售就等同于人员销售（人员推销）。通常情况下，人员销售也被称为直接销售，广告、营业推广和公共关系被称为间接销售。另外，促销（Promotion）只不过是市场营销组合（4P）中的一个部分，市场营销组合还包括产品（Product）、价格（Price）、分销（Place）。

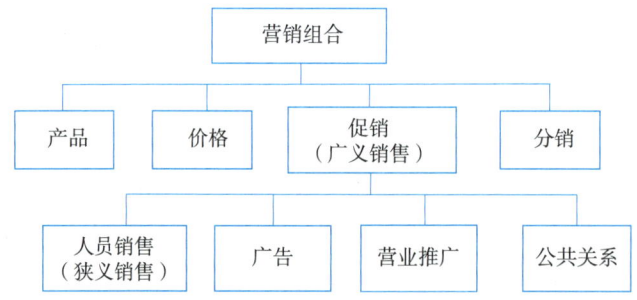

图1-1　销售、促销和营销之间的联系

从商战视角来看，销售（狭义的概念）是战术的行为，促销是战术的支援，营销则为战略的规划。企业要获得市场竞争的胜利，就必须将这三种手段组合运用，这就是现代的营销"SPM"（Sales、Promotion、Marketing）策略。这里还需要进一步厘清以下几个问题：

1）销售是把生产好的产品，想方设法卖出去，以产品为中心；营销则站在客户的立场上，以客户为中心，设计、生产和销售客户需要的产品。

2）促销是一种说服性的沟通活动，其本质是沟通、赢得信任、激发需求、促进购买与消费，然而促销只是市场营销的一部分，还没有达到市场营销中战略与决策的高度。

3）营销是一项有组织的活动，它包括创造"价值"，将"价值"通过沟通输送给顾客，以及维系和管理企业与顾客间关系，从而使得企业及其相关者受益的一系列过程；销售是说服潜在顾客购买某种产品或服务的过程。

其中，销售与营销的具体区别见表1-1。正因为二者之间存在着本质的区别，所以德鲁克认为营销的最高境界就是"使销售成为多余"。

表 1-1 销售与营销的区别

区别	销售	营销
思考方式不同	战术思考	战略思考
围绕中心不同	以产品、销售人员为中心	以市场分析、为顾客创造价值为中心
研究对象不同	主要研究销售的技能和方法	主要研究市场开发的策略
关心重点不同	关心现有产品的销售 关心销售目标的达成	关心顾客需求的满足 关心企业的持续发展
关注成效不同	着眼创造短期业绩	立足企业未来

【小贴士】

如何全面理解营销的最高境界是"使销售成为多余"？

营销实际上包括市场分析、竞争产品分析、产品/服务定位、企业战略等；销售则是寻找顾客、挖掘需求、响应引导、完成交易等一系列环节。如果正确地分析了市场和竞争产品，找到了蓝海市场，精准定位了需求等，那么其实是不需要寻找顾客、挖掘需求、响应引导这些环节的，因为顾客会主动找上门来，只需要完成交易即可，也就是实现了产品和服务的自销售。事实上，行业和市场不是一成不变的，当一个潜在市场被一个先入者挖掘出来时，很快就会有其他后入者跟进和模仿。当蓝海变成红海，销售就成为必需且越来越重要的一个环节。也就是说营销让销售成为多余，是企业追求的经营思路，而不是追求的经营结果。

1.1.2 销售的作用

在市场经济下，竞争越发激烈，"酒香不怕巷子深"已不合时宜，企业必须积极地开展销售活动。英国著名管理学家罗杰·福尔克（Roger Falk）曾经说过："一个企业的产品或服务倘若销售不畅，那么即便其管理工作是世界上最优秀的，对于企业的前途和命运来说也毫无意义。"耐克、阿迪达斯、可口可乐等大型跨国公司都把销售看作公司最重要的工作，销售方面的成功也使得这些公司获得了巨大的发展。事实上，无论是对顾客、销售人员、企业，还是对社会，销售都具有重要的作用。

1. 销售对顾客的作用

销售就是介绍产品所提供的利益，以满足顾客特定需求的过程。在销售中，为顾客提供的产品、服务和问题解决方案等都只是形式或手段，最为重要的是提供利益来满足顾客需求。销售为顾客提供了三种利益：物质利益、过程利益和关系利益。物质利益就是产品的功能、性能、效用等；过程利益就是在与顾客接触过程中给顾客带来的新理念和新方法，从而帮助顾客解决其面临的问题；关系利益是给予顾客精神上或思想上的满足，使顾客价值得到体现或让顾客具有成就感和成功感。

【小贴士】

大家都知道世界汽车"推销大王"乔·吉拉德（Joseph Girardi）每个月派发名片一万多张。乔·吉拉德见人就派发名片，不管对方有没有他的名片，也不管对方有一张还是有两张、三张。据说，有些人拿了乔·吉拉德的名片，到了要买车的时候就给他打电话。这些人从乔·吉拉德手里买了车后，逢人就问："先生，你这辆雪佛兰是在哪里买的？""小姐，你这辆雪佛兰又是在哪里买的？"别人回答说是在某某雪佛兰专卖店买的，这些人却趾高气扬地拍着胸脯说："先生，我这辆雪佛兰车是世界汽车推销大王乔·吉拉德先生亲自卖给我的。"言下之意，同一种品牌和款式的雪佛兰轿车，别人的车是一般的、普通的，而自己这辆是不凡的、尊贵的。

2. 销售对销售人员的作用

对销售人员而言，销售具有挑战性和高经济回报性。挑战性是指销售人员要和各种各样的人打交道，而人们的想法、需求和行为方式又不同，因此，销售很可能是一项最为多样化、富有挑战性、令人兴奋的职业。就回报性而言，销售人员既能获得为某一公司工作的职业安全感，又能因自己管理自己而获得工作自由和独立性，一些优秀销售人员的收入比总经理的还高。据统计，过去企业的总经理多来自生产部门的管理者和工程师，如今则多来自营销、推销部门，如格力集团董事长董明珠就是出身于销售人员。

3. 销售对企业的作用

人员销售是许多企业营销项目中的基本因素，并在企业促销活动中起到不可替代的作用，销售人员对企业的贡献主要体现在以下三个方面：首先，销售产品，创造利润。对于企业来讲，顾客购买了本企业的产品后，企业的利润也会随之增加。因此，销售人员最重要的责任就是创造利润，也就是要销售企业所生产的各类产品，以获得利润。其次，避免产品积压。积极销售可避免产品积压，缩短货币回笼时间，提高企业的经济效益。最后，可以为企业收集信息。精力充沛的销售人员，可收集同行业竞争对手的许多信息或情报以及顾客需求的变化情况等，供企业参考。

4. 销售对社会的作用

在现实中，销售人员不断努力，创造并刺激了消费需求，因而销售人员成为市场经济条件下不可缺少的一股力量。销售不仅能够提供大量的就业机会，而且在促进社会技术创新、提高产品附加值、引导消费、使再生产得以实现等方面，均能够起到积极的作用。任何新的产品、新的技术只有通过销售人员的努力，才能够进入市场，才能丰富人们的物质生活。销售人员的辛勤努力、周到服务，能够使产品的附加值得到提高，同时使顾客得到物质和精神两方面的享受。

1.1.3 销售观念的发展

销售观念是指企业销售活动及管理的基本指导思想。任何企业的销售活动都是在特定的观念指导下进行的，销售管理理论的发展是随着销售观念的变化而发展的。销售观念受营销观念的影响，营销观念经历了传统营销观念向现代营销观念的转变，因此销售观念同样经历了由传统销售观念向现代销售观念的转变。

1. 传统销售观念

【案例】

把梳子卖给和尚

一天某公司招聘销售主管，应聘者很多。于是人事经理给他们出了一道题，让他们每个人以10天为限，去向和尚卖木梳。很多应聘者听了之后立刻就吵着不干了："这不是难为人吗，和尚连头发都没有，木梳有何用？"

最后众多应聘者中只留下了三个人。三个人以10日为限开始比赛。10天后三个人陆续回来了。人事经理开始问他们的业绩如何。

第一个人说："我只卖了一把木梳。"人事经理问他是怎么做到的。他于是开始讲起了这些天的辛酸，他不断地向和尚推销木梳，换来了无数的白眼甚至旁人的咒骂，但他天生意志力惊人，终于碰到一个和尚，正巧头皮发痒，用手挠也不舒服，便买了一把木梳。

第二个人回来后，人事经理问他卖了几把。他说卖了10把。人事经理很高兴，问他是如何做到的。他说："我到了一个寺庙，看见前来烧香拜佛的香客络绎不绝，但由于山路崎岖，走了一路上来，不免汗流浃背，头发凌乱。于是，我建议住持为上来的香客准备清水和木梳，用以梳妆打理，否则会对佛祖不敬。住持听后赞许，于是买了10把放在殿前供香客使用。"

第三个人回来后，人事经理照旧问他，他答说："卖了1000把。"人事经理大惊，问他是怎么做到的。第三个人说："我也走到了一个寺庙，前来上香的人也非常多，于是我找到住持跟他说，前来上香的都是虔诚的香客，贵庙应该有所回馈，这样既能鼓励他们行善积德，又能让贵庙的香火更加旺盛。我这里有一批木梳，您的书法写得又很好，何不买去在每把木梳上刻上'积德行善梳'赠予香客。住持大喜，于是就订了1000把木梳。"

传统销售观念是在卖方市场条件下形成的，企业活动以企业和产品为中心。在这一观念下，企业开展销售活动时会认为，产品是"卖出去的"，而不是"被买去的"。因此，企业的销售工作致力于产品的推销，以求说服甚至强制消费者购买，忽视了谁是购买者及为什么购买的问题。企业往往通过大量的广告和其他促销活动把自己产品的信息传递给消费者，刺激消费者购买企业的产品。例如，在"把梳子卖给和尚"的案例中，第一个人的指导思想就是典型的传统销售观念。

可见，在传统销售观念的支配下，企业销售策略的制定往往以刺激反应理论为基础，通过各种方式向消费者传递信息以获取交易的达成。这些策略往往过多考虑企业及其产品，而忽略了消费者是否真正需要该产品。

2. 现代销售观念

20世纪50年代后，市场产品增多，消费者的收入大大提高，消费者的选择性购买行为和苛刻要求，迫使企业改变以往单纯以企业和产品为中心的思维方式，转向认真研究消费者需求，正确选择目标市场，不断调整自己的销售策略。此时，销售观念也发生了变化，企业开展销售活动时不再局限于产品的销售，而是从识别消费者的需要出发。现代销售观念的发展经历了以下三个阶段：

（1）买卖双方互动观念。买卖双方互动观念由巴里·J.赫士格（Barry J. Hersker）于

1970年提出的。他认为销售工作不是单向的，应该有一种回应机能，即销售人员与准顾客之间的信息交流、回应及交往（见图1-2）。因此，买卖双方互动观念可以被理解为销售的完成是在一定的环境下买卖双方互动的结果。该观念认为，准顾客是否购买所销售的产品，一方面取决于销售人员的销售技巧，另一方面取决于销售环境的影响，即取决于双方是否具有相应的信息和心理互动。可见，准顾客在销售过程中不再是被动的，而是处于主动状态的，销售工作要能充分调动准顾客的积极性才能完成。要调动准顾客的积极性就要研究其心理和需要，做到有的放矢地进行销售。正是在这一观念的影响下，演化出问题式销售、利益式销售和咨询式销售三种模式。

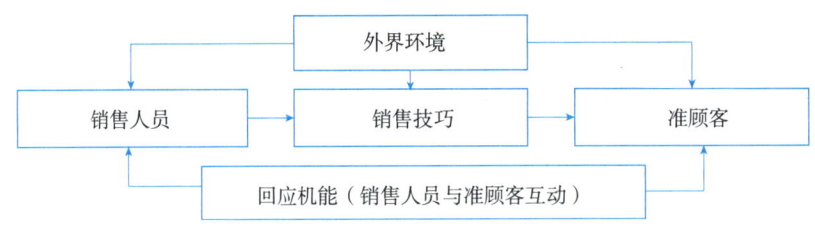

图1-2　销售工作回应机能图

问题式销售，是指针对准顾客面临的问题提出解决方法，这一解决方法又与销售企业的产品和服务结合起来；利益式销售，是指强调销售的产品和服务能给准顾客带来利益，从而使准顾客接受并购买该产品或服务；咨询式销售，又称建议式销售，是指通过发掘准顾客的真正需要，帮助准顾客采用企业产品或服务，以实现短期和长期的战略目标的过程。这三种模式都是针对准顾客的心理和需要来激发其积极性，改变准顾客在接受销售时的被动状态，达到销售产品的目的。区别在于，问题式销售以解决问题为出发点，利益式销售以给准顾客带来利益为出发点，咨询式销售以满足准顾客需要为出发点。在市场竞争越来越激烈和消费者越来越具有个性化的影响下，咨询式销售日益成为企业销售的主要模式。

在"把梳子卖给和尚"的案例中，第二个人的销售就是问题式销售，第三个人的销售则是咨询式销售。

【小贴士】

销售大师尼尔·雷克汉姆（Neil Rackham）从价值角度，将客户分为三种类型：内在价值型客户、外在价值型客户和战略价值型客户。不同类型的客户追求不同的价值，对应着三种类型的销售：交易型销售、顾问型销售和企业型销售。

（2）买卖双方组织联系观念。买卖双方组织联系观念认为，买卖双方的联系不是个人行为，而是组织与组织间的行为。销售的目的是通过销售人员的努力，建立和保持买卖双方组织之间的交换关系（见图1-3）。可见，销售人员是买卖双方组织之间的桥梁，销售工作的重点是将销售组织的销售功能与采购组织的采购功能相配合，使双方满意，从而维持长久的组织关系。一般来说，生产企业面临的买主都是组织型顾客，销售关系建立在组织层面上比建立在个人层面上要稳定、持久，既可以防止因买方人事变动而丢失业务，又可防止卖方因业务员跳槽而带走业务。因此，现代企业都要求销售人员以企业代表的身份出现，销售人员要从双方组织的能力、权利及地位关系中引导双方组织的交流，以保持双方良好的业务交换关系。

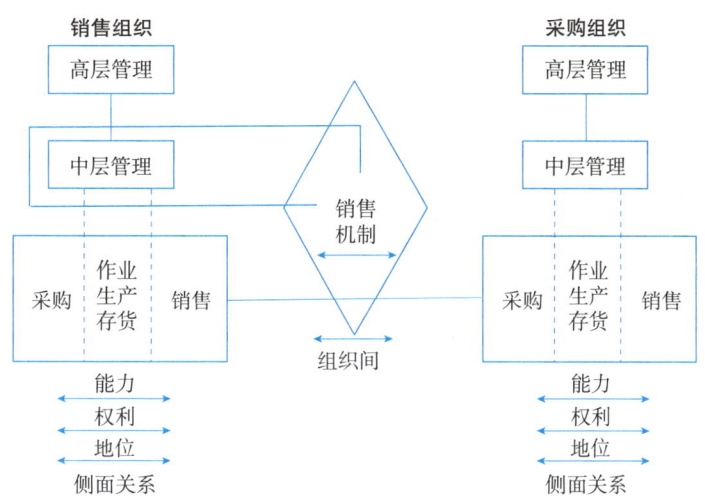

图1-3　买卖双方组织联系观念

由于市场竞争、经济全球化和科技发展，企业的业务范围不断扩展，采购和销售都不再以个人角色出现，而是以团队或小组的形式出现。因此，对于今天的许多销售组织而言，销售人员不是独立工作，而是以小组的方式工作的。销售人员的职能是充当买卖双方组织之间的主要联系纽带，使顾客知道销售人员身后存在的资源网络。正因为如此，许多专家和销售管理者认为，销售人员在销售过程中不再是个体作战，而是团队作战。

（3）关系销售观念。在经济日益复杂化和竞争日趋激烈的当今，买卖双方都想建立长远的业务关系。这就要求销售人员访问顾客的目的不仅是达成一笔交易，而且是开始建立关系。因此，关系销售观念认为，顾客不应被看作"上帝"，而应被看作朋友、商业伙伴，销售的目的应是从双方互惠互利的角度建立长期、持久的关系。相较于过去许多销售人员认为达成交易之后自己的工作就完成了，这是一个巨大的变化。

在这一观念指导下，产生了现代比较流行的"关系销售法"。关系销售法与以前的销售模式和方法相比，强调销售以服务和价值创造为基础，注重解决方案和建立长久关系的整合。关系销售法包含两种销售模式：双赢销售模式和合作销售模式。双赢销售模式，是指销售是个连续的过程，销售人员通过找出一个最佳点，使自己在帮助顾客达到目的的同时，也使顾客能帮助自己达到目的。例如，利乐为其客户蒙牛举办销售人员培训，教授如何以专业形象接触客户，如何赢得客户好感……蒙牛则成为利乐的忠诚客户。合作销售模式中，合作不仅在于产品与价值的交换，而且要充分利用买卖双方的核心能力，改造公司的战略，并共享彼此的战略价值。因此，在合作销售模式下，很难区分谁是买方，谁是卖方，这是一种商业上实力相当的公司的联盟，双方共同努力，以获取超高水平的新价值。例如，中国移动和华为公司合作销售华为手机。

【案例】

服务销售冠军"利乐"的秘密

你可能没听说过利乐（Tetra Pak），但你肯定知道伊利、光明、蒙牛、雀巢、娃哈哈、汇源、康师傅……它们都是利乐的客户。在中国液态奶常温无菌纸包装市场上，利乐是绝对的

"老大"，市场份额可能达到95%。在世界上，利乐的市场占有率也超过50%。可以说，利乐是一个典型的隐形冠军。

利乐是如何做到这一点的？利乐给出的答案是：虽然它的产品是包装品，但它卖的"远远大于包装"（More than the package）。利乐人说自己销售的不仅是产品本身，也是自己的"热心肠"。客户说，他们买到的，不仅是利乐的产品和服务，而且是一种"成长素"——拥有利乐，就拥有成长。利乐获得客户的秘籍包括以下方面：

1）商业利他主义：专注于自己所在的行业，深度介入上下游客户的业务，通过促进客户的持续成长实现自己的成长。

2）从外到内：做服务就要深入内核，核心生命力来自于深入客户核心的能力。

3）边界外经营：在客户企业中做公开的"卧底"。打破和客户的边界，与客户共享、优化资源，打造共同的核心竞争力。

4）变交易关系为伙伴关系：让一次性客户变成长期性客户。平庸的企业只满足需求，优秀的企业则制造需求，而伟大的企业则会创造和培植一批对自己有持续需求的终生客户。

5）变蚂蚁为大象：帮助小企业成为大企业，它们对利乐产品的需求也将随之增长。

总之，利乐远远不是在销售一个包装。有时客户自己没想到的事情，利乐却为其想到了。例如，利乐为客户举办销售人员培训，教授如何以专业形象接触客户，如何赢得客户好感……

1.2 销售管理的含义及主要研究内容

1.2.1 销售管理的含义

关于销售管理的含义，国内外学者有着不同的理解与认识。

营销学之父菲利普·科特勒认为，销售管理是对销售队伍的目标、战略、结构、规模和报酬等进行设计和控制；美国印第安纳大学教授达林普（Dalrymple）认为，销售管理就是计划、执行以及控制企业的销售活动，以达到企业的销售目标；美国学者约瑟夫·P.瓦卡罗（Joseph P. Vaccaro）认为，销售管理就是解决销售过程中出现的问题，销售经理应该是一位知识渊博、经验丰富的管理者；拉尔夫·W.杰克逊（Ralph W. Jackson）和罗伯特·D.希里奇（Robert D. Hisrich）在《销售管理》一书中这样表述：销售管理是对人员推销活动的计划、指挥和监督。可见，西方学者普遍认为销售管理就是对销售人员的管理。

我国学者对销售管理有着不同的定义，例如：中国人民大学李先国等人认为，销售管理就是管理直接实现销售收入的过程；中央财经大学安贺新等人认为，销售管理是指对企业中与销售有关的所有活动进行计划、组织、指导和控制的过程；武汉大学欧阳小珍等人则认为，销售管理是对企业销售活动进行的规划、指导、控制和评估，力求做到在满足顾客需求的同时实现企业的目标，重点是对人员销售的管理。

正如销售有狭义和广义之分一样，销售管理也有狭义和广义之分。广义的销售管理是对所有销售活动的综合管理。与西方学者的观念不同，我国绝大多数学者对销售管理的观点是广义上的，这是因为我国市场经济发育曾经不完善，部分企业中营销活动划分得不是太详细，销售活动的范围较广。狭义的销售管理专指以销售人员为中心的管理，在市场发育比较好，企业营销职能部门划分较详细的西方发达国家学者多持这种观点。本书所定义的销售管理是指对企业所有销售活动进行的计划、组织、培训、领导和控制,以达到实现企业价值的过程。也就是说,本书研究的是广义的销售管理。

1.2.2 销售管理的主要研究内容

1. 西方主要观点

菲利普·科特勒认为,销售管理涉及三个方面的内容:①公司在设计销售队伍时应做什么决策,这涉及销售队伍的目标、战略、结构、规模和报酬等问题;②公司怎样招聘、挑选、训练、指导、激励和评价其销售队伍;③怎样改进销售人员在推销、谈判和建立关系营销上的技能。

查尔斯·M. 富特雷尔(Charles M. Futrell)则认为,销售管理包括五个方面的内容:①制订销售计划,要建立一个面向优质顾客的销售团队;②设计销售组织,要选择合适的人,并建立适当的组织结构;③对销售人员进行科学训练;④引导和指导销售人员提高销售效率;⑤对销售人员和销售结果进行评价,以指导未来的销售活动。

【人物小传】

查尔斯·M. 富特雷尔

查尔斯·M. 富特雷尔,美国得克萨斯农工大学梅斯商学院营销学教授。曾在高露洁、惠氏实验室等知名企业任职。其研究方向为人员销售、销售管理、调研方法和营销管理等,其成果发表于诸多国际期刊,入选"全美最佳销售研究人员"。2005 年因在销售领域研究中的出色表现,被美国市场营销协会(AMA)授予"终身成就奖"。2007 年荣获国际营销和市场执行委员会(SMEI)年度教育人物。其所著《销售 ABC》被列为美国权威销售教程之一。

2. 国内主要观点

李先国主编的教材里将销售管理研究的主要内容分为以下四个方面:①销售规划管理,包括销售计划管理、销售区域管理、销售渠道建设和促销管理决策;②客户管理,包括客户关系管理、信用销售管理、客户服务管理和重点客户管理;③销售人员管理,包括销售队伍管理、销售人员的招聘与培训、销售人员的激励以及销售人员的考评和薪酬;④销售过程管理,包括销售准备、访问客户、促成交易和货品管理。

马瑞婧主编的教材里将销售管理研究的主要内容分为以下三个方面:①人员推销管理,包括人员推销基本理论、销售准备、销售展示、处理顾客异议、促成成交与服务跟踪;②销售人员管理,包括销售人员的招聘与选拔、销售人员的培训、销售人员的组织、销售计划管理、销售人员的报酬与激励、销售人员的绩效考评;③客户管理,主要包括客户管理概述、客户分析、客户忠诚度管理、客户投诉管理、重点客户管理。

欧阳小珍主编的教材里将销售管理研究的主要内容分为以下三个方面:①销售技术探索,主要是探讨如何开发客户以及如何与客户面谈等;②销售规划与设计,主要是关于制定销售目标、制定销售策略和设计销售组织方面的内容;③销售人员管理,主要内容是如何选择、培训、激励和监管销售人员。

3. 本书的观点

由于目前市场竞争日益白热化，企业要想在激烈的竞争中立于不败之地，不仅要将产品顺利地销售给客户，而且要降低各种销售风险，故本书突出了销售控制管理。本书认为，销售管理研究的具体内容主要分为以下四个方面：①销售规划管理，这主要包括销售计划管理、销售组织管理、销售辖区的设计与管理等内容；②销售人员管理，这主要涉及销售队伍建设、销售人员的招聘与培训、销售人员的薪酬与激励、销售人员的绩效考核等内容；③销售过程管理，这里主要阐述销售过程中的一系列工作，包括销售准备、销售展示、处理顾客异议、促成交易与服务跟踪等内容；④销售控制管理，这主要包括销售风险管理、销售信用管理、销售诊断与分析等内容。同时，本书的研究内容更好地反映了销售管理的全过程，即销售活动中的计划、组织、人事、领导和控制。

1.3 销售人员向销售经理的转变

拿破仑曾经说过：一头狮子带领的一群绵羊肯定能够打败一只绵羊带领的一群狮子。可见，一个组织中不同的领导会使组织的发展有着截然不同的结果。因此，一个优秀的领导对于整个组织来讲是非常重要的。企业不仅需要优秀的销售人员，还需要杰出的销售经理。

销售经理（Sales Manager）指导企业产品或服务的实际销售，通过确定销售目标、配额、辖区来协调销售工作，并为销售人员制定培训项目。销售经理还负责分析销售数据，确定销售潜力并监控市场变化。

1.3.1 销售经理的种类

销售经理通常可以分为六个级别：销售组长、销售主任、区域销售经理、大区销售经理、销售总监和销售副总经理。

（1）销售组长。在销售团队中，销售小组是最小的组织单位，一般由3～5人组成。销售组长是负责人，与团队成员共同拓展销售业务，完成公司下达的销售任务。

（2）销售主任。销售主任往往负责3～5个销售小组，其下属销售人员人数相应增长至9～25人。销售主任负责组建、培训、管理销售团队，完成公司下达的销售任务。

（3）区域销售经理。区域销售经理一般负责某一区域的销售管理工作，建立和维护经销商网络，执行公司的规章制度，反馈客户意见，完成销售任务。

（4）大区销售经理。大区销售经理承担公司在规定所辖区域市场的全面拓展，组织实施营销推广计划，制订相应的促销计划，完成区域的销售目标和利润目标。

（5）销售总监。销售总监负责组建销售渠道，协调公司内外部关系，进行市场调研，发现新机会，策划市场方案，组建销售队伍，参与重大销售项目的谈判和合同签订等工作。

（6）销售副总经理。销售副总经理根据公司发展战略，拟定公司市场营销战略、规划、策略、年度营销计划及方案，并组织实施；建立和完善市场营销管理和风险防范体系，并持续改进；完成市场营销目标；持续提高公司产品市场份额和市场定位。

【人物小传】

董明珠

董明珠1990年进入格力的第一个岗位是销售，负责安徽市场。从1994年开始，相继担任珠海格力电器股份有限公司经营部部长、副总经理、副董事长。2012年5月，被任命为格力集团董事长。2019年1月16日，格力电器公司召开股东大会进行董事会换届选举，董明珠被提名为董事候选人，并当选格力电器新一任董事会非独立董事。2019年9月10日，格力电器联手株洲中车、银隆新能源等五家企业共同投资设立了国创能源互联网创新中心（广东）有限公司，董明珠担任董事长。2019年12月13日，董明珠位列2019全球最具影响力女性榜第44位。

1.3.2 销售经理的职责

销售经理为完成本部门的销售目标，依据公司的整体营销规划，全面负责本部门的业务管理和人员管理。因此，无论是高层的销售副总经理，还是基层的销售组长，都要履行以下职责：

1. 制定销售战略

销售战略涉及销售策略、销售目标、销售计划和销售政策等。具体包括：①进行市场分析与销售预测；②确定销售目标；③制订销售计划；④制定销售配额与销售预算；⑤确定销售策略。

2. 管理销售人员

销售人员的管理是销售经理的重要职责，其具体内容包括：①设计销售组织模式；②招募与选聘销售人员；③培训与使用销售人员；④设计销售人员薪酬方案和激励方案；⑤陪同销售及协助营销。

3. 控制销售活动

控制销售活动包括：①划分销售辖区；②考查、评估销售人员业绩；③管理销售渠道及客户；④回收货款，防止呆账；⑤分析与评估销售效益；⑥制定各种规章制度。

综上，销售经理的基本职责可用图1-4表示。

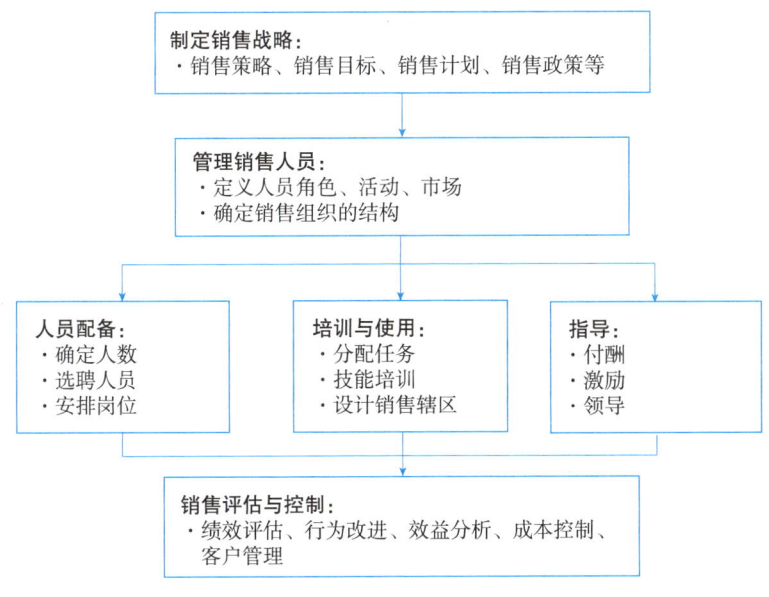

图1-4 销售经理的基本职责

1.3.3 实现从销售人员向销售经理的转变

一名销售人员从步入销售行业到成长为公司的高级销售管理人才,其职业晋升是一个坎坷而多磨难的过程,其职业成长轨迹大致如图 1-5 所示。

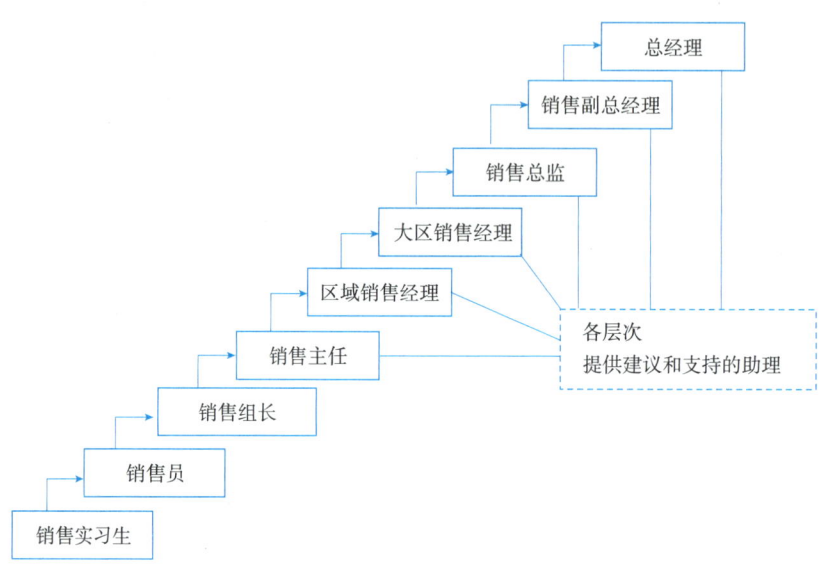

图 1-5　销售经理的职业成长轨迹

作为销售经理,与之前的销售人员相比,角色发生了变化,与之相对应的能力要求也是不一样的。戴维·安德森(David Andersen)认为,顶尖的销售人员并不一定能管理好下属,成为一个杰出的销售经理。因此,要完成从销售人员向销售经理角色的转变,必须注意以下几点:

(1)思维观念方面的转变。销售经理考虑问题应从全局和长远着眼,要有战略思维,不能仅考虑将个人的工作做好。

(2)职业责任方面的转变。销售人员的职责是完成个人任务,销售经理的职责则是完成组织任务。因此,销售经理在完成自己的个人销售任务的同时,也要规划、监督、协助和指导其他销售人员完成任务,以达成本部门总体任务的完成。

(3)职业能力方面的转变。销售经理除了实践操作能力以外,还要具备沟通、谈判、制订计划、激励员工、培训员工等方面的技能。各级销售人员的能力要求如图 1-6 所示。

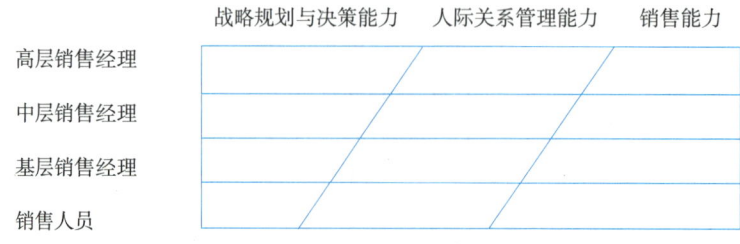

图 1-6　各级销售人员的能力要求

可见,从销售人员向高层销售经理的转变过程中,最需要提升的是战略规划与决策能力,销售能力的要求相对降低,而始终不变的是要具备一定的人际关系管理能力。

（4）角色方面的转变。成为销售经理后，与同事、上级、下属的关系发生了变化，角色定位也不一样，即从被管理者变成了管理者。

【案例】

从销售明星到销售经理的转变

刘鹏遥是一家民营企业的总经理，他所在公司的产品质量在同行业里是最好的，但是销售一直不如竞争对手，三个月前，他把原来的销售经理换掉了，把销售业绩第一的员工张小飞提拔为销售经理，希望他能把销售部业务抓上去。可是三个月下来，情况却让刘鹏遥大失所望。尽管张小飞个人的销售业绩不断提升，但公司的总销售额整体下滑。几位销售骨干向刘鹏遥反映，这位销售经理只顾自己多拿奖金，不想办法帮大家提升业绩。刘鹏遥找张小飞谈过话，他也感到很委屈，他说自己很努力地在拼业绩，大家都在冷眼旁观，他也不知问题出在哪里。

有关建议如下：

1. 换人（建议提出者：销售主管，男，36岁）

能者上，庸者下，已经三个月了，再给销售经理机会，企业就没机会了。应当提拔更好的人选，也可以考虑竞争上岗。

2. 培训辅导（建议提出者：管理顾问，女，32岁）

销售经理张小飞个人业绩不错，这只表现了他作为一个销售精英的素质和能力；不能得到大家的信任和支持，问题出在他不会做领导。建议在提拔业务骨干到领导岗位后，还要加以辅导，必要时让他参加一些培训，提升领导水平比提升业绩更重要。

3. 改变考核机制（建议提出者：总经理，男，41岁）

对销售经理，不能以他的个人业绩为考核标准，要把团队的指标与他的奖金挂钩，把他的能量引导到带领团队和帮助他人方面。这样不仅可以将业绩提上去，而且可以消除销售员和销售经理的利益冲突，关系自然会正常了。

4. 提拔骨干进入管理层（建议提出者：咨询顾问，男，43岁）

提拔内部业务骨干进入管理层，是一件好事。这样不仅能够激励员工士气，给员工奋斗的目标和动力，而且他们在企业文化认同、企业制度了解、企业人员熟识上，均比外聘的"空降兵"有很大的优势。

但是好事也会带来新的问题，比如，力不胜任。上面提到的那位新任销售经理的现象，可归结为"角色迷失"。每一个人在社会上都扮演着各种各样的角色，担任了一个新职务，自己的行为也必须随之调整，由于角色认知不完整或能力不足，新角色转化不到位，就会出现"角色迷失"。

可见，优秀的职业精英走上领导的位置，很容易迷失自己的角色，在这种情形下，即使他的业务能力很强、工作很拼，也不是一位好的领导者。

思考：

1. 张小飞为什么没有成为一位优秀的销售经理？
2. 如果你是总经理刘鹏遥，接下来怎么办？

1.4 销售管理的发展趋势

1.4.1 现代销售管理理念

现代销售管理理念认为销售管理者要创造一个公开、公平、公正的企业环境，对任何销售人员都要"一碗水端平"，不能因为管理者个人的好恶而有失公允、有所偏袒，什么事情都要对事不对人，合法、合情、合理地对待每一位销售人员。

1. 制度化

销售管理制度化是销售管理的基础，只有销售管理制度化才能保证企业适应市场环境，高效运转起来。销售管理制度化是指企业或组织要制定一套高效、系统、完善的制度，使销售管理者与销售人员有"法"可依，有"法"必依，违"法"必究，执"法"必严。例如，华为销售管理制度包括销售人员岗位设置及使命、从业守则、待遇及福利、提成及奖励方案、考核办法、奖惩制度等方面的内容，从而打造了一支销售"铁军"。

2. 人性化

在制定制度时必须充分考虑人性化，制度化与人性化是矛盾的对立统一体，人性化必须与制度化结合起来使用才能发挥最大的管理效果。销售管理人性化中的人性指的就是人的天性，即"善""恶"。销售管理人性化应该是在充分认识人性各个方面的基础上，按照人性的原则去管理，利用和发扬人性中有利的东西为管理和发展服务，同时抑制人性中不利的东西，弱化其反面作用。在实现销售目标的前提下，给销售人员更多的个人空间，而不仅靠理性的约束和制度的规定进行管理。

3. 合理化

制度化管理是必需的、无条件的和最基本的，每位销售人员都必须严格遵守销售管理制度，但前提是制度必须制定得合理、符合实际，这样执行起来才会有效，才能够被员工欣然接受。合理化是不断地将销售中的不合理调适为合理的努力过程，也是进行更好的改善，以确保销售工作有序展开的过程。在现代社会中，人类的价值得到普遍尊重。销售管理者采取不合理的管理策略，收到的效果肯定是事与愿违。销售管理工作要合理化，全体销售人员要达成共识，形成共同的销售理念，在满足市场需要的同时不断提升销售绩效。

4. 简单化

管理制度并不是越多越好，更不是越复杂越好，而是越精简越好。销售管理的简单化是必要的，因为简单化可以节约资源，提高效率。销售管理的简单化是可行的，这就要求销售管理者树立把管理工作简单化的思想，通过思想观念的创新、技术手段的创新，把复杂的流程、标准、制度、运作变得简单方便，总之，销售管理简单化是销售管理的至高境界。

1.4.2 销售管理的新趋势

竞争激烈的外部环境对企业提出了日益多样化的挑战，例如，一线销售人员的成本逐渐上升，销售组织不仅面临增加销售额的压力，还需要进一步降低销售成本。因此，美国学者托马斯·英格拉姆（Thomas Ingram）等认为，销售管理正出现某些新的趋势。

1. 从交易推销到关系推销

传统交易推销模式逐渐向关系推销模式转变，这就要求销售人员不再强调在短期内完成产品推销,而是通过解决顾客问题、提供机遇并在更长时间内为顾客增加价值等来发展长期的顾客关系。例如,海尔、联想等大公司大量减少供应商的数量,它们只想与一个或少数几个供应商打交道。因此,在这种情况下,供应商没有选择余地,要想推销产品只能接纳关系推销的方式。交易推销与关系推销的区别见表1-2。

表 1-2 交易推销与关系推销的区别

区别	交易推销	关系推销
关注点	关注单次交易	关注顾客本身
推销导向	产品特征	产品利益
顾客关系持久性	短期	长期
服务的重要性	不太强调为顾客服务	高度强调为顾客服务
顾客参与度	有限的顾客参与	高度的顾客参与
顾客联系度	适度的顾客联系	高度的顾客联系
质量的重要性	质量是产品的首要问题	质量是所有方面都要考虑的问题

2. 从个人推销到团队推销

随着市场竞争的日趋激烈,组织内外环境的复杂性、不确定性日益增强,依靠销售精英已不再适应快速变迁的时代,如今"单枪匹马、超级明星式"的销售人员的重要性在许多销售组织内正在下降,尤其是当重点从仅仅销售产品转向解决顾客问题、增加顾客价值时。在许多情况下,一个人不会拥有判断和解决顾客问题所需要的全部知识和技巧,此时,就需要某种类型的团队协作。这种团队协作既可以是在销售组织内不同的个人之间,也可以是在销售和市场营销部门之间,抑或是在企业内不同职能部门之间。例如,华为组建了由各部门抽调的专家组成的技术团队来为每位顾客提供顾问式服务,通过更好地掌握顾客的需求来为其提供最佳的解决方案。

3. 从关注销售量到关注销售效率

一个销售组织的基本任务是推销以达到理想的销售量,销售人员和销售经理评估与奖励的依据通常是在一定时间内完成的销售量。尽管如此,许多企业发现不同的"销售"效果并不一样,有些"销售"就比其他"销售"能多赚些利润。因此,许多销售组织不再只关注"为销售而销售",而是关注销售利润。这就使得销售管理关注点从单纯的销售量转向了销售效率。销售效率包括与一定的销售量和服务的客户密切相关的成本和利润。销售管理的效率导向,使销售人员更有效地或更高效率地工作,在成本一定的条件下能够完成更多的销售量。

4. 从线下销售到线上销售

随着互联网的发展,移动支付的普及,实体门店面对越来越大的挑战,大部分实体门店都面临客流量少、顾客消费体验不佳、市场增长乏力、利润低等问题,传统零售行业正进入快速的转型期,突破现有枷锁转型为"新零售"成为实体门店的迫切需要。全球范围来看,电子商务正迅速取代传统的商业模式。最近的一项研究表明,2019年约有19.2亿人网购。仅在2020年6月,全球线上销售就达到了创纪录的每月2200万次。在2021年,主攻大城市的沃尔玛、家乐福、麦德龙等零售巨头迎来了闭店潮，不少主打家电单一品类零售的同行也收缩门店数量，将战略重心转移到线上。

5. 从管理销售到领导销售

过去许多销售组织都有一个严格的等级制结构，即不同级别的销售经理通过直接监督下一级，同时又对上一级管理层直接负责来实现管理。于是，现场销售管理者就作为"老板"管理销售人员，销售人员要向他们汇报。他们要对这些销售人员的绩效负责，尝试不同的管理方法以使销售人员实现预期的成果。结果发现，这种管理模式效果越来越差，而对销售人员实行领导方式的管理效果很好。因此，销售经理要将自己打造为领导式的经理。

6. 从本地销售到全球销售

当今的市场是全球性市场，产品和服务都在全世界生产与销售。大多数企业目前都以某种方式进入国际市场，未来的销售管理可能会更加国际化。企业面临其他国际企业的压力与竞争，即使是那些只在国内或仅仅在国内的一个地区开展商务活动的企业，也可能要与来自其他国家的企业竞争，受国际事件的影响，为来自不同国家的客户服务。所有这些情况都要求一个销售组织实现从本地到全球化的扩展，要有国际眼光。销售管理要从国际化角度入手，销售组织要主动进入国际市场展开竞争。

▶ 课程思政

【思政元素】供给侧结构性改革

推进供给侧结构性改革，是在全面分析国内经济阶段性特征的基础上调整经济结构、转变经济发展方式的治本良方，是培育增长新动力、形成先发新优势、实现创新引领发展的必然要求。要把推进供给侧结构性改革作为当前和今后一个时期经济发展和经济工作的主线。

——《习近平新时代中国特色社会主义思想学习纲要（2023版）》

【知识元素】现代销售观念

现代销售观念认为企业在从事销售工作时不再局限于产品的销售，而是从识别顾客的需要出发。

【思政元素与知识元素的融合】

企业不可"以产定销"，需要不断了解消费者需求，推进供给侧结构性改革，做到"供需的辩证统一"。空口说"物美价廉""让消费者享受低价"等，都是靠不住的。提升产品品质，需要巨大的投入和决心，需要几十年厚积薄发。一味追求低价，就没有好产品。中国消费者需要的是好产品，是高品质的产品，如果企业满足不了他们的需求，他们就会去能满足自己需要的竞争对手那里。

▶ 本章小结

销售是基本的社会活动，无论是对社会、企业、顾客还是销售人员本身，都具有重要的意义。同时，销售观念也随着时代的发展而有所不同。

国内外学者对销售管理的概念及其内容有着不同的见解，本书从广义的角度进行分析与阐述。

企业不仅需要优秀的销售人员，还需要杰出的销售经理。本书首先探讨了销售经理的种类和职责，然后分析了如何从销售人员向销售经理转变。

现代销售管理理念强调制度化、人性化、合理化和简单化，从而促进了销售管理的新趋势——关系推销、团队推销、关注销售效率、线上销售、领导销售和全球销售等。

复习思考题

1. 什么是销售？销售与促销、营销有什么区别？
2. 请简述销售的作用。
3. 传统销售观念与现代销售观念有什么不同？
4. 如何实现从销售人员向销售经理的转变？
5. 销售管理发展的新趋势是什么？

案例分析

董明珠的销售管理

经历了1994年年底业务员"集体辞职"事件的打击后，董明珠认为应该限制营销业务员的权力。格力空调畅销是企业全体员工的功劳，也有技术人员、一线工人和公司领导的功劳，业务员拿过高的奖金是不合理的。业务员是企业的雇员，为企业工作拿的是工资和佣金；经销商虽然不是企业的雇员，但是以其销售额取得利润。在这个意义上讲，业务员和经销商在为企业服务的根本目的上并无二致。如果能采取适当的管理策略，把经销商视为企业的延伸，让经销商替代传统观念中的业务员也是可能的。

基于以上认识，董明珠在销售队伍建设上选择了"精简化"理念。这一理念就是要靠制度来发展经销商网络，而不是依靠一两个能干的营销业务员。格力仅保留23名业务员，每人负责一个省，只负责协调，不负责发展经销商网络。此举剥夺了过去业务员可以用发货作为交换条件来从经销商处为自己谋利益的权力，防止出现市场失控，保证营销政策的稳定性。

此举受到了部分业务员的抵制，在23名业务员中开除和主动辞职的就有10人，但这一制度被坚持了下来。到2001年，格力的业务员数量进一步下降至15名以内，省下来的业务人员费用全部拿来贴补经销商。对营销业务员的考核不以销售额来衡量，而是看其与经销商沟通的工作量，市场调研、价格监督的工作量。

为了管理各地散漫的销售队伍，董明珠规定：凡格力的营销业务员不许拿回扣，拿1分钱，即开除。董明珠设计了调查表，要求业务员认真填写什么时间、到了什么地方、见了什么人、做了什么事情、谁能证明，然后她随机随时抽查。由于人少精干、管理严谨、训练有素，因此格力的销售队伍能够以少胜多，占据较高的市场份额。

为了杜绝损公肥私的行为，加速完善销售管理体制，防止企业财务出现漏洞，董明珠找到当时的格力总经理朱江洪，要求把企业全部的对外财务交给她管。下级向上级伸手要权本是大忌，但朱江洪听完董明珠的理由，当场就表示同意。事后财务负责人一听便很不满，并和朱江洪说了自己的不满。

朱江洪想想觉得也有道理，就问董明珠："你把财权拿走，那谁来监督你？"董明珠的回答是："谁都可以监督，随时来查账都可以"。她要的财权并不是财产的使用权，只是为了了解企业的到款状况，由她来控制这个过程，目的是进一步加快经营部的反应速度。她提出：财务也可以不归自己管，但必须要让财务部门随时告知经营部每日经销商的进出款。

在职场工作，要勇于向上级提出要求。上级不会主动关注你的需求，不会主动为你铺好升迁之路。如果你有很强的升迁愿望，最好主动让上级知道。职场中有很多人因为过于谦逊而错失了该有的升迁，因为害怕竞争而失去发展机会，甚至受到不应有的打压。要知道，职场即战场，竞争和提要求不可避免，这时，你能倚靠的只有自己的坚强意志。

公司的一些人把她的"三把火"称之为抓内勤、查账、整人。

董明珠雷厉风行，工作上严格要求，不讲情面，谁做错了一定会指出来，凡是考核不合格的部门负责人，就地免职。她最痛恨别人说假话，要求员工哪怕错了也要讲真话，特别是工作中由于说假话而导致错误的决策，最不可饶恕。一旦知道谁在说假话，就一定不会再用他。有的业务员赚了几百万元以后觉得自己是富翁了，飘飘然之余不把工作放在心上，觉得完成不完成目标都无所谓，只要自己赚钱就可以。董明珠对这种人的态度是一定要清理出队伍：因为你不想再发财了，所以就让别人来发财。

她不但严格要求自己，还要管别人。在经营部里，迟到早退、喝茶看报、吃零食聊天等现象一概被禁止，甚至规定女员工最好都剪短发，留长发的要盘起来，不许戴首饰。有人说这是她把自己的审美观强加给人，但董明珠我行我素，经常把人训得直掉眼泪，最后终于令行禁止。

上任伊始，董明珠规定"上班时间不许吃东西，一经发现，第一次罚50元，第二次罚100元，第三次走人"，人们以为只是说说而已。一天，一位员工从家里带了很多零食来，看差不多到下班时间了，就拿出来给大家吃，正好赶上董明珠回来，带零食的人被罚100元，其他人被罚50元。在场的人认为都是多年同事了，连声说算了算了，董明珠说不行，只要违反原则，再小的事都是大事，都要管到底。众人目瞪口呆，觉得董明珠不近人情。

内部理顺之后董明珠便大刀阔斧地开始改革，她制定了三大原则：①先付款后发货；②格力职工，包括业务员，自己决不做空调业务；③不设分公司。一些空调生产企业的销售人员和经销商争利，甚至销售人员自己另开公司。格力不一样，完全靠经销商。当时在重庆，格力自己的员工只有6个人，包括1名业务员，2名开票员，3名售后服务人员，年销售额约3亿元。春兰在重庆有自己的销售公司，有150名营销业务员，每年相关费用就要2000多万元。

首要的是清理欠账，全面推行先付款后发货的销售政策。有了当初催款的经历之后，她暗自下决心：一定要打破先发货后付款的营销惯例，否则就不干营销这个行当。虽然拖欠货款是行业内普遍存在的现象，但董明珠偏偏不信邪。她向经销商宣布：凡拖欠货款的经销商一律停止发货，补足货款后先交钱再提货。这下捅了马蜂窝，大大小小的经销商纷纷向格力总经理朱江洪告状。

某河北的经销商欠了200多万元仍然继续要货，董明珠要求先付清再谈。对方告到朱江洪那里，朱江洪劝董明珠："是不是可以补完款，先发货再收钱？"董明珠依然不允。对方无奈，妥协说这次先打款，因此打来100万元要进货，董明珠不由分说竟然把这100万元进货的款项扣下来弥补前面的欠款。经销商怒了，请格力的领导再说情，然后又转50万元货款想进货，董明珠再扣25万元，碍于领导的面子勉强发了25万元的货。不久该经销商东窗事发，所有资产被查封，董明珠懊悔当初应该连那25万元也扣下来。

董明珠对外放话：就算别人都这样，格力也偏偏不；即使100次撞墙撞得头破血流，董明珠也要撞第101次，一定要把这堵墙撞倒。于是自1995年起，打破了空调业内"先发货后付款"的规则后，格力创造了空调行业货款100%回笼的奇迹。

奇迹的出现需要铺垫。格力本身的产品质量有保证，市场销售有保证，经销商的信心强，所以愿意先付款再提货。董明珠的先付款后发货不但没有得罪经销商，而且屡创销售奇迹。各地的经销商都相信，对格力不付款就拿不到货，只要付款过去格力从不拖欠货。董明珠办事一视同仁，大家都服气。众多经销商几经挣扎、矛盾，最终不得不妥协，其实是向自己的利益妥协。

另一项被她打破的成规是年底退货，这可以说是空调业的惯例，经销商凭着这项政策，能拿到多少货就拼命拿，多卖一台是一台，卖不掉年底一退了之。厂家收回的许多是残次品，为此格力每年至少损失几千万元，1994年格力销售额有4亿多元，退货却达到了1亿多元，等于1/4的工作白做了。董明珠提出废除年底退货制度。当时有人认为，经历连年的价格大战，空调市场即将进入"生死年"，格力要做的应该是尽一切可能协助经销商，而不是对经销商施加压力而自断后路。但在董明珠看来，市场竞争必须公平、平等，退货制度不仅对厂家极不公平，也无助于调动经销商的积极性。

1995年年初，格力规定：年底不允许退货，确实有质量问题的除外；不退货的经销商可获得其销售额0.2%的奖金。对于一个销售额1000万元的经销商而言，退一台空调可以不损失5000元，但一台不退的话就有2万元奖金，这就刺激了经销商把空调全部卖出去，并逼着经销商对售后服务有了更强的责任感。即使用户在使用过程中确实发现了问题，经销商也不再简单地通过退货来将问题推给厂家，而是从自身利益考虑，把服务工作做好，做好安装和维护。这项政策得到良好的效应，以1998年为例，格力销售额为55亿元，发放无退货奖金1000万元，约是1994年退货额的1/10，经销商的优质服务为格力赢得了良好的口碑，提升了品牌信誉。

（**资料来源：**黄伟芳.董明珠传[M].北京：团结出版社，2019.）

案例讨论：

1. 在董明珠身上体现了哪些现代销售管理理念？
2. 案例中董明珠履行了哪些销售经理的职责？
3. 董明珠的销售管理活动对你有什么启发？

第2章

销售管理基本理论

兵者,国之大事,死生之地,存亡之道,不可不察也。
——《孙子兵法·始计篇》

学习目标

1. 了解销售方格与顾客方格及其关系
2. 掌握销售三角理论的内容
3. 掌握销售的爱达模式、迪伯达模式、埃德帕模式以及费比模式
4. 了解爱达模式、迪伯达模式、埃德帕模式以及费比模式的区别

引入案例

李嘉诚的推销之路

李嘉诚先生是华人当中名副其实的富豪,但其创业初期有过一段不寻常的推销经历。他出生于广东潮安县书香门第之家,11岁的李嘉诚在读完两年小学后便辍学,在他舅舅的南洋钟表公司做杂工,父亲的早逝给李嘉诚留下一副家庭重担和债务。14岁的李嘉诚凭着毅力、韧性和真诚在香港岛西营盘的春茗茶楼找到一份工作,李嘉诚在努力干好每一件事的同时,给自己定了两门必修功课:其一是时时处处揣测顾客的籍贯、年龄、性格、职业、财富等,以便找机会验证;其二是揣摩顾客的消费心理,既待人真诚又投其所好,让顾客在高兴之余掏腰包。李嘉诚对顾客的消费需求和习惯了如指掌,如谁爱吃干蒸烧卖,谁爱吃虾饺,谁爱吃肠粉加辣椒,谁爱喝红茶,谁爱喝绿茶,什么时候上什么茶点,李嘉诚心中都有一本账,练就了一套既赢得顾客又能让顾客乖乖掏钱的本领。

后来,李嘉诚到一家五金厂做推销员,他每天起得最早,第一个来到厂里,挑着铁桶沿街推销。靠着一双铁脚板,他走遍了香港的角角落落,从不放弃每一笔可做的生意。李嘉诚凭着坚忍不拔的毅力,建立了销售网络,赢得了顾客的信誉,也深受老板器重。再后来,因为塑胶业蒸蒸日上,李嘉诚开始推销塑胶产品,由于其肯动脑筋,又很勤奋,在塑胶产品推销过程中大显身手,业绩突出,20岁便被提升为业务经理,这也使李嘉诚淘得了第一桶

"金",同时也练就了成为企业家的才能,为日后进军塑胶业和构建其庞大的企业帝国打下了坚实的基础。

(资料来源:《李嘉诚传》。)

2.1 销售方格理论

基于行为科学理论中的方格理论,20世纪70年代,美国著名管理科学家罗伯特·R.布莱克(Robert R. Blake)教授与J. S.蒙顿(Jane S. Mouton)教授提出了销售方格理论,其着重研究销售人员与顾客之间的买卖关系和人际关系,这是销售学基础理论的重大突破之一。

销售方格理论能够帮助销售人员清楚地认识自己的销售心态,发现销售工作中存在的问题,并进一步提高自己的销售能力;销售方格理论还有助于销售人员更深入地了解顾客,掌握顾客的心理状态,恰当地处理与顾客之间的关系,争取销售工作的主动权,提高销售绩效。

销售方格理论由销售方格、顾客方格以及二者之间关系三部分内容组成。

2.1.1 销售方格

销售方格是从销售人员的角度来研究销售活动中的心理态度。

销售人员在销售活动中有两个具体目标:一是尽力说服顾客购买,完成销售任务;二是尽力满足顾客需求,与顾客建立良好的人际关系。每位销售人员在销售活动中对这两个目标的关心程度是不同的,其表现在方格表上就形成销售方格,如图2-1所示。

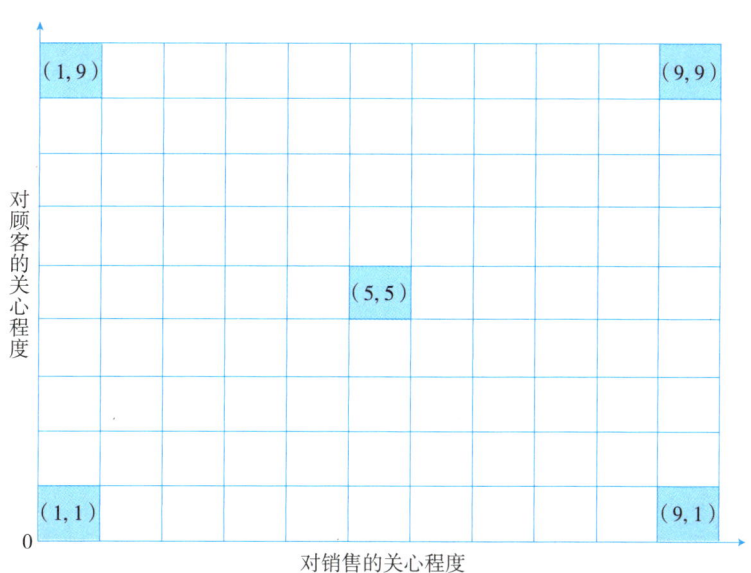

图2-1 销售方格

销售方格中的横坐标表示销售人员对销售的关心程度,纵坐标表示销售人员对顾客的关心程度。两个坐标值都是由1到9逐渐增大,坐标值越大,表示关心的程度越高。每个方格分别代表着销售人员不同的心理态度,对此,布莱克和蒙顿提出了五个基本类型:无所谓型、顾客导向型、推销导向型、销售技巧型和解决问题型。

1. 无所谓型，即销售方格中的（1，1）型

无所谓型的销售人员既不关心顾客的需求，也不关心销售任务，而是抱着"要买就买，不买拉倒"的心态，毫无敬业精神。也就是说，这种类型的销售人员没有明确的工作责任心，缺乏成就感，对顾客的需求视而不见，对企业的销售工作也毫不在意。具有这种心态的销售人员，对待销售工作是做一天和尚撞一天钟。他们不总结、不学习，不做销售的准备工作，不做销售的调查与信息的整理工作，抱着多一事不如少一事的态度混日子。之所以如此，可能是因为销售人员自身没有进取心，也可能是销售人员所在的企业缺乏严格的管理制度。

2. 顾客导向型，即销售方格中的（1，9）型

顾客导向型的销售人员非常重视自己与顾客之间良好的人际关系，对顾客能够以诚相待，极易成为顾客的参谋甚至朋友，但他忘了销售活动并不是单纯的人际交往，也应力求取得实实在在的销售成果，结果是忽略了商品交易。这种类型的销售人员不关心或羞于与顾客谈货币与商品的交换，坚持买卖不成仁义在。抱有这种心态虽能建立起良好的顾客关系，却很难完成销售目标，因此这也不是良好的销售心态。但需要注意的是，现实中很多销售活动首先是从人际关系着手，继而转向交易的。事实证明，50%的销售是友谊促成的。

3. 推销导向型，即销售方格中的（9，1）型

推销导向型销售人员的销售心态与顾客导向型的恰恰相反，销售人员只关心销售任务和达成交易，并不关心顾客的实际需求与购买心理，忽视与顾客保持良好的人际关系。具体表现为千方百计说服顾客购买，甚至不惜向顾客施加压力，或者欺骗顾客。这种类型的销售人员虽然一时可以将商品销售出去，给企业带来暂时的利益，但由于给顾客造成很大的心理压力，甚至形成坏印象而引起顾客反感，破坏了其所代表的企业及销售产品的声誉与形象，最终损害了企业的长远利益。因此，销售人员的这种心态是非常不可取的。

4. 销售技巧型，即销售方格中的（5，5）型

销售技巧型的销售人员既比较关心销售任务，也比较关心与顾客的人际关系，但他们往往只注意顾客的购买心理，而不考虑顾客的实际需求，具体表现为该类型的销售人员既不愿丢掉生意，也不愿丢掉顾客，讲究和气生财。他们认为如果顾客有意见而不愿意购买的话，销售任务就很难完成。因此，他们会努力学习销售技巧，总结各种现场销售经验，以便在销售中应用。他们也会学习与掌握分析市场环境的方法，注意分析销售的可行性，以便尽力抓住销售机会。他们还认为销售成功与否的关键在于销售技巧。所以，这类销售人员往往具有很好的销售业绩，口碑也不错，被认为是踏实肯干、经验丰富、老练成熟、成绩优异的销售人员。但是，这类销售人员常常费尽心机，说服某些顾客购买了一些他们实际上不需要的产品或服务。所以，从长远角度来看，他们损害了顾客的长远利益，因此很难创新，也很难有大的突破。

5. 解决问题型，即销售方格中的（9，9）型

解决问题型的销售人员既非常关心顾客，也非常关心销售任务，拥有最理想的销售心态。持有这种心态的销售人员既能全力研究并实践销售技巧，关注销售任务，又能最大限度地解决顾客困难，注重开拓顾客的潜在需求和满足顾客的现实需求，能实现二者的结合。

2.1.2 顾客方格

销售人员对销售活动和顾客有着不同的心态，同样，顾客对销售人员和商品购买活动也存在不同的心态。具体而言，顾客在购买活动中有两个目标：一是希望通过自己的努力获得有利的购买条件，通过购买来满足自己的需求；二是希望与销售人员建立良好的人际关系。每位顾客在购买活动中对这两个目标的关心程度是不同的，其表现在方格表上就形成顾客方格，如图2-2所示。

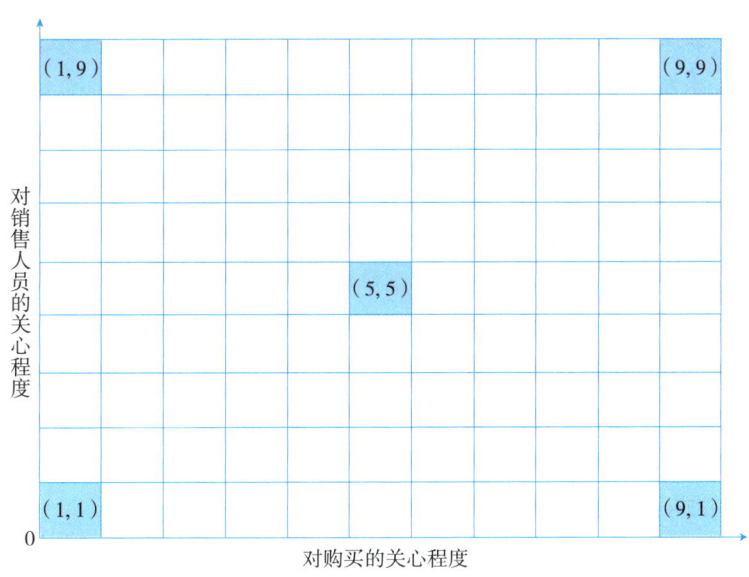

图2-2 顾客方格

顾客方格中的横坐标表示顾客对自己完成购买的关心程度，纵坐标表示顾客对销售人员的关心程度。两个坐标值都是由1到9逐渐增大，坐标值越大，表示关心的程度越高。每个方格分别代表着顾客不同的心理态度，对此，布莱克和蒙顿提出了五个基本类型：漠不关心型、软心肠型、防卫型、干练型和寻求答案型。

1. 漠不关心型，即顾客方格中的（1，1）型

漠不关心型的顾客既不关心销售人员，也不关心购买行为和结果。他们的购买活动往往是被动和不情愿的，或者购买决策权并不在自己手中。例如，受人之托的购买，自身利益与购买行为无关，而且不愿意承担责任，往往只是询问价格等。尤其是顾客在工作或者生活中，被销售人员打扰时往往表现出漠不关心。向这类顾客推销产品是非常困难的，推销成功率较低。对待这种类型的顾客，销售人员应先从情感角度主动与顾客接触，了解顾客的情况，再用丰富的产品知识，结合顾客的切身利益引导其产生购买欲望和购买行为。

2. 软心肠型，即顾客方格中的（1，9）型

软心肠型的顾客对销售人员极为关心，对购买活动则不太关心。软心肠型的顾客非常容易被销售人员所说服，一般都不会拒绝推销品，往往产生冲动型购买。这些顾客是一些重感情、轻理智的人，十分重视轻松的推销气氛，而对购买决策本身却不够重视。这种类型的顾客在现实生活中并不少见，例如孤独的老年人以及性格柔弱、羞怯的人。因此，销售人员热

情周到地介绍产品，营造良好的交易气氛，非常容易实现交易，但需要注意的是，不可推销假冒伪劣产品，损害顾客利益。

【小贴士】

雨果是19世纪时期法国的大文豪。

有一天，雨果在大街上看到一个衣衫褴褛的稿纸推销员，心中顿时生出一股怜悯之情。他把一法郎的钱丢进稿纸推销员的怀里，就急忙走开了。

但是，走了没多远，雨果又忽然觉得这样做很是不妥，于是，他连忙转身返回，从稿纸推销员那里取出一本稿纸，并抱歉地笑了笑，说道："对不起，我刚才自己一时大意忘记取稿纸了，希望你不要介意，其实，我知道你是一个商人，你有稿纸要卖，而且上面有明确的标价。"

3. 防卫型，即顾客方格中的（9，1）型

防卫型顾客与软心肠型顾客恰恰相反，他们极为重视销售人员所销售的产品本身，注重自己的购买行为和个人利益的实现，对销售人员则十分冷淡，极具戒心，甚至抱有敌对态度，认为销售人员都是一些不诚实的人，为此担心受骗上当，本能地采取防卫的态度。这种类型的顾客一般比较固执，不易被说服，因而向此类顾客销售也比较难做，即使成交利润也很低。对待防卫型顾客，销售人员不能操之过急，应该首先推销自己，赢得顾客信任，消除顾客偏见，然后转向产品的推荐与推销。

4. 干练型，即顾客方格中的（5，5）型

干练型顾客既比较重视销售的产品本身，也比较重视与销售人员的人际关系。这种类型的顾客凭借自己的知识来判断，在做出购买决策前会深思熟虑，愿意听取销售人员的介绍，但不会受别人的左右。这是一种比较合理的购买心态，顾客既理智又重感情，对待这类顾客，销售人员应设法用客观的事实进行说服，让顾客自行判断和决策。

5. 寻求答案型，即顾客方格中的（9，9）型

寻求答案型顾客既高度关心自己的购买行为，也高度关心与销售人员的人际关系，也就是说，他们非常注重产品与销售的完美结合。这种类型的顾客通常具有较高的购买技术，在购买商品之前，对市场进行了广泛的调查，会根据自己的实际需要做出购买决策，购买行为非常理智；当然，他们善于决策但不会独断专行，十分愿意听取销售人员的观点和建议，而且充分尊重和理解销售人员的工作，把销售人员看作自己的合作伙伴，最终达成双方都满意的目的。这种类型顾客的购买心态是最为成熟、最值得称道的，为此，销售人员应该做好他们的参谋，主动为顾客提供各种服务，尽最大努力帮助他们解决问题，实现互惠互利，买卖双赢。

2.1.3 销售方格与顾客方格的搭配

在现实交易中，不同类型的销售人员与不同类型的顾客相遇会产生什么样的结果呢？为此，布莱克和蒙顿提出了销售方格与顾客方格的搭配效果，见表2-1，揭示了销售方格与顾客方格内在联系以及大致规律。表2-1中符号"+"表示销售成功的概率高，符号"−"表示销售失败的概率高，符号"0"表示销售成功与失败的概率相等。

表 2-1　销售方格与顾客方格的搭配效果

销售方格	顾客方格				
	漠不关心型 （1,1）	软心肠型 （1,9）	干练型 （5,5）	防卫型 （9,1）	寻求答案型 （9,9）
解决问题型 （9,9）	+	+	+	+	+
推销导向型 （9,1）	0	+	+	0	0
销售技巧型 （5,5）	0	+	+	−	0
顾客导向型 （1,9）	−	+	0	−	0
无所谓型 （1,1）	−	−	−	−	−

从搭配的效果表中可以看出，解决问题型（9,9）销售人员无论遇到什么样的顾客，其销售效果都非常理想；无所谓型（1,1）销售人员无论遇到什么样的顾客，其销售效果都不理想。根据美国《训练与发展》（*Training+Development*）专刊报道，在销售业绩方面，解决问题型（9,9）销售人员比推销技巧型（5,5）高 3 倍，比推销导向型（9,1）高 7.5 倍，比顾客导向型（1,9）高 9 倍，比无所谓型（1,1）高 75 倍。事实上，正确把握销售心态与购买心态之间的关系是非常重要的，不同类型的销售人员遇到不同类型的顾客，应该尽力揣摩顾客的心态，及时调整自己，采取有针对性的销售策略。

【案例】

扁鹊见蔡桓公

扁鹊见蔡桓公，立有间，扁鹊曰："君有疾在腠理，不治将恐深。"桓侯曰："寡人无疾。"扁鹊出，桓侯曰："医之好治不病以为功。"

居十日，扁鹊复见曰："君之病在肌肤，不治将益深。"桓侯不应。扁鹊出，桓侯又不悦。

居十日，扁鹊复见曰："君之病在肠胃，不治将益深。"桓侯又不应。扁鹊出，桓侯又不悦。

居十日，扁鹊望桓侯而还走。桓侯故使人问之，扁鹊曰："疾在腠理，汤熨之所及也；在肌肤，针石之所及也；在肠胃，火齐之所及也；在骨髓，司命之所属，无奈何也。今在骨髓，臣是以无请也。"

居五日，桓侯体痛，使人索扁鹊，已逃秦矣。桓侯遂死。

思考：

如果将扁鹊看作销售人员，将蔡桓公看作顾客，那么"扁鹊见蔡桓公"是一个什么类型的销售人员（销售方格）遇到一个什么类型的顾客（顾客方格）？请以此解释为什么扁鹊"逃"，蔡桓公"死"。

2.2 销售三角理论

相比公司其他人员,销售人员因工作的特殊性而会面临更多的挫折,所以销售人员更应该具备自信心。培养坚定的自信心,是销售人员迈向成功的第一步。销售专家乔治特·莫贝赫(Georgette Moebech)说:"顶尖的销售人员之所以成功,就因为他们对自己的事业怀抱着高度的自信,这也使得他们周围的人相信他们所销售的产品。"销售三角理论正是销售人员奠定心理基础、培养自信心、提高说服能力的基础理论。

2.2.1 销售三角理论的内涵

销售活动是销售人员代表公司向顾客销售产品的一项活动,也就是说,任何销售活动都具备三个要素——销售人员、产品、公司,这三个要素构成一个三角形,支持着销售活动。

销售三角理论是指销售人员在销售活动中必须相信自己所销售的产品(Goods),相信自己所代表的公司(Establishment),相信自己(Myself),这就是著名的"GEM"销售公式,也称"吉姆"公式(见图 2-3)。它是为销售人员奠定销售心理基础,激发销售人员的积极性,提高其销售技术的基础理论。该理论认为销售人员只有同时具备了这三个条件,才能充分发挥自己的销售才能,运用各种销售策略和技巧,取得较好的销售业绩。

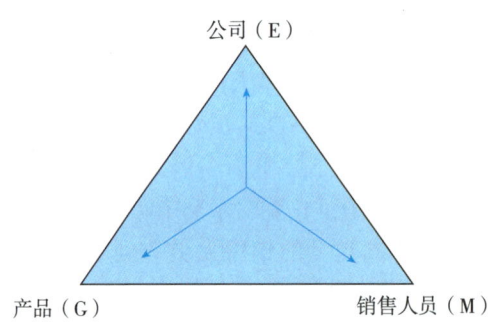

图 2-3　GEM 公式

2.2.2 销售三角理论的内容

1. 销售人员相信自己所代表的公司

在销售活动中,销售人员对外代表着公司,销售人员的一举一动都会影响顾客对其所代表公司的看法和印象,他们是公司形象的代言人。销售人员的工作态度、服务质量和销售业绩直接影响公司的经济效益、社会效益和发展前景。因此,只有使销售人员充分相信自己所代表的公司,才能使其具备从事销售工作所需的向心力、荣誉感和责任感,才能使其具备主人翁的工作热情,并在销售事业中发挥创造精神。连自己公司都不相信的销售人员是不可能长期对公司和顾客有所作为的。销售人员对本公司的相信,包括相信公司经营行为的合法性、合理性,相信公司的决策、管理能力,相信公司改革和发展的前景等。

当然,公司的优势和劣势是相对的,销售人员对本公司的信任也不应是盲目的。销售人员对公司的优势和劣势要用辩证的眼光看,认识到在销售人员和公司其他人员的努力下,公司的劣势可以变成优势,落后可以变为先进。公司无论大、小、新、旧,都有自己的特色,这种特色是销售人员信任的基点,也是销售技术运用的基础。

2. 销售人员相信自己所销售的产品

销售人员应当充分相信自己所销售的产品，因为产品是销售人员销售的客体。它给顾客提供使用价值，给顾客带来需求上的满足。销售人员要相信销售的产品货真价实，相信自己的产品可以成功地销售出去。现代产品的概念不仅指一个具有使用价值的实体产品，它还包括了以下三个层次的内容：

（1）核心产品。核心产品是指产品能给顾客带来的效用和利益，是满足顾客需求的核心，也是顾客真正想购买的东西。

（2）形式产品。形式产品是指产品的形式结构和外貌，包括产品的质量、形状、外观、颜色、商标、包装等，它是核心产品的表现形式。

（3）延伸产品。延伸产品也称为附加产品，是指顾客购买产品所能获得的附加利益和服务，包括信贷、送货、安装、培训、维修等销售服务。

销售人员相信自己的产品，要能够对产品三个层次的内容都十分清楚，并对竞争产品有较清晰的了解，从而对自己产品的效用、质量、价格等建立起自信。在向顾客做销售介绍时，销售人员便能根据顾客的不同需求有目的地做出有理有据的阐述；销售人员也才能更加主动、有效地处理顾客的各种异议，包括质量异议、价格异议、功能异议、效用异议、外观异议、包装异议等。当然，销售人员对自己销售的产品也不应盲目自信。自信应源于对产品的充分了解，源于对产品知识、功能效用，以及与其他产品相比的相对特征、优势及其合理使用的方法的充分了解。

【小贴士】

任正非该不该使用苹果手机？

2020年，苹果和华为都发布了自己最新的机型——iPhone12和Mate40系列，它们虽然都是比较贵的手机，但依然有很多人愿意支持和购买。华为手机不仅质量好，还代表着中国企业的力量和科技水平。现在走在路上，10个人中有5个人的手机都是华为手机。但是前一段时间，一张机场照将华为创始人任正非送上了舆论的风口浪尖。

当时任正非在接受机场安检，需要让安检人员检查随身物品，有眼尖的网友看到他竟然用苹果的平板电脑和手机。很多网友不理解：为什么任正非不用自家的产品？

要知道很多手机品牌老板都会用自己的产品，因为这样不仅可以提高知名度，还能让消费者更加信任自己的产品。

那么，任正非到底该不该使用苹果手机呢？

3. 销售人员相信自己

销售人员的自信是完成销售任务、实现自己目标的前提。

销售人员对自己的相信，包括：①相信自己从事的销售事业有伟大的意义；②相信自己从事销售事业的智慧和能力；③相信自己的前途美好且光明。

销售人员的事业总是沿着从无到有、从小到大、从缺乏经验到经验丰富的方向发展的。如果销售人员遇到了几次失败或挫折，就气馁，就失去自信，是不可能干好的。

销售人员缺乏自信的表现包括：①认为自己天生就不是从事销售的"料"；②害怕被顾客拒绝，觉得被拒绝很没面子；③担心从事销售工作会做"蚀本生意"，因为有些销售事业是要自己投入一定本钱的。事实上，成功的销售人员的成长都不是一帆风顺的。

【小贴士】

金牌销售：成功销售的秘诀，就在于建立超级自信

任何一位销售人员，都必须对自己的销售能力、企业、团队以及产品或服务有绝对的信心，只有这样才能在销售上取得成功。销售人员的魅力来自他的内在自信，如果你对自己没有足够的信心，怎么能要求顾客信任你，购买你的产品或服务呢？

销售人员在提高自信时，可以采取以下几种方法：

1. 不要总是强调消极的结果

在销售过程中，销售人员难免会遇到一些挫折和失败。当这种情况发生时，销售人员不应该总是提醒自己"我又被客户拒绝了""这个月的奖金丢了""销售怎么会这么难"——越强调负面的结果，就越焦虑、越沮丧。因此，一位聪明的销售人员不会总是回顾自己的失败经历，而是尽可能多地做积极的心理建设，比如"虽然销售失败了，但我和顾客成了朋友，以后总会有合作的机会""只要我不放弃，总有一天我会用我的真诚打动顾客"。

2. 以最佳状态迎接销售挑战

一切事物都有一个固定的周期规律，包括我们自己的情绪。在日常的销售工作中，销售人员难免情绪低落。因此，销售人员尽量不在这个时候拜访顾客，以免因不良情绪给顾客留下不良印象。销售人员在情绪高涨的时候，可以开始处理最困难的问题，拜访顾客，在销售过程中挑战自我。一般来说，心情好的人，可以充分发挥工作潜力，在心情好的时候销售人员专注于完成一个困难的任务，通常能得到好的结果。

3. 不要轻易否定自己

不要总是对自己说，"顾客不喜欢我""我的销售能力真的很差""看来我真的不适合做销售工作"。其实，除了你自己，没有人能打败你。只要你不放弃，你就永远不会失败，而是走在成功的道路上！因此，销售人员不要轻易否定自己，而是要给自己更多的鼓励、信心和时间，相信自己不比别人差。只要你努力，你就会成为销售冠军！

记住，自信来自对自己、顾客和竞争对手的了解。

2.3 销售模式

销售模式是根据销售活动的特点，以及顾客购买活动的各个阶段的心理演变，归纳出的一套程序化的标准销售形式。也就是说，销售模式是对以往成功销售的归纳与总结。在销售活动中，销售人员在没有获得成功经验之前，模仿、运用这些销售模式有助于取得较好的销售业绩。当然，销售人员也不必局限于这些销售模式，可以在销售过程中不断总结，对这些销售模式加以修改与完善，甚至可以总结出新的销售模式。

不同的销售模式适应不同的环境、不同的顾客以及不同的产品销售，下面主要介绍四种销售模式：爱达模式、迪伯达模式、埃德帕模式和费比模式。

2.3.1 爱达模式

爱达模式是世界著名的推销专家海因兹·M.戈德曼（Heinz M. Goldman）在《推销技巧——怎样赢得顾客》一书中首次总结出来的。爱达是 AIDA 的译音，其中：第一个字母 A

代表 Attention，即引起注意；I 代表 Interest，即唤起兴趣；D 代表 Desire，即激发欲望；最后一个字母 A 代表 Action，即促成购买。爱达模式的具体含义是指一个成功的销售人员必须把顾客的注意力吸引或转移到产品上，使顾客对销售人员所销售的产品产生兴趣，这样顾客的欲望也就随之产生，而后再促使顾客采取购买行为，最后达成交易。

1. 爱达模式的步骤

（1）引起注意。能否引起顾客注意是决定销售能否成功的重要前提。顾客的注意一般有两种：一是不由自主地对销售活动产生的无意注意；二是主观能动地对销售活动产生有意的注意。因此要想成功地引起顾客注意，可以从顾客最感兴趣的问题入手，把销售产品与顾客利益有关的方面迅速告知顾客，紧紧抓住"先入为主"，充分利用"首因效应"。

（2）唤起兴趣。在引起顾客注意的基础上，销售人员应设法使顾客对销售的产品发生好感和兴趣，可以向顾客示范所推销的产品（应注意：销售任何产品都要向顾客进行示范，当产品不能随身携带时，销售人员可以利用模型、样品、照片和图片做示范，慎重使用宣传印刷品。通过这些，帮助顾客从示范中得出正确结论）。

（3）激发欲望。如果顾客已经明确表示信服销售人员的示范，对销售产品产生了兴趣，这时若使其相信通过购买可获得特定的利益就会激发顾客的购买欲望，形成购买动机。利益包括让顾客得到好处、让顾客减少或避免损失，在销售的过程中销售人员一定要让顾客相信他想购买的产品真是他所需要的。

（4）促成购买。促成顾客采取购买行动，是整个销售过程的目的所在。在最后这个步骤中要注意：分析顾客不能做出购买决定的原因，并针对这些原因做好说服工作；将样品留给顾客使用；给顾客写确认信，概括洽谈过程中达成的协议，重申顾客购买产品将得到的利益。

2. 爱达模式的特点

爱达模式的引起注意、唤起兴趣、激发欲望三个步骤，给销售人员发挥聪明才智、展示销售才华提供了极大的空间，销售人员可以根据具体的销售环境与对象自主创新。该模式销售四步骤的完成时间和先后次序也并非固定不变的，应该根据销售人员的工作技巧和所销售的产品性质灵活变化。每一步骤都可长可短，也可重复某一步骤，或省略某一步骤。无论如何，达成交易的可能性总是存在的，这是实施这一模式的终极目标。

3. 爱达模式的适用范围

爱达模式从消费者心理活动的角度来具体研究推销的不同阶段，不仅适用于店堂的推销，也适用于一些易于携带的生活用品和办公用品的推销，还适用于新手销售人员面对陌生顾客的推销。

2.3.2 迪伯达模式

迪伯达模式是海因兹·M.戈德曼根据自身销售经验总结出来的，"迪伯达"是 DIPADA 的译音。这六个英文字母分别表达了迪伯达模式的六个销售步骤：准确地发现（Definition）顾客有哪些需要和愿望；把销售产品和顾客的需要与愿望结合（Identification）起来；证实（Proof）销售产品符合顾客的需要与愿望；促使顾客接受（Acceptance）销售产品；刺激顾客的购买欲望（Desire）；促使顾客采取购买行动（Action）。

1. 迪伯达模式的步骤

（1）准确地发现顾客有哪些需要和愿望。销售人员应围绕顾客的需要，探讨顾客需要解决的问题，而不要急于介绍销售产品。这种做法体现了以顾客为中心的准则，最能引起顾客的兴趣，既有利于制造融洽的销售气氛，也有利于消除销售障碍。

（2）把销售产品和顾客的需要与愿望结合起来。在发现并指出了顾客的需要后，再向顾客介绍销售品，并把销售产品与顾客需要联系起来，这样就能很自然地引起顾客的兴趣。

（3）证实销售产品符合顾客的需要与愿望。证实不是简单的重复，而是销售人员使顾客认识到销售产品是符合其需要的过程。

（4）促使顾客接受销售产品。在销售过程中，顾客往往不能把自己的需要与销售产品联系起来，销售人员必须拿出充分的证据向顾客证明，销售产品符合顾客的需要，他所需要的正是这些产品。当然这些证据必须是真实可信的，而且要达到这个目的，销售人员必须做好证据的收集和应用等准备工作，熟练掌握展示证据和证实销售的各种技巧。

（5）刺激顾客的购买欲望。当顾客接受了销售产品之后，销售人员应及时激发顾客的购买欲望，利用各种诱因和刺激使顾客对销售产品产生强烈的满足个人需要的愿望和感情，为顾客的购买行动打下基础。

（6）促使顾客采取购买行动。这是迪伯达模式的最后一个步骤。在这一步骤里销售人员要在前面工作的基础上，不失时机地劝说顾客做出最后的购买决定。这个步骤同爱达模式的第四步骤"促成购买"是相同的。

2. 迪伯达模式的特点

迪伯达模式紧紧抓住了顾客需要这个关键点，充分体现了说服劝导的原则。与爱达模式相比，虽然迪伯达模式更复杂，步骤更多，但其针对性更强，推销效果较好，因而受到销售人员的重视。事实上迪伯达模式被认为是一种创造性的销售模式，是以需求为核心的现代销售学在销售实践中的突破与发展，被誉为现代销售法则。

3. 迪伯达模式的适用范围

就产品类型而言，迪伯达模式更适用于推销生产资料产品，以及咨询、信息、劳务与人才中介、保险等无形产品；就顾客类型而言，迪伯达模式更适用于有组织的购买即单位购买者。

【案例】

某手表生产厂商对一些手表零售商的销售状况进行了调查，发现零售商商店的售货员对推销本厂的手表不感兴趣，手表零售商的销售策略也有问题。厂方决定开办一所推销技术学校，并派出自己的推销代表（包括李明在内），到各手表零售商的商店开展说服工作，目的是使他们对开办推销技术学校产生兴趣和积极配合，如安排人员参加学习等。李明来到了一家商店，运用迪伯达模式对该商店负责人进行了成功的推销。下面是李明与商店负责人高洁的对话：

李明："高洁女士，我这次来这里的主要目的是向你了解一下商店的销售情况。我能向你提几个简短的问题吗？"

高洁："可以。你想了解哪方面的情况？"

李明："你本人是一位出色的推销员……"

高洁："谢谢你的夸奖。"

李明："我说的是实话。只要看一看商店的经营状况，就知道你是一位出色的推销员。不过你的职员怎么样？他们的销售业绩与你一样吗？"

高洁："我看还差一点，他们的销售成绩不太理想。"

李明："完全可以进一步提高他们的销售量，你说呢？"

高洁："对！他们的经验还不丰富，而且他们当中的一些人现在还很年轻。"

李明："我相信，你一定会尽一切力量帮助他们提高工作效率，掌握推销技术，对吗？"

高洁："对。但我们这个商店事情特别多，我整天忙得不可开交，这些，你是知道的。"

李明："当然，这是难免的。假如我们能帮助你解决困难，为你们培训商店职员，你有什么想法？你是否愿意让你的职员学习和掌握怎样制订销售计划、赢得顾客、增加销售量、唤起顾客的购买兴趣、诱导顾客做出购买决定等技巧？使他们像你一样，成为出色的推销员。"

高洁："你们的想法太好了。谁不愿意有一个好的销售团队呢！不过如何实现你的计划？"

李明："高洁女士，我们厂为你们这些零售商店的职员开办了一所推销技术学校，其目的就是训练这些职员掌握你希望他们掌握的技能。我们特别聘请了一些全国有名的推销导师和高级推销员负责学校的培训工作。"

高洁："听起来很不错。但我怎样知道他们所学的东西正是我希望他们学的呢？"

李明："增加你的销售量既符合我们的利益，也符合你的利益，这是其一。其二，在制订训练计划时，我们非常希望你能对我们的教学安排提出宝贵的意见和建议。"

高洁："我明白了。"

李明："高洁女士，这是一份课程安排计划。我们把准备怎样为你培训更好的销售人员的一些设想都写在这份材料中了。你能否看一下材料？"

高洁："好吧，把材料交给我吧。"（李明向高洁介绍了计划。）

李明："我已经把你提的两条建议都记下来了。现在，你还有什么不明白的问题吗？"

高洁："没有了。"

李明："高洁女士，你对我们这个计划有信心吗？"

高洁："有信心。办这所学校需要多少资金？需要我们分摊吗？"

李明："你只需要负担受训职员的交通、伙食、住宿费用。其他费用，包括教员的聘金、教学费用、教学工具等，统统由我们包了。我们初步计算了一下，每培训一位推销员，你最多支付2000元。为了培养出更好的推销员，花费2000元还是值得的。你说呢？假如经过培训，每位受训职员的销售量只增加了5%的话，你很快就可以收回所支付的这笔费用了。"

高洁："这是实话。可是……"

李明："假如受训职员的推销水平只是你的一半……"

高洁："那就很不错了。"

李明："高洁女士，我想你可以先派三位有发展前途的职员参加第一届训练班。这样，你就知道训练的效果如何了。"

高洁："我看还是先派两个吧。目前我们这里的工作也比较忙，不能多派了。"

李明："那也是。你准备先派哪两位去受训呢？"

高洁："我初步考虑派……不过，我还不能最后决定。需要我马上做出决定吗？"

李明："不，你先考虑一下，下周一告诉我，好吗？我给你留两个名额。"

高洁："行，就这么办吧！"

2.3.3 埃德帕模式

埃德帕模式是迪伯达模式的简化形式，它适用于有着明确的购买愿望和购买目标的顾客。同样，埃德帕模式也是由海因兹·M.戈德曼总结出来的。埃德帕是 IDEPA 的译音。这五个英文字母分别代表 Identification，意为将销售产品与顾客需要结合起来；Demonstration，意为向顾客示范产品；Elimination，意为淘汰不合适的产品；Proof，意为证实顾客的选择正确；Acceptance，意为促使顾客接受产品。

1. 埃德帕模式的步骤

（1）将销售产品与顾客需要结合起来。一般来说，人们总希望从购买活动中获得一定的利益，包括在一定程度上增加收入、减少成本、提高效益。销售人员应热情接待主动上门求购的顾客，主动介绍产品，使顾客认识到购买产品所能获取的一定利益，紧紧扣住顾客的心弦，这种效果是其他接近顾客的方法所无法实现的。在实际销售工作中，普通顾客很难在销售人员接近时立即认识到购买产品的利益，同时为了掩饰求利心理，也不愿主动向销售人员打听这方面的情况，往往装出不屑一顾的神情。销售人员在接近顾客时主动提示产品利益，可以使产品的内在功效外在化，尽量满足顾客需求。在向顾客展示利益时，销售人员应该注意下述问题：产品利益必须符合实际，不可浮夸；在正式接近顾客之前，销售人员应该进行市场行情和用户情况调查，科学预测购买和使用产品给顾客带来的利益，并且要留有一定余地。

（2）向顾客示范产品。证实的常用办法是示范。所谓示范，就是当着顾客的面展示并使用产品，以显示出所销售的产品确实具备能给顾客带来某些利益的功能，以便使顾客产生兴趣和信任。熟练地示范销售产品，不仅能吸引顾客的注意，而且能使顾客直接对产品产生兴趣。示范最能给人以直观的印象，示范效果如何将决定推销成功与否。因而，示范之前必须周密计划。

（3）淘汰不合适的产品。有些产品不符合顾客的需要，我们称之为不合格产品。需要强调指出，销售人员在向顾客销售产品的时候，应及时筛选那些与顾客需要不吻合的产品，使顾客尽量买到合适的产品，但也不能轻易淘汰产品，要做一些客观的市场调研及分析。

（4）证实顾客的选择正确。销售人员要证明顾客已挑选的产品是合适的，该产品能满足他的需要。

（5）促使顾客接受产品。销售人员应针对顾客的具体特点和需要开展促销工作，并提供优惠的条件，以促使顾客接受销售的产品。

2. 埃德帕模式的特点

在采用该模式时不必去发现和指出顾客的需要，而是直接提示哪些产品符合顾客的购买目标。

3. 埃德帕模式的适用范围

埃德帕模式适用于有着明确购买愿望和购买目标的顾客。现实中，无论是中间商的小批量进货、批发商的大批量进货，还是厂矿企业的进货，无论是顾客亲自上门求购，还是顾客通过电话、邮件等通信工具询问报价，只要是顾客主动与销售人员接洽，他们都是带有明确的需求和目的的。因此，埃德帕模式多用于向熟悉的中间商销售，也用于向主动上门购买的顾客销售。

2.3.4 费比模式

费比模式是美国俄克拉荷马大学企业管理博士郭昆漠经过研究实践之后总结出的，同时也是郭昆漠博士极力推荐的一种销售模式。费比是 FABE 的译音，FABE 则是 Feature（特征）、Advantage（优点）、Benefit（利益）、Evidence（证据）的第一个字母的组合。费比模式是指企业或销售人员把产品的优点、给顾客带来的各种利益等通过列举方式直观地展示给顾客，从而有效地提高销售效率和节约顾客购买成本的一种销售模式。

1. 费比模式的步骤

（1）将产品的详细特征介绍给顾客。销售人员在进行销售的过程当中，要以简短、准确的语言将产品的详细特征介绍给顾客，主要包括产品的性能特点、原理构造、耐久性、经济性、使用的方便性、外观优点及价格等。如果内容太多不利于记忆，销售人员可以将这些特征印在宣传页上或制成卡片，公司也可以有自己的广告宣传材料，这样就可以将其留给顾客，使顾客能够详细了解。

（2）充分分析产品优点。就是要将产品的优点对顾客进行详细和充分的分析和说明。销售人员在第一步的基础上，在自己销售的产品中找到独特之处或特殊功能等。如果产品是新款，还需要将该产品研发的背景、目的、必要性、设计理念、相对于老产品的差别优势等对顾客进行详细的介绍。如果顾客拥有这方面的专业知识，销售人员在销售的时候就应该尽量用精确简练的专业术语对其进行介绍。

（3）尽数产品给顾客带来的利益。这是费比模式中很重要的一步。在了解顾客需求与愿望的基础上，推销人员应将产品带来的利益向顾客进行详细列举，也就是详细分析顾客哪些方面的需要通过该产品能够得到满足，有哪些好处，从经济利益到社会利益，从工作利益到社交利益。如果销售人员对顾客的需求并不是十分了解，那么在销售的过程中，就应该边讲解边观察顾客，对顾客的注意程度与表情变化就是顾客对产品的直接反应，对顾客表现关注的主要需求方面要进行更加详细的讲述。

（4）用证据说服顾客购买。销售人员在销售的过程当中，要充分利用各种证据，如真实的数字、案例、实物等，以此为基础，顾客的各种异议与顾虑就能得到较好解决，进而使交易顺利达成。

【小贴士】

费比句式

针对不同顾客的购买动机，把最符合顾客需求的产品利益向顾客推介是最关键的，为此，最精确有效的办法是利用特征、优点、利益和证据。其标准句式是："因为（特征）……从而有（优点）……对您而言（利益）……您看（证据）……"

例如，服务员说："小姐，您好，这道菜最大的特点就是它的原料是从（特征）……从而味道很鲜美，而且这道菜价格还比较实惠（优势），富含维生素，是很养颜的绿色食品，对您而言（利益）……您看旁边那位小姐点的就是这道菜（证据）。"

2. 费比模式的特点

如图 2-4 所示，与其他几个模式相比，费比模式有一个明显的特点，就是事先把产品特征、优点及带给顾客的利益等列出来印在卡片上，这样就能使顾客更好地了解有关内容，减少顾客的疑问，减少顾客的异议。正是由于费比模式具有这一特点，所以它受到了不少销售人员的推崇，帮助不少企业取得了销售佳绩。总之，费比模式是非常典型的利益销售法，而且是非常具体、操作性很强的利益销售法。

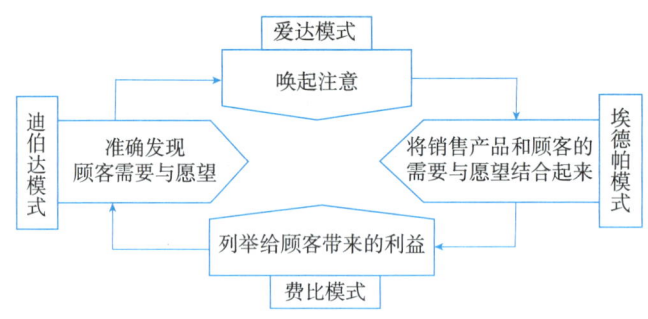

图 2-4　四种模式的突出特点

3. 费比模式的适用范围

费比模式适用于价位较高、耐用性商品或工业用品的销售，如商品房销售、汽车销售、工业原材料销售等，是销售人员向顾客分析产品利益的一种较好的方法。

课程思政

【思政元素】中国共产党人的"四个自信"

全党要更加自觉地增强道路自信、理论自信、制度自信、文化自信。"四个自信"是中国特色社会主义的重大理论创新，也是实现中华民族伟大复兴中国梦的精神动力。

【知识元素】销售三角理论

销售三角理论是指销售人员在销售活动中必须相信自己所销售的产品，相信自己所代表的公司，相信自己。

【思政元素与知识元素的融合】

销售三角理论强调销售人员要相信公司、相信产品、相信自己。中国共产党人要实现中华民族伟大复兴，就必须道路自信、理论自信、制度自信、文化自信。可见，一个人要自信，一个政党要自信，一个国家也要自信。自信是承受挫折、克服困难的保证，自信更是成功的保证。

本章小结

销售方格理论由销售方格、顾客方格以及二者之间关系三部分内容组成。销售方格把销售人员的心理态度分为五种类型：无所谓型、顾客导向型、推销导向型、销售技巧型和解决问题型。顾客方格把顾客的购买心态分为五种类型：漠不关心型、软心肠型、防卫型、干练型和寻求答案型。不同类型的销售人员遇到不同类型的顾客，应该尽力揣摩顾客的心态，及时调整自己，采取有针对性的销售策略。

销售三角理论是指销售人员在销售活动中必须相信自己所销售的产品，相信自己所代表的公司，相信自己。

爱达模式分为四个销售步骤：引起注意、唤起兴趣、激发欲望、促成购买。

迪伯达模式的六个销售步骤：准确地发现顾客有哪些需要和愿望、把销售产品和顾客的需要与愿望结合起来、证实销售产品符合顾客的需要与愿望、促使顾客接受销售产品、刺激顾客的购买欲望、促使顾客采取购买行动。

埃德帕模式分为五个销售步骤：将销售产品与顾客需要结合起来、向顾客示范产品、淘汰不合适的产品、证实顾客的选择正确、促使顾客接受产品。

费比模式分为四个销售步骤：将产品的详细特征介绍给顾客、充分分析产品优点、尽数产品给顾客带来的利益、用证据说服顾客购买。

复习思考题

1. 什么是销售方格？根据该理论，销售人员可以分为哪几个重要类型？最为理想的销售人员应该具有什么样的销售心理状态？
2. 什么是顾客方格？五种不同的购买心理状态各有什么特点？
3. 在销售过程中，如何将销售方格与顾客方格有效地结合起来？
4. 什么是销售三角理论？
5. 常见的销售模式有哪几种？它们各有哪些特点？
6. 爱达模式、迪伯达模式、埃德帕模式以及费比模式有哪些区别？

案例分析

销售人员切忌强行推销

当今社会中常常会有这样一种情况，人们会接到许多"骚扰电话"，他们一接到这样的电话就会皱起眉头，因为对方不是推销保险就是销售其他产品，这种不分场合、不分时间的促销是被人们所讨厌的，所以这种强行推销的方式其实是在赶跑客户。

原一平被人们称为日本"推销之神"，在他50余年的保险生涯中他从不勉强任何客户投保，而这也是他最欣赏自己的地方。在谈到自己的这一点时，原一平讲了这样一个故事：

客户："原一平先生，我们交往的时间已经不短了，您也给了我很多帮助，可是我一直不明白，您是做保险业务的，却从来不曾向我介绍您推销的保险业务的详细内容，这是为什么呢？"

原一平："这个问题嘛……"

客户："您为什么吞吞吐吐的？难道您对您的推销业绩并不关心吗？"

原一平："这怎么可能，我就是为了做好我的本职工作才经常拜访您啊！"

客户："那您为什么从来不向我介绍保险的详细内容呢？"

原一平："坦白地告诉你吧，其实我最讨厌强人所难，所以我一向都让客户自己决定什么时候投保，从保险的宗旨和观念上讲，硬逼着别人投保是错误的。再说，我认为真正的好保险是会吸引客户主动投保的，我没有感受到您的迫切需要，所以我也不好意思强行向您推销保险。"

客户："嘿，您的想法可真特别，和其他销售人员一点也不一样。"

原一平："所以我对每一位客户都会连续不断地拜访，直到客户觉得自己需要投保为止。"

客户："那我觉得我应该投保了……"

原一平："先别着急，在投保前还要做一个身体检查，在身体检查通过之后我们才可以合作，不过我有义务向您说明这份保险的具体内容，而您也可以询问我任何关于保险的问题。所以，请您先去做体检吧！"

客户："好的，我这就去体检。"

这就是原一平成功的秘诀——从不强迫客户购买自己的产品。有的销售人员总会忽视这一点，他们总是用种种办法软磨硬泡地让客户购买产品，即使客户勉强购买，也会留下许多问题，这是很得不偿失的。销售人员应该设法使准客户对自己想推销的产品有一个正确的认识，在这之后再诱导他们自发前来购买，这才是推销的正确做法。

现在一些商业繁华区的专卖店就存在强行推销的情况，当客户进入店中时，蜂拥而上的销售人员会把本有心仔细逛一逛的客户吓跑。客户一进门，销售人员就面临该不该向客户打招呼，在什么时候打招呼，用什么方式打招呼的问题。千万不要强行拉着客户推销，否则只能赶跑客户。

（**资料来源：**龙立群.别笑，这才是最牛的销售 [M]. 北京：中国华侨出版社，2012.）

案例讨论：

1. 根据销售方格，原一平在销售过程中是如何把握销售心态的？经历了怎样的转变？
2. 为什么销售人员切忌强行推销？这属于什么类型的销售心理状态？
3. 案例中，原一平的客户属于哪一类型的顾客心理状态？为什么？

第 2 篇 销售规划管理

第 3 章

销售计划管理

> 胜兵先胜而后求战，败兵先战而后求胜。
> ——《孙子兵法·军形篇》

学习目标

1. 了解销售计划的概念和内容
2. 了解销售计划的性质
3. 掌握确定销售目标的步骤
4. 掌握销售预测的基本方法
5. 知道销售预算的编制方法及如何控制

引入案例

游泳的故事（案例一）

1952年7月4日清晨，加利福尼亚海岸下起了浓雾。在海岸以西约33.8km的卡塔琳娜岛上，查德威克小姐准备从太平洋游向加利福尼亚州海岸。

雾很大，海水冻得她身体发麻，她几乎看不到护送她的船。时间一个小时一个小时地过去，千千万万人在电视上看着。有几次，鲨鱼靠近她了，又被人吓跑了。

15h之后，她很累，又冻得发麻。她知道自己不能再游了，就叫人拉她上船。她的母亲和教练在另一条船上。他们都告诉她海岸很近了，叫她不要放弃。但她朝加利福尼亚州海岸望去，除了浓雾什么也看不到。

人们拉她上船的地点，离加利福尼亚州海岸只有800m！后来她说，令她半途而废的不是疲劳，也不是寒冷，而是她在浓雾中看不到目标。

（资料来源：https://www.163.com/dy/article/HLDBPNK7053675M5.html。）

马拉松冠军的故事（案例二）

1984年，在东京国际马拉松邀请赛中，名不见经传的日本选手山田本一出人意外地夺得了冠军。当记者问他凭什么取得如此惊人的成绩时，他说了这么一句话：凭智慧战胜对手。

当时许多人都认为这个偶然跑到前面的矮个子选手是在故弄玄虚。马拉松是体力和耐力的运动，只要身体素质好又有耐性就有望夺冠，爆发力和速度都还在其次，说凭智慧取胜确实有点勉强。

两年后，意大利国际马拉松邀请赛在意大利北部城市米兰举行，山田本一代表日本参加比赛。这一次，他又获得了冠军。记者又请他谈经验。山田本一性情木讷，不善言谈，回答的仍是上次那句话：凭智慧战胜对手。这回记者虽然在报纸上没再挖苦他，但对他所谓的智慧仍迷惑不解。

10年后，这个谜终于被解开了，他在他的自传中是这么说的："每次比赛之前，我都要乘车把比赛的线路仔细地看一遍，并把沿途比较醒目的标志画下来，比如第一个标志是银行，第二个标志是一棵大树，第三个标志是一座红房子……这样一直画到赛程的终点。比赛开始后，我就以百米的速度奋力地向第一个目标冲去，等到达第一个目标后，我又以同样的速度向第二个目标冲去。40多公里的赛程，就被我分解成这么几个小目标，轻松地跑完了。起初，我并不懂这样的道理，我把我的目标定在40多公里外终点线的那面旗帜上，结果我跑到十几公里时就疲惫不堪了，我被前面那段遥远的路程给吓倒了。"

（**资料来源**：目标管理8个小故事．https://doc.wendoc.com/b68fa5446cba78d2dabe7206a423c4270b562fbc4.html．）

案例启示：

销售工作就像是在啃一块"硬骨头"，销售计划的制订首先需要制订长期目标的达成方案，然后根据长期目标分段，通过各个项目计划的滚动执行，来确保长期计划的达成。每个销售人员都要明白：每天每次只要迈出一小步，坚持下去，你离成功就越来越近。

凡事预则立，不预则废。销售计划是销售管理的起点，并且成功的销售活动也源于完善的销售计划。因为，销售管理过程的实质就是销售计划制订、实施和评估的控制过程。

3.1 销售计划概述

3.1.1 销售计划的概念

销售计划是指企业根据历史销售记录和已有的销售合同，综合考虑企业的发展和现实的市场情况制定的针对部门、人员的关于任何时间范围的销售指标（数量或金额），企业以此为依据来指导相应的生产作业计划、采购计划、资金筹措计划以及其他计划安排和实施。通俗而言，销售计划就是卖什么（产品计划）、卖到哪里（顾客计划）、谁来卖（销售人员计划）、卖啥价（定价计划）、卖多少（配额计划）以及怎么卖（实施计划）。

销售计划按时间长短，可以分为周销售计划、月度销售计划、季度销售计划、年度销售计划等；销售计划按范围大小，可以分为企业总体销售计划、分公司（部门）销售计划、个人销售计划等；销售计划按市场区域，可以分为整体销售计划、区域销售计划，区域一般按大区或省区、地市、县市、乡镇等行政区域来划分，也可以根据公司的实际销售范围和统计区域来划分。

3.1.2 销售计划的性质

销售计划是实现目标的路径，也是销售人员每日工作内容的指引。一方面，销售计划是决策的逻辑延续，组织实施销售的行动纲领；另一方面，具体的销售计划指标和要求为企业管理及销售提供了目标依据和衡量标准。其性质表现在以下五个方面：

1. 目的性

销售计划是实现企业经营目标和获取利润的基础。销售计划旨在为销售工作设立目标并作为控制的标准。无论是销售主管还是销售人员，销售计划都是工作的方向，并且可以减少变化的冲击，使风险降至最低。

2. 主导性

销售计划的主导性是指在企业管理活动中，计划决定了所有活动的需要，是管理者行使管理职能的出发点和基础。也就是说，销售计划决定产品计划、顾客计划、销售人员计划、定价计划、配额计划以及实施计划等，是销售主管组织、领导与控制销售工作的出发点。

3. 普遍性

销售计划工作涉及销售组织管理区域的每一个层级，只是对于不同职能、不同层级的管理人员而言，销售计划工作的特点与内容有所不同。高层管理人员计划销售组织发展的总方向，制订战略性计划；基层管理人员制订具体的业务销售计划，从而保证实现销售组织的总目标。

4. 效率性

销售计划的效率性表现为计划的制订与实施所需要的成本与达到目标后所获得的利益相比，如果两者相比有盈余则为有效率，反之则为无效率。特别需要注意的是，在衡量效率性时，不仅要用时间、金钱等来衡量，而且要用个人和集体的满意程度来衡量。

5. 灵活性

销售计划的制订并不是一成不变的，销售计划应随着外界环境灵活改变。也就是说，在制订销售计划时，要使销售计划具有弹性，能够随环境变化而变化。另外，销售计划的灵活性也表现在销售计划内容中要有应变措施。

3.1.3 销售计划的内容

成功的销售计划不必非常复杂或冗长，但应包含足够的信息，基本上可以概括为"一个前提"+"5W2H"+"应变措施"，销售计划必须能够清楚地确定和描述这些内容。销售计划的内容见表3-1。

表 3-1 销售计划的内容

要素	所要回答的问题	内容
前提	该计划在何种情况下有效	预测、假设、实施条件
目标	做什么（What）	最终结果、工作要求
目的	为什么要做（Why）	理由、意义、重要性
战略	如何做（How to）	途径、基本方法、主要战术
责任	由谁做（Who）	人选、奖惩措施
时间表	何时做（When）	起止时间、进度安排
范围	涉及哪些部门、何地（Where）	组织层次、地理范围
预算	需要投入多少资源（How much）	费用、代价
应变措施	实际与前提不相符怎么办	最坏情况的计划

【小贴士】

××公司年度销售计划书

一、基本目标

本公司××××年度销售目标如下:

(一)销售额目标

(1)部门全体:×××万元以上。

(2)每一员工(元/每月):×××元以上。

(3)每一营业部人员(元/每月):×××元以上。

(二)利益目标(含税):×××万元以上。

(三)新产品的销售目标:×××万元以上。

二、基本方针

(一)本公司的业务机构,必须直到所有人员都能精通其业务、人心安定、有危机意识、有效活动时,才不再做任何变革。

(二)贯彻少数精锐主义,不论精神或体力都须全力投入工作,使工作朝高效率、高收益、高分配(高薪资)的方向发展。

(三)为加强机能的敏捷、迅速化,本公司将大幅委让权限,使人员得以果断速决,实现上述目标。

(四)为达到责任目的及确立责任体制,本公司将贯彻重赏重罚政策。

(五)为使规定及规则完备,本公司将加强各种业务管理。

(六)××股份有限公司与本公司在交易上订有书面协定,彼此遵守责任与义务。基于此立场,本公司应致力达成预算目标。

(七)为促进零售店的销售,应设立销售方式体制,将原有购买者的市场转化为销售者的市场,使本公司能握有主导代理店、零售店的权力。

(八)将出击目标放在零售店上,并致力培训、指导其促销方式,借此进一步刺激需求的增大。

(九)策略的目标包括全国有名的××家店,以"销售方式体制"来推动其进行。

三、业务机构计划

(一)内部机构

1. ××服务中心将升格为营业处,以促进销售活动。

2. 于××营业处的管辖内设立新的出差处(或服务中心)。

3. 解散食品部门,其所属人员则转配到××营业处,致力于开展销售活动。

4. 以上各新体制下的业务机构暂时维持现状,不做变革,借此确立各自的责任体制。

5. 在业务的处理方面若有不备之处,再酌情改善。

(二)外部机构

交易机构及制度将维持经由本公司—代理店—零售商的原有销售方式。

四、零售商的促销计划

(一)新产品销售方式体制

1. 将全国××家零售商店依照区域划分,在各划分区域内采用新产品的销售方式体制。

2．新产品的销售方式是指每位销售负责人各自负责 30 家左右的零售商店，每周或隔周做一次访问，借访问的机会督导、奖励销售，进行调查、服务、销售指导及技术指导等，借此促进销售。

3．上述的 ×× 家零售商店所销出的本公司产品的总额须为以往的 2 倍。

4．库存量须努力维持在零售商店为 1 个月库存量、代理店为 2 个月库存量的界限上。

5．销售负责人的职务内容及处理基准应明确化。

（二）新产品协作会的设立与活动

1．为使新产品的销售方式所推动的促销活动得以配合，另外又以全国各主力零售商店为中心，依地区另设立新产品协作会。

2．新产品协作会的主要工作大致包括下列 10 项：

（1）分发、寄送机关杂志。

（2）赠送本公司产品的负责人员领带夹。

（3）安装各地区协作店的招牌。

（4）分发商标给市内各协作店。

（5）协作商店之间的销售竞争。

（6）分发广告宣传单。

（7）积极支援经销商。

（8）举行讲习会、研讨会。

（9）增设年轻人专柜。

（10）介绍新产品。

3．新产品协作会的存在方式是非正式的。

（三）提高零售商店店员的责任意识

为加强零售商店店员对本公司产品的关心，增强其销售意愿，应加强下列各项实施要点：

1．奖金激励对策：令零售商店店员每次售出本公司产品时寄送销售卡，当销售卡达到 10 张时，即赠奖金给该店员以激励其销售意愿。

2．人员的辅导：

（1）销售负责人可在访问时进行教育指导说明，借此提高零售商店店员的销售技术及加强其对产品的知识。

（2）销售负责人可亲自站在店头接待顾客，示范销售动作或进行技术说明，让零售商店店员从中获得间接的指导。

五、扩大顾客需求计划

（一）确实的广告计划

（1）在新产品销售方式体制确立之前，暂时先以人员的访问活动为主，把广告宣传活动作为未来要进行的活动。

（2）针对广告媒体，再次检查，务必使广告计划达到以最小费用创造出最大成果的目标。

（3）为达成前述两项目标，应对广告、宣传技术做充分的研究。

（二）活用购买调查卡

（1）针对购买调查卡的回收方法、调查方法等进行检查，借此确实掌握顾客的真正购买动机。

（2）利用购买调查卡的调查统计、新产品销售方式体制及顾客调查卡的管理体制等，确实做好需求的预测。

六、营业实绩的管理及统计

顾客调查卡的管理体制

（1）利用各零售店店员所送回的顾客调查卡，将销售额的实绩统计出来，或者根据这些来改革产品销售方式体制及进行其他管理。

①依据营业处、区域，统计××家商店的销售额。

②依据营业处，统计××家商店以外的销售额。

③另外几种销售额统计须以各营业处为单位制作。

（2）根据上述统计，可观察各店的销售实绩及掌握各销售负责人的活动实绩、各商品种类的销售实绩。

七、营业预算的确立及控制

（一）必须确立营业预算与经费预算，经费预算通常随营业实绩做调节。

（二）预算方面的各种基准、要领等须加以完善，形成示范本，本部与各事业部门则需交换合同。

（三）针对各事业部门所做的预算、实际额的统计、比较及分析等确立对策。

（四）事业部门的经理应按年、期、月，分别制定部门的营业方针及计划，并经本部门修正后定案。

3.2 销售目标

任何一个企业都离不开具体的产品或服务的销售达成，而要达成销售这一目标，各企业需要制定不同时期及地区的销售任务指标，即销售目标。销售目标的设定非常重要，因为企业所投入的资源，比如广告费用、销售人员、销售渠道以及产品组合等，都由销售目标所决定。可见，销售目标是整个销售计划的核心。

销售目标是在企业营销目标的基础上确定的，又可以按时间、地区、人员等分成各个子目标。无论是总目标还是子目标，都应该具有可行性、挑战性以及激励性。

3.2.1 销售目标制定应考虑的因素

1. 市场性因素

市场性因素主要是指企业所服务的目标市场规模以及企业预期的市场地位等。销售目标应该能够确保企业在市场中的地位，为此企业务必开展最佳的市场活动，最终成果明显表现为"市场占有率"。一个企业在目标市场上的市场占有率的高低，说明了该企业在目标市场上销售商品或者提供劳务的数量在交易总额中所占比例的大小。

2. 收益性因素

收益性因素是指企业的净收益、净利润等因素。销售目标必须能够确保企业生存与发展所需的一切利益，也就是企业需要从事足以获得收益的活动。日本的稻盛和夫先生曾反复强调：不管什么行业、什么产品，既然干事业，那么最低也要做出10%以上的利润率，否则就称不上是企业经营。

3. 社会性因素

企业是社会的一个单位，因此，在制定销售目标时必须考虑到社会性因素，而不能仅考虑市场性因素和收益性因素。企业需要顺应时代潮流，配合企业内外各利益相关者的需求，尽其所能为社会服务。例如，我国明确提出力争2030年前实现"碳达峰"与2060年前实现"碳中和"目标，企业销售目标制定时就需要考虑"双碳目标"、绿色发展。

3.2.2 确定销售目标

确定销售目标主要有两个步骤：计算销售目标值和根据销售预测确定销售目标。

1. 计算销售目标值

确定销售目标值时，应统筹考虑市场性因素、收益性因素以及社会性因素等。计算销售目标值的方法主要有以下六种：

（1）根据销售成长率计算。销售成长率是本年度销售实绩与上年度销售实绩的比率。其计算公式为

$$销售成长率 = \frac{本年度销售实绩}{上年度销售实绩} \times 100\%$$

有时企业决定销售成长率极为简单，例如最高层经营者下达指标：明年的销售收入额需要达到今年的120%。此时就不需任何计算了，即销售成长率为120。

若要求出精确的成长率，就需要从过去若干年的成长率入手，往往利用趋势分析确定下年度的销售成长率，即平均成长率。此时所用的平均成长率并非以"期数"（年数）直接除"成长率"，因为每年的销售实绩是以几何级增加的，其平均成长率的算法为

$$平均成长率 = \sqrt[n]{\frac{本年销售实绩}{基年销售实绩}} \times 100\%$$

n值的算法是以基年（基准年）为第0年，然后算出当年是基年后的第几年，即n为几。如果是基年后的第5年，则n为5。

有时，销售成长率也可以用"经济成长率"或"行业成长率"替代。但无论采用什么方法，均需要运用下列公式计算销售目标值

$$下年销售目标值 = 本年销售实绩 \times 销售成长率$$

也就是说，上式的销售成长率可以为平均成长率、经济成长率或行业成长率等。

（2）根据市场成长率计算。这是根据企业希望其市场地位扩大多少来确定销售目标值的方法。如果企业想保住自己的市场地位，其销售成长率就不能低于行业市场成长率。市场成长率计算公式为

$$市场成长率 = \frac{本年度市场销售总额}{上年度市场销售总额} \times 100\%$$

$$下年度的销售目标值 = 本年度市场销售总额 \times 市场成长率$$

（3）根据市场占有率计算。市场占有率是指本企业年度销售额占行业当年销售总额的比率。计算公式为：

$$市场占有率 = \frac{本企业年度销售额}{行业当年销售总额} \times 100\%$$

该方法的使用有一个前提条件，就是首先要通过需求预测求出下年度行业销售总额。下年度的销售目标值的计算公式为

$$下年度的销售目标值 = 下年度行业销售总额 \times 市场占有率$$

（4）根据损益平衡点公式计算。损益平衡是指销售收入等于销售成本。因此，当损益平衡时可以推导销售收入计算公式为

$$销售收入 = 变动成本 + 固定成本$$

$$销售收入 - 变动成本 = 固定成本$$

变动成本随销售收入（或销售数量）的增减而变动，故可通过变动成本率计算损益平衡点上的销售收入。

$$变动成本率 = \frac{变动成本}{销售收入} \times 100\%$$

$$销售收入 - 变动成本率 \times 销售收入 = 固定成本$$

$$销售收入 \times (1 - 变动成本率) = 固定成本$$

可利用上述公式导出损益平衡点上的销售目标值公式

$$损益平衡点上的销售目标值 = \frac{固定成本}{1 - 变动成本率}$$

（5）根据投入经费计算。企业各项经营活动的展开，无法避免如折旧费、人事费等经费的产生，企业要收回这些投入的经费就必须要有一定的销售收入。因此，可以根据投入的经费来确定销售目标。

可以说，有关企业的一切销售成本、营业费用、纯收益等均源自销售毛利，销售毛利与销售目标值的关系甚为密切。因此，首先从销售毛利率公式着手推导销售目标值公式

$$销售毛利率 = \frac{销售毛利}{销售收入} = \frac{销售收入 - 销售成本}{销售收入} = 1 - 销售成本率$$

$$销售目标值 = \frac{固定费用 + 必要纯利润}{1 - 销售毛利率 - 变动性营业费用率}$$

由于上式中的营业费用包括固定费用和变动费用，所以需去除变动费用，据此将上述公式演化

$$销售目标值 = \frac{销售毛利}{1 - 销售成本率} = \frac{营业费用 + 营业纯利}{销售毛利率}$$

（6）根据销售人员计算

1）根据销售人员人均销售收入计算。这是以销售效率或经营效率为基数求销售目标值

的方法。其中最具代表性、最简易的公式为

$$销售目标值 = 每个销售人员的平均销售收入 \times 销售人员人数$$

2）根据人均毛利润计算。这是根据每个销售人员的平均毛利润计算销售目标的方法。计算公式为

$$销售目标值 = \frac{每个销售人员的平均毛利润 \times 销售人员人数}{毛利率}$$

2. 根据销售预测确定销售目标

事实上，销售目标值的计算是从各行业、企业和市场数据出发的，计算结果比较科学，然而缺乏对未来的预判。销售预测则着重于分析趋势，能够充分考虑历史数据和内外环境因素的影响，预测结果比较客观。假如销售目标值与销售预测相等时，此值就是企业的销售目标；当两者不等时，就需要分析差别存在的原因，根据销售预测来调整销售目标值，最终确定销售目标。

【小贴士】

积极面对销售目标

销售人员接到销售目标后，一般会出现三种消极心态：恐惧目标，产生逆反心理，和主管部门作对；轻视目标，产生浮躁心理，把目标当游戏；憧憬目标，产生膨胀心理，凭激情做事，认为付出必有收获。

这三种心态不仅会给公司造成恶劣的后果，对销售人员个人的发展也是非常不利的。建立一种积极的心态对实现销售目标极其重要。

（一）正确理解月度销售目标

什么是月度销售目标？很多销售人员可能认为这个问题挺好笑，难道自己还不知道什么是月度销售目标？其实，确有一部分销售人员没有真正深入、系统地考虑过这个问题，把月度销售目标简单地理解成数字游戏。月度销售目标应从以下几个方面去理解：

1. 目标

何谓目标？目标，可以简单理解为"达成目的的尺度"，目标本身就是一种追求、一种挑战，完成这种"尺度"必须努力拼搏。所以，销售人员面对任何销售目标时，都必须抱着一种追求、挑战的心理，做好充分的思想准备，积极地应对。

很多销售人员总是给月度销售目标找一种"障碍性对比尺度"，如：上月那么好的季节，那么好的支持，那么多的机会，那么多的努力，"吃奶"的劲都用上了才完成多少？这个月什么都无法与上个月比，这个月的季节不好，支持不够好，机会也没有那么多，这个月的月度销售目标又比上个月多，根本就不可能达成。瞧！还没开始工作就先给自己找好向下的台阶了，结果肯定是完不成目标。

2. 月度销售目标

月度销售目标是年度销售目标的组成部分，承载着实现年度销售目标的重要使命。月度销售目标在这种大背景下必须是递增的，如果片面地、静止地就当月说当月，没有长远的眼光，肯定是"月月痛苦、月月煎熬"，整天被动挨打，手忙脚乱。

3. 月度销售目标是数字，更是文字

月度销售目标绝不是一个简单的数字能说明的，必须有认真的分析、论证，有详细可行的操作方案，有"四两拨千斤"的月度营销策略。

月度销售目标，绝不是静止、孤立的，它必须是一个完整月度的动态过程，结合各种营销要素来达成。优秀的销售人员就像优秀的骑手一样，要在运动中射中目标。

（二）正确应对月度销售目标

1）有信心就成功了一半。面对月度销售目标，销售人员必须像西班牙斗牛士一样，树立必胜的信念。很多时候，人们在完成惊险一跳后会觉得原来并不惊险，甚至很平淡。对很多销售人员来说，完成月度销售目标的最大障碍不是技能性的，而是心理性的。面对月度销售目标，销售人员必须拿出"一览众山小"的气概，从战略上藐视目标，从战术上重视目标。

2）很多人都知道杠杆原理，利用杠杆原理可以完成"四两拨千斤"的"壮举"，但促成这一"壮举"的只是一个小小的"支点"。其实，要完成月度销售目标也一样，只需要一个"支点"就够了，这个"支点"是由营销的基本要素和相关资源组成的，销售人员把各种要素和资源整合后做成一个"支点"，这个支点就是月度销售目标达成的"发力点"。

3）在实际工作中，一些销售团队对销售目标的分解和实施方案过度重视，对月度销售目标方案的讨论、分析无休无止，搞"纸上谈兵"，比谁的方案完美，谁的词句华丽，领导也是凭感觉看谁的方案更合理，看谁的方案更可行，但是实际效果并不好。

4）过程决定成败。大家常说"计划不如变化，变化不如电话"，能不能在每一分、每一秒推进月度销售目标才是成败的关键。只要在过程中让目标进度与时间进度同比率推进，不要等秋后算账，月度销售目标就必然会达成。所以，要把月度销售目标分解到每一天的实际工作中去。

5）"三讲三不讲"。区域经理要给营销人员定出"三讲三不讲"，这也是确保月度销售目标达成的一个法宝。第一，讲态度不讲难度，什么工作都有难度，没有难度就没有发展，没有难度就没有价值。第二，讲行动不讲借口，理由讲得过多就是借口，这也是理由与借口的区分标准，部分销售人员讲无法完成的理由，能讲几天几夜，讲得声泪俱下，如歌如泣。你问他到底怎样能成功？他却一条也讲不出。第三，讲结果不讲理由。当销售目标最终落空时，很多销售人员会找出这样那样的理由，再多的理由也不能掩盖一个事实——没有完成目标。

3.3 销售预测

销售预测是企业整体运作规划的关键因素，无论企业规模大小、销售人员多少，销售预测都会影响销售计划、销售目标和销售预算等销售管理的各方面工作。例如，销售预测过高，会造成产品积压，给企业带来损失；预测过低，无产品可售，会错过绝佳市场机会。可见，科学的销售预测非常重要，是制订好销售计划的基础。

具体而言，销售预测是指某个企业对其在未来一段时期内，在特定市场上全部产品或特定产品的销售数量与销售金额的估计。销售预测的范围比较广泛：既可以为企业整体市场做预测，也可以为个别细分市场做预测；既可以给某条生产线做预测，也可以给个别产品项目做预测。

3.3.1 影响销售预测的因素

销售预测对企业而言非常重要,然而做到高质量的销售预测却并非易事。在进行预测和选择最恰当的预测方法之前,有必要了解影响销售预测的各种因素。一般来说,影响销售预测的因素有两大类,如图3-1所示。

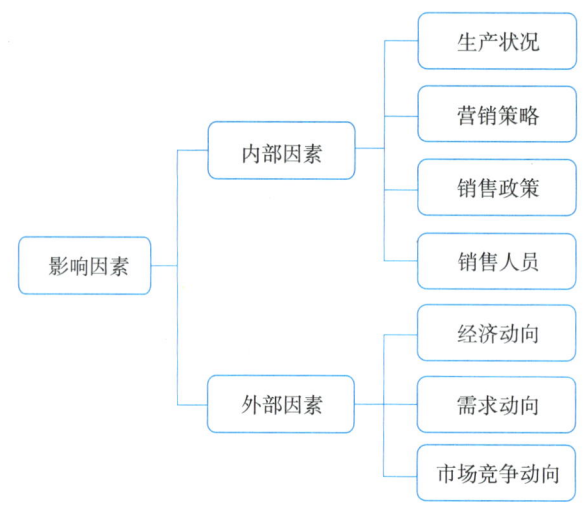

图3-1　影响销售预测的因素

1. 内部因素

(1)生产状况。生产状况决定了货源是否充足,质量是否合格,能否保证销售需要等。例如,不合理的生产状况对销售的影响主要有不能按时交货,引起客户退货,增加库存资金压力,不能及时回款,增加公司流动资金周转困难等。

(2)营销策略。营销策略是企业以顾客需要为出发点,根据经验获得顾客需求量以及购买力的信息、商业界的期望值,有计划地组织各项经营活动。销售只是营销的一部分,因此,企业营销4P组合,即产品政策、价格政策、渠道政策以及促销政策等均影响企业的销售。

(3)销售政策。销售政策是一系列引导性、激励性销售措施,如折扣、返利、补偿、津贴、优惠、奖励等。销售政策的目的就是促进销售,给销售带来保障和促进。所谓保障,就是通过给出一定的条件来激励、约束经销商与销售人员的行为,为完成销售目标服务。所谓促进,就是"胡萝卜加大棒政策"中的"胡萝卜",充分发挥吸引力,促使经销商与销售人员产生内驱力,自动完成销售目标,从而给销售带来一些便利与推动。

(4)销售人员。销售人员是指直接进行销售的人员,包括总经理、业务经理、市场经理、区域经理、业务代表等。可见,销售工作是由销售人员来完成的,销售人员的能力、知识、经验、情商等直接影响销售绩效。

2. 外部因素

(1)经济动向。在世界经济全球化、信息化大潮的冲击下,中国经济取得了突飞猛进的发展,同时也面临更多的风险与挑战。面对瞬息万变的国内和国外市场环境,如何更好把握中国经济动向,对企业的销售而言至关重要。企业的销售收入深受经济变动的影响,经济因素是影响商品销售的重要因素。例如，在2021年的《政府工作报告》中指出：继续执行制度性减税政策；将小规模纳税人增值税起征点从月销售额10万元提高到15万元；对小微企业和个体工商户年应纳税所得额不到100万元的部分，在现行优惠政策基础上，再减半征收所得税。这一减税政策有利于企业的销售收入。

（2）需求动向。当前，中国消费市场细分群体越来越多，市场需求细分化趋势明显。因此，企业需要不断满足消费者的个性化、细分化的需求。为此，企业要做好销售预测工作，就需要尽量收集有关对象的市场资料、市场调查机构资料、购买动机调查等统计资料，以便更好地掌握市场的需求动向。例如，美国连锁超市沃尔玛创始人山姆·沃尔顿（Samuel Walton）说过："我们的老板只有一个，那就是顾客。是他付给我们每月的薪水，只有他有权解雇上至董事长的每一个人。道理很简单，只要他改变一下购物习惯，换到别家商店买东西就是了。"

（3）市场竞争动向。当今社会发展日新月异，市场竞争日益激烈。古人云"知己知彼，百战不殆"，为了提升销售收入，必须掌握竞争对手在市场的所有活动。可以说，竞争存在于任何行业，所以了解竞争对手，是在竞争中掌握主动的一个必要条件。想要了解竞争对手，首先就要知道竞争对手到底是谁？他们在干什么？

3.3.2 销售预测的步骤

了解销售预测的步骤，有助于销售经理全面分析销售预测因素，以便得出客观、合理的预测值。销售预测往往包括以下六个步骤，如图3-2所示。

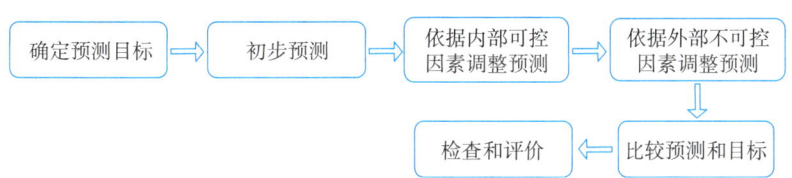

图3-2 销售预测的步骤

（1）确定预测目标。预测目标有：①销售预测的目的是什么；②预测将被如何使用，谁来使用；③是否用于企业计划进入的市场；④预测是否需要体现对现金的控制；⑤是否用于个人销售配额的设定。

（2）初步预测。充分的市场信息资料是进行销售预测的前提，因此，选择并且确定了市场预测目标以后，就要广泛、系统地收集与本次预测有关的各方面数据和资料。基于收集的数据和资料，依据一定的预测方法初步预测未来的销售量等。

（3）依据内部可控因素调整预测。企业内部可控因素包括：整个营销策略是否有改变、有无新产品推出、价格是否发生变化、促销活动会产生什么影响等。企业需要考虑这些可控因素，对初步预测进行适当调整。

（4）依据外部不可控因素调整预测。企业外部不可控因素包括：经济形势的变化、是否颁布新的政策法规、是否有新的竞争对手加入、竞争对手的营销策略是否有变化等。企业更要考虑这些不可控因素，以此调整初步预测。

（5）比较预测和目标。首先比较预测与企业销售目标是否一致，假如预测无法达到销售目标，就需要考虑降低目标，或者进一步采取措施，努力实现目标。

（6）检查和评价。所做出的销售预测不是固定不变的，随着企业内部可控因素以及企业外部不可控因素的变化，或者调整目标，或者采取措施来实现目标。另外，还必须有一个反馈制度，能够使一些重大的变化在销售预测中反映出来。

3.3.3 销售预测的基本方法

销售预测的方法可以分为定性预测和定量预测两种。定性预测主要是依据历史经验或专家判断，如经理意见法、销售人员意见法、消费者意见法和德尔菲法等；定量预测主要是依据历史数据，利用统计分析工具预测未来，如时间序列分析法、回归和相关分析法等。

1. 定性预测

（1）经理意见法。经理意见法是最古老和最简单的预测方法之一，是指依据经理人员的经验、直觉，参考多个或全部参与者的意见得出销售预测。这种方法的优点是简单便捷，往往适用于中小企业，然而由于是以个人经验为基础的，有时缺乏说服力。

（2）销售人员意见法。销售人员意见法是利用销售人员对未来销售进行预测。由于销售人员是最接近市场、最了解市场需求的人员，其预测值的可靠性比较强，因而该方法适用于各类企业。销售人员意见法的缺点是销售人员往往不了解企业整体规划和宏观经济趋势，另外，销售人员为了能够超额完成销售定额，可能会有意降低预测值。

（3）消费者意见法。消费者是产品销量的决定因素，消费者意见法是指通过征询消费者的需求和未来的购买计划了解整体需求，在此基础上分析市场形势，预测未来销量。消费者意见法的准确率较高，往往适用于生产资料商品、中高档耐用消费品的销售预测。然而，消费者意见法的有效性需要具备两个条件：消费者的意向明确；消费者的购买意向真实、可靠。

（4）德尔菲法。德尔菲法又称专家意见法。该方法是由企业组成一个专门的预测机构，其中包括若干专家和企业预测组织者，按照规定的程序，背靠背地征询专家对未来市场的意见或者判断，然后进行销售预测的方法。德尔菲法的最大优点是充分民主地收集专家意见，其缺点是需要花费较高的成本邀请专家，还需要花费大量的时间，而且预测结果的质量完全取决于专家的才能。

2. 定量预测

（1）时间序列分析法。时间序列分析法是一种历史资料延伸预测，也称历史引申预测法。它是对以时间序列所能反映的社会经济现象的发展过程和规律性进行引申外推，预测其发展趋势的方法。在分析销售收入时，大家都将销售收入按照年或月的次序排列下来，以观察其变化趋势。时间序列分析法现已成为销售预测中具有代表性的方法。

（2）回归和相关分析法。各种事物彼此之间都存在直接或间接的因果关系，同理，销售量也会随着某种变量的变化而变化。当销售量与时间之外的其他事物存在相关关系时，就可运用回归和相关分析法进行销售预测。

3.4 销售预算

销售预算以销售预测为基础，主要反映企业销售活动中的费用问题，企业通过销售预算把费用和销售目标的实现联系起来。既然预测是预算的基础，那么销售预算就需要随着销售预测的变动而进行调整。

3.4.1 销售预算的概念和作用

销售预算是对完成销售计划所需费用的估算。企业在确定销售目标之后，就需要编制销售预算。销售预算是计划的货币形式，是对获得未来销售量所需成本的财务计划，这种计划的基础是销售预测。

销售预算对实现销售目标而言极为重要。具体来说，销售预算主要发挥以下作用：

（1）计划作用。企业在制定了销售目标后，就以销售预算来决定如何实现这些目标。对各个部门而言，销售预算既是行动计划，又是绩效标准。销售预算一旦确定，各个部门就可以开始实施计划，这对销售人员尤其重要。通过销售预算在产品、区域和客户之间的详细分解，销售人员可以了解到管理层对各区域销售资源的分配倾向，也可以将其作为自己在本区域内销售活动的限制和标准，使自己在销售费用的额度内实现销售目标。

（2）协调作用。销售预算有利于合理地使用费用，协调各部门的活动。例如，销售预测为 2000 万元的收入，利润率为 10%，那么其费用为 1800 万元，这些费用可以在生产、管理、销售等各部门之间进行分配。这样，销售经理就能够协调销售收入与费用，以及销售预算与其他部门预算之间的关系。同时，销售预算也将限制销售经理在获取收入时发生的费用，避免超支，有助于防止费用失控。

（3）控制作用。已确定的销售预算，是衡量销售人员绩效的工具。销售目标与销售费用的对照可以衡量销售任务完成的质量。销售人员如果按照销售预算完成了销售目标，就会得到相应的奖励，否则，就会受到批评或惩罚。可见，销售预算可以激励销售人员积极完成销售任务。

3.4.2 销售预算的编制程序

销售预算的编制有自上而下和自下而上两种方式。自上而下编制销售预算时，管理层会考虑企业的战略和目标，根据销售预测，利用一定的预算制定方法草拟预算，分配给各个部门，各部门据此编制详细预算。自下而上编制销售预算时，销售人员一般会参考上年的销售预算和今年的销售定额来编制预算，之后提交给销售经理，经汇总后层层上报，形成企业的整体预算。

无论是自上而下还是自下而上，两种销售预算的编制方式都各有利弊。因而在实践工作中，往往是将二者结合起来运用。具体的预算编制程序如下：

（1）根据销售目标确定销售工作范围。基于销售目标，销售经理必须明确完成该目标需要采取哪些措施，例如产品研发、促销、销售人员培训等。尤其是企业的销售经理和销售精英，不可能在短时间内成熟起来，必须花费较长的时间和较多的费用对他们进行培养。

（2）确定固定成本和变动成本项目。固定成本是指在销售额的一定范围内，不随销售额的增减而变化的成本，如销售人员和销售经理的工资、销售办公费用、例行的展销费用、保险费、一些固定税收、固定交通费用、折旧费等；变动成本是指随销售额增减而同步变化的成本，如提成和奖金、邮寄费、运输费、部分税收（增值税）、广告费和营业推广费等。

（3）进行量本利分析。量本利分析法中最重要的一个概念就是盈亏平衡点，是指为了使收入能够弥补成本（包括固定成本和变动成本）的最低销售量。也就是说，只有实际销售额高于盈亏平衡点时，企业才有利润。

（4）根据利润目标分析价格和费用的变化。当企业的价格、成本、销售量处于盈亏平衡点时，销售收入刚好弥补所有的成本费用，企业处于零利润的状态。因此，销售经理需要明确企业的盈亏平衡点，明确各种销售活动对成本、利润的影响，尤其是利润目标对价格和费用变化的影响。

（5）将预算提交企业最高管理层。量本利分析之后，销售经理需要明确达到最高管理层确定的销售额和利润目标所必需的成本费用，以及各种变量的变动对利润的影响等，且需将销售预算提交给企业最高管理层。

（6）调控销售预算。最高管理层根据企业发展战略和销售规划来决定销售经理提交的销售预算是否需要进一步调整，以保证预算与企业目标相一致。

3.4.3 销售预算的编制方法

销售经理在确定销售预算水平时，应该根据企业历史、产品特点、营销组合、市场开发程度等因素选择销售预算的编制方法。常用的销售预算编制方法有销售百分比法、边际收益法、同等竞争法、目标任务法、投入产出法、零基预算法等。

（1）销售百分比法。销售百分比法是企业以过去一定时期内销售费用与销售额的百分比为基础，结合当年的销售预测值计算出销售预算的一种方法。销售百分比法直接、简单，是最常用的一种销售预算编制方法。但是，这种方法忽视了企业长期目标，不利于企业对市场的长期整体开发。

（2）边际收益法。此处的边际收益是指每增加一名销售人员所获得的效益。边际收益法要求销售人员的边际收益大于零，此时所确定的销售人员数量对应的变动成本和固定成本即为销售预算。然而，边际收益法有一个很大的缺点，即在销售水平、竞争状况和市场其他因素变化的情况下，很难确定销售人员的边际收益。

（3）同等竞争法。同等竞争法又称杠杆法，是以行业内主要竞争对手的销售费用为基础来确定本企业的销售预算。销售经理认为销售成果取决于竞争实力，因此采用同等竞争法。此时必须对行业及竞争对手有充分的了解，并及时得到大量行业及竞争对手的资料。但通常情况下，得到的资料反映的是以往年度的市场及竞争状况，所以用这种方法确定销售预算有时不能达到超越竞争对手的目的。

（4）目标任务法。目标任务法是销售经理根据由预测而确定的目标，确定实现目标必须完成的任务，并进一步估计完成这些任务需要花费的成本，然后根据企业利润目标来审查这些成本是否合理。如果成本过高，销售经理需要调整目标或者换一种实现目标的方式，如此反复该过程，直到管理层对目标以及实现目标的方式感到满意为止。

（5）投入产出法。投入产出法是对目标任务法的一种改进。目标任务法是一定时间内费用与销售量的比较，但有时有些费用投入后，其效应在当期显示不出来，因此无法真实反映费用与销售量的比率。投入产出法不强调时间性，而是强调投入与产出的实际关系，因而在一定程度上克服了目标任务法的缺点。

（6）零基预算法。假定在一个预算期内每一项活动都从零开始，销售经理提出销售活动所必需的费用，并且对这些活动进行投入产出分析，优先选择那些对组织目标贡献大的活动。如此反复分析，直到把所有活动都按照贡献大小排序，然后将费用按照这个排序进行分配。零基预算法的缺点是有时贡献小的项目可能得不到费用支持，另外使用这种方法需经过反复论证才能确定所需的预算。

3.4.4 销售预算的控制

销售预算不仅是销售计划的重要组成部分，而且是确保销售活动有计划且顺利展开的基础，因而销售预算的控制非常重要。一般而言，销售预算的控制主要有两种方式：费用专控目标体系和定额管理。

1. 费用专控目标体系

费用专控目标体系是由企业单项费用指标和无程序性的随机费用指标组成的目标体系。专项控制费用的主要内容有单位成本、材料燃料消耗、水电消耗、办公费、差旅费、医药费、大修理费、生产生活设施维修费、易耗品购置费、储备资金周转天数等。这些专项控制费用数量多、涉及面广、随机性强，在实际的预算中很难有效控制，因此需要采用费用专控目标体系的方法强化管理。

2. 定额管理

定额是企业及职工从事生产活动时，在人力、物力、财力利用方面应遵守的标准。定额管理的目的有两个：一是以尽可能少的消耗完成尽可能多的工作量，提高工作效率和经济效益；二是对整个企业各项工作、各个生产岗位的定员进行核实，重新编制定员计划，使工作人员与工作任务相适应。在此基础上，企业可以健全与完善各工种劳动定额、各项物资消耗劳动定额，以及各种资金、费用、劳务结算定额。

课程思政

【思政元素】"两个一百年"

中共十五大报告首次提出"两个一百年"奋斗目标：到建党一百年时，使国民经济更加发展，各项制度更加完善；到世纪中叶建国一百年时，基本实现现代化，建成富强民主文明的社会主义国家。

此后，党的十六大、十七大均对"两个一百年"奋斗目标做了强调和安排。2012年，党的十八大描绘了全面建成小康社会、加快推进社会主义现代化的宏伟蓝图，向全国人民发出了向实现"两个一百年"奋斗目标进军的时代号召。

【知识元素】销售计划

【思政元素与知识元素的融合】

销售管理的起点正是销售计划，而成功的销售活动源于完善的销售计划。销售计划让销售人员看到未来、看到希望，具有一定的号召力，能够让销售团队紧密团结在一起，销售人员也为能够参与其中而感到自豪，从而共同实现销售目标。"两个一百年"是全国各族人民共同的奋斗目标，销售人员努力实现企业的销售目标，事实上也是为实现"两个一百年"的奋斗目标而努力。因此，各行各业的年轻人，需要做好本职工作，一起推进全国各族人民共同奋斗目标的实现。

本章小结

销售计划是指企业根据历史销售记录和已有的销售合同，综合考虑企业的发展和现实的市场情况制定的针对部门、人员的关于任何时间范围的销售指标（数量或金额），企业以此为依据来指导相应的生产作业计划、采购计划、资金筹措计划以及其他计划安排和实施。

销售计划的性质表现在以下五个方面：目的性、主导性、普遍性、效率性、灵活性。

销售计划的内容可以概括为"一个前提"+"5W2H"+"应变措施"。

确定销售目标主要有两个步骤：计算销售目标值和根据销售预测确定销售目标。

计算销售目标值的方法：根据销售成长率计算，根据市场成长率计算，根据市场占有率计算，根据损益平衡点公式计算，根据投入经费计算，根据销售人员计算。

影响销售预测的因素有内部因素和外部因素两大类。内部因素：生产状况、营销策略、销售政策、销售人员；外部因素：经济动向、需求动向、市场竞争动向。

销售预测的步骤：确定预测目标；初步预测；依据内部可控因素调整预测；依据外部不可控因素调整预测；比较预测和目标；检查和评价。

销售预测的方法可以分为定性预测和定量预测：定性预测主要是依据历史经验或专家判断，如经理意见法、销售人员意见法、消费者意见法和德尔菲法等；定量预测则主要是依据历史数据，利用统计分析工具预测未来，如时间序列分析法、回归和相关分析法等。

销售预算主要发挥以下作用：计划作用、协调作用、控制作用。

销售预算的编制程序：根据销售目标确定销售工作范围；确定固定成本和变动成本项目；进行量本利分析；根据利润目标分析价格和费用的变化；将预算提交企业最高管理层；调控销售预算。

销售预算的编制方法有销售百分比法、边际收益法、同等竞争法、目标任务法、投入产出法、零基预算法等。

复习思考题

1. 简述销售计划的概念及其内容。
2. 销售计划的性质表现在哪些方面？
3. 销售目标值的计算方法有哪些？
4. 什么是销售预测？其影响因素有哪些？
5. 销售预测的基本方法有哪些？
6. 销售预算的作用是什么？销售预算的编制方法有哪些？

案例分析

一位销售主任的困惑

马力在公司工作了四年。三年前，他因销售业绩出色而被提升为区域销售经理。

在做经理的第一年，他招聘了四个销售代表。三个月后，马力就发现这四个销售代表在不同的方面都有问题，因此他不厌其烦地找销售代表谈话，要他们改正。在销售代表第一年工作结束时，四个销售代表换了三个，主要是因为没有完成当年分配的销售计划。

在做经理的第二年，培训老师介绍了"软"与"硬"的概念，马力很受启发。受训结束后，他对每个员工都开始"软"，员工要的支持，他全部提供。这一年结束时，没有一个员工离职，大家相当团结友好，团队士气很高，完成了当年销售计划的102%。

第三年伊始，马力把分配计划给销售代表后，个人产出最高的两个销售代表认为对他俩不公平，在计划中他俩负责区域的计划增长率比同一个地区的另两个区域的计划增长率高。马力鼓励说，计划是有点偏高，但这是领导对他俩的信任，让他俩努力完成。半年后，区域累计完成计划的48%。马力着急了，他开始找每个销售代表分析市场潜力，找解决方法，规定要开三个科室研讨会等。他还听闻那两个销售代表想找新的工作。第三年结束时，那两个销售代表跳槽了，并且只完成计划的98%。马力总结原因：下半年对员工太"硬"了。

（**资料来源：** https://www.wendangwang.com/doc/a336b011cacc4427ef182dcbcb07a86c05653f9a．）

案例讨论：

1. 你认为马力第三年工作作风太"硬"了吗？为什么？
2. 你从这个案例中学到了什么？

第4章

销售组织管理

> 凡治众如治寡，分数是也；斗众如斗寡，形名是也。
> ——《孙子兵法·兵势篇》

学习目标

1. 了解销售组织的概念和特点
2. 掌握销售组织的设计原则
3. 了解影响销售组织设置的因素
4. 掌握销售组织的类型及各自的优缺点

引入案例

安全地平线公司是一家从事老年人健康保险的公司。多年来，该公司一直在当地行业中处于领先地位，但是从2023年1月开始，公司的这种领先地位不断受到挑战，竞争对手纷纷调整自己的经营活动，公司的市场份额不断减少。面对严峻的形势，公司逐渐认识到需要对公司的销售人员进行必要的调整。同时，公司也知道对组织进行重组和调整会让销售人员感到惊慌失措，所以公司要让销售人员对即将到来的调整做好充分的思想准备，以便轻松地面对。

公司决策层深入第一线，倾听销售人员的呼声，与公司的各级管理人员共同分析公司面临的困难，探讨行业未来发展趋势以及公司应该采取哪些措施来面对竞争环境的变化。2023年2月，公司公布了一项调查报告，对行业未来发展方向、公司现存的问题及未来工作的重点进行了分析，特别指出了公司存在效率低下的问题。2023年4月，公司在所有员工都做好准备的情况下，宣布了公司的人员调整方案，并在2023年5月对接受新岗位的销售人员进行了培训。

在实施人员调整方案的一年后，公司在当地老年人健康保险行业仍然保持了领先的地位，当地45%的老年人购买了公司的健康保险。

每一个企业都面临许多与组织效率有关的问题，为了适应新战略和市场环境的变化以及生产技术的创新，企业有必要进行销售组织的重新设计和整合。

（资料来源：欧阳小珍. 销售管理[M]. 2版. 武汉：武汉大学出版社，2010.）

4.1 销售组织概述

4.1.1 销售组织的内涵及特征

组织是个人为实现共同目标而结合成的有机统一体，每个企业无论其人、财、物多么丰富，均需要经过一定的组织活动才能产生综合效用。销售组织是一种特殊的组织形式，是指企业为了实现销售目标而将构成企业销售能力的人、商品、金钱、信息等各种要素进行有机整合并使其充分发挥效用的统一体。简而言之，销售组织就是将生产或经营的商品销售给客户的销售部门。

企业销售组织有四个重要概念：分工、协调、授权、团队。首先，分工使企业销售组织部门化，即对分配给各销售组织单位的工作的种类、性质、范围加以分别限定；其次，在分工的基础上协调，使人员之间、部门之间彼此沟通了解、消除冲突，发挥各个部门的力量，实现整体优化；再次，随着销售组织阶层化的完成，上级要授予下级发布命令与执行的权力，即建立授权制度；最后，由于销售工作越来越需要相互配合，因而团队销售成为一种发展趋势。

作为企业组织体系的重要组成部分，销售组织具备如下特征：

1）销售组织的目标是为企业发展创造必要的条件，这主要是通过各种销售活动，完成企业销售量，实现销售利润，提供令客户满意的售后服务，并努力扩大商品和服务的市场占有率来实现的。

2）销售组织形式可以是单一形式，也可以是复合形式。依据企业的商品特征、市场覆盖范围、流通渠道等因素，构成不同的组织形式。

3）销售组织从其运行来看，有人、财、物、时间、信息、商誉等资源构成要素。其活动是按照企业的生产经营特点，分层次、按程序、靠合作进行的。销售组织活动就在于对各种资源的合理组织和充分利用。

4）销售组织是一个开放系统，它与环境发生广泛而又复杂的联系。销售组织必须适应企业的发展和环境的变化，随时调整和变革自身，为保证始终保持高效运行效率和自身的不断发展创造条件。

4.1.2 销售组织的构成要素

销售组织是由相互依存、相互作用的各种要素构成的有机系统。销售组织的构成要素可以分成两大类：物质要素和非物质要素。

1. 物质要素

（1）人员。人员是销售组织的第一物质要素，离开了人员的参与一切活动都无法进行，销售组织也将无法存在。也就是说，销售人员的素质和能力极大地影响着销售组织的效能。

（2）机构。机构是销售组织履行职能、实现目标的载体。机构设置是依据组织目标、职能范围，在销售组织内部按分工不同设置的一些相互联系、相互作用、相互协作的单位、部门。

（3）经费。经费是维持销售组织运营与发展不可缺少的因素。没有经费，销售组织便无法开展相关工作，也就无法向社会提供销售产品。

（4）设备。设备是销售组织赖以生存和发展的物质基础。设备包括销售组织开展活动所必需的技术设备、必要的办公场所、工具、耗材和能源等。

2. 非物质要素

（1）组织目标。销售组织是根据一定目标设立的，其一切活动都是围绕这一目标进行的。销售组织目标从本质上反映了销售组织的基本功能。

（2）权责体系。权责体系是销售组织各个层级、各个部门和各个成员之间的一系列从属、并列关系，是销售组织结构的基础。权责体系配置是否科学，权责关系是否明确，是销售组织能否高效运转的关键。

（3）组织文化。组织文化是销售组织成员在长期的销售活动实践中逐渐形成的被全体成员共同认同的一套价值观念、行为模式。它包括精神文化、制度文化和物质文化三个层面。

（4）技术信息。技术信息也是销售组织的重要构成要素，因为销售组织管理活动的各个环节都涉及信息的交流、处理。销售组织内部以及与外部的信息交流是否通畅，直接关乎销售组织目标能否顺利实现。

4.1.3 销售组织的功能

一个组织往往具有人力汇集功能和人力放大功能。企业的销售组织也具备这两大功能。

（1）人力汇集功能。社会中单个的人面对自然，他的力量是渺小的，单个的人不仅不能发展自己的生活，有时甚至不能维持自己的生存。在自然选择面前，人们需要联合起来，互相协作，共同从事某项活动。这种联合与协作是以各种组织的形式完成的，它实际上是个人力量的一种汇集，积细流以成江河，把分散的个人汇集成为集体，进而在与大自然的搏斗中实现个人存在的价值。企业的销售组织就是将企业中分散的各个要素汇集在一起，筹划好人力的集中与分配。一般来说随着销售额的增加，企业规模的增大，这种汇集功能会越来越明显。

（2）人力放大功能。组织起来的力量绝不等于个体力量的算术和，正如亚里士多德所说，整体大于各个部分的总和。正是从这个意义上说，销售组织具有一种人力放大的作用，即对汇集起来的个体力量的放大。通过有效的组织和分工，实现 1+1＞2 的人力放大功能。销售组织人力放大功能依赖于组织完备的沟通渠道和畅通的信息交流，依靠的是组织成员的良好协调、合作精神，以及分工、协作、授权、团队成员的团队意识等。

4.2 销售组织的建立

4.2.1 销售组织建立的影响因素

销售组织的建立，需要考虑商品特征、销售策略、商品销售范围、渠道特征以及外部环境等因素。

1. 商品特征

商品特征不同，其销售策略等就不同，因而就需要建立不同的销售组织。所以，在建立销售组织时，首先要考虑所售商品的性质和特征。例如，家电企业的销售组织结构就不同于计算机企业销售组织的结构。另外，还需考虑企业自身预备的商品是否齐全，在预备商品的过程中是否要安排重点商品。如果商品少、重点性强，往往就要按地区建立销售组织。

2. 销售策略

企业是通过广告销售还是人员推销，不同的销售策略影响销售组织的建立。例如，企业通过广告销售，销售人员较少，销售组织就较为简单；通过人员推销，销售人员就较多，销售组织就较为复杂。另外，企业是通过中间商销售商品的还是直接销售商品的，也影响销售组织的建立。例如，采用直销形式的企业，其销售队伍庞大，销售组织也较复杂。

3. 商品销售范围

在最简单的销售组织中，各个销售人员被派到不同地区，在该地区全权代理公司业务。商品销售的区域范围影响销售组织的结构：商品销售区域范围小，销售组织则相对简单；产品销售范围大，销售组织则较复杂一些。例如，地区性商品的销售组织就不同于全国性商品的销售组织，国际性商品的销售组织也不同于全国性商品的销售组织。

4. 渠道特征

在建立销售组织时，还有两个重要的问题——商品的流通渠道究竟有多宽，各渠道的行业性质如何。如果渠道宽且行业性强，那么就要按顾客对象或商品建立销售组织。此外，如果整个企业采用部门制，那么就要考虑其部门是按商品类别还是按商品群类别来建立。

5. 外部环境

企业外部环境对销售组织变化的影响较大。一般来讲，在比较稳定的外部环境中，企业销售组织的结构一旦确定，就会在一个较长的时间内发挥效用，而不会产生剧烈的变动。在迅速变化的外部环境中，销售组织乃至整个企业的组织体系则会经常呈现出一种相应的变动状态。

4.2.2 销售组织建立的原则

不同的组织由于其产品、渠道以及环境的不同，形式也不同，然而，不同的销售组织，其建立的基本原则却是相同的，销售组织的建立往往需要遵循以下基本原则：

1. 精简与高效原则

所谓精简与高效原则，是指在能够保证组织业务正常开展的前提下，提高效率是组织设计的目的，应尽可能地减少管理层次，简化部门机构。具体地说，精简与高效包含三层含义：①组织应具备较高素质的人和合理的人才结构，使人力资源得到合理又充分的利用；②要因职设人而不是因人设职，组织中不能有游手好闲之人；③组织结构应有利于形成群体的合力，减少内耗。

2. 统一指挥原则

统一指挥原则就是要求每位下属有一个且只能有一个上级，从而在上下级之间形成一条清晰的指挥链。如果存在多个上级，下级就可能会因为上级下达了不同甚至相互冲突的命令而无所适从。因此，为了确保统一指挥，需要注意以下三点：①切忌多头领导；②指挥链不能中断；③不能越级指挥。

3. 管理幅度合理原则

管理幅度是一名领导者直接领导的下属人员数。任何领导者，其精力、知识、经济等条件都是有限的，能够有效地领导的下级人数也是有限度的，超过一定限度，就不能做到具体、有效的领导。一名领导者能直接有效地领导的下属人员数，称为有效管理幅度。决定有效管理幅度的条件主要有：①处理问题的复杂程度和工作量的大小；②领导者及其下属的素质水平；③标准化水平和授权程度。1933年，法国管理学者V.A.格拉丘纳斯（V. A. Graicunas）提出了一套数学公式：$N=n(2^{n-1}+n-1)$。其中，n表示直接向一位上级报告的下级人数，N表示需要协调的人际关系数。表4-1列出了N随n的变化数。可见，上级的管理幅度超过6～7人时，他和下级之间的关系就会越来越复杂，以至于无法驾驭。

表4-1　管理幅度级数

n	N	n	N
1	1	6	222
2	6	7	490
3	18	8	1080
4	44	⋮	⋮
5	100		

4. 分工与协作原则

分工是提高组织工作效率的基本手段，可以使每一个部门或个人专心从事某一方面的工作，增强熟练程度和技巧，配备专业化的仪器设备。协作是指规定各个部门之间或部门内部的协调关系和配合方法。组织是一个系统，作为其子系统的各个部门不可能相互脱离而独立运行，必须相互协调才能高效率地完成各自的任务，最终实现组织的总目标，所以分工与协作是相辅相成的。所谓分工与协作原则就是指在组织设计时，按照不同专业和性质进行合理的分工，并规定各个部门之间或部门内部的协调关系和配合方法，这是提高组织运行效率的有效手段。

4.2.3　销售组织建立的程序

销售组织的建立需要遵循一定的程序，大致有以下六个步骤：

1. 分析销售组织环境

任何销售组织都是在不断发展变化的社会经济环境下运行的，并受环境因素的影响与制约。外部环境包含许多复杂的因素，如经济、社会、政治、文化、科技等因素，对销售组织影响最明显的有市场状况、竞争者状况以及企业自身状况。

（1）市场状况。市场状况首先是指市场的稳定程度。市场越不稳定，销售组织越需要改变，即必须随着市场变化及时调整内部结构和资源配置方式。从产品的生命周期看，销售组织要依据产品生命周期的不同发展阶段，而相应变化。例如，投入期市场风险很大，往往建立临时性的组织如销售小组，以便迅速对市场做出反应。另外，消费者行为类型也是市场状况的一个方面。企业需要准确把握目标顾客群的侧重点，强调自身的优势特色，相应地在组织上有所侧重。

（2）竞争者状况。销售组织必须从两个方面来面对竞争者：一是竞争者是谁，他们在干些什么；二是如何对竞争者的行为做出反应。企业收集竞争情报的方式多种多样，既可以设立专门的市场调研部，也可以借助销售人员获得，还可以依靠外部的咨询机构。不同的选择将直接影响销售组织的构成。另外，企业收集到情报后还必须制定相应的措施，经由销售组织贯彻实施。如果经调查发现，加强售后服务是提高企业竞争力的主要手段，企业就理应增加售后服务部门。

（3）企业自身状况。企业的目标、企业内部资源状况等因素在不同程度上影响销售组织的结构形式，为此要充分了解企业自身状况。例如，高层管理者的经营思想对销售组织的建立影响较大。此外，企业的规模、文化传统等因素也会影响销售组织的建立。如有些企业规模大了之后，不太注意与经销商和其他相关部门建立长期的合作关系，也没有建立一套市场危机处理系统，结果出现某些地区的经销商不配合、消费者信用危机，这些情况直接危及整个销售组织。

2. 确定销售组织内部各项活动

销售组织内部的活动主要有两种类型：职能性活动和管理性活动。职能性活动涉及销售组织的各个部门，范围相当宽广。企业在制定战略时就会确立各个职能部门在销售组织中的地位，以便开展有效的竞争。管理性活动涉及管理任务中计划、协调和控制等方面。企业通常在分析市场机会的基础上制定销售战略，然后再确定相应的销售活动和组织的专业化类型。例如，如果企业同时在多个区域开展销售，并且不同区域的消费行为与需求存在很大差异，则应建立区域型销售组织。

3. 建立组织职位

职位决策的目的，就是把组织活动纳入各个职位。职位决策时要考虑三个要素：职位类型、职位层次和职位数量。职位类型大致有三种划分：直线型和参谋型、专业型和协调型、临时型和永久型。职位层次是指每个职位在组织中地位的高低，其取决于这些职位所体现的销售活动与职能在企业整个销售战略中的重要程度。职位数量是指企业建立的组织职位的合理数量，职位数量同职位层次密切相关，一般而言，职位层次越高，辅助性职位数量就越多。

4. 设计组织结构

组织结构的设计和职位类型密切相关，设计组织结构时的首要问题是使各个职位与所要建立的组织结构相适应。对外而言，组织结构要注重有效性；对内而言，组织结构要注重效率性。组织效率往往表现为以较少的人员和上下隶属关系以及较高的专业化程度去实现组织的目标。这取决于两个因素：一是分权化程度，即权力分散到什么程度才能使上下级之间更好地沟通；二是管理宽度，即每一个上级可以控制的下级人数。人们普遍认为，假如每个员工都是称职的，那么分权化越高，管理宽度越大，组织效率也就越高。另外，设计组织结构要立足于将来。销售组织总是随着市场和企业目标的变化而变化的，所以设计组织结构要立足于将来，为未来组织结构的调整留下更多的余地。

5. 配备组织人员

企业配备人员时必须为每个职位制定详细的工作说明书。从受教育程度、工作经验、个性特征及身体状况等方面进行全面考察。另外，小组人员配备也应该引起足够的重视，小组往往是企业为完成某项特殊任务而成立的，是组织的一个临时单位，其成员多从组织现有的人员中抽调。如果希望小组有效地发挥作用，则必须使小组成员与组织成员之间保持协调关系。例如，组织下层人员不可能作为领导来管理组织高层的成员，小组领导的职位也不应该比该小组所隶属的部门经理的职位高。在实践中，人们往往会意识到参与小组工作将影响其正常工作和晋升机会，因此销售组织应合理配备小组人员。

6. 检查和评价销售组织

销售组织的建立不是一劳永逸的，因此从销售组织建立之时起，销售经理就要经常检查、监督组织的运行状况，并及时调整使之不断发展。调整销售组织的原因主要有以下几种：外部环境的变化、组织主管人员的变动、组织主管人员之间产生矛盾、组织结构出现缺陷等。

总之，企业销售组织的建立总体上遵循以上六个步骤，各个步骤之间相互联系、相互作用，是一个动态有序的过程。为了保持销售组织的生机与活力，销售经理需要根据以上程序进行有效决策。

4.3 销售组织的类型

一般的组织结构理论将组织形态分为两种：高耸型组织与扁平型组织。销售组织的结构也是在这两种组织形态的基础上发展起来的，以下介绍五种常见的销售组织类型。

4.3.1 职能型销售组织

职能型销售组织按照其各项职能，如销售计划部门、企划部门、宣传推广部门、销售部门等组建（见图4-1）。建立职能型销售组织，企业往往以自身的经营规模和各种销售活动业务量为依据。例如，经济实力小的企业不宜采用；规模较大的企业，由于销售队伍庞大，很难协调不同的销售职能，而较多采用这种组织类型。

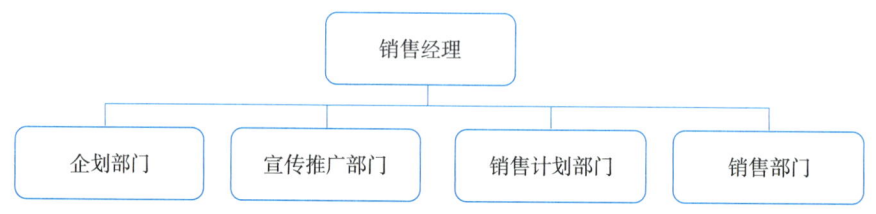

图4-1 职能型销售组织结构图

1. 职能型销售组织的优点

1）各级管理机构和人员实行高度的专业化分工，各自履行一定的管理职能。
2）管理权力高度集中。
3）专业人员属于同一部门，有利于知识和经验的交流。
4）专业人员可以从本职部门获得一条顺畅的晋升途径。

2. 职能型销售组织的缺点

1）管理系统复杂，成本增加，各职能间如果失调，容易发生混乱。
2）销售活动缺乏灵活性。
3）考核时责任难以明确。

为了有效地发挥职能型销售组织的作用，需要注意以下几点：
1）界定各职能的明确的职能范围，加强彼此之间的联系和调整。
2）指令系统一元化，避免因繁多的指令而造成不必要的混乱。
3）使销售组织的运行带有灵活性，避免出现迟缓和不适宜的情况。

4.3.2 区域型销售组织

区域型销售组织的具体建立方法是：企业根据销售点分布情况，将相邻的地区组合在一起，形成若干区域；企业在各个区域设一个区域销售经理，由区域销售经理及销售人员全权负责本区域的销售工作并对销售总经理负责（见图4-2）。区域型销售组织是企业中最常见的销售组织模式，例如，中国人保、中国人寿、中国太平洋、中国平安等大型保险公司均采用这种组织形式。市场范围广、业务量大、任务复杂的企业，通常多选用区域型销售组织。

图 4-2　区域型销售组织结构图

1. 区域型销售组织的优点

1）责任清晰明确。
2）与客户关系密切。
3）销售费用比较低。
4）区域销售经理的权力相对集中，决策速度快。

2. 区域型销售组织的缺点

1）这种组织类型适用于差异化较小的产品和相对单一的客户类型，如果企业的产品和市场有相当大的差异，其销售效果就会大减。因为产品种类多，市场结构复杂，销售人员难以完全了解所有的产品和客户，因而难以有效地开展销售工作。
2）各区域的利益冲突使区域之间的协调与统一相对较难，压货现象比较严重。

【案例】

Campbell 公司的销售组织模式变迁

Campbell 公司是一家食品零售业的供应商，它原来的组织模式是按产品来划分的，结果是一家零售店被多次访问，费用很高。另外，随着市场竞争的日趋激烈，零售商受当地促销活动的影响很大。所以，Campbell 公司决定针对不同地区的销售状况，采用以地区划分的组织模式，取消部门经理，增设品牌经理，并赋予基层经理充分的权力，增强了地区竞争力及产品竞争力，取得了很好的效果。

4.3.3 客户型销售组织

客户型销售组织是根据不同客户和对象（客户、销售活动对象或销售途径不同）组建的销售组织（见图4-3）。客户型销售组织的具体组建步骤是：将不同的客户按照一定的方式进行分类，再根据客户分类组建销售组织，不同类别的客户由专门的销售人员负责。由于销售人员集中精力服务于某种类型的客户，因而成为服务于该类客户的专家。

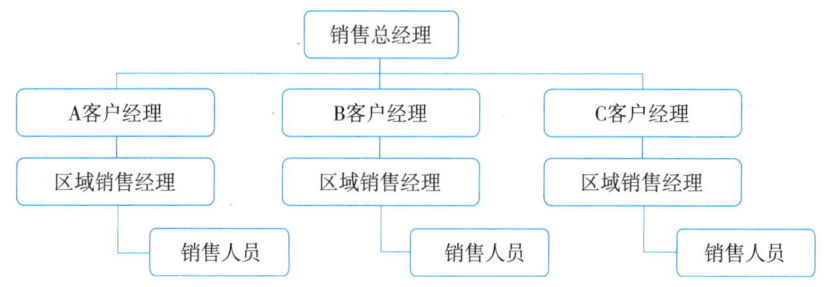

图 4-3　客户型销售组织结构图

1. **客户型销售组织的优点**

1）能更好地满足客户需要，有利于改善交易关系。

2）可以减少销售渠道的摩擦。

3）企业能更好地在不同的细分客户中配置资源。

4）易于开展信息活动，为新产品开发提供思路。

2. **客户型销售组织的缺点**

1）由于负责众多的商品，销售人员的负担较重。

2）销售人员必须了解整个产品线。

3）销售区域重叠，造成工作重复，销售费用高。

4）与其他方式相比，管理和协调各个小组更为困难。

4.3.4　产品型销售组织

产品型销售组织是指企业按产品分配销售人员，企业将产品分成若干类，每个销售人员专门负责特定产品或产品线的销售业务（见图4-4）。产品型销售组织的具体建立步骤是：在总部设立一名产品销售总经理，然后给每类产品分设一名经理，再按照产品品种设若干产品品牌经理，每个产品经理负责几项具体产品。产品型销售组织模式首先出现于美国宝洁公司，之后不少企业，尤其是食品、肥皂、化妆品和化学药品等行业的企业纷纷建立了产品型销售组织。

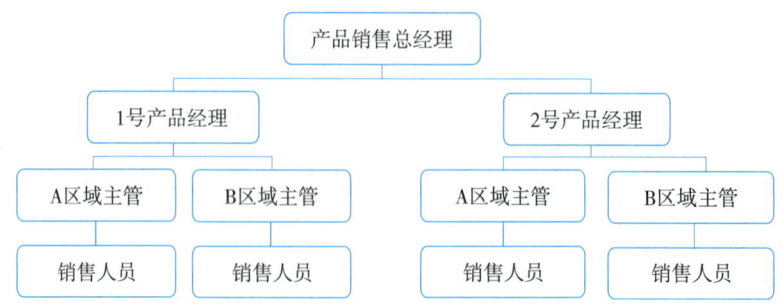

图 4-4　产品型销售组织结构图

1. **产品型销售组织的优点**

1）有专人负责产品项目，保证每个产品都不会受到忽视。

2）按产品进行专业化分工，有助于销售人员熟悉产品的特点，总结和积累各种产品的有效推销经验和方法。

3）产品销售经理能有效地协调各种销售职能，并对市场变化做出积极反应。

4）当产品技术复杂，产品之间联系少或数量众多时，按产品专业化构建销售组织比较合适。

5）容易实现销售目标，有利于以利润最大化为目标进行产品管理，易于实现产销协调。

2. 产品型销售组织的缺点

1）缺乏整体观念，在这种组织模式中，各产品销售经理相互独立，可能出现为保持各自产品利益而产生矛盾的情况。

2）整体成本费用比较高，比较难管理。

3）当企业的产品种类繁多时，不同的销售人员会面对同一顾客群，这样不仅提高了销售成本，而且还会引起顾客的反感。如A公司设有几个产品分部，每个分部都有自己的销售队伍。很可能在同一天，几个A公司的销售人员到同一位顾客那里去推销不同的产品。如果只派一个销售人员到该顾客那里推销公司所有的产品，可以省下许多费用。

【案例】

宝洁公司的产品型销售组织

1927年，美国宝洁公司按照产品型销售组织类型从事企业的销售活动。当时，宝洁公司推出了一种佳美牌新型肥皂，但是，这种新产品的销售情况非常不好。后来，宝洁公司任命了一名叫尼尔·H.麦克尔罗伊（Neil H. McElroy）的年轻人（后来升任宝洁公司总经理）来专门负责这种新产品的开发与销售，结果他的工作取得了巨大成功。于是，宝洁公司又针对其他产品项目增设了新的产品经理。从那时起，这种组织机构形式便流行开来。食品、卫生用品以及化学制品等行业纷纷采用了这种形式来组建其销售部门。

4.3.5 综合型销售组织

上面介绍了四种最为常见的销售组织类型，每种类型都有其优缺点。企业必须依据所在行业的销售工作特点、竞争状况、销售人员的经验及工作能力等因素，建立相应的销售组织，当然，也可以建立综合型销售组织。

综合型销售组织是指当企业的产品类型多、顾客的类别多而且分散时，企业往往综合考虑区域、产品和顾客等因素，来设置销售组织的组织形式。依据各个因素的重要程度以及各个因素之间的关联情况，可以分别组成产品–区域综合型、顾客–区域综合型、产品–顾客综合型，以及区域–产品–顾客混合型等形式。在综合型销售组织中，每一位销售人员的任务都比较复杂，因此企业一般不采用这种组织类型。

【专题】

销售组织的新发展

1. 巡回销售

企业的销售环境会不断发生变化，这些变化对企业的重点产品和核心产品的销售产生了影响。因此，企业要在确定特定重点产品和巡回时间的基础上，以销售渠道和客户为对象展开巡回销售活动，以便在出现这些变化的情况下，销售措施仍具体且合理。

2. 派驻人员制度

在考虑销售组织的设立时，需考虑派驻人员制度。派驻人员制度也叫派驻销售人员制度，就是在重要的销售点周围或地区布置销售人员，让其开展销售活动，销售人员无须经常去企业上班。

3. 团队销售

团队销售受到越来越多企业的重视，它是企业巡回销售和派驻人员制度的发展。销售团队将销售访问所需要的合适人选和资源集中起来，从而使顾客可以很快得到大量的信息、建议、意见，甚至还有决策服务。

4. 利用外部销售组织

随着竞争的加剧和合作意识的兴起，许多企业将本企业外部的批发商、零售商和客户组织起来，形成销售组织的补充队伍，使销售组织发挥更大的作用。这种方式销售效果更好，还可挖掘出新的销售措施和诀窍。

5. 辅助性销售组织的发展

在现代销售观念的指导下，现代企业的销售组织无论是采用职能型模式还是采用区域型模式，无论是采用产品型模式还是采用客户型模式，其组织设计的一个基本特点都是，注意辅助性销售部门（即服务于一线销售工作部门）的发展。这些部门包括销售参谋机构、信息处理机构、客户服务机构或客户呼叫中心等。实践证明，这些辅助性销售部门的建立对于增加销售部门的技术含量，提高销售决策的科学化程度而言必不可少。

6. 销售组织的网络化

随着企业实力的进一步增强，企业间的竞争也日益加剧。为了更好地服务顾客，销售组织的发展将逐步趋于网络化。从横向看，网络化组织表现出越来越完善的功能性特征，并获得相对独立的发展。除了传统的企划、服务、市场调研、广告活动外，诸如营销投资、渠道辅导等方面的机构也有所增加。一些专业性的辅助机构也迅速地扩充，进而有可能成为专门的公司，并作为企业的一项新增业务获得发展。从纵向看，网络化组织表现出更为复杂的综合性特征。从销售组织设计的方法上看，既要考虑到功能分化的要求，又要体现出区域化销售特征，还要体现企业产品多元化的要求；从市场方位看，既要考虑国内销售的要求，又要反映国际化经营的大趋势；从组织控制的角度看，既要不断完善企业自身的销售组织，又要充分发挥社会销售网络的功能。

课程思政

【思政元素】党的基层组织

党的基层组织分为：①街乡镇党的基层委员会和村党支部；②国有企业中党的基层组织；③高等学校中的党组织；④各级党和国家机关中党的基层组织；⑤人民解放军连队中的基层党组织。

党的基层组织服务群众、凝聚人心、促进和谐，最终推动社会发展，加快推进社会主义现代化。

【知识元素】客户型销售组织

【思政元素与知识元素的融合】

客户型销售组织是将客户按照一定的标准进行分类，然后配备一定的销售人员专门为某一类型客户服务的销售组织。客户型销售组织能够满足不同客户的要求，而且能够接近客户，从而更好地开发新技术和新产品。同样，党的基层组织深入街乡镇、企业、高校、军队等，与各行各界群众密切接触。党"为人民服务"；销售工作"为客户服务"。

本章小结

销售组织是指企业销售部门的组织，它使构成企业销售能力的人、商品、金钱、信息等各种要素得到充分利用和发挥。销售组织的构成要素：物质要素和非物质要素。

销售组织的特点：销售组织的目标是为企业发展创造必要的条件；销售组织可以是单一形式，也可以是复合形式；销售组织活动就在于对各种资源的合理组织和充分利用；销售组织是一个开放系统。

销售组织建立的原则：精简与高效原则；统一指挥原则；管理幅度合理原则；分工与协作原则。

销售组织建立的影响因素：商品特征、销售策略、商品销售范围、渠道特性以及外部环境等。

销售组织内部的活动主要有两种类型：职能性活动和管理性活动。

建立组织职位时，职位类型大致有三种划分：直线型和参谋型；专业型和协调型；临时型和永久型。

组织结构的设计与职位类型密切相关，设计组织结构时的首要问题是使各个职位与所要建立的组织结构相适应。这取决于两个因素：分权化程度和管理宽度。

销售组织类型：职能型销售组织、区域型销售组织、客户型销售组织、产品型销售组织、综合型销售组织。

复习思考题

1. 简述销售组织的构成要素、功能及特点。
2. 销售组织建立的原则有哪些？
3. 销售组织建立的影响因素有哪些？
4. 如何划分销售组织职位的类型？
5. 简述销售组织的主要类型及优缺点。

案例分析

联邦制药公司的销售组织

联邦制药公司1964年始建于我国香港，主要从事药品的生产和销售。随着企业的不断发展，于20世纪90年代初投资5亿元相继在珠海、中山建设原料药及制剂的生产基地，2003年在成都投资10亿元建设国内主要的抗生素中间体生产基地。

目前，联邦制药公司在我国的销售部分为东区、南区和北区三部分。其中东区分为上海、浙闽赣、苏徽三个部分，南区分为中南、西南和华南，北区则分为东北、西北和华北。联邦制药公司根据医药销售的特点，在管理层次和控制幅度方面采用了混合型组织结构，即相对扁平的组织结构，如图4-5所示。

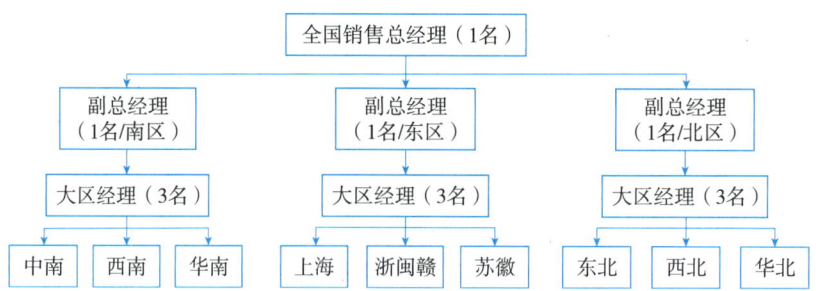

图4-5 联邦制药公司的组织结构图

此结构中，较高的管理层次的管理幅度偏小（在决策层集权），在较低的管理层次倾向于增加管理幅度（在执行层次），这样有利于提高决策与执行的效率。

(**资料来源：**根据联邦制药公司网络资料整理。)

案例讨论：

1. 如何根据公司的实际情况规划组织结构？
2. 相对扁平的混合型组织结构有哪些优点？

第 5 章

销售辖区的设计与管理

> 凡处军相敌,绝山依谷,视生处高,战隆无登,此处山之军也。
> 绝水必远水,客绝水而来,勿迎之于水内,令半渡而击之,利;
> 欲战者,无附于水而迎客,视生处高,无迎水流,此处水上之军也。
> ——《孙子兵法·行军篇》

学习目标

1. 了解销售辖区的概念及其作用
2. 掌握销售辖区设计的原则及流程
3. 了解销售配额类型及确定方式
4. 掌握分配销售配额的方法
5. 知道销售费用的控制方法
6. 掌握销售辖区的时间管理

引入案例

辖区销售管理五件事

作为销售执行的中坚力量,辖区管理层(大区总监和省区经理)应该在销售管理中发挥什么样的作用,如何通过日常工作真正将公司的销售策略和销售计划落到实处?

作为销售管理的主力,辖区管理层应当在目标达成和销售人员项目推进指导方面发挥更大、更到位的作用。下面以省区经理为例,简单说明其围绕"目标、计划、行动"应重点做好的日常工作。具体行动指南如下:

(1)第一件事。关注省区年度目标的达成:目前的机会够吗?应当采取什么措施调整?主动与大区和公司沟通,争取支持。

(2)第二件事。协助每个销售人员厘清年度目标达成计划:该销售员的销售机会够吗?如果不够,应如何调整?反之,如何将重点项目往前推进?

(3)第三件事。帮助销售人员明确当前的重点项目:每个月帮助所有销售人员厘清当月的必须赢(Must-Win)项目,确定工作重点。

（4）第四件事。为重点项目制订行动计划：计划必须是书面的，有具体的时间表，要细化到每一周的行动内容；每一个客户已经立项的项目必须有详细的行动计划，大区经理负责督导，营销中心应进行抽查。

（5）第五件事。每周检查计划执行情况，并进行必要调整：省区经理每周的例会必须检查计划的执行情况，以确保计划的推进，提高对项目的掌控力度。

最简单的就是最高效的！省区经理必须全力做好"目标、计划、行动"三项基本内容，让每一个销售人员清晰地知道行动的方向、步骤！

（资料来源：http://www.thldl.org.cn/news/1006/43602.html.）

销售辖区又称销售区域、区域市场，是指在一段给定时间内，分配给一个销售人员、一个销售分支机构或者一个中间商（批发商或零售商）的现实及潜在客户的总和。可见，销售辖区是销售人员完成销售任务的"战场"，但需要注意的是，销售辖区是指特定的市场或客户群，而不是一个地理概念。也就是说，销售辖区可以有地理界限，也可以没有地理界限，往往是由地理状况、中间商规模和市场需求潜力等因素所决定的。

5.1 销售辖区的设计

5.1.1 销售辖区设计的作用

销售辖区的设计是销售管理中十分重要的内容，合理设计销售辖区，对企业具有重要的作用。例如，大中型企业市场范围较大，销售人员较多，就需要对销售工作进行计划、组织、协调和控制，否则销售工作就会陷入混乱，窜货等现象就会频繁出现。

1. 有利于合理分配销售资源

合理设计销售辖区，可以使企业在目标市场内实现销售资源的合理分配。每个销售辖区都分配销售人员，就不会出现销售空白和"死角"；每个销售辖区都根据自身的具体情况安排数量、资质不同的销售人员，就不会出现销售辖区发展不均衡的状况。另外，销售主管也可以根据各辖区客户和销售额变化情况对销售辖区进行及时调整，从而实现销售资源的合理分配。

2. 有利于更好地开发与管理市场

每一个销售辖区都有专人负责，可以更好地了解每位客户的需要。每个销售人员在特定的销售辖区权责一致，辖区目标明确，可以提高其责任感。销售人员还可以根据本辖区实际情况和辖区目标要求，选择适合本辖区市场的市场管理工具，致力于开发"自己的"辖区市场，改进市场管理工作，提高工作效率，为企业创造更大效益。明确的市场"责任人"制度和较长期、稳定的合作关系，使销售人员更容易在客户中建立信任。对销售员的信任是客户建立产品信任、品牌信任和产品忠诚的基础。因此，良好的、相对稳定的辖区设计有助于销售人员与客户之间建立长期稳定的关系，实现企业、客户、销售人员三方共赢。

3. 有助于提高销售人员的士气

划分销售辖区并配备销售队伍，明确其对所在辖区全体客户负责的任务，明确每个销售人员的销售范围，避免企业内部销售人员之间的客户争夺战，销售辖区则可成为销售人员获取销售绩效的"主战场";同时能够使销售人员了解自己的绩效对企业的绩效价值,从而激发销售人员的主人翁意识;明确的辖区划分体现了权责一致的原则,当付出与回报机制是明确的时候,能够鼓舞销售人员的士气,提高销售人员的业绩。

4. 有助于降低销售费用

每一个销售辖区都有指定的销售人员负责,销售责任、服务责任明确,通常企业也对销售辖区实行费用包干或费用独立核算制度,销售人员发生的每一分费用都是"自己的钱",销售人员会主动设计、选择合理的访问路线,合理利用销售资源,即为了保护销售绩效保证必要的销售访问活动,尽可能地避免对客户的不必要重复访问或不恰当的访问方法,从而大大降低销售成本。

5. 有助于对销售人员进行控制和评价

确定的销售辖区归口管理责任,使企业可以按照辖区进行各种数据资料的汇集与分析,通过不同辖区数据的对比,即明确每个销售人员的个人业绩、成本分析和控制,横向比较分析可以帮助销售经理、总经理掌握每个销售人员的工作状态与投入情况,及时掌握可能存在的问题,发现某些辖区突出表现背后的经验,为科学地规划销售队伍、管理销售队伍和提升销售绩效提供支持。

5.1.2 销售辖区设计的原则

销售辖区设计的理想目标是使所有辖区的销售潜力和销售人员的工作负荷都相等,从而更高地评价和比较销售人员的绩效。为此,销售辖区的设计应当遵循以下原则:

1. 公平性原则

销售辖区设计的首要原则是公平性原则,即公平合理、机会均等。这一原则主要体现在两个方面:所有销售辖区应具有大致相同的市场潜力;所有销售辖区工作量应大致相等。只有当市场潜力相等时,不同辖区的销售人员的业绩才能有可比性;所有辖区工作量大致相等则可避免苦乐不均,减少辖区优劣之争,提高销售队伍士气。

2. 可行性原则

销售辖区设计的可行性原则要求:第一,销售辖区市场要有一定的潜力,销售经理一定要了解市场潜力在哪里,有多大,如何利用才能使市场潜力变成销售需求,实现销售收入;第二,销售辖区的市场覆盖率要高,销售经理一定要明确与客户联系的方式,要与企业的每一位潜在客户保持联系;第三,销售辖区的目标应具有可行性,即销售人员通过努力可以在一定时间内实现该目标。

3. 挑战性原则

销售辖区的设计要具有挑战性,使销售人员有足够的工作量,同时保证每个销售辖区有足够的销售潜力,以使销售人员通过努力工作能取得合理的收入。

4. 具体化原则

具体化是指销售辖区的目标应尽量数字化,是明确且容易理解的。销售辖区的目标一定要明确,销售经理一定要使销售人员确切地知道自己要达到的目标,并且尽量把目标数字化。

5.1.3 销售辖区设计的流程

企业所生存的环境是经常变化的，因此，企业必须根据环境的变化而不断地对销售辖区加以调整。销售辖区的设计流程如图 5-1 所示。

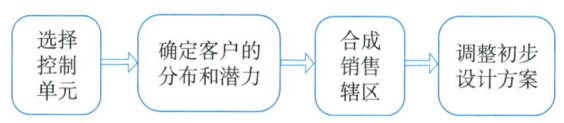

图 5-1　销售辖区的设计流程

1. 选择控制单元

辖区设计的第一步就是选择控制单元，为此，首先需要将整个目标市场划分为若干个控制单元。所谓的控制单元就是整个目标市场的细分单位，销售辖区可以以若干个控制单元来设计。控制单元应该尽量小一点：一是由于小单元有助于管理层更好地认识辖区的销售潜力；二是由于小单元便于管理层进行辖区调整。当然，控制单元也不能太小，否则就会无谓地增加工作量。

地理区域往往是现实中最常用的控制单元选择标准，如以省、市、区、州、县等行政区域或邮政编码区域作为控制单元，原因在于：一是地理区域已经存在，不像需求等因素那样需要企业花费时间研究；二是许多产品的销售以地理区域为基础；三是许多中间商也按照地理区域划分自己的销售辖区。划分控制单元也常使用客户数量、地理面积、工作量等标准，当然，企业也可以根据自身的实际情况设计标准，选择控制单元。

2. 确定客户的分布和潜力

选择好控制单元以后，管理层就应该在所选的控制单元中确定现有客户和潜在客户的分布和潜力。现有客户的识别可以通过以往的销售记录来实现，而潜在客户的识别可以通过外部渠道来实现，如有关机构、杂志、报纸、电视等媒体，分类电话簿，信用评级机构等。

识别了客户后，管理层应评估企业期望从每个客户那里获得的潜在业务量，然后，按照可获得潜在利润的大小对客户进行分类。这为确定基本辖区提供了很好的依据。

3. 合成销售辖区

销售辖区设计的第三步就是依据公平性等原则将控制单元组合成销售辖区，在这一过程中，设计者必须牢记划分标准。例如，如果以客户数量为标准，就要保证各销售辖区具有大致相等的客户数。依照划分标准将每一个控制单元都组合到相应的销售辖区之后，就完成了销售辖区的初步设计。但是，基于一个标准很难达到销售辖区之间的平衡，需要兼顾其他标准进一步调整，使之达到更高要求。

4. 调整初步设计方案

一般而言，要保证市场潜力和工作量两个指标在所有销售辖区的均衡，就应当对初步设计的方案进行调整。比较常用的方法有两种：一是在销售辖区市场潜力确定的情况下，调整不同辖区的客户访问频率，即通过修改工作量的办法来达到二者之间的平衡；二是用试错法连续调整各个销售辖区的控制单元以求得两个指标同时平衡。如果还要兼顾更多标准，调整过程就会更加复杂。这种情况下一般采用"逐近法"：先将标准排出优先次序，比如先满足工作量大致相等的要求，再考虑客户数或辖区面积的平衡。然后遵循上述步骤设计出满足工作量平衡要求的初步方案，再用反复试错的方法满足第二个、第三个标准的要求，逐步接近目标。

【案例】

奇瑞销售体系大刀阔斧整合

2013年，在奇瑞全新产品艾瑞泽7上市之际，奇瑞销售体系也在悄然发生变化。奇瑞将销售总公司更名为"奇瑞营销公司"，原销售一部和销售二部合并，根据产品设立一网和二网的销售渠道。奇瑞还设立以大区为中心的销售策略，大区拥有针对区域市场特征确定主销车型和制定相应政策的决定权。

据悉，在取消销售一部和销售二部后，终端销售网络也由此分为一网和二网，其中一网销售风云2、A1、A3、瑞虎等车型，二网销售QQ、旗云、东方之子、E5等车型。每个大区又下设不同的区域和职能部门，有些大区增加了省市区域，部分大区整合取消，如京蒙大区已取消，将内蒙古自治区的销售业务划归东北大区，北京、天津、河北和山西组成华北大区。全国销售大区从以前的14个整合为8个，几乎减少了一半。

另外，随着调整的加快，奇瑞还对包括市场、网络、售后等10余个部门的组织架构和职能进行了梳理。奇瑞还不断从多个企业挖来管理人才，对原销售总公司上至副总经理、下至科长的数百个职务进行了重新调整和任命。

大区更集权。大区可决定主销车型及市场策略。此次奇瑞销售体系改革的核心就是建立以大区为主的销售政策，这也意味着今后大区将有更多的权力。

比如在广州市场，紧凑型轿车销售不太理想，那大区可以选择如艾瑞泽7、奇瑞E5、瑞虎等车型为主打，并制定相应的市场销售策略，而像奇瑞QQ、A1、风云2等车型则可以不进行任务考核，不像之前——经销商对所有车型都承担一定的提车任务。"大区的人了解区域市场特性，这样的调整有利于决策执行的效率。"

目前全国销售大区由8个又变为10个，为了调整产品系列独立化、优化竞争，按照双擎驱动计划，奇瑞汽车将传统终端网络分成C网和H网两个序列。其中，现有的销售网为C网，新开的网为H网，部分C网转化为H网，比例大概为3∶7。C网主要负责销售自然吸气和级别、配置等较低的车型；H网则主要负责销售车辆名称后缀有PLUS、X、PRO或涡轮增压的车型，也就是定位稍高一些的车型。

5.2 销售辖区的管理

销售辖区设计完成之后，企业应该选择销售组织类型、配置销售队伍以及加强辖区开发，更为重要的是应该着手开展销售辖区的管理工作。绝大多数企业很难在短时间内占领所有目标市场，因此需要做好销售辖区管理，这事关企业的生存与发展。

5.2.1 销售配额管理

1. 销售配额的概念及特征

销售配额是指分配给销售人员一定时间内完成的销售任务，它是销售人员需要努力实现的销售目标。销售配额可以作为衡量销售人员、销售小组或整个销售辖区任务完成状况的尺子，如果运用得当，能够有效地激励每一个销售人员更好地完成任务。销售配额的有效性表现在销售人员经过努力是可以达到配额的，因此，销售配额应具备如下特征：

（1）公平性。有效的销售配额应当让销售人员感到公平。销售配额给每个销售人员的工作负荷应该都一样。但是，这并不意味着销售配额必须相等，因为不同的销售辖区市场潜力不同，竞争程度也不同，而且销售人员本身也存在能力上的差别。

（2）可行性。配额应该可行并兼顾挑战性。如果目标定得太高而无法实现，销售人员就会失去积极性；目标也不能定得太低，否则就起不到激励销售人员的作用。

（3）灵活性。配额要有一定的灵活性，能够依据环境的改变而变化。只有这样，才能保持销售人员的士气。

（4）可控性。配额要有利于销售主管对销售人员的销售活动进行检查，以便采取措施纠正偏离销售目标的行为。

（5）易于理解。配额的制定和内容必须能被销售人员理解和接受，否则就起不到激励作用。

2. 销售配额的类型

企业使用的销售配额通常有四大类：销售量配额、财务配额、销售活动配额、综合配额。

（1）销售量配额。销售量配额是最常用、最重要的配额，一般用销售额来表示，用销售量单位数表示的情况比较少。这是因为前者是衡量生产活动的常用指标，而且容易为销售人员和管理者所理解。最容易、最经常使用的设置销售量配额的方法是：以该辖区过去的销售量为基础，以市场应该增长的百分比来确定当年的配额。如果当年期望的市场增长率为10%，每个销售人员的配额就是上年销售量的110%。

（2）财务配额。财务配额强调企业应该更加重视利润而不是销售量。财务配额有助于改变销售人员不顾利润而尽可能推销的自然倾向。如果销售人员在盈利少、容易卖的产品上花费太多的时间和精力，就会大大降低企业的盈利能力。例如，销售人员往往乐于把精力花在易销售的产品和老客户身上，但是，这些产品和客户往往利润率很低，费用却与那些难销的产品或新客户是一样的。因此，财务配额可以激励销售人员开发更有效益的客户，销售更有效益的产品。财务配额主要包括以下三种：

1）费用配额。提高利润率的关键在于对销售费用的控制，费用配额总是与销售量配额一起使用，其目的是控制销售人员的费用水平。费用配额通常被表示为销售量的百分比。

2）毛利配额。企业的产品多，实现的利润不同，可以采用毛利配额。有时，企业用毛利配额指标来替代销售量配额，强调利润、毛利额的重要性。

3）利润配额。很多销售主管认为利润配额是体现目标的最好形式。利润等于毛利减去费用，利润配额与管理的基本指标直接相连。

（3）销售活动配额。有些销售工作不是完全能以销售业绩来衡量的，利用销售活动配额可以避免对销售额的过分依赖。在设置合适的销售活动配额时，销售主管必须首先决定销售人员最重要的活动，这些活动主要包括：①日常性拜访；②吸引新客户，获得新客户的订单；③产品展示；④宣传企业及产品的活动；⑤为消费者提供服务、帮助和建议；⑥培养新的销售人员。

建立和控制适当的活动指标可以促进销售工作，这种指标对宣传性销售人员特别有用。建立销售活动配额可以让销售人员对他们的日常活动和活动路线做出更好的计划，从而更加有效地利用他们的时间。销售活动配额也使得销售主管便于控制销售人员的时间使用，即在不同销售活动中的工作分配。

（4）综合配额。综合配额是对销售量配额、财务配额、销售活动配额进行综合而得出的配额。综合配额以多项指标为基础，因此更加合理。因为要用到权重这个概念，所以综合配额的设置远比销售目标的设置复杂。权重表示对管理而言各配额的重要性。

在销售主管讨论销售人员的业绩时，综合配额可以全面地反映销售工作的状况。表5-1给出销售人员综合配额表实例：销售主管赋予销售额、净利润和新客户的权重分别是50%、30%、20%，总和是100%。两位销售人员在销售额的表现上水平相当，完成率都是90%，但是由于小张在净利润和新客户这两项指标上表现得比较突出，所以以81分的成绩超过小刘的76分。

表 5-1 销售人员综合配额表实例

项目	配额（元）	实际完成（元）	完成率（%）	权重	配额完成率×权重
销售人员：小刘					
销售额	200000	180000	90	50%	45
净利润	100000	70000	70	30%	21
新客户	20	10	50	20%	10
合计					76
销售人员：小张					
销售额	300000	270000	90	50%	45
净利润	150000	120000	80	30%	24
新客户	25	15	60	20%	12
合计					81

得分：小刘，76分
小张，81分

3. 销售配额的确定方法

在以上所有销售配额中，销售量配额应用得最为广泛。在此，我们主要讨论确定销售量配额的方法，其他配额的确定方法基本相同。总体来说，销售量配额的确定主要有以下几种方法：

（1）根据辖区销售潜力确定。销售潜力是企业期望在特定辖区内取得的在行业预计总销售额中所占的比重。比如，假设销售辖区A的销售潜力是10%，而行业预计总销售额是1000万元，那么辖区A的销售配额应该是100万元，销售主管就可以将100万元分配给辖区的销售人员。当然，企业也不可能直接把销售潜力作为指标分配给销售人员，有时也需要根据具体情况加以调整，比如：该辖区新销售人员较多，可能就要降低销售配额；假如优秀的销售人员较多，就要提高销售配额。

（2）根据历史经验确定。在过去一定时间内销售的基础上，管理层依据主观判断的增长比例来确定销售人员的销售配额。这种方法的优点是计算简便、成本低廉。如果企业使用这种方法，至少应该用前几年的平均销售量，而不是以前一年的销售量作为配额设计的基础。如果仅仅以一年的销售量为基础，偶发事件或者突发事件就会对销售配额产生很大的影响。但是，仅仅依靠历史经验确定销售配额有一定的局限，因为它没有注意到销售辖区的销售潜力会发生变化，比如业务衰退、消费者观念发生变化、新的竞争对手加入等。所以，应该在历史经验的基础上，多考虑一些辖区市场可能发生的变化。

（3）根据销售主管的判断确定。有些销售主管简单地以企业的销售预测为基数，如企业销售预测的结果是提高5%的销售量，则对每一个销售人员都分配5%的销售量增长率。这种方法虽然简单、费用低、易管理、易理解，但是忽略了地域状况及销售人员的能力差别。有的新建辖区尽管销售量小，但其销售量增长率要比一些已成熟的销售辖区的销售量增长率大得多，因此新建辖区域提高5%的销售量往往很容易，而成熟辖区要提高5%的销售量则是很困难的。

4. 销售配额的分配方法

确定总的销售配额后应进行具体分配，以便执行落实，确保销售配额的完成。分配销售配额的方法主要有以下几种：

（1）人员别分配法。人员别分配法是指根据销售人员能力的大小来分配目标销售额。这样做有利于激励能力强的销售人员继续努力，鼓励能力比较差的销售人员提高其销售能力。但是，这种方法也容易使销售队伍产生等级之分，使能力强的销售人员产生自满情绪，能力不够的销售人员产生自卑感，从而产生内部矛盾。

（2）客户别分配法。客户别分配法是指根据销售人员所面对的客户的特点和数量来分配目标销售额。这种方法充分体现了"以客户为导向"的思想，可以使销售人员把重点放在客户身上，有利于客户的深度开发和忠诚客户的培育。但是，该方法会使销售人员为了业绩而只注重老客户的维护，忽视新客户和准客户的开发。

（3）产品别分配法。产品别分配法是指根据销售人员销售的产品类别来分配目标销售额。采用这种方法的前提是培养尽可能多的忠诚客户。因为，如果消费者经常改变消费需求，变换所消费的产品，就很难判断某种产品的消费者大体上有多少人，产品别分配法也就失去了意义。所以，企业必须进行市场调查，及时准确地了解消费者需求的变动情况，从而采取一系列措施来满足消费者的需求，创造一大批品牌忠诚者。如此一来，产品别分配法也就有据可依了。

（4）部门别分配法。部分别分配法是指以某一销售单位为目标来分配目标销售额。这种方法的优点在于强调销售单位的团结合作，能够利用销售单位的整体力量来实现目标销售额；缺点在于过于重视单位目标达成，忽视了销售人员个人的存在。因此，当企业将目标销售额分配到各个销售单位时，应该考虑这个单位所辖地区的特性，例如销售辖区的大小、市场的成长性、竞争对手的情况、潜在客户的多寡等。

（5）地区别分配法。地区别分配法是指根据销售人员所在地区的大小与客户的购买能力来分配目标销售额。这种方法的优点在于可以对辖区市场进行充分的挖掘，使产品在当地市场的占有率逐渐提高，因此比较容易被销售人员所接受。其缺点在于很难判断某地区所需产品的实际数量,以及该地区潜在的销售能力。所以,企业在分配目标销售额时,必须考虑各个地区的经济发展水平、人口数量、生活水平、消费习惯等因素。

(6)时间别分配法。时间别分配法是指将年度目标销售额平均分配到一年的12个月或4个季度中。时间别分配法的优点在于简单易行,容易操作,目前有许多企业采取这种方法。其缺点在于忽略了销售人员所在地区的大小以及客户的多寡,只注重目标销售额的完成,因而无法调动销售人员的积极性。

在实践中,应该尽量将两种或者两种以上的方法结合起来应用,以便扬长避短、优势互补。

5.2.2 销售费用管理

销售费用是指销售人员在开展销售业务过程中发生的人员差旅费、招待费、车船费、电话费等经营性费用,它不包括固定成本费用。无论采用什么方法,销售费用管理都不是一件容易的事情。如果管理不当,会给企业造成巨大的浪费。

当企业想尽办法压缩成本时,管理层会让这些费用与销售量挂钩,即企业会要求销售人员自己承担大部分甚至全部的销售费用,作为交换,企业会向销售人员支付相对较高的佣金比率。高佣金比率意味着那些信心十足的销售人员会有更多的收入,同时他们会更节省费用。另外一些企业为了在客户心中树立良好的形象,会让销售人员与客户联系时在住宿、交通等各个方面都享受较好的待遇。可见,销售费用的管理是一门需要平衡的"艺术"。

1. 销售费用浪费的原因

虽然企业采取了多种方法,但浪费往往难以避免。主要有以下几个方面的原因:

(1)企业制度不健全。企业成长的过程常常伴随着经营以及营销机制的调整和创新,比如以市场为导向,采用灵活的销售方式,对销售人员充分授权等。在这一过程中,销售人员的灰色收入是得到企业和管理层认可的。然而当企业逐渐成熟后,再想改变这一局面就很难了。

(2)营销监控疏忽。大部分企业对销售人员的考核主要是看销售额,而不是看利润。这是在情理之中的,因为利润的实现有多方面的因素。但是同时也产生了一个问题,就是销售人员会通过各种方式让企业支付更多的销售费用,而这些费用中很多是无法监督的,从而给企业造成了浪费。

(3)财务功能缺失。由于制度原因,很多企业在财务管理方面不太完善。财务管理的混乱,进一步降低了企业规范财务制度的积极性,这样又会导致销售费用有很大的浪费。主要原因有两个:一是由于财务部分功能的缺失,一些常用的财务指标利用得不足,比如库存周转率、销售利润率等,而这些指标正是分析销售费用开支是否合理的基础;二是由于财务制度不健全,一些销售费用在不经意间流失了。

2. 销售费用计划

良好的销售费用计划可以为销售工作的进展和考评提供切实的依据。销售费用计划应具备如下特征:

(1)生活标准一致。在认识到消费水平存在差异的基础上,应该尽量保证销售人员在各地出差和在当地工作的生活水平一致,不能因出差而导致生活品质下降。合理的销售费用计划应该使销售人员的付出与收获成正比。但在实践中,很多企业都会用费用补贴来代替报酬。其实这并不是很明智的选择,因为这样会使薪酬计划失效。

(2)无碍市场拓展。适当的销售费用计划不能妨碍销售职能的履行,也不能妨碍新市场的拓展。如果将销售费用限制在一个范围内,比如销售额的1%,很可能会降低销售人员开拓新市场的积极性。因为开拓新市场往往要花费高额的费用,但前期的销售量又十分有限。

(3)简洁实用。销售费用计划应力求简洁实用,以方便对其施加控制。有些费用应力求节俭,比如行政和管理费用。计划和报告不必过分注重细节,同时要避免与其他计划重复。

(4)表述明确。一份良好的销售费用计划应该表述明确,不会在管理层和销售人员之间造成误解。为了避免误解的产生,管理层在制订计划时可以征求销售人员的意见,而且在执行之前应该尽可能地向销售人员解释清楚。

(5)控制费用虚报。销售费用计划应控制和减少费用的虚报,同时也要避免因费用支出过少而影响销售人员的士气和热情。对于销售费用虚报这一现象,企业可以通过良好的培训计划和适当的薪酬设计来减少乃至避免。

3. 销售费用控制

(1)销售费用控制的方法

1)销售人员自付费用。企业必须决定是由企业来支付销售费用还是由销售人员自己从收入中支付。拿佣金的销售人员自己来支付这部分费用,这样在花费之后余下的就是自己的收入。销售人员喜欢这么做通常是因为可以有更多的自由,也不必向领导解释费用情况。对于企业而言,这样做可能使成本更低而且管理简单。但销售人员自付费用有一个比较大的问题,那就是企业对其销售人员的控制力度比较弱,在开拓新市场、挖掘潜在客户方面会有一定的阻力。

2)无限额报销制度。无限额报销制度即企业对销售人员合理的业务和差旅费用实行没有限额的实报实销制度。这样做的好处是具有很好的弹性,不会因销售地区之间和产品之间费用的差异而产生问题,同时对于销售人员来讲,费用也不会成为其开拓新市场和潜力客户的障碍。但由于估计费用很困难,因此无限额报销制度会使预算制定有一定的难度。

3)有限额报销制度。企业也可以对销售人员费用进行一定限额的控制,以使花费限制在企业认为合理的范围内。企业可以为每个支出项目规定报销限额。比如每天餐费不超过100元,交通费支出不超过200元,住宿费不超过400元等。另一种方式是为一段时间规定总的费用支出限额。比如规定每天各项支出的报销金额不得超过600元。企业可以针对不同的地区制定相同的限额,也可以根据地区消费水平差异制定不同的限额。

4)组合控制方法。无限额和有限额制度都有各自的优点和缺点。企业可以通过将两种方法组合应用来保证更加有效且灵活的控制。企业可以用有限额来控制住宿费用,而对交通费用采取无限额控制的方法。另一种组合方法是,企业可以制定总的费用限额,同时又规定限额与一些指标有比例关系,比如销售额的3%。这样既有利于企业对销售费用的控制,又可以让销售人员有一定的灵活性。

5)其他控制方法。在实际应用中,企业也可以使用一些其他的方法对费用进行控制。比如规定:违反费用制度的销售人员将受到谴责或严厉的处罚,如罚款甚至辞退。有些企业会通过控制信用卡在指定的旅馆或酒店消费来控制销售人员的食宿支出。有的企业可能会提倡电话销售以减少登门拜访所带来的高额费用。

（2）销售费用控制的步骤

1）明确目标。企业要确定是否要进行销售费用控制，要在多大程度上进行销售费用控制。一些企业出于历史等原因，突然进行费用控制可能会遇到很大的阻力，甚至会在一定程度上影响企业的发展。

2）制订销售费用计划。一份良好的计划是费用控制的基础。它能够让管理层和销售人员有清楚的认识，做到心中有数并有据可依。这里需要注意的一点是，有条件的情况下最好让销售人员也参与计划的制订，这对费用计划的沟通和执行会有很大的帮助。

3）通过书面或面谈的形式与销售人员沟通公司制订的最终计划，以使销售人员清楚计划内容，没有任何疑问。

4）建立完善的销售费用报告审核体系。良好的报告审核体系可以规范申报流程，也可以减少整个费用报告审核过程的用时。

5）对于违反费用政策的处理。既然制定了政策，就要认真贯彻执行，如果有销售人员违反，企业应采取措施对其进行处罚，以保证政策的有效性。

5.2.3 销售辖区时间管理

时间就是金钱，时间管理已经变得越来越重要和迫切，销售主管必须对销售人员进行时间管理，主要包括规划拜访路线、确定拜访频率和有效管理时间等。

1. 规划拜访路线

据统计，大部分销售人员把1/3的工作时间花在路上。因此，销售路线的规划非常重要。我国的交通状况近年来虽然已经有了很大的改善，但对大部分的内陆省市和中小城市来说，路线安排仍然是销售人员头疼的一件事情。

为了规划路线，销售人员应该把当前客户和潜在客户的位置用点在辖区地图上标示出来，即绘制销售辖区的位置图。销售人员可将所在辖区的商业地图备齐，然后绘制出自己所在销售辖区的地图，再将销售辖区内各个当前客户和潜在客户逐一按实际地理位置标在图上。在图上同时标出竞争对手的经销店和本企业的经销店（用不同的颜色标出）。根据此地图就可以估算出本企业在此辖区内的市场竞争力强弱。

【小贴士】

销售地图

在地图上填上客户分布、竞争者的据点分布、交通不便点、重点地区、访问路线、人口、普及率、市场占有率等，这就是所谓的"销售地图"。

简单销售地图的制作程序：可以把几张厚纸板拼起来，摆上地图，切除地图外围的厚纸板，用胶带把地图周围固定起来。找几个大头针，针头上的颜色各具不同的意义（如：红色表示大客户；橙色表示次要客户；白色表示无需求的客户；蓝色表示冷淡的客户）。把大头针剪成2cm长。按客户的种类将大头针插在地图上。沿着蓝→白→橙→红的方向努力，开拓再开拓，最终目标是使所有针头都变成红色。

有了销售辖区位置图后，销售人员就可以比较容易地规划出自己的拜访路线。这里需要注意以下几个问题：

1）必须综合考虑，统筹安排，尽量用最少的时间、最少的费用，拜访尽可能多的客户。

2）销售人员每一次做出差计划安排的时候，首先要考虑和列出要拜访哪些客户或者目标客户，拜访的目的是什么，拜访的时机是否适当。然后根据实际需要确定拜访的目标客户数量和所在地，考虑出差日程和路线的安排。

3）制定出差日程和路线的时候，需要考虑当地的交通状况，避免因为交通工具的衔接而浪费时间和延误行程。

4）在出差路线的安排上，除非有足够的理由或特殊的原因，否则，应该避免来回的折返，以免浪费时间和差旅费用。

总之，合理的出差路线安排能够节省时间，使销售人员将工作时间最大限度地用于与客户的接触，增加销售。合理的出差路线安排也可以减少差旅费用的开支，避免销售人员由于过度奔波而厌倦工作。

2. 确定拜访频率

拜访频率一定要适度。许多销售人员认为应频繁拜访业务量最大的客户或目标客户，但这个想法并不正确。客户采购人员一般都忙于工作，过于频繁的拜访可能会浪费他们的时间，影响他们的工作。过少的接触又可能给竞争对手乘虚而入的机会。所以，在确定拜访频率时必须考虑如下因素：

（1）是否有工作需要。想要留住客户，最关键的是满足对方的需求，既包括产品质量、交货安排、价格、服务等因素，也包括销售人员的拜访因素，拜访次数要适当，能够满足客户采购工作的需要。

（2）与客户的熟识程度。双方熟识、关系稳固的客户，通过电话联系就能够满足工作上的需要。通过电话接触，可以节省双方的时间，也可以节约销售人员的交通费用。双方交易稳定，客户需要比较固定，又没有太多的细节需要洽谈或特殊情况需要处理的，可以通过销售协调员进行联系，以减轻销售人员的工作负担。但销售人员仍然需要主动地保持与客户的接触，询问客户是否有销售或服务方面的问题需要协助解决。在间隔一段时间之后，销售人员还应该安排时间对客进行拜访，以维护交情。

（3）客户的订货周期。这就需要销售人员与客户建立良好的关系，对客户的生产经营活动有比较全面的了解，从而可以准确地判断出客户什么时候会订货。

3. 有效管理时间

销售人员和销售经理要有效地管理时间，应该做到以下几点：

（1）制订日、周、月计划。许多销售人员制订出每日、每周和每月的拜访计划，按照计划事先与客户联系约会、安排食宿等。周计划比较特别，包括访问客户的特定日期。日计划是在前一天晚上做出的，销售人员确定第二天即将拜访的客户，确定与客户见面的时间，并准备销售演示用的材料。

（2）对客户进行分析。首先，销售人员应当确定所有的现有客户和潜在客户；其次，销售人员应当估计现有客户和潜在客户的购买潜力。根据客户的购买潜力确定销售频度模型，其中包括销售次数、销售时限和间隔时间。销售频度模型可以作为销售人员工作的标准程序。

（3）销售经理应对销售人员的销售工作给予更多的指导。具体指导应包括收集销售情报、识别决策人、安排销售宣传等内容。这样做既能使销售人员节省销售时间，又能使他们的工作更富有成效，其结果不仅会让销售人员满意，而且也会让客户满意。

（4）必须充分发挥计算机的作用，以充分利用时间。销售频度模型的确定，客户购买潜力及需求的分析，销售路线模型和销售目标的确定等，都可以借助计算机进行。此外，还应该研究计算机在时间管理方面的作用以及销售人员的辖区管理方法，如利用计算机对销售人员的"时间和工作分析表"进行分析，可以帮助销售人员了解现在利用时间的状况，以提高销售效率。

（5）销售经理要指导销售人员安排销售拜访的日程和行程。日程安排是指确定访问客户、洽谈生意的固定时间；行程安排是指确定在辖区内工作时采用的旅行路线。一些销售组织喜欢为其销售人员设计一个在辖区内旅行的正式路线，在这种情况下，管理部门必须设计出对企业和销售人员而言可行、灵活、有利又令客户满意的销售拜访计划。

（6）正确处理潜在客户与现有客户的关系。销售人员在工作时间的安排上，也需要考虑在现有客户和潜在客户之间分配工作时间的比例。销售经理应该根据与现有客户的业务往来的稳定程度，适当地要求销售人员将时间和精力较多地用于潜在客户的业务开拓方面。但如果现有客户的采购在企业的销售中所占比例不高，那么销售人员在开拓新客户的同时，也应该将时间和精力多用于增加对这些现有客户的销售数量上。销售业务的开拓，除了应该着眼于潜在客户的开拓之外，还应该从现有客户着手。销售人员应该努力增加对现有客户的销售数量。销售经理必须让销售人员懂得如何区分服务性拜访和销售拜访。服务性拜访可能是处理客户的投诉或者提供售后的工作支持，这一类拜访可能不会马上带来销售，但销售人员必须投入适当的时间，因为这是维持与客户的关系的一项重要工作。也有一些服务性拜访可能对销售有直接的帮助，销售经理应该督促销售人员安排合理的时间做好这类客户拜访工作。

课程思政

【思政元素】精准扶贫

精准扶贫：是粗放扶贫的对称，是指针对不同贫困区域环境、不同贫困农户状况，运用科学有效程序对扶贫对象实施精确识别、精确帮扶、精确管理的治贫方式。一般来说，精准扶贫主要是就贫困居民而言的，谁贫困就扶持谁。

【知识元素】销售辖区的设计

【思政元素与知识元素的融合】

销售辖区是指在一定时期内分配给销售人员、销售部门、经销商、分销商的一组现有的和潜在的客户。销售辖区指的是"客户群"。销售辖区设计一般应遵循以下步骤：选择控制单元→选择起始点→将相邻的控制单元组合成控制区域→调整初步设计方案→分派销售人员。销售辖区设计的原理与"精准扶贫"是一样的，就是有针对性地开发区域内的客户，做好"精准销售"。

本章小结

销售辖区又称销售区域、区域市场，是指在一段给定时间内，分配给一个销售人员、一个销售分支机构或者一个中间商（批发商或零售商）的现实及潜在客户的总和。

销售辖区设计的作用：有利于合理分配销售资源；有利于更好地开发与管理市场；有助于提高销售人员的士气；有助于降低销售费用；有助于对销售人员进行控制和评价。

销售辖区设计的原则：公平性原则；可行性原则；挑战性原则；具体化原则。

销售辖区设计的流程：选择控制单元；确定客户的分布和潜力；合成销售辖区；调整初步设计方案。

销售配额是指分配给销售人员一定时间内完成的销售任务，它是销售人员需要努力实现的销售目标。

销售配额的类型：销售量配额；财务配额；销售活动配额；综合配额。

销售配额的确定方法：根据辖区销售潜力确定；根据历史经验确定；根据销售主管的判断确定。

销售配额的分配方法：人员别分配法；客户别分配法；产品别分配法；部门别分配法；地区别分配额；时间别分配法。

销售费用控制的方法：销售人员自付费用；无限额报销制度；有限额报销制度；组合控制方法；其他控制方法。

销售辖区时间管理主要包括规划拜访路线、确定拜访频率和有效管理时间等。

复习思考题

1. 销售辖区设计的作用有哪些？
2. 简述销售辖区设计的原则。
3. 销售配额的确定方法有哪些？
4. 列举分配销售配额的方法。
5. 销售费用控制的方法有哪些？
6. 销售辖区时间管理包括哪些内容？

案例分析

格力渠道模式遭遇新难题：总部与区域管理脱节

格力空调到底怎么了？

2008年和2009年，格力空调多年来坚持并推动的"区域股份制销售公司"模式受到冲击。

2009年12月，格力集团再度减持其在格力电器所持有的股份。对此，格力集团表示是为了满足自身资金需求。但业内人士分析，此举有利于格力空调通过资本市场的纽带捆绑区域核心经销商，加强与区域经销商的合作关系。此前，河北、山东、重庆等地的全国10家格力经销商共同成立的河北京海担保投资有限公司入股格力电器，成为格力集团之后的第二大股东，持有格力电器9.82%的股份。

总部与区域的管理脱节？

业内人士指出，2008年出现的格力空调专卖店危机，从市场销售的环节折射出了格力空调总部与区域销售公司之间的管理弊端。各地销售公司为扩大市场份额、获得销售利润的最大化，在区域市场上往往采取粗放式管理手段，对格力空调的专卖店和加盟店管理不严，引发了一些短期利益投机者"浑水摸鱼"，最终伤害了格力空调的品牌声誉和整体利益。

2009年，在北京出现的安装质量危机，从售后服务管理的环节再次印证了格力总部与区域销售公司之间的管理问题。区域销售公司为了自身利益的最大化，往往会采取各种手段降低成本、增加利润，而在空调行业历来有"三分质量七分安装"之说。

区域销售模式能走多远？

一位行业观察家指出，格力空调安装质量危机实际上反映了多年来支撑格力空调高速发展的区域销售公司的营销模式，正面临发展的瓶颈和管理上的脱节。目前格力总部与区域销售公司之间只是一种商业合作关系，而非上下级的内部管理或监督关系。这些区域销售公司为了谋求自身利益的最大化，在一些阶段往往会采取与格力利益相冲突的措施。

格力总部对于这些区域销售公司的监督，往往会以"市场份额和销售利益最大化"为指导思路，形成了"只认市场份额而忽视市场管理"的怪圈。

格力空调的区域销售公司模式正面临"发展扩张与监督管理"的新瓶颈，即区域销售公司在市场份额和商业利益的竞争中，如何确保自身的利益，如何保持一贯的风格和理念，如何在承担起社会责任的同时获得商业利益。格力总部又能通过何种手段和方式，对这些独立的区域销售公司进行标准而规范化的管理？

作为一家在全球市场上具有广泛影响力的企业，格力近年来通过加大产品技术创新力度，不断夯实企业竞争力。但在市场销售环节，一度被格力空调誉为制胜法宝的区域销售公司模式，却在多年的市场实践中遭遇了管理与监督瓶颈，不仅未能有效与格力的技术特色相匹配，反而成为格力在市场的短板和软肋。

（**资料来源**：格力渠道模式遭遇新难题：总部与区域管理脱节[N].中国企业报，2010-01-04.）

案例讨论：

1. 为什么格力总部与区域销售管理存在脱节问题？
2. 格力总部如何加强销售辖区管理？

第 3 篇　销售人员管理

第6章

销售队伍建设

> 兵非益多也，惟无武进，足以并力、料敌、取人而已。
> ——《孙子兵法·行军篇》

学习目标

1. 了解销售人员的界定及其作用
2. 了解销售人员的职责
3. 掌握优秀销售人员的基本素质和特征
4. 掌握销售人员战略规划知识

引入案例

董明珠当年是如何做销售的

董明珠近些年来可谓是名声大涨，然而大家都知道，最初董明珠只不过是一位普通的销售人员，现在她是格力集团的第一决策人。那么，董明珠是如何成功的呢？董明珠的成功是因为高超的销售技巧吗？董明珠做销售又有哪些销售技巧呢？

董明珠，出生于江苏南京，在1990年进入格力做销售，自1994年相继出任珠海格力电器股份有限公司经营部部长、副总经理、副董事长，并在2012年5月，被任命为格力集团董事长。2019年1月，珠海格力电器股份有限公司召开股东大会进行董事会换届选举，董明珠被提名为董事候选人，并当选为格力电器新一任董事会非独立董事。如今，董明珠是珠海格力电器股份有限公司董事长兼总裁。

据说，董明珠一开始做销售的时候，销售额竟高达1600万元，一个人的业绩占公司总销售额的1/8，后来董明珠去南京，个人销售额更是高达3650万元，直接打破了格力诸多销售记录。

在一次央视采访中，董明珠表示当年做销售其实没有什么特殊的技巧，她认为做到三点还是非常重要的：第一，不管做人还是做事，都要真诚；第二，在工作方面必须要勤奋；第三，闲暇的时候一定要学会思考。

销售队伍是现代企业中最为传统也是最为不可缺少的力量。就竞争的具体形式而言，从产品竞争到技术竞争，到品牌竞争，再到战略竞争，竞争手段日益向高级化和综合化发展，然而最终决定竞争成败的，是企业销售队伍的素质。因此，销售队伍建设已经成为企业赢得竞争优势和营销制胜的根本。

（**资料来源：**黄伟芳. 董明珠传 [M]. 北京：团结出版社，2019.）

6.1 销售人员的作用与职责

6.1.1 销售人员的界定及其分类

1. 销售人员的界定

销售人员就是在一定的经营环境中，采用适当的方法和技巧，宣传企业产品品牌、引导潜在客户购买产品或服务、实现企业销售目标的工作人员，他们的主要职责是完成销售目标，实现企业利润。

销售人员在企业员工中是相对独立的一个群体，与其他群体相比有着明显的特征：

（1）工作难以监督。销售人员的工作一般是独立开展的，工作时间自由，外出行为较多。销售人员的工作绩效在很大程度上取决于销售人员愿意怎样付出劳动和钻研销售；管理人员无法全面监督销售人员的行为，很难用公式化的硬性规定来约束销售人员的行为，然而用科学有效的绩效考核制度作为指导销售人员从事销售活动的指挥棒，就能规范销售人员的行为，使销售人员全身心地投入销售工作中，提高工作效率。

（2）工作业绩不稳定。销售人员的工作业绩受多方面因素的影响：社会政治环境、社会舆论、流行趋势、季节变化、消费者心理等都会影响客户的购买能力或购买需求，从而影响销售人员的工作业绩。从某种程度上说，销售人员的工作业绩具有不可控性，非常不稳定。

（3）工作跳槽频繁。一方面，销售人员流动性较高，他们可能通过跳槽来改变自己的工作环境。另一方面，他们也试图通过不断地跳槽来找到最适合自己的工作，从而使自己对未来的职业生涯有所规划。

2. 销售人员的分类

（1）根据销售职责分类。销售职责包括从最简单的到最复杂的所有销售活动，简单的销售活动只需要销售人员保持现有客户并接受客户的订单，复杂的创造性的销售活动则要求销售人员寻找潜在客户并使之成为企业的客户。根据销售职责，销售人员可以分为五类：

1）简单送货型销售人员：主要负责把客户已购买的产品发送给客户。

2）简单接单型销售人员：主要负责把客户的订单转交给企业的生产部门。

3）客户关系型销售人员：主要负责在客户中间建立起良好的声誉，使客户满意。

4）技术型销售人员：主要负责向客户提供技术方面的服务，提高客户的忠诚度。

5）创造型销售人员：主要负责寻找产品的潜在客户，并把他们转变为企业的实际客户。

（2）根据在商品流通链中的位置分类。按照销售人员在商品流通链中所处的位置，可以将销售人员分为厂家销售人员和商家销售人员。厂家销售人员不直接面对消费者，而是面对商家如经销商，其主要工作内容是客户管理——开发新客户和维护现有客户，规范价格，维护市场；商家销售人员则直接面对消费者，进行店面管理和现场管理。

6.1.2 销售人员的作用

销售人员的作用随着现代通信手段和电子商务的兴起和迅猛发展而日益发达。有人认为销售人员的作用正在减弱，但是国内外企业的实践表明，与其他促销手段相比，人员销售仍然具有不可替代的作用。其作用主要表现在以下几个方面：

1. 销售人员是企业价值的最终实现者

销售工作是直接为企业带来收益的，可以说它是企业所有活动中最重要的一环。一个企业只有实现了销售，才实现了由投入到产出的回报。没有销售，企业就不可能产生经济效益，也就不可能生存下去。

2. 销售人员能够深入市场，为企业创造良好的外部环境

要使客户购买企业的产品，首先要让客户了解企业，在这里企业形象起着非常关键的作用。企业通过销售人员对产品的销售和宣传活动，在赚取更多利润的同时，也在广大客户心目中树立起美好的形象，提高了产品的信誉。此外，销售人员还利用其社交面广的优势，为企业产品销往各地编织业务关系网，与更多的经销商建立联系，并为企业带来更多的客户。

3. 收集与分析市场信息，促进新产品的研发

销售人员身临市场第一线，能够收集到各方面的产品和市场信息，把握市场行情和发展变化趋势。尤其是在与顾客的接触中，销售人员能得到顾客对产品的反馈和改进意见，为企业的营销策略、产品规划和新产品研发提供决策依据。

4. 销售人员是企业竞争成败的主要因素

现代企业间的竞争是人才的竞争。由于科技的发展，企业之间产品质量的差距越来越小，因而销售人员成为决定竞争成败的主要因素。销售人员能够适时有效地识别和拜访潜在客户，为客户提供优质服务，创造销售业绩，从而使企业战胜竞争对手。

因此，销售人员是企业营销成功的一个主要因素，企业管理者必须重视销售人员、用好销售人员、加强对销售人员的绩效管理，以实现人力资源的最优配置，促进企业整体绩效的提升及战略目标的实现。

【小贴士】

销售人员正在被时代淘汰吗？该做点什么才能保住饭碗？

在互联网涌起的大潮中，许多销售人员危机感日益强烈。

麦肯锡全球研究所一项新研究指出，如今45%的工作都可以通过现有的技术实现自动化，甚至连首席执行官的工作也不能幸免。销售数据分析公司Gryphon Networks的高级副总裁埃里克·埃斯法哈年（Eric Esfahanian）表示："销售业将会面临'大洗牌'。"他认为："最底层10%或20%的B2B销售人员，尤其是那些产品简单、销售周期短的员工，将会被B2B电子商务取代。"

那么，面对可能到来的"网购淘汰赛"，销售人员该怎么办呢？能不能避免失业？埃里克·埃斯法哈年提出"让自己变得不可替代"的应对方法，并给销售人员三项建议：

1. 真正学会打电话

如今，大数据分析技术可以找出那些绩效最高的销售人员是怎么做的。事实证明，销售

人员的老套法则"微笑+打电话"是有事实支撑的。Gryphon Networks 的数据显示，要吸引1名新客户，平均需要打8个电话，面见1次。相反，不那么优秀的销售人员通常打了两次电话后就放弃了。

为什么呢？"用电子邮件和社交媒体联系别人会更加舒服，因为不会遭到他人直接拒绝。但真正有利可图的交易从来都不是从电子邮件开始的，你必须拿起电话。"

详细记录好你所打过的电话，包括电话推销和与现有客户的谈话。埃里克·埃斯法哈年表示："这些记录可以显示你每天坚持打20、30还是40个电话，并指出有多少电话最终导致了会面。如果你带上这些记录参加求职面试，你就领先了至少70%的候选人。"

2. 仔细观察顶尖销售人员

也许你会认为，你就是本公司或者本行业中最优秀的销售人员。但是埃里克·埃斯法哈年表示，新入行者尤其要向销售类似产品或系统的最优秀的销售人员学习一些特殊技巧，这一点至关重要。

他建议："研究他们的一些行为细节，试着也这么做。起初你感觉像是在模仿他们，但经过练习，他们最棒的方法就会变成你的。"

采纳那些对最佳从业者有效的策略，对学习任何技能（包括管理）来说都是一种好方法，在如今的销售领域尤为如此。在即将到来的'大洗牌'中，可能只有最具效率的销售人员才能留下来。

3. 努力做好机器不能做的事情

毫无疑问，员工在未来最需要的技巧，都是与他人交往相关的。这包括团队建设、创意生成，以及和同伴一起设定目标，想出问题的创新解决方案。如果你在销售定制化系统，你的客户需要你帮助他们解决问题，那就说明你在这方面已经付出了很大努力。

在此基础上还要做得更多。埃里克·埃斯法哈年建议："学习如何积极聆听，学习如何与人交往，如何阅读他们没有说出的事情。你怎样平息一名客户的愤怒？你如何在谈话中追加销售、交叉销售，或是介绍一款新产品或服务？"

"你在情感共鸣、团队合作和沟通技巧上的本领越强，你就越会'永不过时'。"

6.1.3 销售人员的职责

虽然销售对象的不同使得对销售工作以及销售人员的要求不同，销售人员的具体活动也不同，但是一些基本的销售工作还是需要绝大多数销售人员来执行的，具体而言销售人员的职责如下：

1. 收集信息资料

为了完成实际的销售工作，销售人员需要收集必要的信息资料，定期组织市场调研，收集市场信息，分析市场动向、特点和发展趋势，如企业产品销售情况、竞争对手和市场现状以及发展趋势等，同时还需要收集、整理、归纳客户资料，对客户群进行透彻的分析。总之，销售人员对产品市场方面信息掌握得越多，销售工作就能做得越好。

2. 制订销售计划

销售人员掌握了必要的信息资料之后，就应该着手做销售前的准备工作，确定销售策略，建立销售目标，制订销售计划，如个人销售计划、部门销售计划等，并予以检查控制，充分发挥工作积极性。

3. 进行实际销售

销售人员执行并完成公司销售计划，进行实际销售。在实际销售过程中，销售人员需要引起消费者的注意和兴趣，提升消费者的购买欲望；利用提供产品鉴定证明、示范使用产品、请消费者亲自试用产品等方法，争取消费者的信任；善于正确处理消费者提出的异议，并运用一些策略和技巧达成交易。

4. 做好售后服务

在产品销售完成以后，销售人员需要与客户保持经常的联系并提供主动、热情、令客户满意、周到的服务；定期了解客户对产品的意见和建议，并采取改进措施，充分履行安装、维修、退货等服务方面的承诺。

【小贴士】

销售人员最该避免的 10 个低级错误

1）表现得不够自信，或是对自己估计过高。
2）不够耐心和细致。
3）不做计划和总结。
4）低头干活没有抬头看路，没有拿出足够的时间来研究业务。
5）缺乏搜索客户详细资料的能力。
6）销售产品过于倚重价格因素。
7）没有搞清楚客户采购（决策）过程（流程）。
8）过早地推介自己的产品。
9）讲得太多，听得太少。
10）不做售后随访。

6.2 优秀销售人员的基本素质和特征

销售是一项艰苦的工作，因此，不是任何人都适合做销售工作的。做销售不易，做一个优秀的销售人员更是不容易。现代销售理论奠基人戈德曼博士告诫我们："把一个不合适的人放到销售岗位上，一开始就失败了。"一个优秀的销售人员必须具备相应的素质和一定的特征。

6.2.1 优秀销售人员的基本素质

销售人员是企业开拓市场的先锋，是企业形象的重要代表，必须具备一定的基本素质。下面介绍销售人员素质的 3H1F 模式和 M-KASH 模式。

1. 销售人员素质的 3H1F 模式

3H1F 中，3H 分别是指脑（Head）、心（Heart）和手（Hand），1F 是指脚（Foot）。

（1）学者的脑。脑是指销售人员要有学者的头脑，要注重销售创新。销售工作并不是一个简单的劳动，它要求有超出常人的学者的头脑。"处处留心皆学问"，销售人员要养成勤于思考的习惯，要善于总结销售经验，并创新性地开展销售工作。

（2）艺术家的心。心是指销售人员要有艺术家的心，要会观察市场和顾客。艺术家的心，对世间的一切事物都给予热心、真诚的同情。因此，优秀的销售人员应具有艺术家的心，善于观察市场，热心、真诚地满足顾客的现实需求和潜在需求。

（3）技术者的手。手是指销售人员要有技术专家的能力，要了解产品及其使用的知识，做事情要专业。销售人员要把产品销售出去，首先自己必须了解产品，掌握产品方面的知识，这样才能说服顾客购买。

（4）劳动者的脚。脚是指销售人员要勤劳，要能主动寻找顾客。销售人员是实践者而非空谈者，做销售就是要勤快，多拜访客户、多积累客户才会有越来越多的订单。

【小贴士】

营销是世界上最伟大的职业，一个顶尖的营销员必须拥有政治家的狡猾心机、艺术家的敏锐眼光、外交家的诡辩舌头、邮递员永不怕磨破的双脚。

——大卫·罗宾逊（David Robinson）

2. 销售人员素质的 M-KASH 模式

M-KASH 模式是指导销售人员提升自己的法宝。其中，M 是指动机、原动力（Motive），K 是指知识（Knowledge），A 是指态度（Attitude），S 是指技能（Skill），H 是指习惯（Habit）。

（1）动机、原动力。原动力即动力的来源，是销售人员行动的激励力量。销售人员的动机主要包括经济型动机、兴趣型动机、个人奋斗型动机和社会服务型动机。企业可以根据销售人员的动机和原动力采取相应的激励措施。

（2）知识。知识是头脑中的经验系统，它是以思想内容的形式被人们所掌握的，知识是个人能力形成的理论基础。销售人员需要的知识，既包括宽泛的营销理念、法律知识以及社会交往中的人际关系、社会角色等知识，也包括销售业务所涉及的专业知识、专业理论等。销售人员需要不断地学习，不断地成长，才能做到无论接触哪种客户都能出口成章，不会词穷。只有丰富自己的知识，才能有谈资。对于销售人员来说，知识是基础。

（3）态度。态度决定一切。付出一次就成功了说明运气好；付出十几次才成功是正常的。这时候态度就能决定成败了，千万不要因为挫折而放弃，或许下一次就能成功了，当然也不要因为一次没有付出的获得而骄傲，要知道骄兵必败。优秀的销售人员，需要具备以下四种态度：①寻找动力的源泉；②自我肯定的态度；③拥有对成功的渴望；④坚持不懈的精神。

（4）技能。销售中所掌握的技能是与成交的概率成正比的，很多时候客户会因为销售人员对产品的不了解而否定销售人员的能力及之前对产品的铺垫。销售人员需要的专业技能，既包括销售业务中所涉及的产品演示、操作技能，也包括销售业务中所涉及的错综复杂的人际关系处理等社会技能。

（5）习惯。研究表明，我们每一个人一天的行动中 95% 是习惯性的，只有 5% 是非习惯性的。事实表明：凡是在职场中成长快或者取得成功的人，都有非常好的习惯，比如目标清晰、善用时间、勤于反思、终生学习、坚持锻炼等。销售人员需要养成习惯，让工作成为自己生活的一部分。

6.2.2 优秀销售人员的基本特征

不是所有的人都适合做销售，也不是所有做销售的人都能成功。根据众多专家和学者的研究，一个优秀的销售人员应该具备三个方面的特征：品质、技能和知识。

1. 品质

优秀的销售人员必须具有六大品质。

（1）诚信。在销售中，诚信的地位是不可动摇的，可以说，诚信是一个销售人员最大的资本。董明珠说过："人家说我是营销高手、营销女皇，但其实我没有任何诀窍，我只有两个字——诚信，一定要让你的经销商、合作者跟你共赢，这样别人才会相信你，才会听你的。如果老是想着自己的利益，我们的决策一定实现不了。"伟大的销售人员乔·吉拉德也曾经说过："诚实是推销之本。"销售人员的一言一行、一举一动都在勾画自己在顾客心中的形象。销售人员讲求诚信，既能反映出其品质的闪光点，又能树立企业的良好形象。可以说，销售人员在推销产品和服务的活动中，不仅是在推销产品和服务，而且是在推销自己的诚信等品质。

（2）自信。培养坚定的自信心，是销售人员迈向成功的第一步。销售专家乔治特·莫贝赫曾经说过："顶尖的销售人员之所以会成功，就在于他们对自己的事业怀抱着高度的自信，这也使得他们周围的人相信他们所推荐的产品。"也就是说，销售人员的自信在顾客看来可能要比产品还重要，所以拥有自信是每个优秀销售人员必备的基本素质。相信自己能够胜任销售工作，相信自己能够说服顾客购买产品，相信自己能够战胜销售活动中的各种挑战，无论顺境还是逆境，优秀的销售人员都始终对销售事业充满必胜的信心。

（3）自律。自律，是一切销售黄金法则的基础。每一个顶尖的销售人员，都是自律的高手。对于一个优秀的销售人员来说，如果说智慧是根本，专业是前提，正直是保障，那么自律就是关键。自律分为两个方面：一是工作方面的自律，由于销售人员往往常年在外，公司对其约束不够，因此销售人员应严格要求自己努力工作，做好销售工作；二是利益方面的自律，销售人员面对各种诱惑需要自律，协助公司管理好"财"与"物"，确保公司的利益不受损害。

（4）坚韧。对于销售人员而言，挫折和失败简直就是家常便饭。优秀的销售人员在遭受挫折后，应该迅速地调整过来，继续努力。只有意志坚定，坚韧不拔，承受住各种困难的打击，才能找到克服困难的办法，最终赢得销售活动的胜利。

（5）宽容。宽容、有气量，是销售人员应当具备的品格之一。销售人员会接触到许多顾客，顾客的经历与性格不同，顾客的观点也不尽相同，因此，销售人员要学会宽容，并且有耐心。销售人员应能宽容顾客，包容顾客，并且在顾客不清楚的时候，耐心地解答顾客的问题等。只有学会宽容，才能更好地了解顾客的需求，赢得客户的信任，更好地进行销售。

（6）进取。积极进取的态度对于任何人的一生都很重要，它是每个人前进的动力，是体现人生价值的途径。拿破仑曾说："不想当将军的士兵不是好士兵。"这句话如果放在销售人员身上，就应该说："不想当老板、赚大钱的销售人员不是好的销售人员。"一个成功的销售人员必须拥有强烈的进取心，表现在行动上就是肯动脑子和腿脚勤快。

【人物小传】

"世界上最伟大的推销员"——乔·吉拉德

假设你接到这样一个任务,在一家超市推销一瓶红酒,时间是一天,你认为自己有能力做到吗?你可能会说:小菜一碟。那么,再给你一个新任务,推销汽车,一天一辆,你能做到吗?你也许会说:那就不一定了。

如果是连续多年每天卖出一辆汽车呢?你肯定会说:不可能,没人能做到。可是,世界上就有人做到了,这个人在15年的汽车推销生涯中总共卖出了13001辆汽车,而且全部是一对一销售给个人的。他也因此创造了吉尼斯汽车销售的世界纪录,同时获得了"世界上最伟大推销员"的称号,这个人就是乔·吉拉德先生。

生于贫穷:1928年处于美国大萧条年代;父辈是四处谋生的移民。

长于苦难:为了生计9岁就开始擦皮鞋、做报童;遭受父亲的辱骂;遭受邻里的歧视。

自强不息:父亲辱骂他一事无成时下决心,要证明父亲错了;受到歧视时和别人拼命;母亲的关爱使他始终坚信自己的价值。

不懈奋斗:坚持上学,直到高中;做过40多种工作;破产巨额负债也没有灰心;做销售,努力改掉自己的口吃;对待顾客坚持诚信,恪守公平原则;不墨守成规,不断创新自己的方法,超越自我。

创造了伟大的传奇:

连续12年被《吉尼斯世界纪录大全》评为世界零售第一。

连续12年平均每天销售6辆车——纪录至今无人能破。

被吉尼斯世界纪录誉为"世界最伟大的推销员"——迄今唯一荣登汽车名人堂的推销员。

乔·吉拉德创造了5项吉尼斯世界汽车零售纪录:

1)平均每天销售6辆车。

2)最多一天销售18辆车。

3)一个月最多销售174辆车。

4)一年最多销售1425辆车。

5)在15年的销售生涯中总共销售了13001辆车。

2. 技能

优秀的销售人员需要具有以下六个方面的能力:

(1)学习能力。销售人员要更快地成长,就要具备一定的学习能力。销售人员需要接触的知识非常广泛,从营销知识到财务、管理以及相关行业知识等,可以说销售绝对是"综合素质"的竞争,面对如此多的知识和信息,没有极强的学习能力是无法参与竞争的。

(2)观察与分析能力。一个销售人员的成功,20%靠专业知识,40%靠人际关系,另外40%靠观察能力。针对问题,采用科学的观察方式,视觉和听觉要密切配合,观察与判断也要有机地结合起来。销售人员活跃在市场的一线,需要及时知晓竞品的市场信息,包括重大举措、竞争情况、新品上市、市场现状等。销售人员应该有着敏锐的市场感觉,及时收集、分析市场的信息,并及时上报给上级领导,以利于公司营销领导层及时决策,趋利避害。

(3)应变能力。在销售过程中,各种情况随时都会出现,这就需要销售人员一方面具备良好的心理素质，另一方面要有临场应变的能力。那么，销售人员该如何提高自己的应变能力呢？其一，要提升自己的知识、阅历、气质。往往那些知识丰富、阅历丰富的人面对突发状况时反应更加快捷，与人交流时能够随机应变。其二，锻炼自己的逻辑思维能力，只有具有较强的逻辑思维能力，才能做到精准表达、准确判断。

【销售小故事】

  曾经有一个卖玻璃杯的销售人员，他一直在吹嘘自己的玻璃杯是如何牢固，并且现场示范他的杯子从桌子上掉下去不会碎。结果却出乎意料，他的杯子一摔就碎了，这下好了，他不是在拿石头砸自己的脚吗？身为一个专业的销售人员，虽然他的内心很忐忑，但是他极力克制自己的情绪。在短暂的思考过后（大概10s），他说了一句："你们看，像这样的杯子，我就不会卖给你们。"周围的顾客都笑了，现场气氛也活跃了，接着，他又往地上扔了5只杯子，个个掉在地上完整无损。可见，应变能力对销售人员而言是何等重要。

（4）社交能力。销售就是进行社交，销售人员必须具有较强的社交能力。从某种意义上说，销售人员是企业的"外交家"，需要同各种类型顾客打交道。这就要求销售人员具备与各种类型顾客交往的能力。为了提高社交能力，销售人员需要做到：认同顾客、尊重顾客、赞美顾客、影响顾客、说服顾客、感谢顾客。

（5）组织能力。销售人员的组织能力具体表现在一系列销售活动中，例如开展产品推介会、产品展销会、用户联谊会等大型活动，这需要把握好为什么要做（Why）、在什么地点（Where）、什么时间（When）、做什么事（What）、何人参加（Who）、如何做（How），即5W1H。销售人员通过组织策划，保障整个活动有条不紊地进行。

（6）沟通能力。优秀的销售人员，必须具有一定的沟通能力，尤其是沟通技巧，因为娴熟的沟通技巧往往会使销售人员富有个人魅力，从而促成销售。沟通成为一种愉快、轻松与活泼的交流体验。销售人员可以通过读书学习来提升沟通能力，也可以向优秀的前辈或者领导学习。

3. 知识

优秀的销售人员需要掌握以下五个方面的知识：

（1）企业知识。销售人员掌握的企业知识应以顾客需求为出发点，主要包括企业的历史、方针政策、规章制度、生产规模和能力、销售策略以及企业在同行业地位等。一方面，顾客了解一种产品时往往也会去了解其生产企业，在某些情况下销售人员需要向顾客介绍企业；另一方面，销售业务是企业整体价值链的一个环节，在工作中，销售人员总是需要其他部门的配合与支持。对企业情况的了解，会使销售人员更加清楚能够为顾客争取什么，不能承诺什么，这样，在销售过程中才能更加得心应手。

（2）产品知识。销售人员不是技术专家，也不是产品开发设计人员，不可能透彻了解有关产品的全部知识。但是，销售人员应该掌握必要的产品知识，例如产品的起源、产品的制造工艺、产品的制造方法、产品的保养方法，以及与市场上同类产品相比的优势和不足等，这样才能在销售过程中向顾客解释清楚，面对顾客的异议才能从容不迫地处理。

（3）市场知识。市场是销售人员活动的基本舞台；了解市场运行的基本原理和市场营销活动的方法，是销售人员必做的功课，也是销售人员获得成功的主要条件。由于销售活动涉及各种各样主体和客体,销售内容和方式也非常复杂,因此销售人员需要掌握的市场知识非常广泛,例如市场经济的基本原理和趋势、市场营销及商品销售的策略与方法、消费者心理及购买行为的基本理论等专业知识。

(4)顾客知识。成功的销售,关键在于对人的理解。美国著名销售专家曾说:"销售,98%是对人的理解,2%是对产品知识的掌握。"销售人员应善于分析和了解顾客的特点,要知晓有关心理学、社会学、行为科学的知识,要学会把握不同层次、不同地区、不同民族、不同年龄顾客的消费习惯,把握顾客的购买动机、购买条件、购买决策等情况。针对不同顾客的不同需求心理,采取不同的推销对策,获得顾客与企业双赢的销售效果。

(5)法律知识。市场经济是法治经济,在销售的过程中,销售人员必须掌握相应的法律知识。因为如果销售人员与顾客完成交易,双方当事人就产生了法律关系,所以销售人员应了解:交易行为是否具有法律效力的判定原则和界限;合同签订、变更和解除的法定程序;违约责任及其认定;发生纠纷时的仲裁和诉讼程序等。影响销售职业的法律法规主要有《中华人民共和国消费者权益保护法》《中华人民共和国反不正当竞争法》《中华人民共和国产品质量法》《中华人民共和国合同法》《直销管理条例》等。

【小贴士】

世界十大著名销售人员

(1)原一平。多年日本寿险推销冠军,推销员协会会长,美国百万圆桌协会成员,在世界推销界享有极高声誉。名言:做正确的事,而不是多做事;要做需要做的事,而不是你喜欢做的事。

(2)汤姆·霍普金思。世界著名推销训练大师,全球接受过其培训的学生超过千万人。名言:成功者绝不放弃,放弃者绝不会成功。

(3)博恩·崔西。世界顶级管理与营销培训大师,全球推销员的典范,曾被列入全美十大杰出推销员。名言:人类因梦想而伟大,因挫折而成长,因实践而成功。

(4)乔·吉拉德。被称为世界汽车销售第一人,曾连续12年创造了汽车销售最高纪录而被载入吉尼斯大全。名言:推销活动真正的开始在成交之后,而不是之前。

(5)克莱门特·斯通。美国联合保险公司董事长,在全美乃至世界商业界都享有极高声誉的营销管理大师。名言:对于强者来说,困难越多成就越大,具体到推销这个职业来说,在大的机构推销可以获得更大的成功。

(6)弗兰克·贝特格。美国著名保险营销顾问,有史以来最伟大的保险推销员之一,曾创造过美国保险业多项第一名。名言:成功不是用你一生所取得的地位来衡量的,而是用你克服的障碍来衡量的。

(7)马里奥·欧霍文。世界顶尖推销大师,销售咨询培训专家。曾连续三次获得世界冠军推销员的殊荣。名言:不要为失败寻找理由,而要为成功寻找方法。

(8)奥里森·马登。与拿破仑·希尔齐名的世界励志成功学大师。美国著名营销管理大师。名言:梦想是现实之母。

(9)雷蒙·A.施莱辛斯基。美国著名营销大师,曾被列入全美十大杰出推销员。全美公认的最佳保险经纪人之一。名言:沟通,首先是面对自己,如果你连自己都沟通不良,那么怎能奢谈和陌生人沟通。

（10）齐格·齐格勒。美国最杰出推销员之一，美国百万圆桌协会成员，世界首屈一指的销售点子大王。名言：什么叫成功？无非是你这次没有失败。

6.3 销售人员战略规划

销售工作是企业获得利润的第一战线。作为企业销售环节的执行者，销售人员对企业的经营有着至关重要的作用。为了建设销售队伍，首先，企业需要进行销售人员战略规划，即确定企业销售人员的数量及素质要求，然后才能有针对性地对销售人员进行招聘、培训、激励等。

6.3.1 销售人员战略规划的概念及其作用

销售人员战略规划，是指企业依据其营销战略和环境的变化，预测并满足未来销售任务对销售人员数量和素质的要求，而提供销售人力资源的过程。可见，销售人员战略规划是一个动态调整的过程，这是因为销售人员战略规划不仅需要匹配企业的营销战略，而且还要适应企业环境的变化。另外，销售人员战略规划是整个销售管理活动的核心，销售人员战略规划决定着销售人员的数量和素质，无论是宏观方面销售体系的构建，还是微观方面销售活动的实现，都需要销售人员来完成。具体而言，销售人员战略规划起着如下作用：

（1）优化销售队伍结构，提升销售队伍素质。劳动力市场往往存在结构性失衡，即低端销售人员供大于求，高端销售人员却供不应求。任何企业都面临吸引并保留销售人才的问题。因此，企业未雨绸缪，制定销售人员战略规划，有助于企业吸引、开发、保留优秀的销售人员，从而优化销售队伍结构，提升销售队伍素质。

（2）促进销售人员职业发展，提高企业竞争优势。一方面，销售人员战略规划能够适应环境变化对销售人员素质提出的新要求，企业能够明确销售人员应该具备的素质，从而加强对销售人员的培训与开发，这有助于销售人员的职业发展；另一方面，随着销售人员素质的提升，销售人员在客户心目中的形象也有所提升，从而影响企业的销售业绩，提高企业竞争优势。

6.3.2 销售人员战略规划的方法

由于销售人员战略规划旨在预测和满足企业未来销售任务对销售人员数量和素质的要求，因此包括数量规划和素质规划两个方面。

1. 销售人员数量规划

销售队伍规模是否适当，直接影响企业的经济效益。销售人员过多，会增加销售成本；相反，销售人员过少，又不利于企业开拓市场和争取最大销售额。因此，要做好产品销售，就需要合理确定销售人员数量。

销售人员数量规划就是根据企业未来的销售模式、销售流程以及销售组织结构等因素，确定企业各级销售组织的销售人员编制，以及各职类、职种人员匹配关系或比例，并在此基础上制订企业对未来销售人员的需求与供给计划。销售人员数量规划的实质就是确定企业目前销售人员的数量，以及未来对销售人员数量的需求。销售人员数量的确定，往往有定性方法和定量方法两种。

（1）定性方法

1）德尔菲法。德尔菲法，又称专家调查法，1946年由美国兰德公司创始实行。其本质上是一种反馈匿名函询法，大致流程是就所要预测的问题征得各位专家的意见之后，进行整理、归纳和统计，再匿名反馈给各位专家，再次征得意见，再整理、归纳和统计，再反馈，直至得到一致的意见。一般情况下，德尔菲法中以10～15位专家为宜，往往经过四轮征得意见才可以达成对销售人员需求量的一致意见。德尔菲法有三个明显区别于其他专家预测方法的特点，即匿名性、多次反馈、小组的统计回答。

2）微观集成法。微观集成法是由组织的各级管理者，对各种人员的需求量根据需要进行预测，人力资源管理部门的规划人员综合各级管理者的预测，形成总体预测方案。微观集成法分为"自上而下"和"自下而上"两种方式。"自上而下"是指由企业的高层销售管理者先拟定企业对销售人员的总体用人目标和计划，然后逐级下达到各具体职能部门，开展讨论和进行修改，再将有关意见汇总后反馈回高层销售管理者，由高层销售管理者据此对总的预测和计划做出修正后，公布正式销售人员数量。"自下而上"是指由销售组织中的各具体职能部门根据本部门的需要预测将来某时期内对销售人员的需求量，然后进行横向和纵向的汇总，最后根据销售战略形成对销售人员需求量的总体预测方案。

（2）定量方法

1）销售百分比法。销售百分比法是指企业根据历史资料计算出销售人员的总成本占销售总额的百分比，然后对未来销售额进行预测，从而确定销售人员数量的方法。例如，某家企业6个销售人员的总成本120万元占销售总额的10%，假定该企业预估下一年度的销售额为3000万元，则该企业下一年度需要15个销售人员。

该方法简单易行，但是存在一定的局限性：销售百分比是根据历史资料计算出来的，随着现代化销售工具和手段的运用，计算出的比率可能会和现在不一样。因此，用历史数据来指导未来实践可能会有一些偏差。

2）工作量法。工作量法是指企业根据不同客户的需要，确定总的工作量，从而确定销售人员数量的方法。

工作量法分为五个步骤：

第一，按年度销售量将客户分为若干级别。

第二，确定各级别客户每年所需要的访问次数。

第三，每个级别客户的数量乘以各自所需访问次数得出每年总的访问次数。

第四，确定每个销售人员平均每年访问客户的次数。

第五，将年度总访问次数除以每个销售人员平均访问客户的次数，以此得到销售人员的需求数量。

例如，某企业按年度销售量将客户分为A、B、C、D四个级别，分别为10家、20家、40家、100家，根据以往的经验，A、B、C、D四个级别的客户分别需要访问10次、8次、6次、4次，而每个销售人员平均每年访问客户的次数为15，因此需要的销售人员数量为（10×10+20×8+40×6+100×4）÷15=60。

可以说，工作量法是一个比较科学的方法。该方法较为实用，但它也有一些弊端，以距离的远近为例，在北京这样的城市，网点很密集，销售人员可以减少在路上的时间，而在外地，销售人员每天能够走访的网点就没有那么多了。此外，在一些行业，客户可能并不容易或者不愿意被规律地拜访。因此工作量法虽然科学，但在适用性上是有局限的。

3）销售能力法。销售能力法是指企业通过测量每一个销售人员在范围大小不同、销售潜力不同的区域的销售能力，计算在各种可能的销售人员规模下，企业的销售额和投资报酬率，以确定销售人员数量的方法。销售能力法分为三个步骤：

第一，测定销售人员在销售潜力不同区域内的销售能力。一般而言，销售潜力越大，销售绩效越高。但是，销售绩效的提升与销售潜力的提升往往并不同步，前者往往跟不上后者。所以，必须通过调查测定各种可能的销售潜力区域内销售人员的销售能力。

第二，计算在各种可能的销售人员数量下的企业销售额。计算公式为

$$企业销售额 = 销售人员的销售能力 \times 销售人员数量$$

第三，根据投资报酬率确定最佳销售人员数量。依据各种可能的销售人员数量下的企业销售额（即销售收入）以及通过调查得出的各种相应情况的销售成本和投资情况，即可间接计算最佳销售人员数量。计算公式为

$$投资报酬率 = （销售收入 - 销售成本）/ 投资额$$

其中，投资报酬率最高时销售人员数量即最佳销售人员数量。

例如，通过调查发现，某公司销售人员在具有全国1%销售潜力的区域内，其销售绩效为16万元；在具有全国5%销售潜力的区域内，其销售绩效为20万元，即每1%的销售潜力对应的平均绩效仅为4万元。因此，必须通过调查测定各种可能的销售潜力下销售人员的销售能力。

公司配备100个销售人员在全国范围内进行推销。为使每个销售人员的推销条件相同，可将全国分成100个具有相当销售潜力的区域，每个区域具有全国1%的销售潜力，其销售绩效为16万元。依以上公式计算可得，该公司的总销售额为16万元×100=1600万元。

公司若配备20个销售人员在全国范围内进行推销，即可将全国分成20个具有相当销售潜力的区域，每个区域具有全国的5%的销售潜力，其销售绩效为20万元。依公式计算可得，该公司的总销售额为20万元×20=400万元。

配备100个销售人员的投资额为3000万元，销售成本为1000万元；配备20个销售人员的投资额为600万元，销售成本为200万元。可见，销售人员数量为100个的投资报酬率=（1600-1000）/3000=20%；销售人员数量为20个的投资报酬率=（400-200）/600=33%。因此，最佳销售人员数量应该为20个。

运用这种方法来确定销售人员规模，首先必须有足够的地区来做相同销售潜力的估计，运用起来比较复杂和困难。另外，在运用这种方法时将地区的销售潜力作为影响销售绩效的唯一因素，忽略了地区性客户的组成、客户地理分散程度及其他影响因素。因此，只有当其他因素相当，且各种可能的销售人员规模的销售潜力资料很容易取得时才用销售能力法。

2. 销售人员素质规划

销售人员素质规划是指依据企业营销战略、业务模式、业务流程和企业对销售人员行为要求，设计各个职类、职种和职层中的销售人员的任职资格要求。销售人员素质规划是企业开展遴选、使用、培训、保留销售人员的基础和前提条件。销售人员素质规划主要有两种表现形式：任职资格标准和素质模型。

（1）任职资格标准。任何职位都有明确的任职标准，而且标准必须细化，这是衡量任职者是否有资格承担相应责任、有能力完成工作任务的唯一准则。销售人员任职资格标准，是衡量销售人员能力强弱的标尺，也是衡量销售人员能否胜任销售岗位的准则。

（2）素质模型。素质模型是指为了完成销售工作，达成某一绩效目标，销售人员应具备的一系列不同素质要素的组合，其中，包括不同的动机表现、个性与品质、自我形象与社会角色特征以及知识与技能水平等。

尽管我们不能说在不同行业中成功的销售人员具备一套与不成功销售人员完全不同的特点，但各行业中成功的销售人员确实有某些共同素质。这些素质包括品德素质、身体素质、心理素质、知识素质及业务素质。

1）品德素质。古人云"君子以厚德载物"，凡事要以德为先，品德是一个人为人处事、工作生活的基础。做事先做人。只有品行端正，企业才会相信你，才会尊重你。品德素质表现在以下几个方面：

第一，诚信与忠诚。对企业、客户和团队，销售人员要以诚信、忠诚的心态和行为，行使权力、履行义务。销售就是做生意，要做生意就必须先做人，而做人和做生意的通用铁律就是要讲诚信。销售人员对企业的诚信与忠诚具体表现为：对企业不利的话不说，有损企业形象的事不做；保守企业的各类机密。这两条是对销售人员的基本要求，是销售人员在外工作的基本职责。

第二，高度的责任感。首先是对自己负责，要为成功找方法，莫为失败找理由，要获得销售的成功，还得靠销售人员自己。其次是对企业负责，要多为企业着想，销售人员要学会换位思考，要能够承担起岗位所赋予自己的职责，同时要为企业节约有限的资源，要明白企业的利益关系着每位员工的切身利益。再次是对客户负责，客户的事就没有小事。从前期的商务接触，到后来的技术协议和合同签订、计划编排、产品发运、发票和质保书的传递、货物的跟踪、客户使用情况的反馈、满意度的调查、后期的改进事项落实和追踪等，各个环节中销售人员都要有高度的责任感。

第三，服务客户的热情。销售绝不是将商品卖出去就算完成任务，销售人员要时刻关注外部客户不断变化的需求，竭尽全力帮助和服务客户，使客户满意，树立为客户创造价值的意愿和态度。"争取一个客户不容易，失去一个客户很简单。"在销售环节中，售前、售中、售后服务都是至关重要的，忽略某一个环节都会导致客户的抱怨和流失。服务不只要追求顾客认可，而且要追求帮助顾客成功。总之，与客户的"距离"无限小，企业发展的空间就无限大。

2）身体素质。良好的身体素质是工作的保障。销售人员不同于一般坐在办公室工作的白领，其工作具有特殊性：销售人员要联系各地的业务，就需要经常在外出差，要适应各地的饮食环境、气候环境；经常旅途奔波，对一个人的精力、体力消耗很大；销售工作需要频繁地与客户谈判、磋商、交际、应酬等，需要良好的耐力；长时间在外，向客户提供指导服务工作等。这些都要求销售人员精力充沛，具有很好的体力和耐力。体弱多病的人是无法胜任销售工作的。

3）心理素质。心理素质是一个人性格品质和心理能力的综合体现。一个心理素质良好的销售人员应做到以下四点：

第一，要有爱心，要爱护自己、爱公司、爱产品、爱客户。销售人员要爱护自己，只有把自己调整到最佳状态，才能很好地关注身边的人和事，包括同事、领导；领导的及时鼓励、同事之间的经常交流、家人朋友的关心都会对其心理产生很大的影响。销售人员要爱公司，以公司为家，公司的兴衰成败与每个员工的利益息息相关。销售人员要爱公司的产品，只有在爱中，才能发现产品的优势和卖点，才能以此为根本找到客户的需求点，让客户对产品有足够的信心。爱客户不仅表现在销售人员关心客户的需求，而且表现在销售人员随时随地、真诚地关心客户的健康、生活等，哪怕是一句简单的问候，都会让客户意识到公司提供给客户的不仅是好的服务和产品，还有爱心。

第二，要有强烈的自信心。人类有两大恐惧：恐惧自己不够完美；恐惧自己不被别人接纳。自信心是一种对自己的观点，观察、分析问题和解决问题的能力，完成任务的能力的自我信任。销售人员每天都要独自面对形形色色的客户，面临各种各样的困难，因此要学会有效的自我激励和调节。有信心不一定成功，但没有信心一定不会成功！一个自己都没有信心的人，是无法带给别人信心的。

第三，要有耐心和恒心。销售人员每天要面对很多不同类型的客户，要面对无数次的拒绝，有些客户可能很粗暴，有些客户可能多次沟通都置之不理，所以销售人员的心理承受能力要非常强。要敢于坚持，往往成功就在于最后那一刻的坚持。99℃+1℃才是开水，但很多人往往功败垂成，在努力到80%、90%甚至99%时放弃了，其实离成功仅一步之遥，这时就看谁能坚持到最后，谁更执着。当你要放弃的时候，想一想：别人这个时候也要放弃了，若你再坚持一下，就会超过别人，获得成功。面对问题与障碍，销售人员应想方设法解决，一定要有耐心和恒心。

第四，要虚心。作为销售人员，不管你的能力水平如何，你都需要不断学习、进步。李嘉诚70岁高龄还在学习计算机的操作。"寸有所长，尺有所短。"每个人都有其自身的优点，关键是如何辩证地去看。虚心就是"滤芯"，去其糟粕取其精华！

4）知识素质。销售，它是一种时间的积累，专业知识的积累，实战经验的积累，行业人脉的积累。销售人员不可忽视自身潜力和学习新知识。一些销售人员认为提高业绩就是要靠两条腿多拜访客户，这种想法的结果往往是销售人员很辛苦、很勤奋，其业绩却不佳。一个优秀的销售人员应该不断学习，除学习行业相关知识外，还学习其他行业的综合性新知识、新信息，做到与时俱进。

5）业务素质。业务素质是工作能力的表现，业务素质的高低，直接决定着工作质量。销售人员应具备的业务素质体现在以下几个方面：

第一，沟通能力。一般认为，销售人员有良好的口才，表明他沟通能力强。但是，沟通是听说的双向过程。倾听也是销售人员最重要的技能。一位经理说道："这些年来，我通过倾听卖的东西比通过夸夸其谈卖的多得多。"

第二，发现和解决问题的能力。把问题分解并解决的能力在当今顾问型销售中特别重要。有这么一句话："发现问题就已解决了一半的问题。"优秀的销售人员具有通过表象看本质的能力，这种能力一部分源于倾听，另一部分源于发现问题的能力。

第三，组织能力。组织能力就是使各种因素处于有序状况的能力。它与时间管理能力是相关的，后者其实就是对时间的组织能力。销售人员掌握大量的顾客信息、产品信息、行业信息和经济信息，每种信息都必须以可用的方式组织起来。

第四，时间管理能力。正确估计时间需求和安排日常行动对销售人员而言是非常重要的。这是因为，一个销售人员通常用 1/3 的时间来与顾客面对面交流，增加与顾客会面的时间就有助于增加销售额。优秀的销售人员通常花大量的时间在 20% 的顾客身上，因为他们带来 80% 的销售额。同时，优秀的销售人员也不会忽视小顾客，因为他们具有未来购买潜力。

第五，创新能力。销售人员应不断研究销售的发展趋势，前瞻性地预测和研究销售理论和技巧，增强创新意识，并不断尝试。

总之，销售人员任职资格标准反映企业营销战略及销售运行方式对销售人员的任职行为和能力要求，销售人员素质模型反映销售岗位需要何种行为特征的销售人员，以满足任职资格标准。例如，销售人员任职资格标准之一是对待客户要热情，在素质模型中就需要销售人员主动帮助人、主动与人接触交流、活泼开朗，即具备这些素质的销售人员才符合对待客户要热情这个任职资格标准。

课程思政

【思政元素】 建设堪当民族复兴重任的高素质干部队伍

党的二十大报告提出，建设堪当民族复兴重任的高素质干部队伍。坚持德才兼备、以德为先、五湖四海、任人唯贤，树立选人用人正确导向，选拔忠诚干净担当的高素质专业化干部，选优配强各级领导班子，加强干部斗争精神和斗争本领养成，激励干部敢于担当、积极作为。

【知识元素】 销售人员战略规划

【思政元素与知识元素的融合】

销售人员战略规划，是指企业依据其营销战略和环境的变化，预测并满足未来销售任务对销售人员数量和素质的要求而提供销售人力资源的过程。销售人员战略规划既强调数量规划，也强调素质规划。民族复兴需要一支高素质的干部队伍；优秀的企业也需要优秀的销售人员，从战略角度不断提升销售人员的品德素质、身体素质、心理素质、知识素质及业务素质。

本章小结

销售人员就是在一定的经营环境中，采用适当的方法和技巧，宣传企业产品品牌、引导潜在客户购买产品或服务、实现企业销售目标的工作人员，他们的主要职责是完成销售目标，实现企业利润。

销售人员的作用主要表现为：销售人员是企业价值的最终实现者；销售人员能够深入市场，为企业创造良好的外部环境；收集与分析市场信息，促进新产品的研发；销售人员是企业竞争成败的主要因素。

销售人员的职责包括：收集信息资料；制订销售计划；进行实际销售；做好售后服务。

优秀销售人员的基本素质有两种模式。一是 3H1F 模式：学者的脑（Head），艺术家的心（Heart），技术者的手（Hand），劳动者的脚（Foot）。二是 M-KASH 模式：动机、原动力（Motive），知识（Knowledge），态度（Attitude），技能（Skill），习惯（Habit）。

优秀销售人员往往具备三个方面的特征：品质、技能和知识。其中，品质包括诚信、自信、自律、坚韧、宽容、进取,技能包括学习能力、观察与分析能力、应变能力、社交能力、组织能力、沟通能力,知识包括企业知识、产品知识、市场知识、顾客知识、法律知识。

销售人员战略规划,是指企业依据其营销战略和环境的变化,预测并满足未来销售任务对销售人员数量和素质的要求,而提供销售人力资源的过程。

销售人员战略规划主要包括数量规划和素质规划两个方面。其中,数量规划往往有定性和定量两种方法,素质规划包括任职资格标准和素质模型两种表现形式。

复习思考题

1. 销售人员的含义是什么?销售人员具有什么作用?
2. 销售人员的职责是什么?
3. 一个优秀的销售人员应该具备哪些素质?
4. 一个优秀的销售人员应该具有哪些特征?
5. 什么是销售人员战略规划?销售人员战略规划有什么作用?
6. 如何确定企业销售人员的数量?
7. 销售人员素质规划有哪些表现形式?

案例分析

"销售鬼才"的故事

1958年,日本理光复印机首次面市时,碰巧遇上日本的民法修正案出台,该修正案规定所有户籍登记都必须以夫妇为单位,这意味着市政部门的户籍卡全都要重写。以往这类文件全部靠手写,工程相当浩繁,理光公司的推销员田中道信从中发现了机会,想利用理光复印机展开一次革命性的"换笔运动"。

然而到政府部门去推销,需要事先进行示范演示。田中道信在演示前一晚不厌其烦地逐个拜访有关官员,"明天蒙贵处安排我们演示,我是来道谢的"。他的态度相当诚恳亲切,于是演示当日,便得到了这些官员的支持。演示之后,无论对方是否决定购买,田中道信总是求他们先把机器留下来试用。用机器操作和手工劳动相比,其简便快捷是显而易见的,因而不少部门试着试着就决定买下了。

田中道信认为,干推销光靠嘴巴说明还不够,想要客户信服,还需要有实际销售的各种数据和资料,同时,必须充分了解客户。田中道信常把有关销售、盈利、库存机器台数的资料拿回家分析研究。"只靠三寸不烂之舌搞推销,到家就睡大觉,是不会有大出息的",正是靠不懈努力,田中道信才能屡屡推销成功。

1963年1月,理光公司派田中道信到韩国去,此前理光公司在韩国的代理店一年也就卖出去一两台复印机。田中道信到达韩国之后,理光韩国分公司总经理禹相琦对他说:"时代发展不同,理光复印机在这里没有销路。"

田中道信不同意,他坚信只要心诚就有市场,于是他花了一段时间走访了政府行政委员会和第一毛织公司、韩一银行(已被合并为韩汇银行)等大企业。无论走到哪里,田中道信都广邀听客，不断演讲。于是有一天，韩国《东亚时报》刊出了一篇以"日本的办公自动化与韩国的现状"为题的连载文章，指出在办公自动化方面，韩国是何等落后。文章连续刊出了两个星期，引起韩国上下广泛关注。

一系列演讲促销活动使田中道信成功地卖掉了50台复印机。当时，理光复印机的月产量500台，各分公司每月的销售量至多20台左右。相比之下，田中道信销售掉50台就成了了不起的业绩。

（**资料来源：**http://www.360doc.com/content/11/0425/16/6124813_112225468.shtml.）

案例讨论：

1. 田中道信是一个优秀的销售人员，本案例中体现出他具备哪些素质与特征？
2. 假如由您负责韩国市场，您会怎么做？是否也采取田中道信这样的措施？

第7章

销售人员的招聘与培训

故令之以文，齐之以武，是谓必取。
——《孙子兵法·行军篇》

学习目标

1. 了解销售人员招聘的途径
2. 了解销售人员招聘的步骤
3. 掌握销售人员培训的意义
4. 掌握销售人员培训的内容

引入案例

无联系方式的招聘广告

某公司欲招聘一名销售经理，便在当地一家报纸上刊登了一则广告。广告中对应聘者的资历、条件、工资、福利待遇等做了详细说明，同时还特别强调：应聘者必须要经过面试和一系列复杂的能力测试，通过后方被录用。可让人感到奇怪的是，在广告中根本找不到这家公司的任何联系方式。

关注这则招聘广告的人对此都很疑惑，很多人想：这肯定是报纸排版出了问题。

这些应聘者中有甲、乙、丙三个人，他们也想应聘这一职位，但他们并没有坐等报纸刊发补正，而是马上行动起来，自己去寻找需要的信息。

应聘者甲，打开计算机，轻敲键盘，在搜索栏输入了该公司的名称，屏幕上马上就出现了该公司的许多信息，其中就包括联系方式。

应聘者乙，拿起手机，给当地查号台打了个电话，几十秒钟后，他便得到了该公司办公室的电话。

应聘者丙，自己跑到大街上去寻找答案，因为他曾在某一条大街上看到过这家公司的一个广告牌。他开着车转了几圈，终于找到了那块广告牌，得到了这家公司的联系方式。

三天过去了，报纸并未刊登任何补正。有人坐不住了，给报社打电话，得到的答复是：原稿如此，报社并未遗漏。

就在这三天中，应聘者甲、乙、丙三人的求职信和个人履历材料均已经送到了该公司人力资源部主任的手上。三人接到公司通知前去面试，并当场被录用。三人都没想到，事情竟会如此简单。

（**资料来源：**中国人力资源开发网，http://www.chinahrd.net/article/2013/04-22/14773-1.html.）

7.1 销售人员的招聘

在销售活动中，销售人员既代表公司，又联系顾客；既要取得销售利润，又要为顾客尽责。销售人员的招聘是销售管理工作中非常重要的一个环节，招聘工作的好坏有时直接决定着企业营销战略的成败。因此，销售人员的招聘也务必与企业营销战略保持一致。

7.1.1 销售人员的招聘原则

为了匹配销售人员战略规划，并与企业营销战略保持一致，销售人员的招聘需要遵循以下一些原则：

1. **公开原则**

在企业销售人员出现不足时，企业应该通过媒体等渠道公开销售人员招聘信息，尽量使符合条件的应聘人员及时而全面地获得相关信息。如此一来，就可以将更多的应聘者纳入选择范围，提高招聘的质量。

2. **公平原则**

首先，公司应该公开招聘职位、数量、条件、方法、时间和地点等详细的招聘信息；其次，在公开原则的基础上，企业应该制定严格的考核程序、采用科学的考核手段，这样就可以使应聘者得到同等的机会，获得公平的对待，以此保证优秀的销售人员得以胜出。

3. **全面考核原则**

一个人能否胜任销售工作，常常取决于其综合素质。为此，在销售人员的招聘中，应该制定多种考核标准，对应聘者进行全面考核，如品德、知识、能力、智力、体质等。对销售人员而言，体质考核是一切考核的前提。

4. **因岗配人原则**

招聘工作的成败往往取决于所招聘的销售人员与其销售岗位是否匹配，因为这影响销售人员在其岗位上的销售绩效。因此，招聘过程中应该坚持从岗位要求出发选拔相应的销售人才。这要求企业在招聘销售人员时应该根据空缺职位的特点和实际工作的需要，制定招聘、选拔销售人员的标准，严格按照标准甄选应聘者。

5. **程序化、科学化与效率并重原则**

销售人员的招聘要遵循科学、合理的标准和程序，保证招聘工作有序、顺利开展。与此同时，由于不同的招聘方式各有其优缺点，这就需要在招聘过程中灵活选择适当的招聘方式，在保证录用优秀销售人才的前提下尽量节约成本。

7.1.2 销售人员招聘的途径

销售人员的招聘有多种多样的途径，不同途径有不同的优缺点，企业要根据实际情况灵活选择。一般而言，销售人员的招聘有内部招聘和外部招聘两大途径。销售人员招聘的途径及具体方法见表 7-1。

表 7-1　销售人员招聘的途径及具体方法

招聘途径		具体方法
内部招聘		现有人员推荐、非销售部门、企业人才数据库、布告法
外部招聘	公开招聘	招聘会、网络招聘、媒体广告、校园招聘
	委托招聘	职业介绍所、人才交流中心、专业协会、猎头公司
	隐秘招聘	供应商、客户、卖者、竞争者、员工举荐

1. 内部招聘

内部招聘销售人员是指企业根据销售岗位空缺情况对内发布招聘信息，从企业内部选择合适的人选来填补岗位空缺。内部招聘可以分为广义和狭义两种：广义上的内部招聘是指企业内部员工自荐或推荐亲朋好友及子女；狭义上的内部招聘是指招聘范围仅限于企业内部在岗员工，相当于人员内部调动。本书所讲解的内部招聘销售人员是狭义上的，这种招聘的具体方法主要有以下四种：

（1）现有人员推荐。企业现有人员特别是销售人员，由于业务方面的原因，对同事较为熟知，一般可以推荐优秀的销售人员。企业要给予推荐人奖励，以鼓励其持续推荐优秀的销售人员。

（2）非销售部门。企业也可以挖掘内部潜力，从调研、策划、财务、人力、生产等部门选拔销售人员，他们较为熟知产品、顾客、竞争对手、行业情况，有可能较快成长为优秀的销售人员。

（3）企业人才数据库。规模较大的企业往往有人才数据库，可以从人才数据库中选择符合任职条件的销售人员。

（4）布告法。其主要形式是在企业内部张贴招聘海报或在内网发布竞聘公告，在规定时间内举行一次竞聘选举，引起员工重视，为员工提供机会，使员工脱离原来不满意的工作环境，同时也促使主管更加有效地管理员工，防止本部门员工流失。

内部招聘有许多优点，如有利于应聘者迅速开展工作，有利于节省招聘费用，有利于保证选拔的效率和效果，有利于鼓舞员工的士气等。但是内部招聘也存在某些不足，例如可能缺少适合岗位的人选，应聘者被拒绝后可能不满意，应聘者对销售工作有误解导致工作难以开展，应聘者在转向销售工作时有一段困难的适应期，同时内部招聘容易形成"帮派"、小团体，产生一些不良结果。

2. 外部招聘

外部招聘销售人员是指企业根据需要，以公开的形式，制定和依据一定的标准与程序，从企业外部众多应聘者中选拔符合空缺岗位要求的销售人员。相对于内部招聘，公开招聘、委托招聘与隐秘招聘都属于外部招聘。

（1）公开招聘。公开招聘是指企业向外部公开招聘计划，提供公平竞争的机会，择优录用销售人员的过程。公开招聘的具体方法有招聘会、网络招聘、媒体广告、校园招聘。

1）招聘会。招聘会一般分为现场招聘会和网络招聘会，此处所讲的招聘会是指现场招聘会。现场招聘会能够直接获取候选人的详细资料，并能与其面对面交流，招聘质量较高。同时现场招聘会较为正规且大部分招聘会具有特定的主题，比如"应届毕业生专场""研究生学历人才专场"等，通过这种毕业时间、学历层次、知识结构等的区分，企业可以很方便地选择适合的专场，设置招聘摊位进行销售人员招聘。但是，现场招聘会很难招聘到优秀的销售人员，因为优秀的销售人员往往不愿意参加招聘会。

2）网络招聘。网络招聘具有速度快、效率高、成本低、覆盖面广、招聘方式灵活等优点，这种新型的招聘方式恰恰弥补了传统招聘方式的缺点。网络招聘也是选拔中高级人才和储备人才的一种好的途径。

3）媒体广告。媒体广告主要是指用来公布招聘信息的广告，是招聘销售人员常用的一种方法。媒体广告主要内容一般包括：本企业的基本情况；福利待遇；应聘人员的基本条件；报名的方式；报名的时间、地点；报名需带的证件、材料；其他注意事项。

4）校园招聘。校园招聘是一种特殊的公开的招聘方法。企业可以通过各种方式从学校招聘各类、各层次应届毕业生。校园招聘方式有招聘广告张贴、召开招聘会、毕业实习、学校推荐等。校园招聘销售人员的针对性比较强，能够吸引大量的应聘者，也能够节约招聘成本。但是校园招聘所录用的销售人员工作经验少，流动性高，有较高的流失率。

【案例】

宝洁：校园招聘的标杆

与其他外企强调有工作经验不同，宝洁只接收刚从大学毕业的学生。由于只有每年7月份才有毕业生，因此宝洁不得不接收少量的非应届毕业生。在中国，宝洁90%的管理级员工是从各大学应届毕业生中招聘来的。1988年宝洁进入中国，第二年就开始在高校中招聘应届毕业生。宝洁的校园招聘在理念、程序、方法以及招聘人员配置等方面，都有一套独特的系统与做法。另外，校园招聘也为宝洁带来了品牌价值，成就了宝洁最佳雇主的名号，增强了其在人才市场上的竞争力。

那么，宝洁为什么如此重视校园招聘？宝洁的校园招聘具体是如何实施的？宝洁又是如何选到合适的人？宝洁的招聘人员是怎么配置的？宝洁究竟是怎样培养新人的呢？

1. 策略与理念

宝洁选人是有明确的策略和坚实的理念的。宝洁把校园招聘作为人力资源管理的根基来经营，这是由宝洁本身的组织发展策略决定的。宝洁的用人策略是内部培养，这是一种非常昂贵的策略。比如，如果中国区空出了一个总监的职位，宝洁会先看中国区的这些副总监有没有比较合适的，如果没有太合适的，就会考虑从集团其他公司引进一个总监，其实这比在本土市场上请猎头公司帮忙招一个总监贵得多，因为外籍员工的工资是相对较高的。但是，宝洁却一直坚持这种有效的方式。这种内部培养的组织发展策略在宝洁内部是有惯性的。宝洁的前任总裁就一直强调新人是关键的，一定要培养他们。对于那些还在犹豫是否来宝洁的优秀应聘人，人力资源总监会亲自面试他们，总裁方便的时候也会来见一见。

宝洁对人才的重视来源于三个根基理念。这三个根基理念呈三角形，首先顶端是公司的客户，即消费者，然后是最基本的两个基座，一个是品牌，另一个就是员工。宝洁前总裁讲过这样一段话："你现在把我的钱、设备、厂房全部拿走，但留下我的人，10年之后我还可以卷土重来。但是，如果你把人拿走，只把东西留下来，我可能就很难做起来了。"宝洁认为员工是公司最重要的财富。

另外，宝洁的核心价值观有五个：领导才能、信任、主人翁精神、积极求胜和诚实正直。从选人开始，宝洁就很注意候选人在这些方面的潜质以及目前的情况与公司的期望值和需求是否一致。在宝洁，应届大学生一批一批地进来，他们每人都有自己的特点、个性，但宝洁希望他们都能传承公司文化，也就是说，他们都应认识到公司的终极目标，并在做事的原则、工作的方式等方面与公司文化保持一致。

2. 程序与方法

从方式上来讲，宝洁是很传统的。宝洁会组织一些校园宣讲会，由各个用人部门的高级经理介绍各自的部门是做什么的，人力资源部则具体介绍对人有什么要求。然后，公司把选择部门的权力交给应聘者，而不是由人力资源部来分配。同时，每个用人部门的协调委员会要做招聘计划，由人力资源部安排相应的人员帮助当地的招聘队伍开展工作。

基本程序是先开放网上申请，然后安排一些笔试，目前有两种笔试，一种是认知能力测试（不是性格测试），另一种是英语测试。笔试过后，还会有两轮面试。

网上申请不是简单地投简历。在应聘者递交简历的时候，宝洁会根据胜任力模型的要求，让其回答一些问题，并在网上设计一定的程序，由系统自动打分；然后根据评分筛选出相对符合要求的人参加笔试。笔试相对来讲是不带任何感情色彩和文化倾向的，主要看应聘者的认知能力和英语水平。当然，这也是宝洁人应当具备的最基本的素质。

从面试环节开始，宝洁会更加紧密地根据胜任力模型来进行评价。以领导才能为例，宝洁会根据领导才能的不同等级，做出一些具体的行为描述，把能够细化或者具体化的东西都和应聘者的具体行为联系起来。这就是宝洁评价人的一把尺子，它是完全中立的。然后，宝洁会对面试官进行培训，让他们熟悉面试的程序和这把尺子。

宝洁会和应聘者说：参加宝洁的面试时，要好好思考一下自己做过的事情，整理成功的经验；在介绍自己时，一定要讲具体的行为事例，如果只和面试官谈感想，虽然有助于面试官理解自己，但对最后的评分没有太大帮助。

【小贴士】

"云就业"平台

长沙市云研网络科技有限公司（简称云研科技）成立于2015年，是一家创新型互联网科技公司，总部位于长沙人力资源产业园，在全国设立2个分公司和5个办事处，团队100余人。

云研科技是国内较早提供"互联网＋精准就业"解决方案的公司，拥有自主产权的云就业平台、SCD大数据分析平台、云校招企业服务平台、快招聘城市垂直招聘平台等。公司旗下就业产品"云就业"平台，服务于全国28个省份的500多家高校、400多万毕业生、超过50万企业，同时与湖南省大中专学校学生信息咨询与就业指导中心、山西省高校毕业生就业指导中心、宁夏回族自治区大中专毕业生就业指导中心、甘肃省教育厅均达成了合作。"云就业"平台帮助湖南省累计完成了超过100万毕业生的就业质量问卷调研，平台日均页面浏览量超过 200 万，年度累计流量破亿。

（2）委托招聘。委托招聘是指企业利用人才服务机构，为企业提供筛选好的符合企业招聘需求的人才。委托招聘可以减少企业在招聘过程中所花费的时间、人力和财力，同时应聘者经过专业人才服务机构筛选后，就业成功率高。委托招聘的具体方法有职业介绍所、人才交流中心、专业协会、猎头公司。

1）职业介绍所。职业介绍所是运用市场机制实现劳动者就业和职业转换的中介机构，也是职业介绍的主要形式。职业介绍所介绍速度快、费用低，一般适合普通销售人员的招聘，很难招聘到优秀的销售人员或销售经理。

2）人才交流中心。人才交流中心储备了大量的候选人信息，并代为推荐和选择优秀的销售人员。在人才交流中心招聘销售人员时间短、见效快、费用低，直接见面，当时就可以确定意向。但这种方式针对企业收取的费用较高，且越来越受到网络招聘的影响。

3）专业协会。专业协会了解行业情况和销售特点，它们经常拜访厂商、经销商、销售经理和销售人员，因此可以代为联系或介绍销售人员。

4）猎头公司。猎头公司是"高级管理人员代理招募机构"的俗称，是为企业搜寻高级管理人才和关键技术岗位人才的招募服务的组织。借助猎头公司招聘针对性强、隐秘性高，可以得到优秀的销售人员或销售经理。但是其周期长、费用较高，通常要付该岗位人员年薪的 20%～50%，而且可能存在最终是说服企业雇用某一候选人，而不是为企业找到适合的候选人的倾向。

（3）隐秘招聘。隐秘招聘是指企业私下与其他企业合适的候选人沟通，招聘其作为本企业销售人员的一种招聘途径。隐秘招聘的具体方法有供应商、客户、卖者、竞争者和员工举荐。

1）供应商。供应商的人员了解产品质量、性能及使用方式，但费用高、培训难。许多零售商聘请供应商的人员作为自己的销售人员，因为他们可以熟练地展示产品使用技巧。

2）客户。客户了解市场及产品，知晓购买产品的决策者，拥有客户关系基础，但可能缺乏谈判技巧或销售技能。招聘客户为本企业销售人员时，销售经理最好征得候选人主管的同意，采取谨慎态度，否则将永远失去客户。

3）卖者。销售经理遇到向自己或别人推销的人员，观察他们的形象、举止及谈判技巧，筛选优秀人员，索要名片或相关资料并存档。销售经理联系他们并了解现状，选择合适的候选人，表明聘请意愿。

4）竞争者。来自竞争者的候选人，了解行业、产品、客户，理解岗位要求，有可供评价的销售记录，并可能带来客户，但费用高、忠诚度低、培训难。如果企业有很多岗位空缺，没有时间培训新员工，又要求较高的销售业绩，从竞争者那里挖掘是最有效的方法。很多销售经理每月拜访竞争者的卖场，不是为了了解价格，而是为了寻找优秀的销售人员。

5）员工举荐。员工举荐又叫熟人介绍，这是一种常用的招聘方法，很有效率。许多规模较大、员工众多的企业定期让内部员工动员自己的亲属、朋友、同学、熟人加入企业销售职位的应聘行列。

外部招聘的优点如下：有利于选拔合适的销售人员；有利于企业不断开拓创新；有利于化解内部应聘者竞争激烈又都不符合要求的矛盾。同样，外部招聘也存在诸多缺点：应聘者所带来的文化可能与企业现有文化存在冲突；难以准确判断应聘者的真实水平，有可能招聘到不胜任岗位需要的销售人员；所选拔的应聘者需要一段时间熟悉企业情况，不能迅速进入角色开展销售工作；如果企业内能胜任且有意于岗位空缺的员工未被选拔，外部招聘会损伤企业员工的积极性。

【案例】

肯塔基大学医院员工举荐招聘

肯塔基大学医院曾受到人员不足的制约，面临规模扩张的困境。在1990年前4个月它需要雇用200名护士，在一个已经充满竞争的市场上，如何能够招聘到如此多的护士呢？为此，该医院组织了一个特别工作组来研究此问题，并提出一个解决方案。特别工作组开发了"肯塔基蓝色"员工举荐活动，这项活动将向成功举荐的员工（举荐的人员被录用）颁发一些奖品，奖品的范围从沙滩毛巾、免费晚餐到可去世界上任何岛屿免费度假的巨奖，巨奖的获得者将通过抽签产生。为了宣传这项活动，医院创作了一个一大群海豚在清澈湛蓝的水中游泳的标识。这个标识出现在徽章、小册子、海报上。推广这项活动的首次集会在医院的自助餐厅举行，员工们一边享受着海岛风情的甜点和免费的午餐，一边聆听着活动计划介绍。这项活动的开展使得该医院的人员需求得到了满足，医院人力资源总监说："这是我们曾做过的最有效的招聘活动。"这项活动也是十分划算的，以前的招聘方案每雇用一个人要花费2400美元，而"肯塔基蓝色"的招聘方案每雇用一个人只花837美元，总共节省312 600多美元。

思考：
1. 肯塔基大学医院的举荐活动为什么会获得极大的成功，并提升了医院的竞争优势？
2. 以员工举荐为中心的招聘活动有何优点和缺点？
3. 这种员工举荐活动通常适合哪些类型的企业？

7.2 销售人员遴选程序

销售人员的遴选是销售人员招聘工作的最后步骤。销售人员的遴选与企业的营销战略密切相关，企业营销战略决定了销售人员的遴选标准，也就是说，企业录用的销售人员必须与企业需求相吻合，与销售岗位相匹配。遴选销售人员的程序因企业而异，其中大型企业的招聘最为复杂，其程序往往包括八个步骤，即填写申请表→面试→测验→调查→体格检查→销售部门初步决定→高层主管最后决定→录用；中小企业一般只需销售经理审核即可。下面对销售人员遴选程序中的几个重要步骤进行详细介绍。

7.2.1 申请表

求职申请表在大多数企业中被采用，申请表的设计一定要科学、合理、全面。企业往往要求应聘者填写如下内容：姓名、年龄、学历、职业经历、爱好与特长、家庭情况及个人所获奖励情况等。表7-2是某公司校园招聘申请表。

表 7-2　某公司校园招聘申请表

姓名		性别		
出生年月		籍贯		
毕业学校		所学专业		照片
手机		电子邮箱		
计算机技能		外语等级		
在校期间所获奖惩情况				
参加社团情况				
社会实践活动（单位、职位和主要工作）				
所申请的职位及原因				
你认为你能给企业带来什么价值				

大学学习经历		
时间	所在学校	学历

所学主要课程	
课程名称	成绩

如果你确认以上填写的信息属实，请在下面签名。

签名：
时间：

申请表的作用主要体现在以下几个方面：①可以根据申请表上所填写的内容，对应聘者是否具备销售岗位所需的条件或资格进行初步判定；②可以把申请表上所填写的内容作为面试时提问的依据；③便于对应聘者所提供的各项资料进行全面衡量。应聘者填写完申请表后，招聘负责人可以依据申请表的资料进行初步淘汰。符合招聘条件的进入面试环节。

7.2.2　面试

面试是销售人员招聘实践中使用最广泛的方法，也是整个选拔工作的核心。通过面试，面试官不仅可以证实求职申请表或简历中的资料，而且可以对应聘者的素质、能力与求职动机等有更深入的了解。事实上没有哪个销售人员是不经过面试就被录用的，面试在人员招聘中的不可替代性体现在两个70%：70%的企业员工通过面试进入企业，70%的应聘者在面试的前15min已经被面试官确定是否录用。美国70%以上的企业在招聘过程中使用了某种形式的面试技术或方法。

1. 面试的类型

（1）非结构化面试。面试中允许应聘者在最大自由度上决定讨论的方向，主持人则尽量避免使用影响应聘者的评语，也称为"非引导性面试"。

从某种意义上讲这种面试是主面试官和应聘者进行的一种开放式的、随意的谈话，它没有固定的模式和事先准备好的问题，根据面试的实际情况即兴提问。这种面试方法的优点在于，通过让应聘者自由发表意见，洞察其个人特征和动机。采用非结构化面试方法，要求面试官具有一定的经验和洞察力。但是，由于在非结构化面试中没有一套事先准备好的问题，面试官有可能忽略或忘记某些重要的方面，或难于比较不同的回答。

一般面试官的提问分为两种类型：一是描述性问题，如"请你介绍一下以往的工作经历"；二是假设性问题，面试官提出一些假设性问题，要求应聘者就这些问题做出回答。

（2）结构化面试。结构化面试是指面试的内容、形式、程序、评分标准及结果的合成与分析等构成要素，按统一制定的标准和要求进行。

在结构化面试前，面试官提前准备好各种问题和提问的顺序，严格按照这一事先设计好的程序对每个应聘者进行相同内容的面试。

结构化面试有一定的局限性，即过于死板，缺乏弹性。面试官可能机械地掌握准备好的提问内容，不能够随机应变，收集信息的范围受到限制，以致不能发现应聘者潜在的优秀品质或缺点。但有经验的面试官会根据应聘者的回答和表现调整问题或追加问题。

（3）情境面试。情境面试是通过向应聘者展示一个假设的情境，让其解决情境中出现的问题，从而考察应聘者各方面的能力。

情境面试的试题多来源于工作，或者是工作所需的某种素质的体现，通过模拟实际工作情境，考查应聘者是否具备工作要求的素质。

由于面试情境是实际工作情境的典型代表，应聘者亲临实际情境去收集资料和处理信息，感觉就像已经开始工作一样真实，而且应聘者如何分析问题和解决问题会在情境中直接表现出来。但是情境面试实施成本很高，企业管理者还得配合应聘者的模拟活动，可能还会影响到正常工作的开展。

（4）以行为为基础的面试。以行为为基础的面试将问题集中在与工作相关的信息上。使用这类问题时，假设应聘者最近的工作经验可以预测其未来的工作业绩。

以行为为基础的面试要求应聘者详细、具体地描述过去的经历，而且面试官可以通过追问来澄清含糊的地方，这样应聘者就很难用事先准备好的答案来应对，也很难编造故事。

在正式的面试开始之前，要让应聘者明确，他应该用具体的行为描述来回答接下来的问题，要向他说明：要讲述他亲身经历过的事情；要清楚地描述事情的起因、过程、结果；不必涉及所学过的理论性知识。

以行为为基础的面试与情境面试较为相似，都是给予应聘者一个既定的情况，要求应聘者做出回答。但是情境面试更多地用一个假设的事件，以行为为基础的面试则针对应聘者过去工作中所发生的事件进行询问，比如："请你说出你最为得意的一个研发项目的内容""在这个项目中，你在管理方面遇到的最大的困难是什么？你是如何处理的？"

以行为为基础的面试，一个显著的特点就是常在问题中使用类似于英语语法中的"最高级"的提问方式，比如："请描述你对过去工作最不满意的地方。"这一提问方式有助于发掘在过去工作中，令应聘者印象最为深刻的事件，而这些事件往往是决定其工作绩效或离职的最关键的因素，所以以行为为基础的面试比传统的面试更加有效。

（5）小组面试（陪审团式面试）。小组面试是指由一群面试官对应聘者进行的面试。小组面试有几个优点：普通面试通常是由每位面试官重复地要求应聘者谈论同样的问题。但是小组面试允许每位面试官从不同的侧面提出问题，要求应聘者回答，类似于记者在新闻发布会上的提问，或类似于法庭上陪审团几个成员质询一个被告/原告的情形。相对于普通面试，小组面试能获得更深入、更有意义的回答，而且由于这种方法的面试官往往来自不同专业、不同部门，因此可以从不同方面发问，从而了解到更多方面的信息。

但这种面试同时也会给应聘者增加额外的压力。有的应聘者在这种压力下可能无法真实表现自己的能力，另外这种面试往往比较浪费时间。

（6）集体面试。集体面试是指由一个面试官同时对多个应聘者进行的面试。这种方法虽然可以节省大量时间，但由于面试官要同时观察多个应聘者的表现，容易出现观察不到的情况，而且在多个应聘者同时被面试的情形下，每个应聘者的表现可能会受到其他应聘者较多的影响与干扰，所以这种面试方法在实际中很少采用。

（7）个人面试。相对于小组面试而言，个人面试主要是指一个面试官面对一个应聘者的面试。这种面试往往可以使应聘者更加放松。在很多情况下，它的优缺点与小组面试正好相反。

（8）压力面试。压力面试的目的是确定应聘者将如何对工作上承受的压力做出反应。在典型的压力面试中，面试官提出一系列直率（甚至是不礼貌）的问题，让应聘者明显感到压力的存在，甚至陷入较为尴尬的境地。面试官通常寻找应聘者在回答问题时的破绽，在找到破绽后，针对这一薄弱环节进行追问，希望使应聘者失去镇定。例如：一位客户关系管理（CRM）经理职位的应聘者在自我描述中提到他在过去的两年中从事了四项工作，面试官抓住这一细节，质问他频繁地变换工作是否反映了他的不负责任和不成熟的行为。面对这样的问题，应聘者若对工作变换能做出平静清晰的说明，则说明他承受压力的能力较强，反之则较弱。

【案例】

宝洁公司的两轮面试

第一轮为初试，一位面试经理对一个应聘者面试，一般都用中文进行。面试经理通常是有一定经验并受过专门面试技能培训的部门高级经理。一般这位经理是应聘者所应聘部门的经理，面试时间大概在30～45min。

通过第一轮面试的应聘者，宝洁公司将出资请其来宝洁中国公司总部（位于广州）参加第二轮面试，也是最后一轮面试。为了表示宝洁公司对应聘者的诚意，除免费往返机票外，面试全过程在广州最好的酒店或宝洁中国公司总部进行。第二轮面试大约需要60min，面试官至少有3人，为确保招聘到的人才真正是用人单位（部门）所需要和经过亲自审核的，第二轮面试都是由各部门高层经理来亲自面试。如果面试官是外方经理，宝洁公司还会提供翻译。

（1）宝洁的面试过程。宝洁的面试过程主要可以分为以下四大部分：

第一，相互介绍并创造轻松的交流气氛，为面试的实质阶段进行铺垫。

第二，交流信息。这是面试中的核心部分。一般面试官会按照既定八个问题提问，要求每一个应聘者能够对他们所提出的问题做出一个实例分析，而实例必须是应聘者过去亲自经历的。这八个问题由宝洁公司的高级人力资源专家设计，都能反映应聘者某一方面的能力。宝洁公司希望得到每个问题回答的细节，高度的细节要求让个别应聘者感到不能适应，没有丰富实践经验的应聘者很难很好地回答这些问题。

第三，讨论的问题逐步减少或合适的时间一到，面试就引向结尾。这时面试官会给应聘者一定时间，由应聘者向面试官提几个自己关心的问题。

第四，面试评价。面试结束后，面试官立即整理记录，根据应聘者回答问题的情况及总体印象做评定。

（2）宝洁的面试评价体系。宝洁公司在中国招聘采用的面试评价方法主要是经历背景面谈法，即根据一些既定考查方面和问题来收集应聘者所提供的实例，从而考查应聘者的综合素质和能力。

2. 面试的过程

（1）预备阶段。一般是以社交话题引入面试，使应聘者自然进入面试的情境之中。

（2）引入阶段。一般围绕应聘者的履历情况提出问题，给应聘者第一次发言的机会。

（3）正题阶段。面试进入实质性阶段，提问广泛。评价的内容基本反映评价表中列出的评价要素。

（4）变换阶段。面试接近尾声，应聘者就一些关键问题（主要是指工资、待遇、福利以及晋升等问题）进行提问；特别是对于一些条件不错的应聘者来说，这一阶段的提问更重要。面试官也可以提出"压迫性"问题，例如："据说你工作五年已换了四个单位，有什么可以证明你能在我们单位服务一辈子呢？"

（5）结束阶段。面试的结束应该自然、流畅，切不要给应聘者留下疑惑、突然的感觉。同时，注意对应聘者的尊重和礼貌。

7.2.3 测验

近年来，随着人才市场的日益完善，越来越多的企业开始在招聘时对应聘者进行测验，以了解应聘者的个性、品格、能力。测验一般分笔试与口试，主要采用向应聘者提出各种问题的形式。测试的目的是对应聘者现在能否胜任或者经过培训后能够胜任其工作的情况进行判断，特别是对销售人员的综合知识和专业知识水平进行测试。

【案例】

谷歌在美国招聘时曾使用过一种奇特的招聘方式。2009年5月，谷歌在硅谷各大地铁站的三块15m长的米色广告牌上，简简单单地印刷着"在'e'的数列中所能找到的第一个十位数质数.com"，没有公司名也没有任何广告词。

这是一道数学题。自然常数 e（2.718281828459045…）的第一个十位数质数，是目标网站的名字。好奇的人忍不住用谷歌搜索答案，不少人后来在规定时间内，登录上了www.7427466391.com。然而这不是梦寐以求的终点站，网站上贴出一条更令人头疼的数学问题，答出这个问题，能得到进入下一个网页的密码……跑完数学"马拉松"，7500个"幸存者"走入谷歌实验室网页，成功投出简历。最后谷歌录用了50个人。

1. 测验的种类

测验按内容来分，主要有：

（1）智商测验。智商测验用来衡量应聘者的智商，如记忆、思考、理解、判断、分析、综合等。

（2）能力测验。能力测验用来衡量应聘者的某些重要能力，如动手能力、组织能力、语言与文字表达能力等。

（3）兴趣测验。兴趣测验用来衡量应聘者对事物的兴趣、爱好，如是否兴趣广泛，爱好是否专一，对全新工作的兴致如何等。

（4）性格测验。性格测验用来了解应聘者是何种性格的人。例如，是内向型还是开放型，是主导型还是他导型，是情绪型还是稳定型等。测验的目的是了解应聘者的工作风格。

（5）环境测验。环境测验用来测验应聘者在不同的市场销售环境下的识别判断能力与应变能力。这种测验一般使用模拟各种市场销售环境的办法，以了解应聘者的应变能力。

这些测验既相互区别又相互联系。智商测验和能力测验主要测验应聘者的知识与能力；兴趣测验和性格测验是心理素质测验；环境测验是市场能力测验。这些对考查应聘者的行为、品质是不可或缺的。

2. 测验的质量

测验的质量是指测验的效果与作用。测验不能流于形式。能否取得对应聘者的客观的定量评估，关键在于测验题目的质量与测验的内容是否恰当，在于测验的科学性和实际价值。一般测验中应有理论分析题与实际应用题，后者要达到60%。既要有标准试题也要有随机试题，选择题、辨析题、案例分析题应多一些。企业人事部门应有专门的测验试题库，要有专人研究与管理，不断积累资料，提高测验质量，从而达到测验的目的。

7.2.4 录用

经过面试和测验，即可按招聘计划对考查合格者决定录用。一次招聘就能满足计划数量需求当然很好，不能一次招满，要坚持宁缺毋滥、宁可少招，等条件成熟时再行招聘。在市场行情很好、急需扩大销售市场之时，也可适当多招聘，并安排岗前、岗中培训，然后使用。录用的关键在于用人的轻重缓急，把人才用活，有进有出，不搞一次录用定终身。对未录用者也应致函表示感谢，并可将其存于企业后备人才库中。

正式录用时，一般要经过体检，采取聘用制、劳动合同制。企业应与应聘者正式签订合同。录用时的控制管理条件不能太苛刻，能达到限制频繁"跳槽"的目的即可。对人才，应主要采取优惠的吸引政策；对关键的岗位，一定要与应聘者签订责、权、利相统一，奖罚并重的任职合同，从而保证企业销售工作的连续性与稳定性。

7.3 销售人员的培训

企业刚刚招聘的销售人员，往往需要培训，培训的目的是帮助他们了解企业文化以及基本的销售技巧等。另外，随着人才竞争的日益激烈，偏高的离岗率对销售人员的人才开发提出了更大的挑战，企业在积极引进高素质销售人员的同时也越来越关注内部人才的培养，而培训正是企业培养人才的一种不可或缺的方式，也是最直接、最有效的方式之一。

7.3.1 销售人员培训的作用

1. 提高销售技能，提升销售业绩水平

向销售人员传授一些销售技能，以提高其销售业绩，是培训的基本目的之一。企业拥有再好的产品和服务，如果销售人员不能以很好的销售技能将产品和服务的信息很好地传达给顾客，顾客也不会购买的。通过培训，销售人员可以在很短的时间内就掌握基本的销售技能。同时，随着网络信息技术的迅猛发展，企业的营销手段和技术日新月异，销售人员必须不断学习才能完成任务。

2. 提高销售人员自信心，培养其独立工作能力

由于销售工作的性质，销售人员经常会面对单兵作战的寂寞、顾客的冷淡、销售目标的巨大压力，因此，销售人员必须具备坚强的意志和非凡的耐心，能够忍受孤独和压力，具有不怕吃苦的精神。面对销售职业的这些挑战，有些销售人员可能会缺乏自信心，感到自卑和恐惧，特别是那些刚走出校门、没有工作经验的销售人员，他们甚至可能对自己的职业选择产生怀疑。通过销售培训，销售人员对销售工作会形成正确的认识，树立自信心，掌握必要的销售技能，培养独立的销售能力，从而能够正确地面对工作中的挫折，克服自卑和恐惧的心理。

3. 提升职业素养，维护企业形象

销售人员在接触顾客、进行销售时，其所代表的是整个公司的形象。销售人员的知识、素养、着装和言谈举止决定了企业和产品在顾客心目中的形象。优秀的销售人员以自身较高的素质给顾客留下深刻的印象，赢得顾客的信任和尊重，从而树立企业在顾客心目中的良好形象；那些素质较低的销售人员则以一些不正当的行为毁掉企业形象，损害企业利益。因此，通过培训，加强对企业文化、经营理念的宣传，规范销售人员的着装、言谈举止是非常有意义的。

4. 降低销售人员流失率，稳定销售队伍

培训可以增加销售人员的产品知识，提升销售人员的销售技能，从而提高其销售业绩，并使其产生成就感。同时，培训也可以加强销售人员对企业文化、经营理念的认同，使销售人员很好地融入企业，增强对企业的归属感。这样，必然会降低销售人员的流失率、稳定销售队伍。

5. 培养销售人员的创造力，改善顾客关系

好的培训可以使销售人员掌握最新的销售理论、技术和方法，进一步增强销售人员服务顾客的创造力，从而给顾客带来价值，提升顾客满意度。顾客满意是与顾客建立长期稳定关系的基础，而良好的顾客关系是企业产品稳定销售的保证。

【案例】

IBM 公司的销售培训

"今天是 1 月 1 日,我们今年的销售目标是 1 个亿。任务是比去年重一点,但不必过于担心,培训室已经为我们完成了 30% 的销售指标……"如果我告诉你,这是某公司年度销售动员大会上运营总监的发言,你一定觉得是痴人说梦:培训室怎么完成销售指标?

然而,这却是真切的大实话。不仅如此,IBM、宝洁、惠普这些世界上鼎鼎有名的企业,它们的很多利润都是在培训中心或企业商学院中创造出来的。

IBM 公司市场营销培训的一个基本组成部分和最大特点就是模拟销售角色。在公司第一年的培训课程中,没有一天不涉及这个部分;培训始终强调要保证学习或介绍的客观性,以及为什么要到某处销售和希望达到的目的。

IBM 公司决不让一名未经全面培训的人到销售第一线去。销售人员说些什么、做些什么,以及怎样说和怎样做,都对公司的形象和信用影响极大。如果准备不足就仓促上阵,会使一个很有潜力的销售人员夭折,更可能使一笔到手的大单打水漂。

IBM 公司的销售人员和系统工程师要接受为期一年的初步培训,主要采用现场实习和课堂讲授相结合的教学方法。其中,75% 的时间在各地分公司中度过,25% 的时间在公司的教育中心度过。IBM 公司经常让学员在分公司的会议上,在经验丰富的市场营销代表面前,进行他们的第一次成果演示。有时,有些批评可能十分尖锐,但学员们却因此增强了信心,并赢得了同事们的尊敬。

IBM 公司采取的模拟销售角色的方法是指学员们在课堂上扮演销售角色,教员扮演客户向学员提出各种问题,以检查他们的应对能力。这种上课接近于测验,可以对每个学员的优缺点进行评判。

特别应提出的是,IBM 公司为销售培训所发展的最具代表性的技巧之一就是阿姆斯特朗案例练习。它集中考虑一种假设,由饭店网络、海洋运输、零售批发、制造业和体育用品等部门组成了复杂的国际业务联系。在练习中,教员扮演阿姆斯特朗案例人员,从而创造出一个非常逼真的环境,学员们需要对各种人员完成一系列错综复杂的拜访。面对众多的问题,他们必须接触这个组织中从普通接待人员到董事会成员的几乎所有的人员。由于这种练习非常逼真,每个"演员"的"表演"都十分令人信服,所以,每一名参加者都能像 IBM 公司所期望的那样认真地对待这次学习机会。通过模拟销售角色,销售人员在面对客户时游刃有余,"丢单"的比率大大降低,从而提高了工作效率和企业利润率,使得 IBM 公司成为模拟销售创造真实绩效的典范。

7.3.2 销售人员培训的原则

1. 因材施教原则(个体差异原则)

企业中,从普通销售人员到最高决策者,他们所从事的工作不同,创造的绩效不同,能力不同,应当达到的工作标准也不相同。所以,销售人员培训应充分考虑他们各自的特点,做到因材施教。也就是说,要针对销售人员的不同文化水平、不同职务、不同要求以及其他差异,区别对待。

2. 分级培训原则

分级培训原则有两方面含义：一是指不同层次的销售人员应分开培训，因为不同层次销售人员要求的能力不一样，如地区销售经理与销售代表的要求就不一样，因此要针对不同层次销售人员给予不同内容的培训；二是指销售人员的年龄、经验、背景决定了其掌握学习内容的快慢和程度。因此，新销售员与老销售员、优秀销售员与一般销售人员应分开培训。

一个具有销售经验的人必定比从来没有干过销售、刚刚进入这个行当的人学得快，因为他有更多的体验，即感性认识，通过学习有了理性认识，理性认识使感性认识有了质的飞跃。通常，年龄大的人没有年龄小的人学得快。培训者在制订培训计划时应当把销售人员过去的阅历、经验、背景和年龄等因素考虑进去。

3. 讲求实效原则

讲求实效原则是指培训的内容应与销售实际相符，要能达到培训的效果。人们所学的内容与现实越贴近，效果会越好，因为人们会把所学内容当作真实的事情从感情上予以接受。如果销售人员所学的内容与现实工作联系紧密，那么销售人员就会认真、积极地去学，并把它们应用到自己的实际工作中去。这样的学习对销售工作就会有帮助，也易于产生积极的效果。

4. 实践第一原则

销售培训以实践为主，以理论为辅。因此，一方面，在进行销售培训时，要注意让受训销售人员动手。我们都有这样一种体会，即一件事情，如果我们能够亲自动手去做，那么将轻而易举地学会做这件事，并且记得牢，不易忘记。如果不动手，只是机械地记住几句条条框框，不久以后便会忘记该怎样做。销售新手在接受培训的同时还应和老销售员一起跑销售，这样对他们的培训将会有很大的帮助，至少老销售员可以督促、矫正销售新手工作中不规范的地方，教他们把事情做得熟练、做得完善。另一方面，培训教员应当以实例或案例分析入手来展开教学。针对某个问题，培训教员阐述了一大堆，但如果没有实例或案例分析，受训者未必领悟得了。有时候针对某个问题，培训教员可以不必做一大堆理论阐述，只要有一个案例便可说明问题，同时受训者也能掌握得又快又好，做到触类旁通。为了践行这一原则，很多公司选择有实践经验的外部营销人员和公司内部销售高手作为培训教员。

5. 教学互动原则

销售培训是一种成人教育。成人教育与在校学生的教育是不同的。在校学生的教育主要是在学校课堂上完成的，学生习惯于单向型教学模式，被动学习，缺乏参与，离实践环节相差甚远。成人教育则不以课堂为主，成人在学习中喜欢双向型教学模式，希望在学习过程中扮演较为主动的角色，希望能与教师交流。销售管理者和培训教员应充分认识成人教育与在校学生教育的这种不同点，用适合成人教育特点的方式做好销售员的培训工作。

6. 持续培训原则

销售培训必须持续进行。这是因为公司的产品、技术、市场和顾客都在变化，一次培训并不能满足所有变化的要求，只有制订持续培训计划，才能保证销售人员每次拜访都能发挥最大的效用，使销售人员在面对各种情况时更有信心。顾客期望销售人员都是专家，受过良好训练、有问必答的销售人员能显示出自身的专业水准。

7.3.3 销售人员培训的内容

销售人员就是在一定的经营环境中，采用适当的方法和技巧，宣传企业产品和品牌、引导潜在客户购买产品或服务、实现企业销售目标的工作人员，他们的主要职责是完成销售目标，实现企业利润。销售人员是销售的主体，是企业与客户之间沟通的桥梁，是企业里冲在最前线的群体，通常培训内容的确定应该根据工作需要和销售人员的素质而定。销售人员培训的内容主要有以下方面：

1. 销售知识储备培训

销售人员要想顺利开展工作，首先要武装自己的头脑，进行相关知识的储备。销售人员需要了解、掌握的知识主要包括行业、企业、企业产品、竞争对手、终端客户、企业销售政策和销售渠道、相关的法律法规等。

2. 寻找客户培训

客户是销售人员一直在寻找的目标对象。谁是客户？客户在哪里？怎样才能找到客户？怎样才能掌握更多的客户资料？销售人员需要通过一系列工作来解决这些问题，并建立客户管理档案，确定目标客户，初步建立客户关系。

3. 拜访客户培训

拜访客户是整个销售工作中最重要的环节，销售人员的言谈举止、每一句问答以及产品说明与展示等都会影响客户的判断和决定。通过培训，销售人员掌握预约客户、拜访前的准备、面谈、产品展示与报价、撰写提交建议书、客户异议处理等方面的技巧。

4. 成功签约培训

销售人员与客户不断地交往、沟通、协商，其目的就是促使交易成功，与客户签订合同。这一阶段的工作主要包括通过引导，促使客户做出购买决定，协商、签订购买合同等内容。

5. 售后服务培训

对于销售人员而言，不是把产品卖出去、签订合同就万事大吉了。为了与客户进一步建立起良好的信任关系，销售人员还应积极做好回访工作，不要忘了客户，也别让客户忘了自己。售后服务是销售工作的继续，是和客户加强沟通、建立长久合作关系的关键工作。售后服务的工作主要包括：了解服务客户的内容和策略；解决客户产品使用过程中出现的抱怨、投诉、索赔和调换产品；维系良好的合作关系，使新客户变成老客户。

6. 收款和催款培训

销售人员将产品销售给客户，在签约阶段双方就要定好付款方式，为顺利收款做好铺垫。当然也有特殊情况，客户因为一些状况不能及时付款，这时千万不要急于催促或诉诸法律，要弄清客户拖欠的真正原因，根据不同的情况，制定相应策略，最终达成收回款项的目的。

7. 客户管理培训

随着业务的不断开展，销售人员手里积累的客户会越来越多，这时就需要对自己的客户进行管理。老客户的维护、新客户的开发、销售渠道的管理、大客户的管理等，都是销售人员需要考虑的问题。

8. 商务礼仪培训

销售人员经常和客户一起参加一些商务活动，为了更好地开展业务，销售人员必须掌握必要的商务礼仪，展现自己的专业形象，加深自己在客户心中的印象，从而减少销售障碍。

9. 职业道德培训

每个行业都有其必须遵守的规则和必备的职业道德，销售工作也不例外。通过培训使销售人员具备良好的职业道德，培养勤奋敬业的工作态度，使销售人员将为客户提供优质的产品和服务作为自己的责任，在激烈的市场竞争中尊重竞争者、避免不正当竞争。

【案例】

IBM 的新销售代表会得到广泛、初步的培训，以后每年还可能要花 15% 的时间接受其他培训。IBM 已经将部分培训内容从课堂转移至网络上，这节约了大量资金。它利用一款名为"信息窗口"的自学系统，通过该系统受训销售代表可通过网络向一名扮作特定行业采购主管的演员练习销售，演员会根据受训销售代表的疑问做出相应的反应。

7.3.4　销售人员培训的程序

销售人员培训的程序主要包括培训需求分析、制订培训计划、教学设计、培训实施和培训反馈五个阶段。

1. 培训需求分析

培训需求分析主要是企业销售管理人员根据企业理想销售业绩需求与现实工作的差距，提出需求动议，由培训部门及相关人员对组织的任务及销售人员的知识、技能等进行鉴别与分析，以确定是否需要培训的过程。

2. 制订培训计划

制订培训计划主要包括确定培训内容、确定培训时间、确认培训方式、确定受训人员、选择培训教师、费用核定与控制等六个具体的步骤。

3. 教学设计

教学设计是以培训教师为主要执行人员所进行的工作。具体包括：培训内容分析，选择（购买或编辑）教学大纲和教材，受训人员分析，确定培训形式和方式。

4. 培训实施

培训实施是培训管理的重要方面，它指对培训计划前、计划中、计划后的各项活动进行的协调工作。

5. 培训反馈

培训反馈是组织管理中对培训加以修正、完善和提高的必要手段。这是企业组织与管理必不可少的一个阶段。主要包括培训教师的考评、培训组织管理的考评、应用反馈、培训总结、资料归档等环节。

销售人员培训系统模型如图7-1所示。

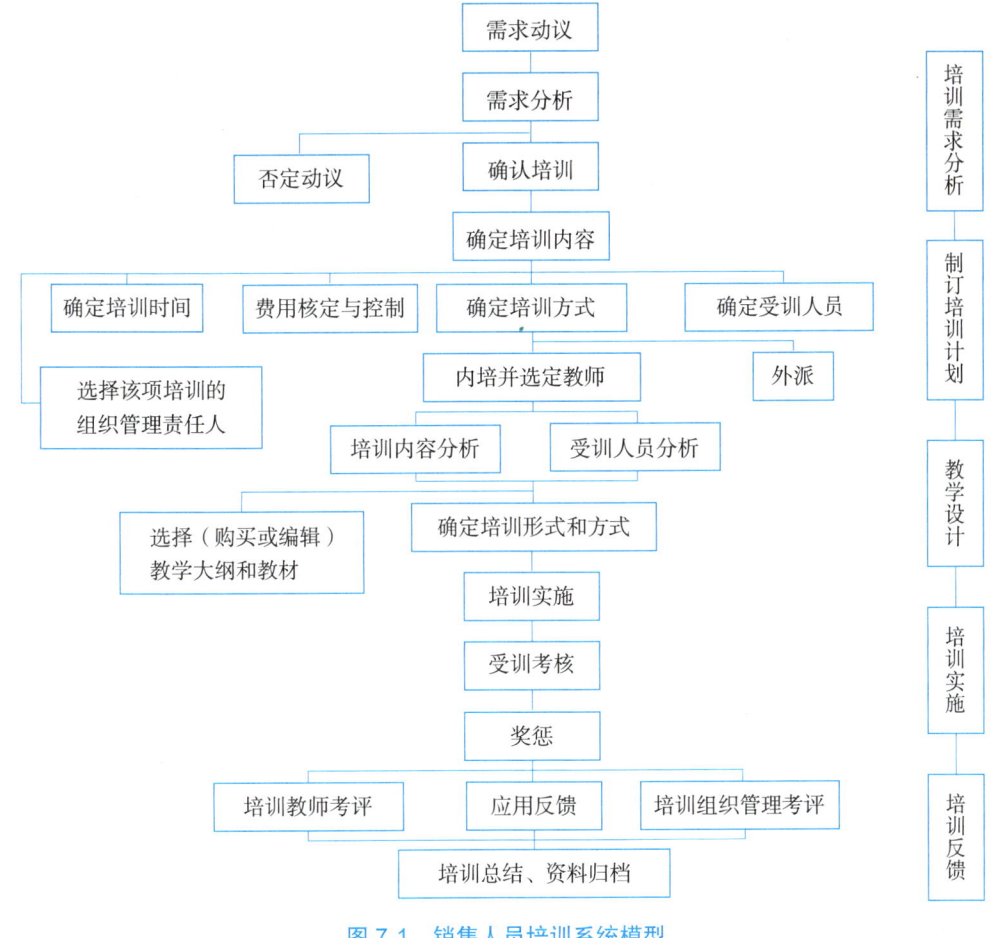

图7-1　销售人员培训系统模型

课程思政

【思政元素】坚定不移全面从严治党

党的二十大报告指出：全面建设社会主义现代化国家、全面推进中华民族伟大复兴，关键在党，弘扬伟大建党精神，坚定不移全面从严治党，以党的自我革命引领社会革命。

【知识元素】销售人员的培训

【思政元素与知识元素的融合】

销售人员在接触顾客进行销售时，其所代表的是整个企业的形象。优秀的销售人员以其较高的素质给顾客留下深刻的印象，赢得顾客的信任和尊重，从而树立企业在顾客心目中的良好形象；那些素质较低的销售人员则以一些不正当的行为毁掉企业形象，损害企业利益。因此，通过培训，加强对企业文化、经营理念的宣传，规范销售人员的着装、言谈举止是非常有意义的。如从严治党一样，销售人员也必须遵守企业制度和文化等。

本章小结

销售人员的招聘原则，即公开原则，公平原则，全面考核原则，因岗配人原则、程序化、科学化与效率并重原则。

销售人员招聘的途径：内部招聘和外部招聘。

销售人员的遴选程序：填写申请表→面试→测验→调查→体格检查→销售部门初步决定→高层主管最后决定→录用。

销售人员培训的作用：提高销售技能，提升销售业绩水平；提高销售人员自信心，培养其独立工作能力；提升职业素养，维护企业形象；降低销售人员流失率，稳定销售队伍；培养销售人员的创造力，改善顾客关系。

销售人员培训的原则：因材施教原则；分级培训原则；讲求实效原则；实践第一原则；教学互动原则；持续培训原则。

销售人员培训的内容：销售知识储备培训；寻找客户培训；拜访客户培训；成功签约培训；售后服务培训；收款和催款培训；客户管理培训；商务礼仪培训；职业道德培训。

销售人员培训的程序：培训需求分析；制订培训计划；教学设计；培训实施；培训反馈。

复习思考题

1. 企业销售人员招聘有哪些途径？各有哪些优劣势？
2. 企业销售人员遴选的程序有哪些步骤？
3. 为什么要对销售人员进行培训？
4. 销售人员的培训需要符合哪些原则？
5. 销售人员培训需要准备哪些内容？

案例分析

某牙膏厂销售人员的选拔

某牙膏厂销售科负责该厂产品在全国各地区的促销工作，包括产品销售合同签订、产品的广告工作、售后服务工作和营业推广活动的策划工作等。为了提高销售量，销售科与厂部订立了承包合同，厂部依据销售额和销售货款回收率这两大指标的完成状况对销售科进行考核，相应地，销售科也以这两大指标为主来考核销售员的工作实绩。

随着产品销售量的不断提高和营销策略的不断深化，销售科感到人手紧缺，急需充实销售员队伍。为此，厂部改变以前行政任命销售人员的办法。该厂经过本人申请和文化考试，录用了赵明、钱达、孙青和李强四名职工到销售科，进行为期半年的实习试用，作为正式销售人员的候选人。目前，他们的实习期将满，销售科科长老萧正考虑从他们中选拔合适人员作为正式销售人员，从事牙膏产品的销售工作。根据平时对他们的观察，以及厂领导、销售科同志和顾客对他们的评价，对这四位同志的个人素质和工作状况进行了初步的总结，以作为选拔销售员的依据。

1. 个人素质方面

赵明，是个刚进厂的小伙子，今年刚大学毕业。精力旺盛，工作肯吃苦，但平时大大咧咧、做事粗心大意，说话总是带有一股"火药味"。

钱达，是为了解决夫妻两地分居问题而从外地调进厂里的，今年34岁。他为人热情，善于交际，本人强烈要求做销售工作。

孙青，是轻工电视大学经济管理专业毕业生，今年25岁。她工作认真，稳重文静，平时少言寡语，特别是在生人面前，话就更少了。

李强，今年29岁，公共关系专业硕士毕业，他为人热情，善于交际，头脑灵活。但对销售工作缺乏经验。

2. 工作实绩方面

赵明，工作很主动、大胆，能打开局面，但好几次将顾客订购的牙膏规格搞错，顾客要大号的，他往往发给小号的。尽管科长曾多次向他指出，他仍然会时不时地出差错；顾客有意见找他，他还对人家发火。

钱达，工作效率很高，经常超额完成自己的销售任务，并在销售过程中与顾客建立了熟悉的关系。但他常常利用工作关系办私事，如要求顾客帮助自己购买物品等，而且，他平时工作纪律性较差，上班晚来早走，还经常在上班时间回家做饭，销售科的同事们对此颇有微词。他曾找领导说情，希望能留在销售科工作。

孙青，负责广东省内的产品销售工作，她师傅曾带她接触过所有的主要顾客，并与顾客建立了一定的联系，但她自己很少主动独立地联系业务，有一次，她师傅不在，恰巧有个顾客要增加订货量，她因师傅没有交代而拒绝了这一笔业务。

李强，负责山东省的产品销售工作，他经常超额完成销售任务，并在销售过程中注意向顾客介绍产品的性能、特色，而且十分重视售后服务工作。有一次，一个顾客来信提出产品有质量问题，他专程登门调换了产品，顾客为此非常感动。然而，他却时常难以完成货款回收率指标，致使有些货款无法及时收回来，影响了企业经济效益指标的实现。

老萧必须在年底前做出决定，哪些人将留在销售科成为厂里正式销售员，哪些拒收。

（资料来源：https://wenku.baidu.com/view/517dccf5c47da26925c52cc58bd63186bdeb9254.html.）

案例讨论：

1. 在该案例中，牙膏厂招聘销售人员的途径是什么？有什么优缺点？
2. 如果你是销售科长，根据四人的个人素质和工作实绩，你将怎样决定他们的去留？

第8章

销售人员的薪酬与激励

> 故杀敌者,怒也;取敌之利者,货也。
> 车战得车十乘以上,赏其先得者,而更其旌旗。
> ——《孙子兵法·作战篇》

学习目标

1. 了解销售薪酬的内涵与作用
2. 掌握销售薪酬设计的原则
3. 掌握销售薪酬的类型及其优缺点
4. 掌握内容激励理论和过程激励理论
5. 了解销售人员激励的各种方式

引入案例

宝马集团销售人员的激励方案

宝马集团1994年正式进入中国市场,中国已经成为宝马集团最大的单体市场。

宝马集团对一线销售人员的直接激励基本上是通过培训、竞赛等活动来实现的。销售人员每卖出一台车,宝马就给予单车提成奖励,对于一些促销款车型还将提供额外奖励。宝马还设立各种奖项,奖励杰出的销售人员或团队。宝马集团每年都会举办全国性和区域性的销售冠军竞赛,对销售人员的销售绩效、销售技能和销售知识等方面进行综合性考核,以奖金或赴德国进修的形式来激励销售人员的工作积极性。除此之外,宝马集团每年会组织一些新车上市的培训,安排在旅游城市,相当于旅游福利。宝马集团还为每个销售人员设计了一本"宝马护照",并制定相应的福利政策,以此来提高销售人员的工作积极性和工作稳定性。只要销售人员参加宝马集团规定的培训并通过考试即可获得"宝马护照",持有"宝马护照"的销售人员可以在全国宝马经销商网内自由转岗。

(**资料来源:** 杨英.汽车行业销售人员的激励机制[J].农药市场信息,2011,21.)

8.1 销售薪酬的内涵与作用

8.1.1 销售薪酬的内涵

销售薪酬是指销售人员通过在某组织中从事销售工作而取得的利益回报,包括基本工资、津贴、佣金、福利、保险和奖金。

企业销售人员的薪酬通常包括以下几部分:

1. 基本工资

基本工资是根据销售人员所承担或完成的工作本身或者是销售人员所具备的完成工作的技能,向其支付的稳定性薪酬,是销售人员收入的主要部分,也是计算其他收入的基础。

2. 津贴

津贴是为了补偿销售人员额外的或者特殊的劳动消耗,以及保证销售人员的生活水平不受特殊条件影响而实行的一种工资补充形式,是销售薪酬的重要组成部分。津贴既具有很强的针对性,也具有相对均等分配的特点。

3. 佣金

这是根据销售人员的销售业绩给予的薪酬,它有时又称销售提成。对销售人员来讲,佣金一般是销售薪酬的主体。

4. 福利

这部分薪酬通常不与销售人员的销售能力和销售业绩相关,而是一种源自销售人员组织成员身份的福利性薪酬。福利通常指销售人员均能享受,与其贡献关系不太大的利益,如企业的文化体育设施、托儿所、食堂、医疗保健、优惠住房等。福利一般是根据国家政策来给予的。当前,福利已日益成为薪酬的重要方式,它对于吸引、保有员工有着不可替代的作用。

5. 保险

这是指企业在销售人员受到意外损失或失去劳动能力以及失业时为其提供的补助,包括工伤保险、医疗保险、失业保险等。

6. 奖金

奖金就是为了奖励那些已经(超标)实现销售业绩标准的销售人员,或为了激励销售人员去完成某些预定的销售绩效目标,而在基本工资的基础上支付的可变的、具有激励性的报酬。可以从两个角度去理解,即奖金被用于:

1)对已完成的超额、超标准的销售业绩进行奖励。
2)对预定的销售业绩目标进行激励。

简单地说,奖金就是为了奖励和激励销售人员追求目标业绩所支付的薪酬,其支付依据主要是销售业绩标准。

8.1.2 销售薪酬的作用

销售薪酬是一种奖励,而受到奖励的行为对销售队伍的成功起着至关重要的作用。因此,设计和实施一套有效的销售薪酬制度是非常必要的。

对销售业绩可以用三种方式进行奖励。这三种方式可以在任何一种类型的销售组织里使用。这三种相互联系的方式是：

1）直接经济薪酬，如加薪、红利、佣金、竞赛、退休计划、保险以及其他形式的经济鼓励。

2）职位晋升或培训，如分配到更大的客户和销售辖区、在组织内获晋升，以及参加培训和脱产学习等。

3）非经济薪酬，如感谢宴会、小礼品、成就证书、销售简讯上的特别报道、纪念品，以及特殊团体的会员资格。

虽说销售薪酬制度并非是激励销售人员的唯一方式，但它却是最为重要的。只衡量销售业绩，却没有恰当地给予报酬和奖励，会严重影响销售人员的积极性以及业绩水平，"经济是最活跃的杠杆"。销售人员的薪酬直接影响他们为企业所做的一切，由此决定着企业对销售人员的管理是否有效，因而销售薪酬的作用是十分明显的。主要表现在：

1. 激励员工，保证企业营销目标顺利实现

由于销售薪酬不仅决定销售人员的物质生活条件，也是全面满足销售人员生理、安全、社交、自尊及自我实现需要的经济基础。因此，薪酬是否公平合理，对销售人员积极性影响很大。适度的销售薪酬能激发销售人员的工作热情，他们会超额完成任务，从而保证企业利润目标的实现。因此，适度成为许多企业制定薪酬制度的出发点。

2. 保证销售人员利益的实现

一般来讲，销售人员利益的实现主要来源于销售薪酬。销售人员的薪酬追求动机是比较复杂的，他们既要获得物质利益（保障生活稳定），又要获得事业的发展和人际关系的改善。因此，企业制定销售薪酬制度，能达到稳定销售队伍，完成企业销售目标的目的。

3. 简化销售管理

合理的销售薪酬制度能大大简化销售管理工作。销售活动是一种复杂的经营活动，涉及的费用种类也比较复杂，如果没有合理的薪酬制度，销售费用和销售人员薪酬的管理必将非常复杂，操作起来也很费劲。所以，合理的薪酬制度可以使这些复杂的管理工作变得简单，销售经理会有更多的时间去加强对销售活动的管理，提高工作效率。

8.2 销售薪酬的设计原则与类型

8.2.1 销售薪酬的设计原则

薪酬管理的目的是建立科学、合理的薪酬制度，为此，在薪酬设计和薪酬管理的过程中，必须坚持以下几项原则：

1. 销售人员薪酬公平性原则

行为科学的一个重要理论——公平理论指出，人们往往通过与他人对比评价自己所获得薪酬的公平性。销售人员对公平性的感受来自：第一，与外部其他类似企业销售岗位（或类似岗位）相比较所产生的感受；第二，销售人员对本企业薪酬系统分配机制和人才价值取向的感受；第三，将个人薪酬与本企业其他类似职位的薪酬相比较所产生的感受；第四，对企业销售人员薪酬制度执行过程的严格性、公正性和公开性所产生的感受。

2. 销售人员薪酬竞争性原则

竞争性原则包含两重含义：一是指销售人员薪酬水平必须高到可以吸引和留住他们。如果企业给销售人员的薪酬与其他公司销售人员的薪酬相比没有竞争力的话，不仅雇不到销售人员，而且会导致本企业销售人员离职。二是如果人工成本在一个企业的总成本中所占比例较大时，就会直接影响这个企业的产品或服务价格——企业会将成本转嫁到产品或服务上。因此，实现富有特色、具有吸引力、成本可控的、有效的薪酬管理才是真正把握了竞争性原则。

3. 销售人员薪酬激励性原则

一个科学合理的薪酬系统对销售人员的激励是最持久的，也是最根本的。因为薪酬系统解决了人力资源管理中最核心的问题——分配问题。有效的薪酬系统应该是努力越多、回报也越多的。有些企业重视绩效，比如阿斯特拉-默克公司的报酬目标是"只为绩效庆功"。有些企业重视资历，比如日本的大企业长久以来实施的"年功序列制"。这些都直接影响到销售人员的工作态度和表现，进而影响薪酬的目标。什么样的薪酬系统对销售人员才是具有吸引力的呢？薪酬制度发展到今天已表明，单一的工资制度对销售人员的刺激日显乏力，灵活多元化的薪酬系统越来越受人们的青睐。

4. 销售人员薪酬合法性原则

销售人员薪酬管理要受法律和政策的约束。比如，国家的最低工资标准的规定，有关职工加班加点的工资支付的规定，企业必须遵照执行，也就是说企业在制定销售人员的薪酬政策时，必须要以不违背国家的法律法规如《中华人民共和国劳动法》《最低工资标准》等为基本前提，理解并掌握劳动法规是对人力资源管理者特别是薪酬制度制定者的基本素质要求。

销售人员薪酬管理是指一个组织依据销售人员所提供的服务、销售业绩等销售指标，来确定他们应该得到的薪酬总额、薪酬结构及薪酬形式等的过程，在该过程中企业必须就销售人员薪酬水平、薪酬体系、薪酬形式、薪酬制度和政策做出决策，这些决策及具体的实施就是销售人员薪酬管理的基本内容。

8.2.2 销售薪酬的类型

根据企业的实际经验，销售薪酬的类型大体有以下几种：

1. 纯粹薪水制度

纯粹薪水制度又称固定薪金制度，是指无论销售人员的销售额是多少，其在一定的工作时间之内都获得固定数额的薪酬，即一般所谓的计时工资制。固定薪酬的调整主要依据对销售人员表现及销售结果的评价。

当企业销售人员需为顾客提供技术咨询或需负担很多销售推广工作时，纯粹薪水制度是最适合的薪酬制度。这种制度也适用于销售人员从事例行销售工作，如驾驶车辆分送酒类、饮料、牛奶、面包和其他类似产品的情况。当企业生产的是大众化的产品而且容易推广时，销售员不需花太多时间和工夫向客户说明，就可能迅速成交，在这种情况下，企业会偏向于采用"不发佣金"的纯粹薪水制度。

纯粹薪水制度的优点：

1）易于操作，且计算简单。

2）销售人员的收入有保障，易使其有安全感。

3）当有的地区有全新调整的必要时，可以减少敌意。

4）适用于需要集体努力的销售工作。

纯粹薪水制度的缺点：

1）缺乏激励作用，不能继续扩大销售业绩。

2）就报酬多少而言，有薄待绩优者而厚待绩差者之嫌，显得有失公正。若不公平的情形长期存在，则销售人员流动率将增高，而工作效率最高的人将首先离去。

2. 纯粹佣金制度

纯粹佣金制度是与一定时间的推销工作成果或数量直接有关的薪酬形式，即按一定比率给予佣金。这样做的主旨是给销售人员以鼓励，其实质是奖金制度的一种。

公司聘用销售人员时，如果销售的重点是获得订货单，销售以外的任务不太重要，那么就可以采用纯粹佣金制度，服装业、纺织业、制鞋业、医药业和五金材料批发业等行业常采用纯粹佣金制度。有些无实际产品的行业如广告、保险和证券投资业，便完全采用纯粹佣金制度。纯粹佣金制度最大的优点是对销售人员提供了直接的金钱鼓励，可以促使他们努力提高销售量。采用纯粹佣金制度时，销售能力高者可较纯粹薪水制度获得更多的薪酬，同时能力低者也可获得与其能力相对等的薪酬。虽然采用佣金制初期，销售员的流动率会上升，但仔细分析，离开的大都是能力低的。这种制度的适应性强，可被多种类型公司采用。

佣金的计算可根据销售额或销售数量（毛额或净额）。其计算可以基于总销量，也可以基于超过配额的销货量，或基于配额的一定比例。佣金也可以根据销售人员的销售对公司利润的贡献来定。支付佣金的比率可以是固定的，即第1个单位的佣金比率与第100个单位的佣金比率是一样的；支付佣金的比率也可以是累进的，即销售量（或利润贡献等）越高，其佣金比率越高；比率也可以是递减的，即销售量越高，佣金比率越低。

佣金比率也应顾及产品性质、顾客、地区特性、订单大小、毛利量、业务状况的变动等。

（1）纯粹佣金的支付方法。纯粹佣金的支付方法有以下三种：

1）保证提存或预支账户。让销售人员预支一定金额，将来由其所得佣金偿还。如果所得佣金小于预支金额，则不必归还差额，实际上与纯粹薪水方法相似。

2）非保证提存或预支账户。销售人员必须偿还全部预支金额，如果本期佣金不足以偿还，可递延至下期清算。所以这实际上相当于一种借款形式。

3）暂记账户。每个月给予各销售人员一定的金额，记入该销售人员暂记账户的借方；每个销售人员每月应得的佣金，记入暂记账户的贷方。年底结账时，如果有贷方余额，应补发给该销售人员；如果借方有余额，可以注销（如同保证预支账户），也可递延至下年度结算（如同非保证预支账户）。

（2）纯粹佣金制度的优点

1）富有激励作用。

2）销售人员能获得较高的报酬，能力越高的人赚的钱也越多。

3）销售人员可以清楚地了解自己薪水的计算方法。

4）控制销售成本较容易，可以减少公司的营销费用。

（3）纯粹佣金制度的缺点

1）销售人员的收入欠稳定，在销售波动的情况下其收入不易保证，如季节性波动、循环波动。

2）易造成销售人员兼差，即他同时在好几个企业上班，以分散风险。

3）销售人员推销自身重于推销公司的产品，因为若推销自身成功，可提升自身价值。这类销售人员往往身上带好几种名片，代表好几家公司，推销不同种类的产品。

4）公司营运状况不佳时，销售人员会纷纷离去。

5）增加了管理方面的人为的困难。

3. 薪水加佣金制度

纯粹薪水制度缺乏弹性，对销售人员的激励作用不够明显；纯粹佣金制度则令销售人员的收入波动较大，销售人员缺乏安全感。薪水加佣金制度避免了前两种制度的不足，它是一种混合薪酬制度。

薪水加佣金制度是以单位销货或总销货金额的一定百分比（一般较小）作为佣金，每月连同薪水一起支付，或年终时累积支付。

薪水加佣金制度的优点：与奖金制度相类似，销售人员既有稳定的收入，又可获得随销货额增加而增加的佣金。其缺点：佣金太少，激励作用不大。

4. 薪水加奖金制度

薪水加奖金制度是指销售人员除了可以按时收到一定薪水外，还可以获得许多奖金。奖金是按销售人员对企业做出的贡献发放的。

薪水加奖金制度的优点：可鼓励销售人员兼做若干涉及非推销的销售管理的工作。其缺点：销售人员不重视销售额的多少。

5. 薪水加佣金再加奖金制度

薪水加佣金再加奖金制度兼顾了薪水、佣金和奖金制度的优点，是一种比较理想的薪酬制度。薪水用来稳定销售人员，佣金及奖金可用于加大对销售人员的激励程度，以促进工作总体成效的提高。这种方法被许多企业所采用。

薪水加佣金再加奖金制度的优点：

1）给销售人员提供了赚取更多收入的机会。

2）可以留住较有能力的销售人员。

3）销售人员领取固定底薪，生活较有保障。

4）奖励的范围扩大，容易依照计划达成目标。

薪水加佣金再加奖金制度的缺点：

1）计算方法过于复杂。

2）除非对渐增的销售量采用递减的佣金，否则会造成销售人员获利不成比例。

3）销售情况不好的时候，底薪太低，往往留不住较有才能的人。

4）实行此制度需要较多相关记录或报告，因此增加了管理费用。

6. 特别奖励制度

特别奖励就是规定薪酬以外的奖励，即额外给予的奖励。这种特别奖励在国外多是以红利的形式出现的，它可以与前面任意一种基本薪酬制度结合使用。

企业给予的额外奖励分为经济奖励及非经济奖励两种。经济奖励包括直接增加薪水或佣金，或间接的福利，如带薪假期、保险制度、退休金制等。非经济奖励的方式有很多，如通过销售竞赛给予销售人员一定荣誉——记功、颁发奖章及纪念品等。额外奖励可根据销售人员超出配额的程度、控制销售人员费用的效果或所获得新客户的数量等来确定，它一般有三种形式。

（1）全面特别奖金。全面特别奖金是指企业在特殊的时间里，如圣诞节、春节或年底，不计盈利率发给所有销售人员的奖金。全面特别奖金可以是付给每个销售人员同样数额的奖金，也可以是根据销售人员现在的工资和在本公司工作时间的长短来支付的奖金。例如美国普强（Upjohn）公司向那些在公司工作了一到两年的销售人员发放一份相当于他们年薪1.5%的圣诞红利，工作了两年或三年的人得到的则是年薪的2%。有的企业中，这个百分比会高至8%。这种奖励是单独支付的，与销售人员的业绩无关。

（2）业绩特别奖励。这是一种与业绩相关的奖励，有很多种形式，可以分为个人业绩特别奖和集体业绩特别奖两大类。奖金的发放不仅可以按销售额或销售数量，而且还可以按毛利率或销售业绩、新客户数、公司或地区销售单位的收入或销售额以及某种产品的销售额来计算。集体业绩特别奖的发放是为了培养团队精神，一般是按照销售区域来发放的。发给一个销售地区的奖金数额，可能是把该销售地区的业绩同组织内其他销售地区的业绩相比较而确定的。然后，地区销售经理会按业绩再分给每个销售分区一定数额。分区销售经理则会把分区奖金平均分给全体销售人员，或是根据销售人员的个人业绩分发。

（3）销售竞赛奖励。第三种影响销售人员业绩的特别奖励形式是销售竞赛奖励。销售竞赛是一种特别销售计划，它给销售人员提供奖励，促使他们实现短期销售目标。这些奖励包括证书、现金、物品或旅游等。有时竞赛时间会长达一年，这种奖励是在正常薪酬外额外给予的。国外有些行业通常会把奖金的35%用于进行销售奖励。

销售竞赛奖励是一种有效的激励方式，它能够促使销售人员在工作中更加坚持不懈地努力。管理部门可以指导销售人员去推销某些特殊商品（如滞销品）或从事某些有利于推销的非销售性活动，这些都是在平时没有竞赛刺激的情况下他们所不愿做的事情。竞赛还可以促使销售人员为达到竞赛目标、赢得额外奖励，而更加勤奋工作。销售竞赛对销售人员还产生了几种间接的影响。许多销售经理认为，特别奖励和这些竞赛都能增进他们所在销售集体的团队精神及销售人员对工作的兴趣、满足感，并降低缺勤率和人员变动率。

特别奖励制度的优点：鼓励作用更为广泛、有效，常常可以促进滞销产品的销售。其缺点：奖励标准或基础不易确定，有时会引起销售人员的不满以及管理方面的困扰。

8.3 激励的原理与作用

激励在管理学中被解释为一种精神力量或状态，对员工起到加强、激发和推动的作用，并引导员工的行为指向目标。一般来说，任何组织中的员工都需要激励，尤其是销售人员。企业的管理者要想做好销售人员的激励工作，首先必须了解和掌握有关激励的基本概念以及一般理论。

8.3.1 激励及其相关内容

激励就是组织通过设计适当的外部薪酬形式和工作环境，以一定的行为规范和惩罚性措施，借助信息沟通，来激发、引导、保持和规范组织成员的行为，从而有效地实现组织及个人目标的过程。这一概念包括以下几个方面的内容：

1）激励的出发点是满足组织成员的各种需要，即通过系统地设计适当的外部薪酬形式和工作环境，来满足企业员工的外在性需要和内在性需要。

2）科学的激励工作需要奖励和惩罚并举，既要对员工表现出来的符合企业期望的行为进行奖励，又要对不符合企业期望的行为进行惩罚。

3）激励贯穿于企业员工相关工作的全过程，包括了解员工个人需要、把握员工个性、控制行为过程和评价行为结果等。因此，激励工作需要耐心。弗雷德里克·赫茨伯格（Frederick Herzberg）说：如何激励员工——锲而不舍。

4）信息沟通贯穿于激励工作的始末，对激励制度的宣传、企业员工个人的了解、对员工行为过程的控制和对员工行为结果的评价等，都依赖于一定的信息沟通。企业中信息沟通是否通畅，是否及时、准确、全面，直接影响激励制度的运用效果和激励工作的成本。

5）激励的最终目的是在实现组织预期目标的同时，也能让组织成员实现其个人目标，即达到企业组织目标和员工个人目标在客观上的统一。

8.3.2 激励的过程

激励的过程是一个从需要开始，到需要得到满足为止的连锁反应。首先，人会产生某种需要，而当这种需要得不到满足时就会产生一种紧张不安的心理状态，在遇到能够满足需要的目标时，这种紧张不安的心理就转化为动机；然后，在动机的驱动下，人会采取一些行为朝着目标努力；最后，目标达到后，需要得到满足，紧张不安的心理状态就得到消除；随后，满足的状态反馈回来，人又会产生新的需要，引起新的动机和行为。这便是整个激励过程。

由此可见，激励实质上是以未满足的需要为基础，通过各种目标诱因激发动机，驱使和诱导行为，促使目标实现。激励是一个不断满足需要的连续的心理和行为过程，如图8-1所示。

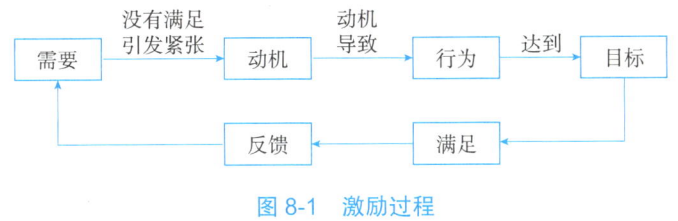

图 8-1 激励过程

8.3.3 激励的理论

为了更好地激励销售人员，销售经理或销售主管非常有必要学习和运用各种激励理论。激励理论可分为内容理论和过程理论两大类。

1. 内容激励理论

内容激励理论是从激励过程的起点——人的需要出发，研究是什么因素引起、维持并指导某种行为去达到目标。

（1）需要层次理论。需求层次理论是亚伯拉罕·马斯洛（Abraham Maslow）于1943年提出的,其基本内容是将人的需求从低到高依次分为生理需要、安全需要、社交需要、尊重需要和自我实现需要,如图8-2所示。

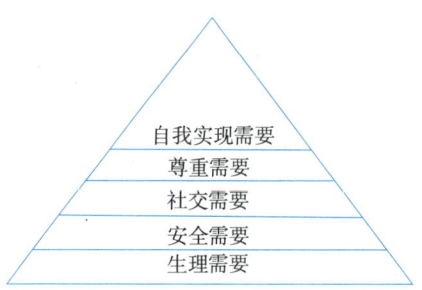

图8-2　需要层次理论

1)生理需要。这是人类维持自身生存的最基本要求,包括饥、渴、衣、住、行等方面的要求。如果这些要求得不到满足,人类的生存就成了问题。在这个意义上说,生理需要是推动人们行动的最强大的动力。马斯洛认为,只有这些最基本的需要被满足到维持生存所必需的程度后,其他需要才能成为新的激励因素,而此时,这些已相对满足的需要也就不再成为激励因素了。

2)安全需要。这是人类要求保障自身安全、摆脱失业和丧失财产威胁、避免职业病的侵袭、防止接触严酷的监督等方面的需要。马斯洛认为,整个有机体有一个追求安全的机制,人的感受器官、效应器官、智能和其他能量主要是寻求安全的工具,甚至可以把科学和人生观都看成是满足安全需要的一部分。当然,这种需要一旦得到相对满足后,也就不再成为激励因素了。

3)社交需要。这一层次的需要包括两个方面的内容:一是友爱的需要,即人人都需要伙伴之间、同事之间的关系融洽或保持友谊和忠诚,人人都希望得到爱,希望爱别人,也渴望接受别人的爱;二是归属的需要,即人都有一种归属于一个群体的感情,希望成为群体中的一员,群体成员相互关心和照顾。社交需要比生理需要来得细致,它和一个人的生理特性、经历、教育、宗教信仰都有关系。

4)尊重需要。人人都希望自己有稳定的社会地位,追求个人的能力和成就得到社会的承认。尊重需要又可分为内部尊重需要和外部尊重需要。内部尊重需要是指一个人希望自己在各种不同情境中有实力,能胜任,充满信心,能独立自主。可以说,内部尊重就是人的自尊。外部尊重需要是指一个人希望有地位,有威信,受到别人的尊重、信赖和高度评价。马斯洛认为,尊重需要得到满足,能使人对自己充满信心,对社会满腔热情,体验到自己活着的意义和价值。

5)自我实现需要。这是最高层次的需要,它是指实现个人理想、抱负,最大限度地发挥个人能力,完成与自己的能力相称的一切事情的需要。也就是说,人必须干称职的工作,这样才会使他们感到最大的快乐。马斯洛提出,满足自我实现需要的途径是因人而异的。人们满足自我实现需要的过程,是努力实现自己的潜力,使自己逐渐成为自己所期望的人物的过程。

利用马斯洛需要层次理论激励销售人员,需要注意以下问题:①对刚入职的大学生首先要保证其衣食住行等方面的生理需要;②对入职很久的销售人员,需要关注其尊重需要,如晋升为销售主管等;③争做一个优秀的企业,让更多销售人员追求自我实现需要。

【案例】

某公司新员工激励制度

（1）"开门红奖"。新员工在入职一个月内能新签合同，并且合同总金额达到3万元（含）以上可以获得"开门红奖"，现金2000元。

（2）"开拓者奖"。新员工在入职一个月内，拜访量最多的业务员（100为基数），奖励车补1000元；拜访量最多的业务主管（120为基数），奖励车补2000元。

（3）"千里马奖"。新员工在入职两个月内，业绩第一名且合同金额能达到10万元以上的，可以获得"千里马奖"，现金5000元。

（4）"晋升奖"。公司根据市场的调控需要：新入职的业务员在2～3个月的时间内，业绩名列前茅，考核优秀者可以破格提拔为业务主管；新入职的主管在2～3个月的时间内，业绩名列前茅，考核优秀者可以破格提拔为业务经理。

（2）双因素理论。双因素理论又叫激励因素－保健因素理论，是美国行为科学家弗雷德里克·赫茨伯格在20世纪50年代提出来的。双因素理论的重点在于试图说服员工重视与工作绩效有关的原因。赫茨伯格强调一些工作因素能导致满意，即激励因素；另外一些则只能防止产生不满意，即保健因素。

1）激励因素。激励因素包括工作本身、认可、成就和责任，这些因素涉及对工作的积极感情，又和工作本身的内容有关。如果具备了这些因素，就能对员工产生激励，能使员工取得更好的工作成绩，使员工产生满意；如果不具备，就不能使员工满意。

2）保健因素。保健因素包括公司政策、管理和技术监督、薪水、工作条件以及人际关系等。这些因素涉及工作的消极因素，也与工作的氛围和环境有关。即使具备了这些因素，也不会激励员工，只能消除员工的不满意，即没有不满意；如果不具备这些因素，员工就会产生不满意。

利用双因素理论激励销售人员需要注意的是，销售主管不能认为改善和提高了销售人员的工作条件等就能起到激励作用，要想真正激励销售人员，就要从工作本身、认可、成就等方面入手。

（3）成就需要理论。成就需要理论，又称"三种需要理论"，是由美国哈佛大学教授戴维·麦克利兰（David McClelland）通过对人的需求和动机的研究，于20世纪50年代在一系列文章中提出的。麦克利兰认为在生存需要基本得到满足的前提下，人最主要的需要有成就需要、亲和需要、权力需要三种。

1）成就需要。成就需要是指追求优越感的驱动力，或者参照某种标准去追求成就感、寻求成功的欲望。成就需要高的人具有较强的责任感，喜欢得到及时的反馈，看到自己工作绩效及其评价，倾向于选择适当的风险。在现实中，成就需要高的人常常是那些倾向于成为企业家的人，他们在创造性工作中也往往更容易获得成功。

2）亲和需要。亲和需要是指寻求与人建立友善且亲近的人际关系的欲望。亲和需要高的人往往重视被别人接受和喜欢，追求友谊与合作。这样的人在组织中容易与他人形成良好的人际关系，但也容易被他人影响。亲和需要高的管理者虽然容易与他人建立良好的人际关系，能使员工真诚、愉快地工作，但通常难以维持正常的工作秩序。

3）权力需要。权力需要是指促使别人顺从自己意志的欲望。权力需要较高的人喜欢支配、影响别人，喜欢对人"发号施令"，十分重视争取地位和影响力。这些人喜欢具有竞争性和能体现较高地位的场合或情景。

利用成就需要理论激励销售人员时需要注意的是：要培养销售人员的高成就需要，让销售人员有更高的责任感，从而出色地完成销售任务，同时也要考虑销售人员的亲和需要和权力需要，选拔优秀的销售人员担任销售主管。

2. 过程激励理论

过程激励理论是在内容激励理论的基础上发展起来的，这类理论从人的动机产生到行为反应这一过程出发，研究影响人的行为的因素之间的关联以及相互作用的过程，其主要任务是了解对行为起决定作用的某些关键因素，掌握这些关键因素之间的关系，以达到预测和控制人的行为的目的。

（1）期望理论。期望理论是由北美著名心理学家和行为科学家维克托·弗鲁姆（Victor Vroom）于1964年在《工作与激励》中提出来的。弗鲁姆认为，人们采取某项行动的动力或激励力量取决于其对行动结果的价值评价和预期达成该结果可能性的估计。激励力量的计算公式为

$$激励力量（M）= 目标效价（V）\times 期望值（E）$$

式中　激励力量（M）——调动一个人的积极性，激发其内部潜力的强度；

目标效价（V）——达到目标对于满足个人需要的价值；

期望值（E）——人们根据过去经验判断自己达到某种目标或满足需要的可能性是大还是小，即能够达到目标的主观概率。

由于每个人对某一目标的目标效价和期望值不尽相同，因此会产生不同的激励力量。利用期望理论激励销售人员时需要注意，目标效价要合理，而且期望值要适中，销售人员只要努力付出就可达到。

（2）公平理论。公平理论是美国行为科学家斯塔西·亚当斯（Stacy Adams）在20世纪60年代提出来的一种激励理论。该理论侧重于研究工资报酬分配的合理性、公平性及其对职工生产积极性的影响。亚当斯提出公平理论可以用以下公平关系公式来表示。假定当事人是a，b是作为比较对象的人，当a感觉到公平时：

$$\frac{Q_a}{I_a}=\frac{Q_b}{I_b}$$

式中　Q_a——个人所获报酬的感觉；

Q_b——自己对他人所获报酬的感觉；

I_a——自己对个人所做投入的感觉；

I_b——自己对他人所做投入的感觉。

当个人所获报酬与其所做投入的比值同比较对象的比值相等时，人们就会产生公平感；否则，人们就会感觉到不公平。当然，一般来说，不公平感大多来自以下情形：即认为自己比别人付出得多，却和别人获得相同的报酬；认为自己与别人付出得一样多，获得的报酬却比别人少。

公平理论给销售主管带来了重要的启示：首先，影响激励效果的不仅有报酬的绝对值，

还有报酬的相对值;其次,销售主管在激励过程中应力求公平,注意实际工作绩效与报酬之间的合理性,使等式在客观上成立,尽管有主观判断的误差,但也不致造成严重的不公平感;再次,在激励过程中应注意对销售人员公平心理的引导,使其树立正确的公平观,当销售人员因自身判断不准而产生不公平的错觉时,销售主管应及时做好必要的说明和引导工作。

另外,为了避免销售人员产生不公平的感觉,企业往往采取各种手段,营造公平合理的气氛,使他们产生一种主观上的公平感。例如,企业采用保密工资的办法,使销售人员不知道其他人的报酬情况,以免他们相互比较而产生不公平感。

(3)强化理论。强化理论是由美国心理学家斯金纳(Skinner)在巴甫洛夫的经典条件反射理论的基础上加以发展而于1953年提出的。强化理论认为人的行为是对其所获刺激的函数。如果这种刺激对他有利,则这种行为就会重复出现;若对人不利,则这种行为就会减弱直至消失。因此管理者要采取各种强化方式,以使销售人员的行为符合组织的目标。根据强化的性质和目的,强化可以分为正强化和负强化两大类型。

1)正强化。对正强化物的效用可以从两个层面来理解。一个层面是某一行为如果给人带来愉快和满足,如给予食物、金钱、赞誉和关爱等,人就会倾向于重复该行为;另一个层面是某一行为如果能减少和消除人的不快和厌恶,如减少噪声、严寒、酷热、电击和责骂等,人也会倾向于重复该行为。

2)负强化。对负强化物的效用也可以从两个层面来理解。负强化物包括惩罚性强化物和消退性强化物。惩罚性强化物是指会给人带来不快的东西,能使人的行为倾向减弱;消退性强化物是指减少或取消令人愉快的东西,也能使人倾向于终止或避免重复该行为。

对正强化物与负强化物的区分,不能想当然,要以其效果来确定。对销售人员而言,正强化就是奖励那些组织所需要的行为,从而加强这种行为,具体方法包括发放奖金、表扬、晋升、改善工作条件等;负强化就是惩罚那些组织禁止的行为,从而削弱这种行为,具体方法包括降低福利、批评、处分、降级等。

8.4 销售人员的激励方法和销售竞赛

管理者要开发市场,首先要开发销售人员。对销售人员有效的激励方式,在于对销售人员的了解;管理者在了解顾客需求之前,要先了解销售人员的需求,这是公司销售成功的前提条件。

8.4.1 销售人员的激励方式

1. 物质激励

物质激励是指对做出优异成绩的销售人员给予奖金、奖品和额外报酬等实际利益,以此来调动销售人员积极性的激励方式,是一种正强化。物质激励的重要性是显而易见的,物质是人类生存的基础,衣、食、住、行是人类最基本的物质需要,从这层意义上来说,物质利益对人类极为重要。因此,物质激励是激发销售人员动机、调动其积极性的重要手段,是企业广泛运用的一种激励方式。然而,物质激励也存在一些缺陷,往往达不到长效激励的效果。

2. 精神激励

精神激励是指对做出优异成绩的销售人员给予表扬、颁发奖状、授予称号、发放象征荣誉的奖品和奖章等，以此来激励销售人员继续努力工作。精神激励相对于物质激励是较高层次的激励，也就是说，当销售人员的物质需要被满足之后，精神方面的需要就变为主导需要，如自尊、成就、荣誉、受人尊敬的需要将变得较为强烈，此时精神激励是促使销售人员上进的最为有效的手段。对大多数销售人员而言，精神激励也是必不可少的，尤其是对那些学历较高的年轻销售人员更为有效。

3. 目标激励

目标激励是指为销售人员确定一些拟达到的销售目标，并根据目标的完成情况来激励销售人员的一种方式。这些目标如销售额、利润、访问客户数量、开发新客户数量等，其中销售额较为普遍。实践证明，销售人员对销售定额的反应不是一致的：有些销售人员受到激励，因而发挥出最大的潜力；有些销售人员没有受到激励，甚至由于没有完成销售定额而感到气馁，自信心受到打击。因此，销售主管在制定销售定额时需要注意销售人员的个体差异，考虑其所在地区的销售潜力等。一般来讲，优秀的销售人员对于科学合理的销售定额会做出积极的反应，特别是当年终报酬水平与销售定额挂钩时，激励作用更大。

4. 环境激励

环境激励是指企业创造一个良好的工作氛围，使销售人员能够心情愉快地开展工作。不同的企业对销售人员的重视程度有很大的不同。有的企业只是把销售人员看作临时员工，很少考虑销售人员的工作环境；有的企业则认识到销售人员对于企业的意义所在，想方设法给销售人员创造有利的环境。企业可以通过如下方式实现环境对销售人员的激励作用：美化工作环境，消除不利于健康的因素，给销售人员提供一个舒畅的、健康的环境；定期地召开销售会议和一些非正式会议，为销售人员提供社交的场所，增加他们与公司领导交谈的机会，给他们提供在更大范围内结交朋友、交流感情的机会等。通过以上方式，一方面可以满足销售人员社交、感情、自尊方面的需要；另一方面，良好的环境可以形成一定的竞争压力和规范，推动销售人员努力工作，形成良性竞争的环境。好的环境氛围不但有利于销售人员个人成长，而且有利于销售队伍建设，提高销售团队的凝聚力。

5. 培训激励

培训是企业发展的新动力，然而有些管理者错误地认为"培训是可有可无的事情，企业这么多年来也没有进行培训，还不是一样照常运转"。这种观念实在是可怕，当前市场竞争的关键是人才竞争，而人才的价值在于其积极的态度、卓越的技能和广博的知识。由于知识爆炸和科技高速发展，每个人的知识和技能都在快速老化，面对社会环境以及市场的快速变化，企业中销售人员素质的提高也就尤为重要。目前，管理理论家和实践家一致认为培训是一种投资，高质量的培训是一种投资回报率很高的投资。如今，销售人员身在一个市场变化迅速、商品更新换代极快的时代，随着时间的推移，销售人员的销售能力会下降，知识结构会逐渐老化。因此，企业应该重视对销售人员的培训，建立一套完整的培训体系。这样不仅能够满足销售人员求知、求发展的需要，更新其知识结构，而且也会使销售人员在激烈的竞争压力之余感受到企业的关心与爱护，受到精神激励，从而始终保持高昂的斗志。

6. 工作激励

薪水和奖金的激励固然重要，但是工作本身带给员工的乐趣和成就感对员工的激励作用更大。日本著名企业家稻山嘉宽说过"工作的报酬就是工作本身",这句话深刻地道出了工作的完整性、丰富化这种内在激励的无比重要性。当前企业员工在解决了温饱问题之后,更加关注工作本身是否具有吸引力——工作内容是否有挑战性,能否显示成就,能否发挥个人潜力,能否实现自我价值。因此,工作本身可以看作一种自我实现需要,能够极大地激励销售人员。

7. 企业文化激励

企业文化激励是指利用企业文化来激发员工动机与潜在能力,属于一种精神激励。企业文化是一个企业中由其价值观、信念、仪式、符号、处事方式等组成的特有文化形象,简单而言,就是企业在日常运行中所表现出的各方面。具体而言,企业文化能够满足销售人员的精神需要,调动销售人员的精神力量,使他们产生归属感、自尊感和成就感,从而充分发挥他们的巨大潜力。一旦销售人员对企业文化产生强烈的共鸣,那么企业文化的激励作用就具有了持久性。

8. 授权激励

对于较为成熟的销售人员,给予他们一定范围的决策权力,既可以充分发挥人才优势,又能够激发被授权人的责任感。如某企业赋予项目销售经理对一个项目的全部指挥权、用人权、财权和奖励分配权。这一机制能够极大地激发企业销售经理的创新能力和责任心,营造出"每季度产销量、企业效益"持续快速增长的鲜活局面。

8.4.2 销售竞赛

1. 销售竞赛的概念

销售竞赛是一种有效的激励方法。销售竞赛的目的是在一个时期内通过比赛的方式提高销售量和利润。竞赛的项目可以包含所有产品线,可以在销售延缓的时间内刺激业绩,或是针对某一特定地区开展竞赛。销售竞赛可以持续数周或几个月。激励的方式可以多种多样,包括商品、奖金、奖章、旅游等。这是提高士气的好方法——销售人员觉得通过他们的努力可以赚些额外的东西。获得的奖励也是对销售人员工作成绩的认可,同时有助于内部竞争。

2. 销售竞赛设置的原则

销售竞赛要达到其目的和实现其意义,就必须遵循以下原则:

1)奖励设置面要宽,目标不宜过高。这样可以使大多数销售人员通过努力达到目标,从而获得奖励。如果设置面太窄,并且目标过高,就会影响竞赛的参与程度,挫伤业绩中下水平的销售人员的积极性。

2)销售竞赛要和年度销售计划相结合,从而促进企业整体销售目标顺利完成。由于销售竞赛一般是在一个较短的时间内举办的,所以一定要保证这种短期的目标和长期的年度计划的一致性。

3)超过一周的竞赛,至少要保证相当一部分人能够取得好成绩,否则会打击他们的自信心;同时,在各个奖励之间拉开档次,使表现不同的人得到不同档次的奖励,既能保证优秀者受到激励,又能调动大部分销售人员的积极性。

4)赛前建立一套具体的、透明的奖励标准,保证所有销售人员能够正确地理解奖励标准,赛后严格按照实际业绩实施奖励,杜绝不公平现象出现。

5）竞赛的内容、规则、实施办法、奖励标准等要尽量简单明了、通俗易懂。

6）赛前要组成专门负责销售竞赛的小组，做好竞赛活动的宣传、实施各项活动；同时要以海报、快讯报道等形式对赛事的情况进行及时的跟踪报道，在使参赛者明白自己所处位置的同时，渲染竞赛的激烈气氛，促进内部竞争。

7）奖励的方式和内容应该是销售人员想得到但又不舍得自己花钱买的物品或服务，不能局限于金钱物质的奖励，可以给获胜者多个选择，比如奖励全家旅行，这样才能真正地调动他们的积极性。不能只给获胜者几句口头表扬或者光荣称号。

8）竞赛结束后，马上组织评选，并举办一个特别的典礼用来宣布结果、颁发奖励。除颁奖外，在典礼上组织一些员工互动，让员工参与进来，这样可以鼓舞员工的士气，提高竞赛的参与度。

3. 竞赛目标的设定

不管企业举行销售竞赛的目标有几个或者预期达到什么样的效果，在制定销售竞赛的各种规则、标准及奖励方式之前都首先应该确立竞赛的目标，然后在确定规则、标准及奖励方式时以目标为依据，如果偏离或迷失目标，竞赛就完全没有了意义。

根据企业的实际经验，一般可以设置一些竞赛目标及奖励方式，比如提高销售业绩奖、开发客户奖、新人奖、市场情报奖、最佳服务奖等。事实上，竞赛的目标及方式有几十种，具体如何运用，销售主管应该根据企业产品的情况、人员的心态及预算的多少，来巧妙地组合运用。

4. 销售竞赛的实施

销售竞赛的实施包括对竞赛主题、规则及注意事项、参赛对象及入围标准的设置，时段时机的选择，乃至奖励方式和奖品的选定等。

（1）竞赛主题。任何竞赛都必须设定一个主题，也就是一句标语，可以为销售竞赛渲染气氛、制造声势，如为了促进周末假日的销售增长，其主题可以是"周末大决赛"或"假期对抗赛"；为鼓励新人的新星奖、新秀奖、南北对抗赛等等。

（2）参赛对象。在实施竞赛激励计划时，应当规定资格限制，即哪些人可以参加比赛。

（3）入围和获奖标准。获奖或入围的标准是个人业绩总额累计或个人业绩增长比率，还是团体业绩总额？销售人员的基准是否一致？入围标准是否所有人都能达到？有无必要考虑特殊情况？仅取前几名还是凡达到标准的都给予奖励？

（4）竞赛办法。制定详细的竞赛规则并加以解释或说明。

（5）评审过程。相关主管要对竞赛的全过程进行追踪记录，评审时要力求及时、公平、合理，防止漏洞和虚假现象的出现。

（6）奖品的选择和设定。奖品的内容可以有上千种，但最重要的是要能够吸引销售人员，也就是能满足其需要和喜好，这样才能对其产生激励的效果。目前较常使用的奖品有奖金、奖杯、奖章，还有购物券、汽车、计算机、国内外旅游等。

课程思政

【思政元素】幸福都是奋斗出来的

"幸福都是奋斗出来的",这是习近平同志在2018年新年贺词中提到的。奋斗本身就是一种幸福。只有奋斗的人生才称得上幸福的人生。

【知识元素】精神激励

【思政元素与知识元素的融合】

精神激励是指对做出优异成绩的销售人员给予表扬、颁发奖状、授予称号、发放象征荣誉的奖品和奖章等,以此来激励销售人员继续努力工作。真正的幸福感一定来源于精神,精神激励能够提升幸福感,幸福都是奋斗出来的,奋斗本身就是一种幸福。企业应激励销售人员从努力中获得幸福,在努力的过程中享受幸福。

本章小结

销售薪酬是指销售人员通过在某组织中从事销售工作而取得的利益回报,包括基本工资、津贴、佣金、福利、保险和奖金。

销售薪酬的作用:激励员工,保证企业营销目标顺利实现;保证销售人员利益的实现;简化销售管理。

薪酬管理的设计原则:销售人员薪酬公平性原则;销售人员薪酬竞争性原则;销售人员薪酬激励性原则;销售人员薪酬合法性原则。

销售薪酬的类型:纯粹薪水制度;纯粹佣金制度;薪水加佣金制度;薪水加奖金制度;薪水加佣金再加奖金制度;特别奖励制度。

激励就是组织通过设计适当的外部薪酬形式和工作环境,以一定的行为规范和惩罚性措施,借助信息沟通,来激发、引导、保持和规范组织成员的行为,从而有效地实现组织及个人目标的过程。

激励的理论:内容激励理论;过程激励理论。

销售人员的激励方式:物质激励;精神激励;目标激励;环境激励;培训激励;工作激励;企业文化激励;授权激励。

复习思考题

1. 简述销售薪酬的内涵及作用。
2. 薪酬管理的设计原则有哪些?
3. 简述销售薪酬的类型。
4. 简述激励的概念及其理论。
5. 销售人员的激励方法有哪些?
6. 简述销售竞赛的概念及其设置原则。

案例分析

小白在大学时代所学专业是日语,不知何故,毕业后被一家中日合资公司招为销售员。他对这个岗位挺满意,不仅工资高,而且这个公司给销售员发的是固定工资,而没有采用佣金制。这样他就不用担心自己没受过销售方面的专业训练，若拿佣金，一定比不过别人。

刚上岗位的头两年，小白虽然兢兢业业，但销售成绩一般。可是随着他对业务的逐渐熟练，又跟那些零售商客户们搞熟了，他的销售额渐渐上升。到第三年年底，他觉得自己已算是全公司几十名销售员中前20名之列了。不过公司的政策是不公布每人的销售额，也不鼓励互相比较，所以他还不能很有把握地说自己一定如此。

去年，小白干得特别出色。尽管定额比前年提高了25%，可到了9月初他就完成了全年销售定额。10月中旬时，日方销售经理召他去汇报工作。听完他用日语做的汇报后，那位经理对他说："咱公司要有几个像你一样棒的推销明星就好了。"小白只微微一笑，没说什么，不过他心中思忖，这不就意味着承认他在销售员队伍中出类拔萃、独占鳌头么？

今年，公司又把他的定额提高了25%。尽管一开始不如去年顺手，但他仍然一马当先，比预计干得要好。他根据经验估计，10月中旬前准能完成自己的定额。不过他觉得自己心情不舒畅。最令他烦恼的事，也许莫过于公司不告诉大家干得好坏。他听说本市另两家中美合资的化妆品制造企业都搞销售竞赛和奖励活动，其中一家是总经理亲自请最佳销售员到大酒店吃一顿饭，而且人家还有内部发行的公司通讯之类的小报，让人人都知道每人的销售情况，还表扬每季和年度的最佳销售员。想到自己公司这套做法，他就特别恼火。其实，在开头他干得不怎么样时，他并不太关心排名，如今却觉得这对他越来越重要了。不仅如此，他开始觉得公司对销售员实行固定工资制是不公平的，应该按劳付酬。

上星期，他主动找了那位日本经理，谈了他的想法，建议改行佣金制，至少实行按成绩给予奖励的制度。不料那位日本经理说这是既定政策，母公司一贯如此，这正是本公司的文化特色，拒绝了他的建议。昨天，令公司领导吃惊的是，小白辞职了，听说他被挖到另一家竞争对手那儿去了。

（资料来源：https://ishare.iask.sina.com.cn/f/349sBOOmT8h.html.）

案例讨论：

1. 用你所学的知识，全面分析小白为什么跳槽？
2. 试为该合资公司的销售人员设计具有激励性的报酬方案。

第9章

销售人员的绩效考核

> 将者，智、信、仁、勇、严也。
> ——《孙子兵法·计篇》

学习目标

1. 了解销售人员绩效考核的作用及其原则
2. 了解销售人员绩效考核的程序
3. 掌握销售人员绩效考核的方法
4. 掌握平衡计分卡的内容
5. 知道360°绩效考核方法的优缺点

引入案例

销售人员绩效考核怎么做？

A公司成立于20世纪50年代初，目前公司有员工1000人左右。总公司本身没有业务部门，只设一些职能部门；总公司下有若干子公司，分别从事不同的业务。绩效考评工作是公司重点投入的一项工作，公司的高层领导非常重视。人事部具体负责绩效考评制度的制定和实施。人事部在原有绩效考评制度基础上制定出了《中层干部考评办法》。在每年年底正式进行考评之前，人事部会出台当年的具体考评方案，以使考评达到可操作的程度。公司的高层领导与相关职能部门人员组成考评小组。考评的方式和程序通常包括：被考评者填写述职报告；在自己单位内召开的全体员工大会上述职；民意测评（范围涵盖全体员工）；向科级干部甚至全体员工征求意见（访谈）；考评小组汇总并写出评价意见，征求主管副总经理的意见后报公司总经理。

考评的内容主要包含三个方面：被考评单位的经营管理情况，包括该单位的财务情况、经营情况；管理目标的实现等方面；被考评者的德、能、勤、绩及管理工作情况；下一步工作打算，重点努力的方向。具体的考评细目侧重于经营指标的完成、政治思想品德，对于能力的定义则比较抽象。各业务部门（子公司）都在年初与总公司就自己部门的任务指标进行了"讨价还价"。

对中层干部的考评完成后，公司领导在年终总结会上进行说明，并将具体情况反馈给个人。尽管考评方案中明确说考评与人事的升迁、工资的升降等方面挂钩，但最后的结果总是不了了之，没有任何下文。对于一般员工的考评则由各部门领导掌握。子公司的领导对下属业务人员的考评通常是从经营指标的完成情况来进行的。对于非业务人员的考评，无论是总公司还是子公司，均由各部门的领导自由进行。被考评人很难从主管处获得对自己业绩评估的反馈，只有到了年度奖金分配时，部门领导才会给下属一次简单的反馈。

（**资料来源**：原创力，A公司的绩效考核。）

9.1 销售人员绩效考核概述

世界经济一体化的加速发展与我国经济飞速进步的经济格局已经形成，我国企业面临的竞争日益激烈，企业的人力资源正在经受最严峻的考验，尤其是处于市场最前线的销售人员的管理以及绩效管理，比以往任何时期都面临更高标准、更高水平的要求。绩效考核是增强组织人力资源竞争力的关键，因而对销售人员的绩效考核也就成为销售管理的基础和重点。

9.1.1 销售人员绩效考核的作用

1. 可以作为改进工作的基础，能体现销售人员工作的优缺点

绩效考核可以体现出销售人员工作的优点，有利于增强销售人员的工作满足感和胜任感，使销售人员对工作充满热情。绩效考核也可以体现出销售人员工作的缺点，有利于销售人员在今后的工作中加以改进。

2. 可以作为销售人员升迁调遣的依据

管理者依据绩效考核的结果，安排员工升迁调遣，以求达到员工与职位完美匹配的状态。不过，绩效考核要作为升迁调遣的依据时，要先对销售人员将要调升的职务做预先考核，以便销售人员升迁后仍能与工作相匹配。同时，绩效考核还可以作为选用和淘汰销售人员的参考，作为人事研究的重要基础。

3. 可以作为确定研究发展指标的依据

通过绩效考核，发现销售人员技能方面的不足，以此制订未来研究发展的计划，并在此过程中随时根据绩效考核的结果修正或补充。

4. 可以作为调整薪资的重要依据

根据绩效考核的结果制定调整薪资的标准，分别调整优良绩效、中等绩效或缺乏绩效的销售人员的薪金的幅度。通常，绩效考核都会作为企业核定薪资的参考因素之一。

5. 可以作为教育培训的参考

把绩效考核的结果应用于教育培训：一方面通过评估，了解销售人员在技能和知识等方面的缺陷，作为参考制订销售人员的再教育计划；另一方面则在一定程度上帮助销售人员了解自己的缺点，使他们愿意接受在职培训或职外培训。

6. 可以作为奖惩和反馈的基础

企业可以根据绩效考核结果，制定赏罚标准，对绩效好的销售人员给予奖赏，对绩效不

好的给予惩罚。同时，销售人员还能由此了解企业绩效考核的标准，做出适时的反馈。

9.1.2　销售人员绩效考核的基本原则

在建立绩效考核体系和实施绩效考核时，必须遵循绩效考核的基本原则。这些基本原则既是建立绩效考核体系的重要理论依据，又是良好的、行之有效的绩效考核体系应该满足的基本条件。

1. 实事求是原则

实事求是原则要求考核的标准、数据的记录等建立在客观实际的基础上。绩效考核贯穿于销售管理过程的始终，考核标准是评价销售绩效的基本依据。客观、充分、完整、准确、有效的信息，才能全面、准确地反映实际状况，客观地反映销售工作实际。应科学地处理各类数据，作为绩效考核的依据，以得出正确的考核结论。

2. 明确公开原则

绩效考核目标、考核标准、考核程序以及考核结果等应对全体员工公开。这样做：一方面，可以使被考核者了解自己的优点和缺点，从而使考核成绩好的人再接再厉，继续保持一种向上的信念，也可以使那些考核成绩不好的人看清问题和差距，找到努力的目标和方向，激发出进一步改进工作、提高自身素质的积极性；另一方面，有助于消除被考核者对绩效考核工作的疑问，提高绩效考核结果的可信度，从而保证考核的公正和合理。明确公开原则提高了绩效考核工作的透明度，也增强了人力资源部门的责任感，促使他们不断改进和提高工作质量。

3. 可行性与实用性原则

在进行绩效考核时，应考虑可行性与实用性。任何一次测评所需时间、人力、物力、财力都要为参与考核各方的客观环境所允许；同时应该考虑和绩效标准相关的资料，其来源是否可靠，分析潜在的问题，预测可能发生的问题、困难和障碍，准备应变措施；另外，还应该考虑绩效考核的手段是否有助于企业目标的实现，考核的方法和手段是否和相应的岗位、考核的目的相适应。

4. 定性与定量相结合原则

在绩效考核的过程中，定性考核是一种概括性比较强的考核，主要反映销售人员的整体品质与特点，定量考核则比较清楚地反映员工完成工作任务的实际状况。精确的定量考核与概括的定性考核相结合有利于得出准确、全面的结论，有利于对销售人员的绩效做出客观、有效的考核。

5. 多层次、多渠道和全方位原则

企业在对销售人员进行绩效考核时，要真正做到科学评价是非常困难的——员工在不同时间、不同场合可能会有不同的行为表现。因此，人力资源部门在进行绩效考核时，应多方收集信息，建立起多层次、多渠道和全方位的考核体系，应将上级考核、同级评定、下级评议及员工自评等几个方面结合起来，这样才能保证考核工作的客观、公正。

6. 定期化与制度化原则

企业生产经营活动是连续的过程，销售人员的工作也是持续不断的行为，销售人员绩效

考核既是对其过去和现在工作能力、绩效、态度的考量，也是对其未来行为的预测。因此，销售人员绩效考核工作必须作为一项定期化、制度化的工作来抓，这样才能最大限度地发挥绩效考核的各项功能，才能全面了解销售人员的潜能，从而调动和保持销售人员的工作积极性，及时发现管理中的问题，促进企业的发展。

7. 注重反馈原则

注重反馈原则既反映在绩效标准和目标制定过程中，也反映在绩效考核结束后。绩效标准和目标的制定需要管理者与销售人员共同参与，达成共识。在考核结束后，应当将考核结果反馈给被考核者本人，要向被考核者说明和解释考核的相关事项，肯定成绩和进步，指出不足，提供今后努力的方向。在对考核结果有不同意见时，被考核的销售人员有可以向上层申述的通道。不论是将结果用于薪酬分配、职位变动，还是用于职业生涯发展，都应与销售人员进行明确的沟通。

9.1.3 销售人员绩效考核的内容

1. 传统的绩效考核内容

1979 年 11 月 21 日《中共中央组织部关于实行干部考核制度的意见》中指出："干部考核的标准和内容，要坚持德才兼备的原则，按照各类干部胜任现职所应具备的条件，从德、能、勤、绩四个方面进行考核。这也成为企业员工绩效考核的内容。

（1）德。德是指人的精神境界、道德品质和思想追求的综合体现。德决定个体行为的方向（为什么而做）、行为的强弱（努力程度）、行为的方式（采取何种手段达到目的）。德的标准不是抽象、一成不变的，不同时代、行业、层次对德有不同的标准。

（2）能。能是指人的能力素质，即个体认识世界和改造世界的能力。当然，能力不是静态、孤立存在的。因此，对能力的评价应在素质考查的基础上，结合其在实际工作中的具体表现来判断。能一般包括动手操作能力、认识能力、思维能力、表达能力、研究能力、组织指挥能力、协调能力和决策能力等。对不同的职位，能在评价过程中应各有侧重，区别对待。

（3）勤。勤是指一种工作态度，主要体现在员工日常工作表现上，如工作的积极性、主动性、创造性、努力程度以及出勤率。对勤的评价不仅要有对量的衡量，如出勤率，也要有对质的评价，即是否积极、主动地投入工作。

（4）绩。绩是指员工的工作业绩，包括完成的工作数量、质量和经济效益等。在企业中，岗位不同责任不同，其工作业绩的评价也各有侧重点。对绩的考核是对员工绩效评价的核心。

确定"德、能、勤、绩"的考核内容对于建立科学的销售人员考核体系无疑有重要作用。然而对于竞争日益激烈的市场经济中的企业而言，传统考核体系存在诸多不足，显得过于陈旧，无法有效适应企业参与市场竞争的需要。

2. 现代的绩效考核内容

根据现代心理学与组织行为学的研究成果，决定销售人员绩效的因素可归结为工作业绩、工作能力和工作态度三个方面。某酒店销售人员绩效考核体系如图 9-1 所示。

（1）工作业绩。工作业绩指销售人员的工作效率与效果，主要包括员工完成工作的数量、质量、成本费用，以及在本职工作中改进与提高的情况等。工作业绩是公司对销售人员的最终期望，是销售人员绩效考核中最重要的部分。对销售人员工作业绩进行考核，是指用计划目标水平（任务标准）去衡量销售人员在预定期限内的任务完成情况。该项考核的重点在于产出和贡献，而不关心行为和过程。

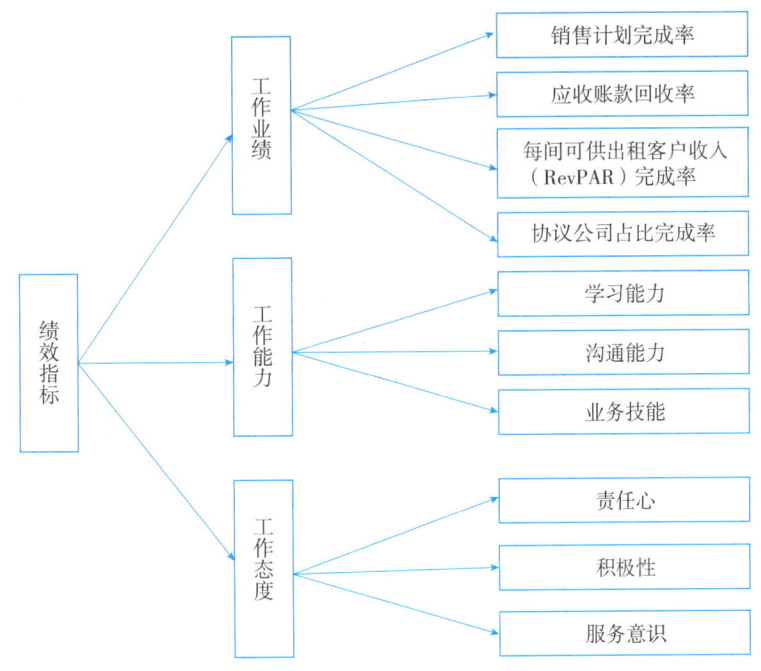

图 9-1　某酒店销售人员绩效考核体系

（2）工作能力。工作能力是指对一个人担任某一职位的一种标准化要求，是一种潜在的行为，并由员工的素质来体现。由于它一般只能通过结果来间接体现，所以对工作能力的考核要制定有效的衡量标准。考核员工的工作能力，既可以使员工了解自身存在的不足，不断改进，也可以使企业领导了解本企业整体的人力资源状况，借此制订培训计划等。对销售人员工作能力的考核指标主要有创新力、应变力、执行力、判断力、协调力和理解力等。

（3）工作态度。在绩效考核中，不能把工作能力和工作业绩两者等同起来。在企业中经常可以发现有的销售人员能力很强，但出工不出力，工作业绩很差，而有的销售人员能力不强，却兢兢业业，工作业绩较好。两者不同的工作态度，就产生了截然不同的工作业绩。这与能力无关，与工作态度有关，态度是工作能力向工作业绩转化的催化剂。

绩效考核正是通过销售人员的工作业绩，去观察、分析他们的工作能力和工作态度，从而有针对性地采取措施，使他们改善工作态度，提高工作效率和个人绩效，最终达到提高整个组织绩效的目的。

9.1.4　销售人员绩效考核的类型

根据考核的内容，销售人员绩效考核主要分为如下四种类型：

1. 综合型考核

这种考核是对一个销售人员所作所为的整体评价与鉴定。它不以职务分析为基础，也可以不再划分为若干维度（方面），而仅做粗线条的、概括性的、定性的描述，往往涉及被考核者的道德品质、作风、基本能力等，可能完全与工作中的具体表现、成绩无关。

2. 品质基础型考核

这种考核假定特定的品质能够导致相应的绩效，通过对被考核者特定品质的考核来进行绩效考核。它首先要识别所要考核的品质，通过这些品质的状况来对工作绩效做出判断。它比综合型考核要细致些，通常要做维度分解，从各个不同的维度分别进行评价。考核的内容仍是那些较抽象的人的基本品质，如忠诚、可靠、主动、有创造性、较有自信、愿与他人合作等。这种考核简便，但难以掌握，操作性和有效程度较差，不具体，不精确，且往往与具体工作行为和效果无直接联系。这种考核适合对销售人员工作潜力、工作精神及人际沟通能力等的考核。

3. 行为基础型考核

这种考核假定特定的行为能够导致相应的绩效，以被考核者所表现的行为为基础，根据行为的频率和程度来确定考核结果。它非常细微，不但是多维的，而且每个维度都设计了标准的尺度以供定量测定。尺度（也称量表）中的标尺刻度，若仅用1、2、3、4、5等数字标定，则在测评中仍无从下手。若各刻度用词语来标定，如优、良、一般等，虽然相较于单纯数字标定在可操作性上有了一定改进，但仍欠具体，主观判定成分大，信度较低。较为可取的办法是以一些具体、可测量的行为来标定，即把对一定行为的描述语和某一刻度联系起来，使考核更具可操作性。这种考核较适合绩效难以量化的考核。

4. 效果基础型考核

这种考核假定所获得的工作结果等同于工作绩效，通过对被考核者所取得的工作结果的考核来进行绩效考核。它着眼于"干出了什么"，而不是"干什么"。这类考核虽然也是多维的，但考核重在产出和贡献，而非行为与活动。由于考核的是工作业绩，而不是工作过程，所以考核的标准容易制定，并且考核也易操作。但由于只评测结果，不问过程，所以考核的维度通常具有短期性和表面性。这种考核适合对一线员工的考核，尤其是从事具体生产操作、体力劳动的岗位。

9.2 销售人员绩效考核的程序

销售人员绩效考核工作大致要经历制订绩效考核计划、确定考核标准和方法、实施绩效考核、绩效考核的分析评价、绩效考核反馈、绩效考核结果运用六个阶段。

9.2.1 制订绩效考核计划

为了保证销售人员绩效考核顺利进行，必须事先制订计划，在明确评价目的的前提下，根据目的的要求选择考核的对象、内容、时间。

不同的考核目的，其考核的对象也不一样。如以销售人员晋升职务为考核目的，只需考查和评价具有晋升资格的那部分销售人员；以加薪或评先进为考核目的，其考核对象就应包括全体销售人员。

不同的考核目的、对象，其重点考查的内容也不一样。如以发奖金为考核目的，以全体销售人员为对象，则应以销售人员工作成绩为重点考查内容。

不同的考核目的、对象、内容，其评价时间会有所差别。如一个人的思想品质在一段时间内是比较稳定的，其考查时间可以长一些，一般是一年一次；对于直接从事销售活动的员工，其工作业绩变化可能很快，因此考查时间应短一些，可以按月考查。

9.2.2 确定考核标准和方法

1. 考核的标准

绩效考核标准是指对销售人员绩效进行考核的尺度。考核标准可分为绝对标准和相对标准两类。

（1）绝对标准。绝对标准如出勤率达到96%，文化程度达到大学本科等。这种标准是以某种客观现实为依据的，不以被考核者或考核者的个人意志为转移，有较强的客观性。

绝对标准又可分为业绩标准、行为标准和任职资格标准三大类。①业绩标准，如对销售人员的销售定额要求；②行为标准，如上班时间不准看报纸，不准扎堆闲聊，不准在办公室吸烟，不得在工作场所喧哗、打闹等；③任职资格标准，如要求销售人员具有两年以上的销售工作经验等。

（2）相对标准。将销售人员之间的绩效表现相互比较，也就是以相互比较来评定个人工作的好坏，此时每个人既是被比较的对象，又是比较的尺度，因而标准在不同的被考核群体中往往存在差别。

2. 编制考核标准的原则

绩效考核标准对于一定时期内销售人员的努力方向和积极性有重要影响，因此应慎重对待销售人员绩效考核标准编制工作。在编制绩效考核标准时应遵循以下几项原则：

（1）绩效考核标准定量要准确。考核标准能用数量表示时，应尽量用数量表示。同时，标准的定量必须准确。定量准确包括三个方面：①各标准的起止水平应是合理的；②各标准的含义、相互间的差别应是明确合理的，评分应是等距的；③选择的等级档次数量要合理。

（2）绩效考核标准内容要科学合理。所谓科学是指考核标准要反映企业的技术水平、管理水平。所谓合理是指考核标准不能太严，也不能太松，既不能使员工的考核分数都较低，也不能使员工的每项指标都达到满分。一般应以多数员工都能达到的水平为考核的及格分。

（3）绩效考核标准的文字应简洁、通俗。在绩效考核标准中，应尽量使用人们常用的大众化语言和词汇，表达力求简明扼要，专业术语及模棱两可的词句尽量不用，以减少因不同考核者对词汇概念理解的不同而产生的评定差异。

3. 考核方法

在确定考核目标、对象、标准以后，就要选择相应的考核方法。需要注意的是，绩效考核的方法很多，每种方法都有自己的特点，在实际工作中应根据具体的考核要求，有针对性地加以选择。

9.2.3 实施绩效考核

1. 收集信息

收集信息主要是指在一次评估至另一次评估的间隔期内观察销售人员的行为表现（包括组织内外人员的观察），选择描述销售人员成果的各种数据，通常可以通过下述渠道获得信息：

（1）销售记录。通过研究分析销售记录、销售订单、会计记录、销售发票，很容易得到销售人员业绩相关的数据，如销售额、毛利、订单数及订单规模、销售费用等。

（2）销售人员。销售人员的销售日志是其工作过程的比较完整的记录，从中可以比较全面地掌握销售人员所做的工作。销售人员所提交的专题报告也是较好的信息来源。

（3）销售经理。销售经理通常与销售人员接触较多，在共同出差和接触顾客时可以掌握许多第一手资料。

（4）客户。客户的投诉和表彰材料都是评估销售人员绩效的信息，企业也可以设计专门征询客户意见的表格，设法获得销售人员工作情况的信息。

对从不同渠道收集到的信息，应进行必要的分析，以保证其客观性。

2. 设定绩效考核的间隔时间

设定绩效考核的间隔时间对评估操作过程来说是必不可少的一环。设定的间隔时间因工作情况的差异而不同，应讲求科学性、合理性。若时间间隔太短，则需投入大量的人力、物力、财力，成本太高；若间隔时间太长，一则失去了绩效考核对销售人员工作的检查监督作用，二则不能使销售人员对自己的工作及时获得反馈信息，不能尽快修正不足，提高绩效。常规的销售人员绩效考核时间间隔为6个月或1年，对于团队销售则可以将项目周期作为间隔时间，或在期中或期末进行两次评估。

3. 多方位绩效考核

可以选择多方位的绩效考核，即选择上司、同事、本人、顾客对销售人员开展考核。多方位可以避免单方位考核的主观武断，可以增强绩效考核的可信度和有效度。

9.2.4 绩效考核的分析评价

绩效考核的分析评价是一个由定性到定量的过程，包括：

1. 评定等级

对员工每一个考核项目评定等级，如工作业绩、态度等。一般可分为3～5级，如可分为好、中、差，也可分为优、良、合格、稍差、不合格。

2. 量化考核项目

为了将不同性质的考核项目结果综合，就必须分别对各个项目予以量化，即赋予不同评价等级以不同分数值，用以反映实际特征。以好、中、差等级为例，可以把"好"定为10分，"中"定为6分，"差"定为3分。

3. 计分评定

在考核过程中，要对每一个员工的每一个考核项目进行评定打分，然后还要做出综合评定。在进行综合评定时，有两种情况要区别对待。

（1）对同一项目的不同考核结果加以综合。有时同一项目由若干人对某一员工同时进行考核，但得出的结果不一定相同，为综合这些考核结果，可采用算术平均法或加权平均法。

（2）对不同项目的考核结果加以综合。在考核时，往往需要从总体上对某一员工进行评价，需要将其知识、判断能力、社会交际能力等综合起来考核，而这些项目受考核目的、被考核人具体职务的影响,同一项目在整个评价体系中的地位是不同的,因此,必须对各个项目分配合适的权重。

仍以好、中、差为例,假设三个考核者对某员工工作能力的考核结果分别为"好"(10分)、"中"(6分)和"差"(3分)。如采用算术平均法,该员工的工作能力应为"中"(6.3分)。如果考核者分别是其主管、同事和下属,考核结果的重要程度不同,则可以通过赋予他们不同的权重。如果主管的意见最重要,则可定为50%;同事次之,可定为30%;下属再次之,可定为20%。采用加权平均法计算,10分×50%+6分×30%+3分×20%=7.4分,该员工的工作能力应为"中"。

分析评价是十分复杂的动态过程,其中涉及因素、环节众多,还涉及考核者与被考核者、考核者之间的关系等问题。因此,这一过程的重点工作是要提高分析评价的信度和效度,减少评价误差。

9.2.5 绩效考核反馈

绩效考核反馈是指将考核的结果反馈给被考核者。一般有两种形式:

(1)绩效考核结果认可。考核者将书面的考核结果反馈给被考核者,由被考核者予以同意认可,并签名盖章。如果被考核者有不同意见,可以提出异议,并要求上级主管或人力资源部门裁定。

(2)绩效考核面谈。通过考核者与被考核者之间的谈话,将考核结果反馈给被考核者,征求被考核者的看法。绩效考核面谈记录和绩效考核结果,也需要被考核者签字。

9.2.6 绩效考核结果运用

绩效考核中,考核不是目的,因此要特别注意绩效考核结果的运用。

首先,可以利用向员工反馈考核结果,帮助员工找到问题、明确方向,这对员工改进工作、提高工作绩效会有促进作用。其次,绩效考核结果也为人力资源决策,如任用、晋升、加薪、奖励等提供依据。最后,绩效考核结果还可以用来检查各项管理政策的运用结果,如人员配置、员工培训等方面是否有失误,还存在哪些问题等。

9.3 销售人员绩效考核的方法

绩效考核有很多种方法,有些新的考核方法尚在不断发展之中,就销售人员的绩效考核来讲,较具代表性的方法有以下七种:横向比较法、纵向比较法、尺度考核法、平衡计分卡、目标考核法、360°绩效考核法和关键绩效指标法。

9.3.1 横向比较法

这是一种把各销售人员的销售业绩进行比较和排队的方法。从几个特定的绩效维度(如销售额、销售成本、销售利润、顾客对其服务的满意程度等)分别对销售人员进行评价。进行评价时,员工最终的绩效考核结果取决于它在各个绩效维度上的位置的平均值,用这个位置与其他员工的位置进行比较,从而决定该员工的最终位置。

下面假定以销售额、订单平均批量和每周平均访问次数三个绩效维度,对销售人员小王、小李和小张进行绩效考核,见表9-1。

表 9-1　某公司销售人员绩效考核

维度		销售人员		
		小王	小李	小张
销售额	权重	0.5	0.5	0.5
	目标（万元）	50	40	60
	完成（万元）	45	32	57
	达成率（%）	90	80	95
	绩效水平（权重×达成率）	4.5	4.0	4.75
订单平均批量	权重	0.3	0.3	0.3
	目标（万元）	800	700	600
	完成（万元）	640	630	540
	达成率（%）	80	90	90
	绩效水平（权重×达成率）	2.4	2.7	2.7
每周平均访问次数	权重	0.2	0.2	0.2
	目标（万元）	25	20	30
	完成（万元）	20	17	24
	达成率（%）	80	85	80
	绩效水平（权重×达成率）	1.6	1.7	1.6
绩效合计		8.5	8.4	9.05
综合绩效率（绩效合计/总权重）		85%	84%	90.5%

由于销售额是最主要的因素，所以把权重定为 0.5。另外，订单平均批量和每周平均访问次数的权重分别定为 0.3、0.2。从三个维度分别建立目标，由于存在地区差异，所以每个维度上对不同地区销售人员建立的目标是不一样的。比如销售人员小张的销售额核定为 60 万元，高于销售人员小王的 50 万元和小李的 40 万元，这是考虑到他所在地区的潜在顾客较多、竞争对手较弱而决定的。由于销售人员小王所在地区有大批量的顾客，所以其订单平均批量的目标也相对较高。每个销售人员每个维度上目标的达成率等于他所完成的工作量与目标的比率，将达成率与权重相乘就可以得出各个销售人员的绩效水平，三个维度的绩效水平相加得到绩效合计，绩效合计除以总权重就得到综合绩效。可以看出，销售人员小王、小李和小张的综合绩效分别为 85%、84% 和 90.5%，销售人员小张的综合绩效最好。

9.3.2　纵向比较法

这是将同一销售人员现在和过去的工作实绩进行比较，包括对销售额、毛利、销售费用、新增顾客数、流失顾客数、每个顾客平均销售额、每个顾客平均毛利等指标进行分析的方法。例如，销售人员 R 的绩效考核结果见表 9-2。销售经理可以从表 9-2 中了解到有关销售人员 R 的许多情况。R 的销售总额每年都在增长，但并不一定说明 R 的工作有多出色。对不同产品的分析表明，R 销售产品 B 的销售额大于销售产品 A 的销售额，对照 A 和 B 的定额达成率，R 在销售产品 B 上所取得的成绩很可能是以减少产品 A 的销售为代价的。根据毛利可以看出，销售产品 A 的平均毛利要高于产品 B 的，R 可能以牺牲毛利率较高的产品 A 为代价，销售了销量较大、毛利率较低的产品 B。销售人员 R 虽然在 2022 年比 2021 年增加了 8000 元的总销售额，但其销售毛利总额实际上减少了 700 元。

表 9-2 销售人员 R 的绩效考核结果

指标	年份			
	2019	2020	2021	2022
产品A的销售额（元）	376000	378000	410000	395000
产品B的销售额（元）	635000	660000	802000	825000
销售总额（万元）	1011000	1038000	1212000	1220000
产品A的定额达成率（%）	96.0	92.6	88.7	85.2
产品B的定额达成率（%）	118.3	121.4	132.8	130.1
产品A的毛利（元）	75200	75600	82000	79000
产品B的毛利（元）	63500	66000	80200	82500
毛利总额（元）	138700	141600	162200	161500
销售费用（元）	16378	18476	18665	21716
销售费用率（%）	1.62	1.78	1.54	1.78
销售访问次数	1650	1720	1690	1630
每次访问成本（元）	9.93	10.74	11.4	13.32
平均顾客数	161	165	169	176
新增顾客数	16	18	22	27
流失顾客数	12	14	15	17
每个顾客平均销售额（元）	6280	6291	7172	6932
每个顾客平均毛利（元）	861	858	960	918

销售费用率基本得到了控制，但销售费用是不断增长的。销售费用上升的趋势似乎无法以访问次数的增加来说明，因为销售访问次数从 2020 年至 2022 年还有下降的趋势，这可能与新增顾客的成果有关。但是，R 在寻找新顾客时，很可能忽略了现有顾客，这可以从每年流失顾客数的上升趋势中得到说明。最后，每个顾客平均销售额和每个顾客平均毛利要与整个企业的数据进行对比才更有意义。如果 R 的这些数值低于企业的平均数值，也许是他的顾客存在地区差异性，也许是他对每个顾客的访问时间不够。也可以用他的年销售访问次数与企业其他销售人员的平均年销售访问次数相比较，如果他的年销售访问次数比较少，而他所在销售区域的距离与其他销售人员的平均距离并无多大差别，则可能说明他没有在工作日内饱满地工作，或者是他的访问路线计划不周。

9.3.3 尺度考核法

尺度考核法是企业最常用的绩效考核方法之一。这种方法对考核的各个指标都赋予考核尺度，将每个考核指标划分出不同的考核标准，然后根据每个销售人员的表现按标准评分，还可对不同考核指标按重要程度给予不同的权重，最后核算出总的得分。某医药公司销售人员绩效考核表见表 9-3。

表 9-3　某医药公司销售人员绩效考核表

姓名：　　　　　　　　　　　　区域：　　　　　　　　　　　　月份：

考核指标	权重	考核标准	得分标准	得分
回款额	0.4	本地区本月实际回款额	月均回款额 ≥ 400 万元，得满分；月均回款额 ≥ 350 万元，标准分 × 90%；月均回款额 ≥ 300 万元，标准分 × 80%；月均回款额 ≥ 250 万元，标准分 × 70%；月均回款额 ≥ 200 万元，标准分 × 60%；月均回款额 < 200 万元，标准分为 0	
回款完成率	0.3	实际回款/目标回款	标准分 × 回款完成率	
费用率	0.3	预算回款费用率	实际回款费用率/预算回款费用率 > 1，得 0 分；实际回款费用率/预算回款费用率 ≤ 1，得满分	
合计				

9.3.4　平衡计分卡

20 世纪 90 年代初，哈佛商学院的罗伯特·卡普兰（Robert Kaplan）和诺朗诺顿研究所所长大卫·诺顿（David Norton）发展出一种全新的组织绩效管理方法——平衡计分卡。实际上，该方法主要的贡献是打破了只注重财务指标的业绩管理传统。平衡计分卡方法认为，传统的财务会计模式只能衡量过去发生的事情（相对落后的结果因素），但无法评估组织前瞻性的投资（相对领先的驱动因素）。在工业时代，注重财务指标的业绩管理方法还是有效的，但在信息社会里，传统的业绩管理方法并不是全面的、有效的，组织必须通过在客户、供应商、员工、组织流程、技术和革新等方面的投资，获得持续发展的动力。正是基于这样的认识，平衡计分卡方法认为，组织应从四个方面审视自身业绩，即学习与成长、内部运营、顾客、财务，见图 9-2 所示。

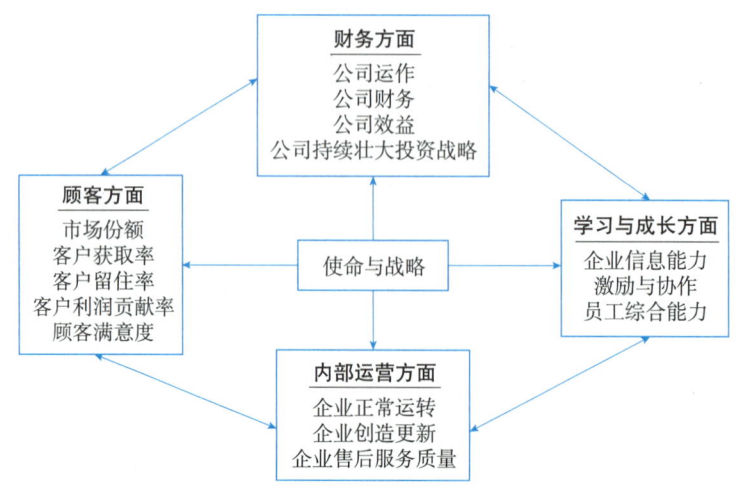

图 9-2　平衡计分卡的四个方面

1. 内部运营方面

管理者需要关注影响客户满意度和企业财务目标的那些内部过程，主要是为了吸引和留住目标客户，满足投资回报要求。企业还需设立衡量指标，细化为三个方面：评价企业正常运转的指标，评价企业创造更新的指标，评价企业售后服务质量的指标。管理者通过这些指标准确定位，精准地了解财务状况，并采取一些行之有效的措施提高企业总体管理水平。通过考核，企业可掌握更加详尽的、细致的各级员工的实际情况，以便进行再改革、再发展。

2. 财务方面

核心指导思想主要体现为以下指标：公司运作指标，公司财务指标，公司效益指标，公司持续壮大投资战略指标，等等。企业合理地做出适合自身发展的前景规划，制定发展过程中一些常见问题的对策时，以财务目标作为最终表现形式，并以此来衡量企业的进展历程与速度。

3. 学习与成长方面

学习与成长方面主要包括以下三个层面的指标：评价企业信息能力的指标，表现在信息系统反应的时间及对事物所做出的灵动性比例，信息反馈中的真实有效比例，实际获得与希望得到的、需要的信息的比例等方面；评价激励与协作的指标，表现在采纳员工意见的总数量和所涉及的方式方法，采纳建议后的成效结果等方面；评价员工综合能力的指标，表现在员工稳定率、工作有效率、对工作的认可和满意程度，以及培训时间、员工知识水平高度等方面。企业要实现长期的发展，必然要提高员工的整体素质，进行员工知识水平、技能水平、组织信息灵动性能等方面的投资。

4. 顾客方面

管理者首先应该对自己的企业准确定位，确立企业将要参与竞争的目标客户群组，并将目标转换成一系列硬性指标，表现为市场份额、客户获取率、客户留住率以及客户利润贡献率、顾客满意度。

利用平衡计分卡对销售人员的绩效进行考核，就是要求从销售人员的学习与成长、销售管理、市场绩效（顾客）、账务绩效等方面进行考核。

【小贴士】

平衡计分卡的研究课题首先是从公司绩效考核开始的。1990年，美国复兴全球战略集团（Nolan-Norton）专门设立了一个为期一年的新的公司绩效考核模式开发项目，Nolan-Norton的执行总裁大卫·诺顿任该项目的项目经理，罗伯特·卡普兰担任学术顾问，参加此次项目开发的还有通用电气、杜邦、惠普等12家著名的公司。项目小组重点对ADI公司的计分卡进行了深入的研究，将其在公司绩效考核方面扩展、深化，并将研究出的成果命名为"平衡计分卡"。该小组的最终研究报告详细地阐述了平衡计分卡对公司绩效考核的重大贡献和意义，并建立了平衡计分卡的四个考核方面：财务、顾客、内部运营、学习与成长。

1992年年初，Kaplan和Norton将平衡计分卡的研究结果在《哈佛商业评论》上进行了总结，这是他们公开发表的第一篇关于平衡计分卡的论文。论文的名称为《平衡计分卡——驱动绩效指标》，在论文中Kaplan和Norton详细地阐述了1990年参加最初研究项目采用平衡计分卡进行公司绩效考核所获得的益处。该论文发表后，Kaplan 和 Norton 很快就受到了几家公司的邀请，平衡计分卡开始得到企业界的关注。

9.3.5 目标考核法

1954 年，美国著名管理学家彼得·德鲁克在《管理的实践》一书中，首次提出"目标管理和自我控制"的主张，将目标管理定义为：由下级与上级共同决定具体的绩效目标，并定期检查完成目标进展情况的一种管理方式，由此目标的完成情况来确定奖励或处罚。

这种方法要求：企业各级主管让员工参与工作目标的制定，由此决定上下级的责任和分目标，明确责、权、利；在目标实施过程中，充分信任员工，进行适度的授权，让员工实行"自我控制"，努力完成工作目标；以目标对下级进行考核，评定成果，进行奖励，激发员工的积极性，保证企业总目标的实现。因此，目标管理的实质是以目标来激励员工的自我管理意识，激发员工行动的自觉性，充分发挥其智慧和创造力，以期最后形成员工与企业同呼吸、共命运的共同体。

目标管理过程强调三个共同，如图 9-3 所示。

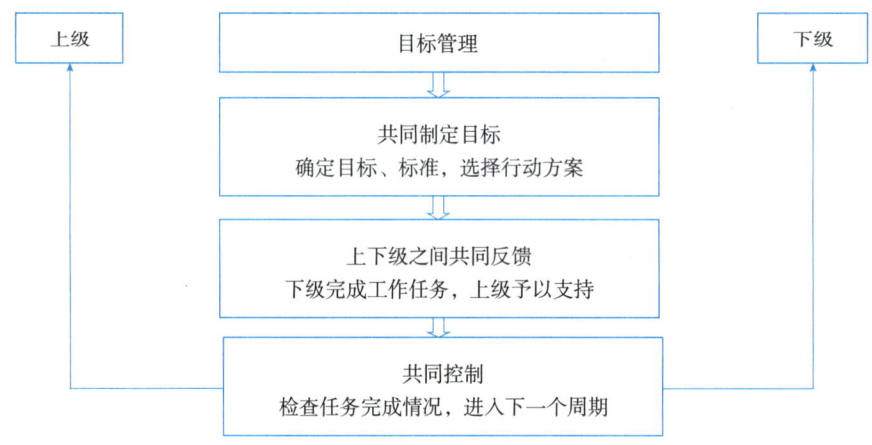

图 9-3　目标管理过程的三个共同

目标管理通常分为六个步骤，即设定目标，审议组织架构和职责分工，确定下级目标，上下级就实现目标所需的条件和目标达成后的奖惩达成协议，实现目标管理的过程，总结与评估反馈，如图 9-4 所示。

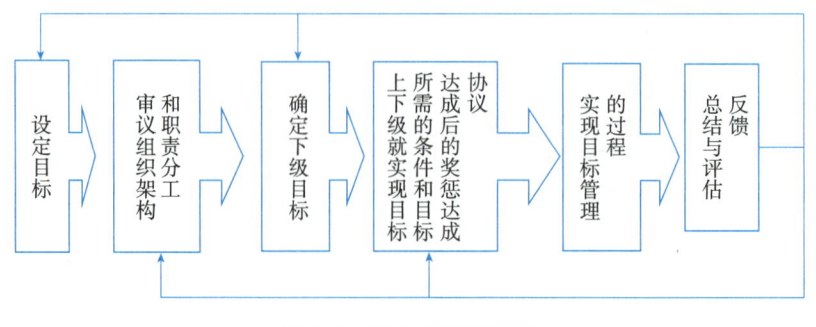

图 9-4　目标管理的步骤

在考核之前，主管人员（上级）和员工（下级）共同制定考核期内要达到的工作目标，所制定的目标必须明确、具体、可以计量。目标确定以后，还要制定实现目标的具体计划，以及执行计划中的绩效评估标准。绩效考核时，对照既定的目标和绩效评估标准，对员工完成目标的情况做具体的评估。通过绩效考核，可以发现员工的实际工作绩效与既定目标之间的差距，主管人员与被考核员工一起找出造成这些差距的原因，并采取相应的改进措施，提高员工的工作绩效，实现既定的目标。销售人员目标管理的考核报告案例见表 9-4。

表 9-4　销售人员目标管理的考核报告案例

目标项目	计划目标	完成情况	完成率（%）
销售电话拨打次数	100	104	104
接触新客户次数	20	18	90
批发销售 A 号新产品数量	30	30	100
销售 B 号新产品数量	10000	9750	97.5
销售 C 号新产品数量	17000	18700	110
客户投诉/服务电话	35	11	31.4
成功完成销售函授课程的数量	4	2	50
每月月底完成销售报告的次数	12	10	83

作为一种绩效评估工具，目标管理得到了广泛的应用。许多研究认为，目标管理具有较高的有效性，它通过指导和监控行为来提高工作绩效，这是因为目标管理使员工知道主管对他们的期望是什么，从而把时间和精力用到最大限度地实现重要的组织目标的行为中去。再者，目标管理的绩效评估标准是按相对客观的条件来设定的，因而评分相对没有偏见，是一种比较公平的绩效评估标准。

但目标管理本身也存在一些缺点和潜在的问题，比如，目标管理使员工的注意力集中在目标上，但它并没有指出实现目标所要求的行为，这对一些需要指导的员工来说是个问题。再者，目标管理也倾向聚焦于短期目标，这可能导致员工为实现短期目标而牺牲长期目标的行为。最后，因为目标是上级与下级共同制定，双方达成一致的，因此绩效评估标准可能因员工能力的不同而不同（为一位"中等"员工所设置的目标可能比为那些"高等"员工所设置的目标挑战性要小一些），绩效评估标准不统一影响了目标管理的有用性。

9.3.6　360°绩效考核法

360°绩效考核又称全视角反馈，是爱德华（Edwards）和埃文（Ewen）等在 20 世纪 80 年代提出的，后经 1993 年美国《华尔街时报》与《财富》杂志引用后，开始得到广泛的关注与应用。它是一种从不同角度获取组织成员的工作行为表现的观察资料，然后对获得的资料进行分析评估的方法，参与者包括被评估者本人、下属、同事、主管、客户、供应商等，见图 9-5。

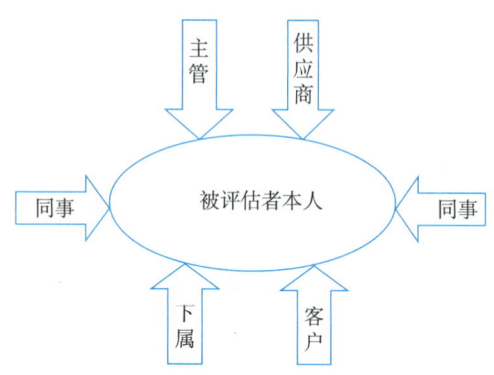

图 9-5　360°绩效考核的参与者

在 360°绩效考核中，主管对员工的评估并不总是最好的，因为有的主管可能根本没有机会观察被评估的员工。同事的评估与主管的评估相比稍微可靠一些，因为同事有足够的机会观察被评估员工的表现；下属的评估可能最能够反映被评估员工日常表现的各个方面，但问题是，下属可能害怕得罪领导或希望领导奖励而使评估结果扭曲；被评估者本人的评估即自我评估可能是最客观的一种评估方法，因为有研究表明，与其他方法相比，自我评估的结果相对准确，但会与主管的评估产生偏差；不管是供应商还是客户，他们对被评估员工的了解并不全面，而且客户的期望往往会与组织的期望有差异。不同评估者的特点见表 9-5。

表 9-5　不同评估者的特点

评估者	特点
被评估者本人	能够增强员工的参与意识，评估结果具有建设性
	评估结果相对准确，但往往与主管的评估存在偏差
主管	存在一定的偏见，不能保证评估的公平、公正
	评估标准的界限不明确
	不同的被评估者之间的界限不明确
同事	可靠且有效
	对接受反馈的人而言，有很高的可信度
下属	在提供适当保护的情况下，评估的结果是可靠、有效的
客户	如果客户与被评估员工有工作接触，评估是可靠、有效的
	评估标准之间的界限不太明确
供应商	在被评估的员工看来，评估结果有较高的可信度

（资料来源：http://instruction.bus.wisc.edu/lkuzuhara/mhr305.）

9.3.7　关键绩效指标法

关键绩效指标（Key Performance Indicator，KPI），是指企业宏观战略目标决策经过层层分解产生的具有可操作性的战术目标，也是宏观战略决策执行效果的监测指针。KPI 是衡量企业战略实施效果的关键指标，其目的是建立一种机制，将企业战略转化为内部活动和过程，以不断增强企业的核心竞争力和盈利能力。

关键绩效指标的理论基础是"二八法则"。"二八法则"运用到绩效考核中，具体体现在 KPI 上，即一个企业在价值创造过程中，20% 的关键行为完成了企业 80% 的工作任务，因此抓住了 20% 的关键行为，对之进行分析和衡量，就等于抓住了绩效考核的重心。关键绩效指标的建立，必须遵循的一般原则是 SMART 原则，即指标尽可能是具体的（Specific）、可衡量的（Measurable）、可实现的（Attainable）、现实的（Realistic）和有时限的（Time Bound）。通常企业关键绩效指标由三个层级构成：企业级关键绩效指标、部门级关键绩效指标、具体岗位（或子部门）级关键绩效指标。

关键绩效指标法同其他任何一种方法一样，都有其优缺点。关键绩效指标法具有的优点是：关键绩效指标与组织战略目标、部门使命和岗位要求紧密相连，它是组织战略目标的分解和细化，直接反映组织既定目标的实现程度；考核方法简便、易行；可通过计算机软件实现自动化、程序化，为组织节约管理成本；考核结果可比性强，有说服力，易被员工及其上级接受。

关键绩效指标法的缺点是：指标的量化要求严格，对于很难量化绩效指标的岗位适用性有限；建立关键绩效指标体系的工作量大，在建立初期需投入较多的人力、物力和财力；仅对绩效结果进行评价，对关键任务的"过程性评价"无能为力。

课程思政

【思政元素】才者，德之资也；德者，才之帅也。

"才者，德之资也；德者，才之帅也。"这句话出自司马光《资治通鉴》卷一《周纪》，意思是才能是德行的凭借，德行是才能的统帅。

【知识元素】销售人员绩效考核的内容

【思政元素与知识元素的融合】

以往销售人员的考核从德、能、勤、绩四个方面进行，而根据现代心理学与组织行为学的研究成果，决定销售人员绩效的因素可归入工作业绩、工作能力、工作态度三个方面。无论如何，销售人员的"德"都是最重要的，如果销售人员的"才"为获取短期利益而损害客户利益，这种行为就是短视的也是毫无意义的。也就是说，销售人员必须德才兼备。

本章小结

销售人员绩效考核的作用体现在：可以作为改进工作的基础，能体现销售人员工作的优缺点；作为销售人员升迁调遣的依据；可以作为企业确定研究发展指标的依据；可以作为调整薪资的重要依据；可以作为教育培训的参考；可以作为奖惩和反馈的基础。

销售人员绩效考核的基本原则：实事求是原则；明确公开原则；可行性与实用性原则；定性与定量相结合原则；多层次、多渠道和全方位原则；定期化与制度化原则；注重反馈原则。

销售人员绩效考核的内容分为传统的绩效考核内容和现代的绩效考核内容，前者包括德、能、勤、绩四个方面，后者包括工作业绩、工作能力和工作态度三个方面。

销售人员绩效考核的类型包括以下四种：综合型考核、品质基础型考核、行为基础型考核和效果基础型考核。

销售人员绩效考核的程序大致要经历制订绩效考核计划、确定考核标准和方法、实施绩效考核、分析评价、反馈、结果运用六个阶段。

销售人员绩效考核的常见方法有横向比较法、纵向比较法、尺度考核法、平衡记分卡、目标考核法、360°绩效考核法和关键绩效指标法。

复习思考题

1. 简述销售人员绩效考核的作用。
2. 试述对销售人员进行绩效考核时，应遵循哪些原则。
3. 试述销售人员绩效考核的程序。
4. 简述销售人员绩效考核的方法有哪些。
5. 试述平衡计分卡的内容。
6. 简述360°绩效考核法的优缺点。
7. 简述关键绩效指标法的概念及优缺点。

案例分析

GE销售人员绩效考核体系研究

GE这家著名跨国企业的经营之道，一直被人们奉为管理学的经典，成为产业界和学术界研究的对象。

GE考核的内容分两块："专"和"红"。"专"是指工作业绩，如销售人员的指标（销售额，回款额），可量化；"红"是指价值观。这两方面综合起来，得到的考核结果就是最终的结果。

GE的年终目标考核共分两大部分：一是自我鉴定，包括个人学习记录表、个人工作记录表、目标完成自评表；二是公司评定，主要是绩效考核总评表。

GE绩效考核最核心的也是最具借鉴意义的是考核结果的运用；考核结果的运用对绩效考核能否起到管理工具作用，能否激励和鞭策员工努力工作至关重要。如果考核结果出来了，但并不运用，或者运用得不到位，就会造成很多问题，如员工不再重视绩效考核或者消极抵触绩效考核。

GE是怎么运用绩效考核结果的？

首先，GE前总裁杰克·韦尔奇（Jack Welch）创造了著名的活力曲线，如图9-5所示。

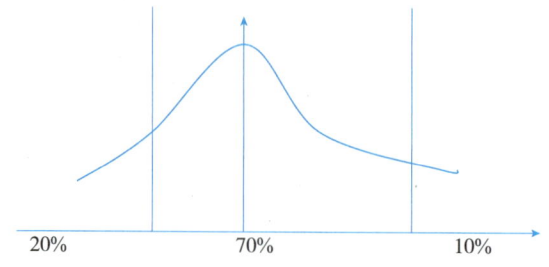

图9-6 GE的活力曲线

根据活力曲线，GE认为公司的员工包括销售部员工可以分为三类，见表9-6。

表 9-6　GE 定义的三类员工

员工分类	占比	行为特点	综合体现	分类依据	考核结果运用	公司的态度
A 类	20%	满怀激情、勇于承担、思想开阔、富有远见，有活力，自己业绩优秀还能带动其他员工	4E：很强的精力（Energy）；激励别人成功（Energize）；有决断力（Edge）；执行力（Execute）	绩效考核	提高工资、给予股票期权奖励、晋升职位	是公司重要的财富；每位 A 类员工流失都将是公司的巨大损失，必须开会检讨
B 类	70%	能够完成自己的工作	业绩尚可，价值观与公司匹配	绩效考核	提高工资、给予更多培训机会	是公司的主体，也是公司培训的对象
C 类	10%	不能胜任自己的工作；态度与行为阻碍公司的发展	业绩不好，价值观与公司不匹配	绩效考核，强制分布	淘汰	末位淘汰

其次，把简单的事情做好。考核能取得预期目标，受多种因素影响，最重要的不是考核方法有多么复杂，有多么高深，而是 GE 能把简单的事情做好、做到位，贯彻考核制度的制定和执行、应用，这也是 GE 一直传递的一个价值观——"确立一个明确、简单和从现实出发的目标，传达给所有人"所要求的。

（**资料来源：**马瑞婧.销售管理[M].重庆：重庆大学出版社，2016.）

案例讨论：

试对 GE 绩效考核体系进行概括。

第 4 篇

销售过程管理

第10章

销售准备

> 是故胜兵先胜而后求战，败兵先战而后求胜。
> ——《孙子兵法·军形篇》

学习目标

1. 了解销售的基本过程
2. 了解寻找潜在顾客的各种方法
3. 掌握顾客资格审查的内容
4. 掌握约见顾客的各种方法

引入案例

为什么成交的是李某

张某是北方某市一家生产特种水泥的国有企业的推销员。张某买了张飞机票，直达宜昌，并赶到某施工单位，通过多方联系，见到了该施工单位的总经理。

该施工单位的总经理对特种水泥很感兴趣，并有意购买，但提出了两个条件：一是需要量较大，特种水泥的价格要大幅度地降一降，降低到与一般水泥价格差不多；二是由于投资大，要采取分期付款的方式。

这两个条件把推销员张某难住了，因为他事先没有准备，没有对这些问题进行认真的思考。不过，张某还比较灵活，答应马上与领导联系。他立即给领导打电话，不巧的是领导正在外地开会，未能及时联系上。巧合的是，就在张某焦急等待的时候，另一家水泥厂的推销员李某也来到此地推销水泥。对方的水泥质量很好，而且价格便宜，并当场同意分期付款。结果双方一拍即合，迅速达成了交易。

（资料来源：https://www.wendangwang.com.）

10.1 销售过程

销售是一个发现顾客需求并满足顾客需求的过程，要有效地发现并满足顾客需求，就必须掌握完整的销售过程。销售过程（Sales Process）是指销售人员进行销售活动时所采取的一系列行为步骤。虽然有很多因素会影响销售人员的销售步骤，但若能按一定逻辑顺序进行销售行为，将会提高销售人员的成功率。同样，销售经理要带好销售队伍，就必须对整个销售过程有全面的认识，这样有利于对销售活动进行有效的指导与调控。从销售人员与顾客接触和交往的时间顺序来看，一个完整的销售过程往往包括五大基本步骤，即销售准备、销售展示、处理异议、促成交易、售后服务与跟踪，如图10-1所示。

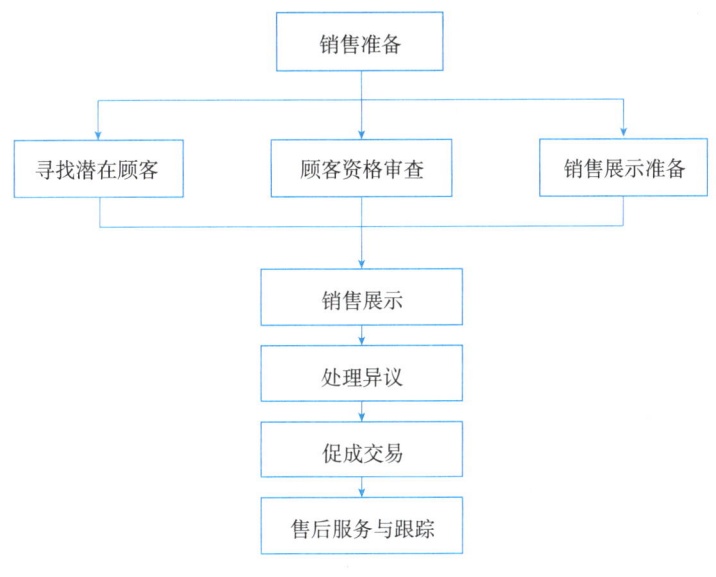

图 10-1 销售过程

销售过程的各步骤是相互联系、相互渗透和相互转化的，每个步骤中都具备相应的特殊内容，任何一个步骤出现问题都有可能导致销售工作的失败。当然，虽然各种类型的销售过程大同小异，但并非都需要所有这些步骤，例如在某些销售过程中就可能不存在顾客异议，所以无须处理。因此，成功实现销售所应遵循的销售过程可能因销售人员和特定环境而存在差异。

严格意义上来讲，销售展示应该包括处理异议和促成交易，但却将两者分开，主要有两个方面的原因：①更加深入而细致地研究销售过程；②销售展示侧重于销售人员的主动性及如何激发顾客购买兴趣，处理异议和促成交易则侧重于对已有购买兴趣顾客的应对。

有学者认为，一个好的销售过程包括40%的准备工作、20%的展示和40%的跟踪服务。所以，销售准备作为销售过程中的第一个步骤，也是非常关键的一个步骤。本章中的销售准备，包括寻找潜在顾客、顾客资格审查以及销售展示准备。

10.2 寻找潜在顾客

潜在顾客（Potential Customer）是指对产品或服务具有需求、购买力以及购买决策权，但尚未与企业存在交易关系的消费者。因此，潜在顾客一般需要具备以下三个特征：首先，他们对企业的产品或服务存在需求。其次，他们具备购买企业产品或服务的能力，顾问式销售的一项重要原则是，不应该劝说顾客购买他们买不起的产品或服务。最后，他们必须具备购买决策权。潜在顾客分为一般潜在顾客和竞争者顾客两种类型，前者是指已有购买意向却尚未付出实际行动的人，后者是指本企业竞争对手所拥有的顾客。

寻找潜在顾客是销售的起点，只有寻找到恰当的顾客，才有可能顺利完成销售任务。如果没有潜在顾客，那么再优秀的销售员也无法销售出一件产品。许多研究表明，企业若不持续进行市场开拓，每年将会失去30%～40%的顾客，企业会逐渐走向衰败。因此，企业若希望维持较好的收入水平，就必须不断地开发潜在顾客。

10.2.1 寻找潜在顾客的原则

寻找潜在顾客不能盲目进行，必须遵循一定的原则。

1. 寻找范围的有限性

寻找范围的有限性原则是指根据产品的使用对象和购买对象，确定寻找潜在顾客的范围。这里的有限性强调，应在合理科学的、成本控制的范围内进行寻找。比如对婴儿奶粉的销售人员来说，寻找范围是婴儿家长、适龄备孕的准父母等。尤其是，现在大数据分析能够帮助销售人员确定寻找潜在顾客的范围。

2. 寻找意识的随时性

寻找意识的随时性原则是指销售人员需要时常留意寻找潜在顾客的机会。销售人员要注意培养敏锐的观察力和正确的判断力，即养成一种随时随地寻找潜在顾客的习惯，眼观六路，耳听八方，不放过任何机会。

3. 寻找途径的灵活性

寻找途径的灵活性原则是指可以通过各种途径寻找潜在顾客。销售人员可以通过以下途径：自己的人际关系，如亲朋好友、同学等；自己的商业往来对象，如顾客的顾客等；企业现有资源，如请教经验的销售代表，请经理提供顾客名单等；其他各种途径，如网络平台、交易会、招聘会、展览会、团体名录、行业协会、新闻机构、各种政府部门等。

4. 寻找活动的有序性

寻找活动的有序性原则是指寻找潜在顾客需要有计划、有规范、有程序地进行，不可盲目行事。销售人员必须建立潜在顾客档案数据，以加强对潜在顾客的管理。根据新掌握的数据，对潜在顾客进行刻画分类，按重要性排序，以便有计划、有步骤地开展销售活动，使销售活动数据化、标准化、程序化、规范化，避免手忙脚乱、毫无头绪地开展销售工作。

10.2.2 寻找潜在顾客的方法

销售人员寻找顾客的方法是多种多样的，其中常用的方法包括：逐户访问法、无限连锁介绍法、中心人物法、委托助手法、个人观察法、电信访问法、贸易展览法、资料查阅法、广告开拓法、活动寻找法等。

1. 逐户访问法

（1）逐户访问法的含义。逐户访问法也称作"地毯式"访问法、普遍寻找法、挨门挨户访问法或走街串巷寻找法等，是指销售人员在任务范围内或特定区域、行业内，挨家挨户、直接访问可能会成为顾客的组织、家庭或个人，从中寻找自己的顾客，又俗称"扫街或扫楼"。这种方法是古老的销售方法之一，也是每个销售人员都曾经使用过的最基本的销售方法。

（2）逐户访问法的优点与缺点。逐户访问法的优点：①借机对市场进行调查分析，能够客观、全面地反映顾客的需求状况；②扩大企业的影响，提高产品的知名度；③积累销售工作经验，培养和锻炼销售人员，因为拜访陌生顾客是销售工作中最艰难的任务。

逐户访问法的缺点：①针对性不强，盲目性强，比较费时费力，销售成功率较低；②销售人员冒昧地访问顾客，顾客往往会表现出抵触情绪，会给销售人员带来很大的精神压力。

（3）逐户访问法的适用范围。逐户访问法适用于日常生活用品及服务，如化妆品、食品、保险和教育等的推销，也适用于工矿企业中对中间商的推销或某些行业的上门推销。此法与其他方法配合一起使用，开展立体攻势，效果会更好。

2. 无限连锁介绍法

（1）无限连锁介绍法的含义。无限连锁介绍法，又称顾客引荐法，是指销售人员请现有顾客、朋友或其他人介绍潜在顾客的方法。研究表明，日常交往是耐用品消费者主要的信息来源，有50%以上的消费者是通过朋友推荐而购买产品的，有62%的购买者是通过其他消费者得到新产品信息的。无限连锁介绍法在西方被认为是最有效的寻找潜在顾客的方法之一，被称为黄金客户开发法。无限连锁介绍法就是利用顾客的口口相传，获取新的潜在顾客。互联网口碑传播就是典型的无限连锁介绍法。近年来，大量研究表明，消费者评论对购买成交具有重要影响。

无限连锁介绍法的主要运用途径现有顾客、亲朋好友（同学和校友、家人和亲戚、邻居和同乡、球友、牌友等）、其他销售人员（所销售的产品往往是互补的）等，所引荐的方法主要有口头传播、网络推荐、信函介绍、电话介绍、名片介绍、电子邮件介绍等。例如销售人员找到一个顾客后，就可以通过这个顾客找到与之联系的可能具有相同需求特点的其他顾客。这种方法可以使顾客数量迅速增加。A介绍B、C，而B、C可以介绍更多顾客，以至无穷，如图10-2所示。

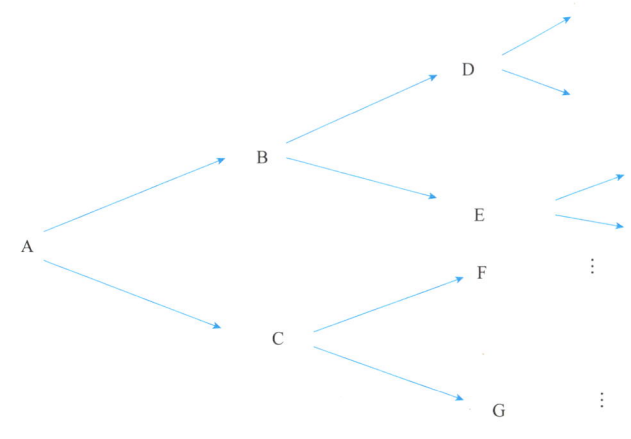

图10-2 无限连锁介绍法

（2）无限连锁介绍法的优点与缺点。无限连锁介绍法的优点：①避免销售人员寻找顾客的盲目性。因为现有顾客推荐的潜在顾客大都是他们较为熟悉的单位或个人，甚至有着共同的利益，所以提供的信息准确且内容详细。②容易赢得潜在顾客的信任，销售成功率较高。由于有中间人的介绍，潜在顾客不易对销售人员产生排斥心理，接触气氛良好，大大提高了销售成功率。研究表明：朋友、专家及其他关系密切的人向别人推荐产品，影响力高达80%，向有熟人引荐的顾客推销比向陌生顾客推销，成交率要高3～5倍。

无限连锁介绍法的缺点：①容易互相牵累。如果访问失败，给顾客留下不好的印象，不但会牵累介绍人，还有可能一下子失去许多客户。采用无限连锁介绍法尤其需要注意的是，连锁具有正负效应，失误将触发连锁负效应。②销售人员往往处于被动地位。因为现有介绍人没有进行连锁介绍的义务，所以是否愿意介绍潜在顾客给销售人员，完全取决于介绍人的意愿。③难以取得有力的介绍。介绍人可能不太愿意增加麻烦，更不愿意因介绍不当而给对方带去麻烦，所以介绍人是否愿意介绍或尽全力介绍是此方法能否取得良好作用的关键。

（3）无限连锁介绍法的适用范围。无限连锁介绍法适用于任何产品的销售，但要注意以下几个问题：

1）取得介绍人的信任。人们一般愿意给信誉良好的销售人员介绍潜力顾客；信誉不好的销售人员，没有人愿意帮他介绍潜在顾客。

2）让介绍人感觉轻松。销售人员千万别让介绍人感到有压力，可以问介绍人是否知道哪些人可能对产品感兴趣，让介绍人方便时介绍一下产品，让介绍人相信不会有麻烦。

3）感谢或回报介绍人。无论介绍人的介绍是否起到作用，销售人员都要感谢或回报介绍人，尤其是介绍人的帮助促成了交易时，最好能给予介绍人意想不到的回报，这样介绍人会很乐意再介绍客户。

3. 中心人物法

（1）中心人物法的含义。中心人物法又称中心开花法、名人介绍法、中心辐射法，是指销售人员在某一特定的销售范围内发展一些具有影响力的中心人物，并在这些中心人物的协助下将该范围内的组织或个人发展为潜在顾客的方法。事实上，该方法是无限连锁介绍法的一个特殊形式。

心理学理论认为，人们对于在自己心目中享有一定威望的人物是信服并愿意追随的。因此，一些中心人物的购买与消费行为就可能在他的追随者心目中形成示范作用与先导效应，从而引发追随者的购买与消费行为。实际上，在任何市场的购买行为中，影响者与中心人物都是客观存在的，他们是"时尚"在人群中传播的根源。近年来，学术研究发现，网络中关键意见领袖（KOL）对消费者口碑具有重要引导作用。因此，只要了解、确定中心人物，使之成为现实的顾客，就有可能发现与发展一批潜在顾客。

（2）中心人物法的优点与缺点。中心人物法的优点：①销售人员可以集中向少数中心人物做细致的说服工作，避免重复单调地向每一个潜在顾客进行宣传与销售，节省时间与精力。②通过中心人物的联系了解大批新顾客，还可以借助中心人物的社会地位提高产品的影响。

中心人物法的缺点：①中心人物难以寻找。中心人物一般事务繁忙，销售人员要接近并让中心人物帮助寻找顾客很难。若完全依赖此法，容易限制潜在顾客数量的增加。②中心人物难以确定。如果选错了消费者心目中的中心人物，可能弄巧成拙，最后贻误销售时机。

（3）中心人物法的适用范围。中心人物法比较适用于新产品、高级消费品或为企业创造名望的产品的推销。此法通常配合其他方法一起使用。

4. 委托助手法

（1）委托助手法的含义。委托助手法又称销售助手法、推销信息员法或猎犬法，是指销售人员委托有关人员寻找顾客的方法。在西方国家，这种方法运用得非常普遍。一些销售人员雇佣当地有关人士来寻找潜在顾客，自己则集中精力从事具体的顾客访问工作。这些接受雇佣的人员被称为销售助手,一旦销售助手发现潜在顾客,便会立即通知销售人员,安排访问顾客。这些销售助手都有固定的薪金,一旦促成交易还会得到一定的奖金。例如,销售人员委托办公大楼门卫或电梯看守人从来访人员中寻找顾客。

(2)委托助手法的优点与缺点。委托助手法的优点:①有利于提高工作效率,该方法使销售人员能够把更多的时间和精力花在有效销售上;②避免了拜访陌生人的压力,销售助手先做铺垫,再引荐给销售人员。

委托助手法的缺点:①销售助手的人员难以确定。销售助手必须热心于销售工作、积极负责、善于交际、信息灵通,这样理想的销售助手难以找到;②销售人员会处于被动状态。如果销售人员和销售助手配合得不好,或者销售助手同时兼任几家类似企业的信息员,就会给销售人员本企业的产品带来不利的竞争因素。

(3)委托助手法的适用范围。委托助手法比较适用于寻找耐用品和大宗货物的推销。

5. 个人观察法

(1)个人观察法的含义。个人观察法又称现场观察法,是指销售人员依靠个人的知识、经验,通过对周围环境的分析和判断来寻找潜在顾客的方法。个人观察法主要依据销售人员个人的职业素质以及观察能力,销售人员通过观言察色,运用逻辑判断和推理来确认潜在顾客,是一种传统和基本的方法。

(2)个人观察法的优点与缺点。个人观察法的优点:①使销售人员直接面对市场,排除中间干扰;②销售人员能够花费较少的时间和精力,迅速发现新顾客;③可以培养销售人员的观察能力,积累销售经验,提高销售能力。

个人观察法的缺点:①只凭销售人员的观察来判断,这样会受到销售人员个人素质和能力的限制;②由于事先对销售对象完全不了解,销售失败率较高。

(3)个人观察法的适用范围。个人观察法的适用范围较为普遍,此方法通常配合其他方法一起使用。

6. 电信访问法

(1)电信访问法的含义。电信访问法是指从电话簿、电子邮件列表中选出最适于产品销售的人员范围,然后一个接一个依次使用电话、传真和电子邮件来访问。电信访问已成为一种重要的寻找潜在顾客的方法,随着互联网技术的发展,越来越多的企业开始习惯利用网络寻找潜在顾客。

【小贴士】

一个卖劳斯莱斯汽车的销售员,每年打36000个电话,其中28800个会接,11520个会听他讲,4608个会感兴趣,1843个会出来看,737个会考虑,294个会有意向,117个会洽谈,47个想买,最后成交18个。18个订单能让他赚到200万美元,最后他得出结论:他每打一个电话,就相当于赚到了55.56美元。正确的事情坚持做就是产值,对销售工作来说,只要努力所有季节都是旺季。

(2)电信访问法的优点与缺点。

电信访问法的优点:寻找速度快,信息反馈快,可以节省时间。比如电话访问,潜在顾客可能一开头就表明态度,因此可以快速转移到下一个顾客;特别是通过互联网访问客户,其数量可以非常巨大。因此,以电信访问寻找潜在顾客的方法被称为是销售人员的"金矿"。

电信访问法的缺点:①容易受到忽视。因为不了解潜在顾客的情况,遭到拒绝的可能性很大。②销售形式受到限制。该销售形式无法让顾客实际触摸到实物,降低了信任感。③消费者隐私问题。随着大数据的发展,电信访问容易造成垃圾邮件或信息,甚至涉及消费者隐私问题。

(3)电信访问法的适用范围。电信访问法通常适用于双方相距较远或无法与被访问者会面(如出差、预约冲突等)的情况。

【案例】

乔·吉拉德电话寻找顾客

"喂,葛克莱太太,我是乔·吉拉德,这里是雪佛兰汽车公司。我只是想让您知道您订购的汽车已经准备好了,谢谢!"

这位葛克莱太太觉得似乎有点不对劲,愣了一会儿才说:"先生,你可能打错了,我们没有订新车。"

吉拉德问道:"您能肯定是这样吗?"

"当然,真有这样的事情,我先生应该会告诉我的。"

吉拉德又问道:"请您等一等,对了,您这里是葛克莱先生的家吗?"

"不对,我先生叫史蒂。"

"史蒂夫人,很抱歉,一大早就打扰您,我相信您一定很忙。"对方没有挂断电话,吉拉德就此跟她在电话中聊了起来:

"史蒂夫人,你们不会正好也准备买辆新车吧?"

"还没有,不过你应该问我先生才对。"

"您先生什么时候在家呢?"

"他通常晚上六点钟回家。"

"那好吧,史蒂夫人,我晚上再打来,该不会影响你们吃晚饭吧?"

当天晚上六点半,吉拉德再次拨通电话,和史蒂先生通了话。

在打电话时,吉拉德记下了对方的姓名、地址和电话号码,还记下了从谈话中所得到的一切有用的资料,譬如对方在什么地方工作,有几个小孩,喜欢哪种型号的车,等等。

用这种方法把这一切有用的资料都存入档案卡片里,并且把对方的名字列入销售对象的邮寄名单中,此时他已经成为你的准客户了。

7. 贸易展览法

(1)贸易展览法的含义。贸易展览法是指利用各种贸易展览会或自己举办展览会来寻找顾客的方法。许多销售经理经常参加各种贸易展览会,既可以接触许多潜在顾客,又可以了解市场信息。当然,销售经理也会自己组织销售展览会,邀请新老顾客参加。

(2)贸易展览法的优点与缺点。贸易展览法的优点:①效率很高,会在最短的时间内接触到大量潜在顾客。这是因为,参加贸易展览会的人本来就是对该行业有兴趣的,会积极关注销售人员的各种展示。②有利于展示产品,也是产品的宣传机会。

贸易展览法的缺点:①举办费用较高,公司自己举办展览会费用成本较高,一般采用参加贸易展览会的形式；②具有时间限制，国内外贸易展览会的举办时间固定，需要根据展览会举办时间及时调整销售时间。

（3）贸易展览法的适用范围。贸易展览法适用于发布新产品，也适用于组织市场。

8. 资料查阅法

（1）资料查阅的含义。资料查阅法又称文案调查法或间接市场调查法，是指销售人员通过查阅各种现有资料来寻觅潜在顾客的方法。利用他人或机构已经存在的可提供线索的资料，可以较快了解到大致的市场容量及潜在顾客的分布等，然后通过电话拜访、电信拜访等方式，对有机会发展业务关系的潜在顾客开展进一步调查，将调研资料整理成潜在顾客资料卡，就形成了一个庞大的顾客数据库。

销售人员经常使用的资料：①统计资料，如国家相关部门的统计调查报告、统计年鉴，行业团体在报纸或期刊等上面刊登的统计调查资料等；②名录类资料，如顾客名录、同学名录、协会名录、电话黄页、公司年鉴等；③大众媒体类资料，如电视、广播、杂志、报纸等大众媒体上面发布的资料；④其他资料，如产品介绍、企业内刊等。资料查阅法是较为传统的方法，随着大数据技术的发展，相关统计资料可以数据化后，大数据分析法逐渐取代了传统的资料查阅法。

（2）资料查阅法的优点与缺点。资料查阅法的优点：①管理部门、银行、统计部门提供的资料可信度高，可以降低寻找潜在顾客的盲目性；②可以降低信息获取的成本，节约时间和精力，提高工作效率。

资料查阅法的缺点：①资料的时效性较差。市场瞬息万变，有时无法查阅新资料，旧资料又没有什么价值。②竞争激烈。作为公开资料，所有销售人员都可能查阅和利用，所以销售竞争更加激烈。

（3）资料查阅法的适用范围。资料查阅法适用于各种产品的销售，此方法通常配合其他方法一起使用。

9. 广告开拓法

（1）广告开拓法的含义。广告开拓法又称广告拉引法，是指销售人员利用各种广告媒介寻找潜在顾客的方法。根据传播方式的不同，广告可以分为开放式广告和封闭式广告两种。开放式广告又称被动式广告，如网络广告、电视广告、报纸杂志广告、招贴广告、路牌广告，一般适用于消费者市场；封闭式广告又称主动广告，如邮寄广告、电话广告等，一般适用于组织市场。近年来，互联网上，链接广告、直播广告等因具备一定程度的互动性而逐渐兴起。

（2）广告开拓法的优点与缺点。广告开拓法的优点：①可以在较短时间内发布大量信息，速度快且接触面广；②不仅可以寻找潜在顾客，而且具有销售说服的功能。

广告开拓法的缺点：①单向沟通，缺乏反馈；②有些媒体费用较高。

（3）广告开拓法的适用范围。开放式广告一般适用于消费者市场，封闭式广告一般适用于组织市场。

10. 活动寻找法

（1）活动寻找法的含义。活动寻找法是指企业通过市场调研活动、公共关系活动、促销活动、技术支持和售后服务活动等寻找潜在顾客的方法。例如，展示活动、品牌快闪店活动等。

（2）活动寻找法的优点与缺点。活动寻找法的优点：企业组织的这些活动一般都会直接接触顾客，而且活动期间对顾客的观察、了解与深入沟通都十分有效，比较容易寻找到潜在顾客。

活动寻找法的缺点：企业组织策划这些活动要付出较多的时间与精力，有的活动也需要支付较高的费用。

（3）活动寻找法的适用范围。活动寻找法适用于各种产品的销售。

【小贴士】

《孙子兵法》有言：声不过五，五声之变，不可胜听也；色不过五，五色之变，不可胜观也；味不过五，五味之变，不可胜尝也。因此，把各种寻找潜在顾客的方法融会贯通，以便更好地寻找潜在顾客。

10.3 顾客资格审查

10.3.1 销售漏斗理论

找到潜在顾客是否就意味着可以成交呢？答案是否定的。销售漏斗理论认为，只有少数潜在顾客最终能转化为现实顾客。

销售漏斗是反映机会状态以及销售效率的一个重要的销售管理模型，如图10-3所示。可以看出，在漏斗的顶部是潜在顾客，销售人员要根据标准进行过滤筛选，将合格者推到下一层。在漏斗顶部的潜在顾客经过销售人员的拜访与说服，会更加倾向于做出购买承诺，但他们必须有一定的购买力才能转化为现实顾客。漏斗变得越来越窄，这反映出很大一部分潜在顾客被"过滤"掉了，即有一定的筛选率，此时，留下的潜在顾客成为准顾客。准顾客（Prospect Customer）是指既可受益于某种产品，同时又有能力购买这种产品的个人或团体。进一步，销售人员采取销售陈述、处理异议、促成交易等必要步骤，将这些准顾客移出漏斗，使准顾客变成现实顾客（Qualified Customer）。漏斗也变得越来越窄，表示有一些准顾客从漏斗中移出，现实顾客与准顾客的比值即成交率。通过销售人员的持续努力，顺利通过漏斗的最终顾客可变成长期忠实的顾客。

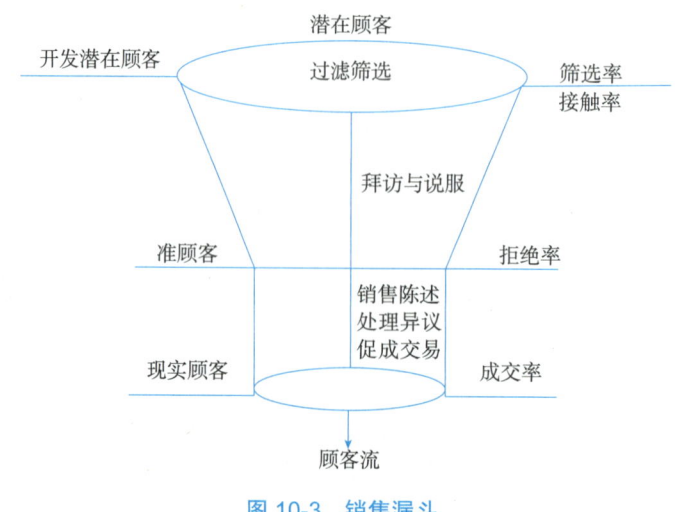

图 10-3 销售漏斗

10.3.2 顾客资格审查的含义和主要内容

1. 顾客资格审查的含义

顾客资格审查又称"顾客评估"，主要是判断潜在顾客是否具备成为目标顾客的条件。也就是说，销售人员正式销售之前判断出真正的销售对象，以确定是否有继续销售工作的必要。现代销售学认为，合格的目标顾客需要具备三个特征——顾客购买力（Money）、顾客购买决策权（Authority）、顾客购买需求（Need），缩写为 MAN。

2. 顾客资格审查的主要内容

（1）顾客购买力审查。顾客购买力是指顾客购买产品时的支付能力。这是判断一个准顾客能否成为现实顾客的首要条件，很多人对某种产品都有需要，而只有具备一定支付能力的需要才能促成真实的购买。

审查顾客购买力，根据顾客类型可以分为审查个人或家庭的支付能力和审查企业的支付能力两种。审查个人或家庭的支付能力，主要是调查消费者个人或家庭的经济收入状况；审查企业的支付能力，主要是调查企业的经营状况和财务状况。

另外，还可以将审查顾客购买力分为审查顾客现有支付能力和审查顾客潜在支付能力两种。首先，具有产品购买意向并且具备现有支付能力的顾客是最为理想的潜在顾客。其次，应注意对顾客潜在支付能力的审查。一味强调现有支付能力，不利于推销局面的开拓。当销售人员确定对方值得信任并具有潜在支付能力时，应主动协助其解决支付能力问题，通过分期付款、信用借贷等较为常用的支付方式达成交易。

对于价值高昂的产品，尤其是审查组织市场中的顾客时，顾客购买力审查难度较大，通常需要销售人员自行调查或让对方提供信用证明或担保。

（2）顾客购买决策权审查。尽管顾客既有购买需求，也有支付能力，但是最终也不一定能达成产品交易。这很可能是因为顾客没有购买决策权。因此，销售能否成功，还要看顾客有否具有购买决策权。销售人员在销售过程中要注重效率，在向一个家庭或一个组织进行销售时，应清楚地识别出该家庭或组织的购买决策人。

在消费市场上，对以家庭为基本单位的购买行为而言，由于文化背景、社会环境的差异，各个家庭的购买决策状况不尽相同。例如，耐用品的购买决策权往往是由男主人主导，而快速消费品的购买决策权往往在女主人手上，玩具与文具的购买决策受孩子选择的影响。销售人员需要认真分析，审查家庭购买行为中的发起者、建议者、使用者、决策者。在组织市场上，销售人员更应想方设法了解购买决策权由谁掌握，组织购买决策在很大程度上取决于购买决策类型（直接重购、修正重购和全新采购）。另外，通常也会根据产品的属性、购买量的多少来确定谁是购买决策者。

（3）顾客购买需求审查。顾客购买需求审查是指销售人员通过分析判断，确定潜在顾客对所销售的产品是否具有真正的需求（包括现实需求和潜在需求）以及其需求量大小的活动过程。例如：发现因纽特人对冰箱的需求，发现僧人对梳子的需求，发现非洲人对皮鞋的需求等。由于需求往往是极富弹性的，所以顾客需求审查的内容主要围绕是否需要、何时需要、需要多少等展开。只有这些内容明确了，才不会"强行推销"或"坐失良机"。

值得注意的是，顾客需求也是可以创造的，尤其是随着科学技术的发展和新产品的不断出现，存在大量尚未被认识的顾客需要，其实它们是可以被挖掘或激发的，这对销售人员提出了更高的要求，即便顾客出于某种原因暂时不购买，销售人员也不应该将其草率地"除名"，而应列在"预备梯队"，作为今后重点发展的目标顾客。例如，很多科技型产品都在创造顾客需求，挖掘顾客潜在需求，引领市场需求。

【案例】

荒岛卖鞋

一个生产鞋的企业派员工去荒岛上考察市场。

财务经理考察后回来报告："这里的人根本不穿鞋，此地不是我们的市场。"

推销员考察后回来报告："这里的居民没有一个有鞋，这里是巨大的潜在市场。"

销售经理考察后回来报告："这里的居民不穿鞋，但他们的脚有许多伤病，我们要教给他们穿鞋的方法并告诉他们穿鞋的好处。我们还必须取得部落首长的支持与合作。他们没有钱，但岛上盛产菠萝。我测算了我们三年内的销售收入以及我们的成本，包括把菠萝卖给欧洲超级市场连锁集团的费用。我得出的结论是我们的资金回报率可达30%，因而我建议公司开辟这个市场。"

10.4 销售展示准备

10.4.1 潜在顾客材料的准备

仅仅了解潜在顾客有无需求、有无购买力、有无购买决策权仍然不够，为了交易的成功，还必须做好必要的准备。在制订访问计划前，还需要了解更为详细的资料，并根据顾客性质，准备着重点不同的资料。

1. 陌生个体顾客的资料准备

个体顾客，主要指个人或家庭的消费者市场上的顾客，而非企业或团体组织。个体顾客的资料准备主要包括以下内容：

（1）个人的基本情况。个人的基本情况包括姓名、性别、年龄、民族、籍贯、文化程度、性格、信仰、居住地、联系方式等信息。尤其是在兴趣爱好和忌讳方面，应尽量了解其喜好，不要让顾客感到被冒犯。

（2）家庭及其成员情况。家庭及其成员情况包括所属单位、职业、职务、收入情况、家庭成员的价值观念、特殊偏好、购买与消费的参考群体等信息，尤其要调查家庭里拥有购买决策权者的爱好和忌讳。

（3）需求内容。需求内容包括购买的主要动机、需求详细内容、需求特点、需求的先后顺序、购买力、购买决策权限范围、购买规律等。

总之，对陌生个体顾客的资料准备，重点应该放在需求内容以及顾客的爱好和忌讳上。通常情况下，销售人员可以利用"个人顾客资料卡"（见表10-1）来进行资料准备。

表 10-1 个人顾客资料卡

姓名		性别		年龄	
住址		邮编		电话	
工作单位		职务		民族	
家属	姓名	关系	年龄	职业	备注
特长、爱好					
性格					
推销方法					
访问记录					
备注					

【小贴士】

销售人员小卢每次拜访顾客前,都会大量收集顾客的相关资料,因为这是打开谈话僵局的重要手段。一般来讲,小卢会在网络上查阅资料,将与顾客有关的数据都调出来,仔细地研究。掌握了相关资料后,他还通过各种渠道了解顾客的个人资料,如他是哪里人,家庭情况如何,今年的工作目标是什么等,为开场白做好充分的准备。

2. 陌生组织顾客的资料准备

相对于消费者市场,组织市场上的购买行为更为复杂。组织顾客同时兼有法人代表与个人代表双重社会角色,在决策时会考虑组织与个人两方面的利益。因此,销售人员要做更加充分的准备。组织顾客的资料准备主要包括以下内容:

(1)组织基本情况。组织基本情况包括法人全称及简称、所属产业、所有制形式、经营体制、隶属关系、所在地及交通情况、生产经营规模、成立的时间与演变经历、目前法人代表及主要决策人物的姓名与电话号码等。

(2)生产经营情况。生产经营情况包括生产经营范围、生产能力、资信与财务状况、设备技术水平及技术改造方向、企业的市场营销组合、市场占有率与增长率、市场竞争以及企业未来发展方向、长短期经营目标等。

(3)组织结构和人事情况。组织结构和人事情况包括组织规章制度、办事程序、组织机构及职权范围的划分、主要管理者的作风特点、人事状态及人际关系等。

(4)购买行为情况。购买行为情况包括由哪些部门发现需求或提出购买申请,由哪个部门或机构对需求进行核准与说明,由哪个部门或机构对需求及购买进行描述以及选择供应厂家,选择的标准是什么,目前有哪几个供应者,供求双方的关系及其发展前景如何等。

总体上,对陌生组织顾客的资料准备,应着重关注购买行为情况、关键部门与关键人物的相关信息。常见的组织顾客资料卡见表10-2。

表 10-2　组织顾客资料卡

单位名称			地　　址		邮编、电话	
成交时间			生产规模		职工人数	
经营范围			开户银行		资金信用	
负责人	姓名		年龄		职务	
	性格		爱好		性别	
	住址		民族		电话	
采购人员	姓名		年龄		性别	
	性格		爱好		电话	
	住址		与我单位交情			
使用人员	姓名		年龄		性别	
	性格		爱好		电话	
	住址		与我单位交情			
访问记录	1					
	2					
	3					
	4					
	5					
备注						

3. 老顾客的资料准备

老顾客是指销售人员熟悉的、比较固定的顾客。老顾客资料准备的内容主要包括：

（1）基本情况。销售人员对老顾客已经有一定程度的了解，资料准备主要是对原有资料的补充与调整，即根据顾客现在情况对原有资料的错漏、不清楚和不确切等内容进行及时更新与修订。

（2）变动情况。销售人员应对原来掌握的情况进行核对，如果发生变动，应及时更正。尤其是对企业的性质、经营机制、管理体制、人事、机构的变化，更应该及时更新相关资料。

（3）信息反馈情况。对于销售人员而言，在拜访老顾客之前，应该先了解老顾客上次成交后的反馈信息，如对产品价格、质量、使用效果和售后服务等的反馈信息。

总体上，对老顾客的资料准备，应该着重关注老顾客的信息更新、购买后的体验与评价。

10.4.2　制订销售访问计划

制订销售访问计划有助于销售人员合理安排访问时间，留出机动调整空间，建立销售信心。越优秀的销售人员，用于准备、开拓新顾客的时间越多。反而，业绩不佳的销售人员往往因为缺乏准备，导致大量时间浪费在等候面谈或无效聊天上。有效的销售访问计划包括以下几方面的内容：

1. 确定顾客访问目标

顾客访问目标可以分为销售本身和行政两种。其中，销售本身访问目标主要是向老顾客推荐现有产品中顾客未购买过的产品，介绍新产品，让老顾客增加订货量或品种，或者吸引新顾客下订单等。行政访问目标包括回收账款、传达政策、处理投诉、建立顾客关系等。

【案例】

直播前的准备：从 0 到 1

近年来，直播成为一种重要的销售方式。事实上，在每一场销售前，只有进行大量准备工作才能保证整体效果，达到销售目标。

这些工作主要包括：

（1）直播主题准备。直播主题是给消费者进入直播间的一个理由。一场直播包括多个环节，例如主播讲解产品、产品测评、抽奖环节、表演娱乐等。这就要在直播前有充分的准备，围绕一个主题列出一个大纲，将直播的内容串起来，包括明确直播主题、把控直播节奏、调度直播分工、开场预热、直播间互动等。

（2）检查直播设备。直播间的设备包括网络、灯光、背景、摄像头等基础设施。例如，检查灯光是否都到位。至少要准备 2 部手机：1 部手机用于摄像头直播；1 部用来观看粉丝弹幕，与粉丝互动；保障网络环境的稳定，设备有足够的电量。直播前多次检查调试设备，包括直播架、声卡（室内可用有线声卡、会场或室外无线声卡）、音箱。

（3）打造匹配场景。与卖的商品场景一致，比如你是卖农产品的就可以选择户外。若无法塑造专业场景，建议背景干净，景深感强，或根据直播主题打造场景氛围，保证直播氛围的一致性。

（4）直播选品会。一场直播是否成功，除了当下直播氛围与主播销售技巧外，选品是关键。在直播前的选品会上应选择出合适的产品，包括：根据粉丝画像选择品类目，选择与主播气质相匹配的产品，选择具有相关专业知识的主播，确定哪些产品在哪一时间点进行直播销售更好等。这就需要主播收集大量信息，包括品牌背景、产品核心卖点、产品相关专业知识、使用感受、直播间专属价格等。

2. 访问时间和路线的安排

销售人员应该合理规划访问顾客的时间，如什么时候访问、访问多长时间等。另外，销售人员应该对访问路线进行安排，以便在最短的时间内访问尽可能多的客户。随着互联网经济的兴起，销售人员不必亲自上门访问，但仍然需要计划与顾客沟通的时间与方式。

【案例】

百事可乐销售人员拜访顾客前的准备

计划性拜访顾客是百事可乐最为独特的服务策略之一。百事可乐的直接销售人员（小店销售代表）一般每个人都拥有大约100家以上（不同地区拥有量有所不同）稳定、成熟的小店客户。小型食杂店、冷饮摊点、餐厅等这一类的小店客户，由于自身的经营规模、资金都有限，因此他们要求的单位进货量就比较低，但对进货频率的要求却非常高。

面对小店客户的这些特性，如果没有一套行之有效的访问和销售计划、访问和销售模式，小店销售代表在拜访客户的过程中，就很难确保合理地安排在销售路线上的时间、做到全面掌握路线上客户的状况，以至于在拜访的过程中遗漏客户，从而导致客户断货、缺货等一系列现象，影响工作绩效和客户满意度。

为了使销售代表能够在销售线路上有计划地安排拜访时间，在每个售点提供品质一致的服务，杜绝客户断货、缺货现象，并且帮助销售代表能够真正成为客户的经营顾问，从而建立良好的客户关系，百事可乐要求所有销售代表在每天的销售过程中，必须按照公司制定的、深具规范性和模式化的"计划拜访八步骤"来拜访小店客户。"计划拜访八步骤"是百事可乐服务客户、制胜终端的犀利武器，被喻为计划性拜访客户的"天龙八步"。其中第一步就是非常重要的销售准备工作。这些工作主要包括：

（1）检查个人的仪表。销售代表是公司的"形象大使"，在客户的眼中代表着公司的形象、产品的形象甚至是品牌的形象。因此，销售代表在客户面前展现出整齐统一的外在形象、良好的精神状态，会在很大程度上给客户带来愉悦的心情。很难想象一个衣衫不整、邋里邋遢脏乱的销售代表会给客户留下好印象。百事可乐要求销售代表的外表和服装整洁，胡子刮干净，不得留长发，皮鞋擦亮，夏天不准穿凉鞋和拖鞋，手指甲干净、不留长指甲，同时还要保持自身交通工具（为方便工作，百事可乐一般都给销售代表配发摩托车、自行车等交通工具）的清洁等。

（2）检查客户资料。百事可乐采用的是线路"预售制"销售模式，所以销售代表每天都要按照固定的线路走访客户。这样在拜访客户之前就需要检查并携带当天所要访问客户的资料，这些资料主要包括当天线路的客户卡、线路拜访表、装送单（订单）、业绩报告等。

（3）准备产品的生动化材料。生动化材料主要包括商标（品牌贴纸）、海报、价格牌、促销牌、冷饮设备贴纸，以及餐牌POP广告。销售代表在小店内充分合理地利用这些生动化材料，可以正确地向消费者传递产品信息，有效地刺激消费者的购买欲望，从而建立百事品牌的良好形象。

（4）准备清洁用品。带上干净的抹布，用来帮助小店清洁陈列的百事产品。

销售代表做好这些准备工作后，就可以离开公司，按照计划拜访的路线来开始一天的工作了。

3. 确定销售策略和模式

销售人员需要提前准备：如何吸引顾客的注意，引起顾客购买的兴趣，采用哪种销售模式，例如爱达模式、迪伯达模式等。根据顾客需求和购买行为，有针对性地设计展示方式和诉求重点。同时，销售人员也需要多准备几种销售方案和行动细则，审时度势地及时调整销售策略和模式。

4. 制定销售工具清单

工欲善其事，必先利其器。优秀的销售人员除了要具备锲而不舍的精神外，还要准备一份完整的销售工具清单，它是绝对不可缺少的战斗武器。这些销售工具包括：①介绍自我的材料，如身份证、名片、介绍信等；②产品说明书、企业宣传资料和各种其他资料，如样品、宣传品、纪念品、照片、鉴定书、海报、录像、项目委托证明等；③达成交易所需要的材料，如订单、合同文本、预售定金凭证、计算器、笔记本、签字笔等。调查表明，销售人员在访问顾客时，利用销售工具可以降低50%的劳动成本，提高10%的成功率，提高100%的销售质量。

10.4.3 约见顾客

约见是指销售人员事先征得顾客同意拜访的活动。约见是拜访的前提，也是拜访的开始。约见顾客主要有两个目的：一是能够顺利拜访顾客，避免遭到拒绝；二是提高访问效率，避免过长的等待时间。

1. 约见顾客的内容

（1）确定访问对象。要进行销售访问，首先要确定访问对象，即确定与对方哪个或哪几个人接触。销售人员应尽量设法直接约见购买决策人，或者是对购买决策具有重大影响的人，避免在无决策权或无关的人身上浪费时间。销售人员还应尊重接待人员。为了能顺利地约见主要人物，销售人员应尊重有关的接待人员，应在言行中把他们当作同等重要的甚至是更重要的人，从而取得他们的合作与支持。

（2）确定访问事由。确定访问事由是约见的重要内容。顾客通常会根据销售人员的访问事由决定是否接见。当然，任何销售访问的目的都是最终销售产品或服务。但每次访问的目标是不一样的，可能是调查、服务、联络感情，或仅仅是认识对方。除非销售人员确实知道顾客正需要这种产品，否则通常销售人员不会把销售产品作为约见顾客的理由，而会选择其他事由，这样易于顾客接受。例如，若销售人员是新手，顾客是技术专家，销售人员可以用求教的方法约见顾客；销售人员也可以选择节假日送贺礼或服务调查等方法约见老顾客。

（3）确定访问时间。选择一个对销售人员和顾客都合适的访问时间很重要。因此，在确定访问时间的时候，销售人员应尽量替顾客着想，避免在顾客最忙碌的时间约见顾客，而要寻找顾客较为轻松与愉快的时间。通常顾客并不愿主动安排时间，销售人员应该建议一个具体时间供顾客考虑，或提出多个时间由顾客选择。当顾客的时间与销售人员的时间安排有矛盾时，应尽量迁就与尊重顾客的意图。如销售人员与另外的顾客有约在先而发生时间上的冲突时，应如实向当前的约见对象说清楚。约见时间与规定一旦明确，销售人员就应立即用笔记录在案，并且应严守信用，克服困难，准时到达约见地点。

【小贴士】

销售人员的最佳访问时间

不少销售人员的失败不在于主观不努力，而在于选择的访问时间欠佳。要掌握最佳的时机，一方面要广泛收集顾客信息资料，做到知己知彼；另一方面要培养自己的职业敏感，择善而行。下面几种情况，可能是销售人员访问顾客的最佳时间：

1）顾客刚开张营业，正需要产品或服务的时候。

2）对方遇到喜事吉庆的时候，如晋升、获得某种奖励等。

3）顾客刚领到工资，或提升工资级别，心情愉快的时候。

4）节日、假日之际，或者对方厂庆纪念、大楼奠基、工程竣工之际。

5）顾客遇到暂时困难，急需帮助的时候。

6）顾客对原先的产品有意见，对销售人员的竞争对手最不满意的时候。

7）下雨、下雪的时候。在通常情况下，人们不愿在暴风雨、严寒、酷暑、大雪冰封的时候前去访问顾客，但是许多经验表明，这些正是销售人员上门访问的绝好时机，因为在这样的环境下去拜访，往往会显得诚意满满。

（4）确定访问地点。在什么地方见面也是约见时要确定的主要内容之一。最经常使用，也是最主要的约见地点是办公室。事实上，可以选择一些公共销售场所，如展览厅、订货会、货栈、洽谈室等；也可以把公共娱乐场所作为约见地点，如咖啡厅、茶座等。但太嘈杂或来往人太多之地只能作为礼节性拜访、初次认识、联络感情的场所，绝不能作为实质性谈判的地方。

2. 约见顾客的方法

约见不仅要占用顾客时间，而且可能会影响顾客的工作与生活，因此销售人员在约见顾客时，不仅要考虑约见对象、约见时间和地点，还必须讲究约见方法。在现实的销售中，约见顾客的常用方法有以下几种：

（1）当面约见。当面约见就是销售人员与顾客面对面约定再见面的时间、地点、方式等事宜。这种约见简便、易行，也极为常见。销售人员可以利用各种与顾客见面的机会进行约见，如展销会、订货会、社交场所、推销途中与顾客的不期而遇、在被第三方介绍认识的时候等，借机与顾客当面约见。这种机会并不常见，这就要求销售人员时时留心，创造机会与顾客见面，进而约定正式见面的时间。

（2）信函约见。信函约见是指销售人员利用各种信函来约见顾客的一种联系方法。随着时代的进步出现了许多新的传媒，但多数人认为信函比电话等更显得尊重他人一些。这些信函包括个人书信、会议通知、社交柬帖、广告函件等。其中，采用个人书信的形式约见顾客的效果最好，但一般是在与对方较熟识的情况下采用。如果对顾客并不熟悉，采用会议通知、社交柬帖、广告函件则比较理想。

（3）电话约见。电话约见是指销售人员通过电话来约见顾客，这是现代销售活动中常用的约见方法。电话约见的优势在于经济便捷，能在短时间内接触更多的潜在顾客，是一种效率极高的约见方式。电话约见时，由于顾客是不见其人、只闻其声的，所以销售人员的重点应该放在"话"上。要精心设计开场白，激起对方足够的好奇心，使他们有继续交谈的意愿，但又要尽量避免透露太多情报，因为电话约见的目的是约定访问时间，而不是做推销。

（4）委托约见。委托约见是指销售人员委托第三者代为约见顾客的一种方法。受托人一般都是与访问对象本人有一定社会关系或社会交往的人，尤其是与访问对象关系密切的人或对其有较大影响的人最合适，可以是销售人员的同学、老师、同事、亲戚、朋友、上司、同行、秘书、邻居等，也可以是各种中介机构。委托约见可以借助第三者与访问对象的特殊关系，克服访问对象对陌生销售人员的戒备心理，取得访问对象的信任与合作，有利于进一步的推销接近与洽谈。

（5）网络约见。网络约见是指推销人员线上与顾客进行约见和商谈的一种方式。科技的迅速发展为现代销售提供了快捷的沟通工具，不仅为网上销售提供了便利，而且为网上购物、交谈、联络情感提供了便利的技术平台，尤其是线上会议使得网上约见与洽谈更加方便。网络约见的优点是快捷、便利、费用低、范围广,但网络约见的沟通效果受到销售人员的网络技术、顾客网络或电子设备等技术方面的限制。因此,现代销售人员要掌握有关的网络知识,能够及时处理线上会议中的技术问题,学会利用现代化的信息手段和销售工具开发潜在顾客。

课程思政

【思政元素】有道无术,术尚可求也。有术无道,止于术。

《道德经》中写道:"有道无术,术尚可求也。有术无道,止于术。"这句话的意思是,道德高尚、修养良好的人,即使没有术法谋略,也是可以去学习的,但是如果只有术法谋略,而品德低劣的人,只能止步于当前的成就,不能再进一步。

【知识元素】寻找潜在顾客

【思政元素与知识元素的融合】

寻找潜在顾客的方法很多,例如逐户访问法、无限连锁介绍法、中心人物法、委托助手法、资料查阅法、广告开拓法、活动寻找法等,这些都是"术",其中的"道"就是采取有效的方法,通过合适、正当的渠道,将合适的产品卖给合适的消费者,真正满足消费者的需要。所以,销售人员既要有"术",更要有"道"。

本章小结

一个完整的销售过程包括五个基本步骤:销售准备;销售展示;处理异议;促成交易;售后服务与跟踪。其中,销售准备是整个销售过程的起点,主要包括三个方面内容:寻找潜在顾客、顾客资格审查、销售展示准备。

寻找潜在顾客的方法主要有:逐户访问法、无限连锁介绍法、中心人物法、委托助手法、个人观察法、电信访问法、贸易展览法、资料查阅法、广告开拓法、活动寻找法。

销售漏斗理论表明只有少数潜在顾客才能成为准顾客或现实顾客。顾客资料审查的主要内容包括:顾客购买力审查、顾客购买决策权审查、顾客购买需求审查。

销售展示的准备主要包括潜在顾客材料的准备、制订销售访问计划、约见顾客三个方面的内容。

约见是指销售人员事先征得顾客同意拜访的活动。其内容主要有确定访问对象、确定访问事由、确定访问时间和地点。常用的约见方法有:当面约见、信函约见、电话约见、委托约见、网络约见。

复习思考题

1. 销售过程分哪几个步骤?
2. 寻找潜在顾客的具体方法有哪些?
3. 顾客资格审查的主要内容有哪些?
4. 潜在顾客资料准备的主要内容有哪些?

5. 制订销售访问计划的主要内容有哪些？
6. 大数据时代，可以用哪些新方法来约见客户？

案例分析

李老太买李子

【场景一】

李老太到集市买李子，她走到第一家水果店门口，问店员："这个李子怎么卖？"店员回答说："5.8元每斤！这李子又大又甜，很好吃的。"李老太没等他话说完，转身就走了。

【场景二】

李老太走到第二家水果店门口，问："你这李子怎么卖？"店员回答说："5.8元每斤！您要什么样的李子呢？"李老太说："我要酸的李子。"店员说："正好我这李子又大又酸，您尝尝。"李老太选了一个尝了尝，有一点酸，于是买了两斤。

【场景三】

李老太提着李子回家时路过第三家水果店，她想验证下她的李子是不是贵了，于是她便问："你这李子多少钱一斤？"店员回答说："5.8元每斤。您要什么样的李子呢？"李老太说："我要酸的李子。"店员奇怪："您为什么要酸的呢？这年头大家都要甜的。"李老太说："我儿媳妇怀孕四个月了，想吃酸的。"店员说："原来是这样！那您为什么不买点猕猴桃呢？猕猴桃口味微酸，营养丰富，含有特别丰富的维生素，同时这些维生素很容易被小宝宝吸收呢！既可以满足您儿媳妇的口味，也为小宝宝提供了丰富的维生素，一举多得呢！"李老太觉得有理，于是又买了两斤猕猴桃！

以上销售经典案例，让所有销售人员都清楚了一个问题，那就是一个成功和合格的销售人员首先要做到两点：第一，对自己产品的知识一定要充分熟悉、充分了解，做到能随时回答客户的任何疑难问题，这才是业务成功之本！第二，一定要懂得抓住客户的需求，要善于去聆听、去挖掘、去寻找对方的需求。你只有用心地听客户说、用心地和客户交流，才会从客户的言语中了解到他的想法，并及时抓住他的购买欲望，只有这样才能达到销售的目标！

（**资料来源**：https://www.doc88.com/p-804248193357.html．）

案例讨论：

1. 第一家店员的问题是什么？
2. 相比较于第二家店员，第三家店员的成功之处表现在什么地方？

第11章

销售展示

> 凡先处战地而待敌者佚，后处战地而趋战者劳。
> ——《孙子兵法·虚实篇》

学习目标

1. 了解销售接近的任务
2. 掌握销售接近的各种方法
3. 了解销售陈述的方法
4. 掌握销售演示的方法

引入案例

玻璃销售的故事

在一家销售玻璃的公司年底奖励的时候，一位销售人员得了第一名，公司内很多人都为他喝彩，并向他请教销售经验。他说："我向顾客介绍说我们的玻璃很好，砸都砸不破，顾客不相信，我就拿铁锤砸给他看，果真砸不破，这样一来顾客自然就信服地买下了。"第二年颁奖大会，又是这个销售人员得了第一名，大家就觉得很奇怪，大家都学习了他的经验，可还是他的业绩最好。这个销售人员又向大家介绍说："以前都是我亲自砸玻璃来演示给顾客看，今年到顾客那边去，我就把锤子交给顾客砸。"

（资料来源：https://www.sohu.com/a/237097784_776822.）

11.1 销售接近

所谓销售接近，就是在实质性洽谈之前，销售人员运用技巧和智慧与顾客做最直接的面谈，以缩短销售人员与顾客之间的距离。这一概念包含两层含义：一是指销售人员与顾客在空间距离上接近；二是指销售人员和顾客消除感情上的隔阂，逐步趋于同一目标。

销售接近是销售过程中的难点，销售人员往往是带着销售目的去接近一个陌生人的。成功接近，则为销售工作的顺利完成奠定了良好的基础。一般而言，销售接近的过程如图11-1所示。

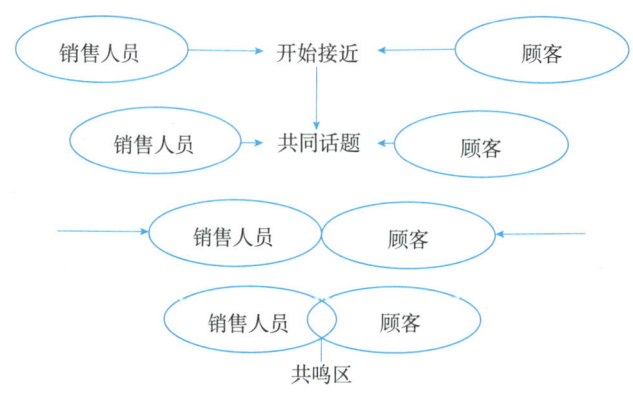

图 11-1　销售接近过程示意图

11.1.1　销售接近的任务

作为整个销售过程的一个阶段，销售接近的任务主要包括以下四个方面的内容：

1. **验证事先所得信息**

经过寻找与评估阶段和制订洽谈计划阶段，销售人员掌握了有关顾客的各种信息，并据此准备了相应的销售策略和模式。但是，相关信息是否全面、准确、有效，还是未知。销售人员应利用实际接触顾客的最初时间，运用观察、提问、倾听等方法，验证事先收集的信息是否准确。若发现原有的信息错误，应迅速反应，及时更新销售信息。更重要的是要及时修正根据原有信息所制定的销售策略或模式。验证事先所得的信息时需要注意方法，例如，对于顾客敏感的一些问题，不要直接涉及。销售人员可以通过对办公场所、环境气氛的观察和了解，验证事先收集的信息，也可以通过与秘书等企业职员的交谈补充信息。

2. **引起顾客的注意**

在销售接近阶段，引起顾客的注意是决定洽谈能否顺利进行的非常关键的环节。销售人员在洽谈一开始就应设法使顾客注意力集中于洽谈过程。成功地吸引顾客注意力，可以使顾客更快地了解产品的特征与利益，也可以使顾客更好地理解销售人员的陈述，为激发顾客购买欲望奠定基础。能否引起顾客的注意，取决于多种因素。销售人员必须重视顾客的第一印象可以产生的"晕轮效应"，即顾客对销售人员某一方面行为的印象好坏会影响到其对销售人员其他行为的认识与评价。因此，销售人员一定要注意自己的言行举止，争取给顾客留下良好的第一印象。

3. **培养顾客的兴趣**

在实际销售工作中，对于销售人员而言，引起顾客的注意并不难，难的是激发顾客的兴趣。因此，激发顾客兴趣对销售人员而言比引起顾客注意更重要。如果在引起顾客的注意之后，不能使顾客对产品产生兴趣，不仅会使顾客的注意力重新分散，而且难以激发顾客的购买欲望。此时，销售人员可以适时迎合顾客的爱好，尽快培养顾客的兴趣。

4. **顺利转入实质性洽谈**

在培养了顾客兴趣之后，销售人员就应该适时引导顾客自然转入实质性洽谈。接近的最终目标是转入实质性洽谈，引起注意和激发兴趣都是为这个目标服务的。一定要注意的是

"自然而然"地转入实质性洽谈，尽量避免刻意地转入，否则容易引起顾客的抵触情绪和逆反心理，给顺利转入实质性洽谈带来障碍。

11.1.2 销售接近的基本策略

1. 迎合顾客策略

销售人员应该根据事前获得的信息和接触瞬间的判断，选择合适的方式、身份来接近不同类型的顾客。也就是说，销售人员可以根据顾客的特点，改变自己的内外特征，扮演顾客乐意接受的角色以迎合顾客。比如在仪容仪表、语言风格等方面，做出一定的改变。销售人员进入顾客办公室，发现办公桌上放着一本《易经》，于是表示自己也很喜欢，最近也读过《易经》，结果双方就《易经》展开了讨论，很多见解不谋而合，从而拉近了关系，促成交易。

【小贴士】

审定有无与其实虚，随其嗜欲以见其志意，微排其所言，而捭反之，以求其实，贵得其指；阖而捭之，以求其利。

——《鬼谷子》

[译文] 考察他们的有无与虚实，通过对他们嗜好和欲望的分析来揭示他们的志向和意愿。适当贬抑对方所说的话，在他们开放以后再反复考察，以便探察实情，切实把握对方言行的宗旨，让对方先封闭而后开放，以便抓住有利时机。

2. 调整心态策略

在接近陌生顾客的过程中，销售人员表现出各种形式的紧张都是很普遍的。许多销售人员害怕接近，甚至想避免接近，这种现象被称为"销售恐惧症"。害怕顾客的冷漠和拒绝是其重要的原因，销售人员需要充分理解并坦然接受。成功的销售人员应该学会放松和专注的技巧，这样能使自己克服压力。销售人员可以提前考虑可能遇到的最好和最坏的情况，然后做好如何反应的准备，这样在遇到的时候才能及时调整心态，坦然面对。

3. 减轻顾客心理压力策略

当销售人员接近顾客时，事实上顾客也会产生一种无形的压力。这种压力来源于顾客认为一旦接受销售人员就必须承担购买的义务。正是这种心理压力，使一般顾客害怕接近销售人员，冷淡对待或拒绝销售人员的接近，最终演变为销售人员接近顾客的阻力。销售人员若能够减轻或消除顾客的心理压力，就能够减少接近顾客的阻力，顺利转入销售展示。许多销售人员经常利用销售外的理由去接近顾客，就是为了减轻顾客的心理压力。

4. 控制时间策略

销售人员必须善于控制接近时间，不失时机地自然转入正式洽谈。接近的最终目的是进一步洽谈，而不是引起顾客的注意和兴趣。有些缺乏经验的销售人员，总不好意思谈论自己的销售话题，到顾客要走了还没有开始谈论正题，这就是没有控制好时间，接近效果就不理想。如何把握时间的长短，销售人员应视具体情况而定，但不宜过长。

11.1.3 销售接近的方法

销售人员接近顾客的方法多种多样，归纳起来大致可以分为三类：陈述说明式接近法、询问式接近法、演示式接近法。通常情况下这三种方法可以综合运用。

1. 陈述说明式接近法

如果计划得当，尤其是在销售人员接近顾客前就了解其需要时，开场用陈述说明来接近顾客是很有效的。陈述说明式接近法有四种：介绍式接近法、赞美式接近法、引荐式接近法、馈赠式接近法。

（1）介绍式接近法。所谓介绍式接近法，是指销售人员用自我介绍的方式接近潜在顾客的方法。通常是以介绍销售人员的姓名和企业开始的，例如："您好周总，我是张强，某某集团的销售代表。"为了获取顾客的信任，一般应递交名片、介绍信等相关证明材料。

介绍式接近法是最普遍的一种方式，但也是较为缺乏力度的一种方式。因为用这种方式接近顾客太突然，双方没有感情基础和同化目标的中介，很少能引起潜在顾客的注意和兴趣。因此，销售人员的言谈举止以及仪表就显得尤为重要。

（2）赞美式接近法。所谓赞美式接近法，是指销售人员利用顾客喜欢被赞美的心理来引起顾客注意和兴趣从而接近顾客的方法。美国心理学家威廉·詹姆斯（Willian James）说："人类本性中最深的企图之一是期望被赞美、钦佩和尊重。"渴望被赞美是每个人内心的一种基本愿望。

【案例】

一个销售人员走进银行经理办公室销售伪钞识别器，见女经理正在埋头写一份东西，从表情看很糟，从桌上的混乱程度可以判定她一定忙了很久。销售人员想："怎样才能使经理放下手中的活计，高兴地接受我的销售呢？"销售人员通过观察发现，经理有一头乌黑发亮的长发，于是赞美道："好漂亮的长发啊，我做梦都想有这样一头长发，可惜我的头发又黄又少。"只见经理疲惫的眼睛一亮，回答说："没以前好看了。太忙，瞧，乱糟糟的。"销售人员马上送上一把梳子，说："梳一下更漂亮，你太累了，应该休息一下。注意保养，才能永葆青春。"这时经理才回过神来问："你是？"销售人员马上说明来意。经理很有兴趣地听完介绍，并当场采购了几台伪钞识别器。

使用赞美式接近法需要注意：一是不可信口开河、胡吹乱捧，需要真诚赞美，避免虚情假意。二是因人而异，针对不同类型的顾客采用不同的赞美方式。例如，对于严肃的顾客，赞美语言要自然朴实、点到为止；对于喜爱被夸赞的顾客，可以充分发挥赞美语言的作用。

（3）引荐式接近法。所谓引荐式接近法，是指销售人员利用引荐人的介绍来接近顾客的方法。通常引荐人应该是顾客喜欢或尊敬的人，可以采用电话、信函或当面介绍等方式。

一般情况下，顾客会较为愿意与引荐人介绍的销售人员接近，只要销售人员之后的交谈能引起顾客的兴趣就能使洽谈顺利进行。例如："周总，上周我与您哥哥一起聚餐，他介绍我来拜访您。"这是一个典型的引荐式接近法的例子。该方式的局限性在于，对于想要联系的潜在顾客，不一定能够找到引荐人，即使找到，如果引荐人不合适，效果也不太理想。

（4）馈赠式接近法。所谓馈赠式接近法，是指销售人员利用赠送礼物来接近顾客，以引起顾客注意和兴趣的方法。馈赠礼物比较容易博得顾客欢心，取得好感，有利于创造融洽的气氛，因此是一种很有效的接近顾客的方式。例如："陈先生，送您一本漂亮的台历，上边印有您的名字。台历上有我们产品的介绍，比如这个月的日历上就详细介绍了我们的复印机。"

通常馈赠品是免费样品或新奇的礼品，不要过于贵重，更不能违背国家法律法规，变相贿赂。馈赠的目的是表示祝贺、慰问、感谢的心意，而不是为了满足顾客的欲望。当然，在选择所馈赠品之前，销售人员需要了解顾客，礼虽轻但要有专属感，让对方感受到你的用心。

2. 询问式接近法

询问式接近法是以询问作为开场白的接近方法，该方法有利于销售人员更好地确定潜在顾客的需求，下面介绍几种基本的询问式接近法。

（1）询问顾客利益式接近法。所谓询问顾客利益式接近法，是指销售人员询问的问题要暗示产品能为潜在顾客带来利益，从而接近顾客的方法。例如："您对购买我们的冰箱每年能节省电费 50% 感兴趣吗？"

询问顾客利益式接近法以询问开始，可以接着阐述如何能使顾客受益。当然，对顾客利益的询问也可转化成受益陈述句，然后问个小问题。例如："如果我们合作每年可以赚取 500 万元，你对此感兴趣吗？"

（2）激发顾客好奇心式接近法。所谓激发好奇心式接近法，是指利用销售人员的询问能够大大激发潜在顾客的好奇心这个特点来接近顾客的方法。例如，推销科普书籍的销售人员对顾客说："丈夫的寿命与妻子有关，您想了解这是为什么吗？"

这些令人好奇的问题，一下子就能引起顾客的兴趣，促使其寻根问底，洗耳恭听。销售人员在解答疑问时，要巧妙地将产品介绍给顾客。需要注意以下两点：一是引起顾客好奇的方式必须与推销活动有关；二是引起顾客好奇的手段必须合情合理，奇妙而不荒诞。

【案例】

日本的一位人寿保险销售人员在名片上印着数字"76600"，顾客感到很奇怪，就问："这个数字是什么意思？"销售人员反问道："您一生中吃多少顿饭？"几乎没有一个顾客能答得出来。销售人员接着说："76600 顿吗？假定退休年龄是 55 岁，按照日本人的平均寿命计算，您还剩下 19 年的饭，即 20805 顿……"这位销售人员用一张新奇的名片吸引了顾客的注意力。

当然，激发顾客好奇心也可以用陈述式或演示式来进行。例如："关于贵公司上个月所失去的 300 位顾客，我这里有一份分析报告，请您过目。"或者将一个产品放入盒内，让顾客猜一猜，猜中就赠送。

（3）促使顾客震惊式接近法。所谓促使顾客震惊式接近法，通常是指销售人员利用让顾客震惊的问题引起顾客的关注，继而转入销售洽谈的接近方法。例如："你知道去年高速公路上的汽车肇事 40% 是由于爆胎引起的么？"

销售人员所询问的问题，需要有震撼力，但不经过销售人员特别提示，常人一般不予关注。促使顾客震惊式接近法可以配合一些令人震惊的数据和调查结果使用。有些人虽然知道相关调查结果，却不知如何应对，如果销售人员能够适时提出解决方案，会收到较好的接近效果。使用该方式时销售人员应该真实地揭示现实问题，启迪顾客思考，不能过分恐吓顾客，容易引起顾客反感。

当然，促使顾客震惊也可以用陈述式或演示式来进行。例如，一位年轻的总经理一直不买个人保险，一天，推销人员突然闯进他的办公室，把一张照片放在他面前，对他说："您不应该为这位老人做点什么吗？"他一看，原来是一位耄耋老人的照片。再仔细一看，原来那位老人就是他自己。推销人员告诉他："您70岁的时候就是这样（有些夸大）！"于是他购买了大额人寿保险，因为这张照片给了他极大的震撼。

（4）征求顾客意见式接近法。所谓征求顾客意见式接近法，是指销售人员虚心向顾客征求意见，利用这个机会接近顾客的一种方法。例如："赵工程师，您是电子方面的专家，可以为我们这款电子产品提点意见么？"

销售人员采用该方式，往往会使潜在顾客感受到被尊重和认可。如果问法恰当，大多数顾客愿意与销售人员交谈。销售人员尤其要注意认真倾听顾客意见、想法，因为这表明销售人员重视顾客的反馈，也表明销售人员不是滔滔不绝地背台词，而是与潜在顾客探讨一些专业知识。当然，所问问题一定是对方所擅长的，销售人员在征求意见后及时将话题导入有利于促成交易的谈话中。

（5）多项询问式接近法。所谓多项询问式接近法，是指销售人员利用一系列有明确顺序的问题来接近顾客的方法。这些问题的明确顺序是：情景问题（Situation Question）、难点问题（Problem Question）、牵连问题（Implication Question）、需求－效益问题（Need-payoff Question）。由于四个问题的首写字母组合为SPIN，因此该方式也被称为SPIN接近法。

【小贴士】

　　SPIN接近法，事实上是经典的销售方法。SPIN接近法是美国销售咨询专家尼尔·雷克汉姆（Neil Rackham）与其研究小组历时12年，耗资过百万美元，横跨23个国家及地区并覆盖27个行业，对35000个销售实例进行分析研究而提炼出的针对大客户进行产品销售的销售方法。它适用于汽车、房地产、医疗仪器设备、电力设备、钢结构、空调设备等产品的销售。据了解，该方法曾在60%以上的世界500强企业中成功应用，全球100万人接受过SPIN销售技巧培训。

　　SPIN接近法的具体内容及询问顺序如下：

　　第一步，询问情景问题，即询问潜在顾客与产品相关的问题。例如，房地产公司的销售人员问顾客："您家里有多少人？目前住房条件如何？"这样可以避开一开始就询问具体问题，以免让潜在顾客感觉不舒服而不愿谈论后面的话题。用一个轻松的话题开始，有利于融洽气氛。当然，询问情景问题的目的是获取顾客相关资料，发现问题点。

　　第二步，询问难点问题，即询问潜在顾客不满之处或困难，当然，难点问题一定是建立在情景问题的基础上的。例如，销售人员继续问道："您现在的两室一厅，居住很方便，但有没有考虑过小孩出生后，会需要更大的空间呢？"明确顾客的难点问题，有助于销售人员发掘潜在需求。如果潜在顾客在销售人员询问了情景情况或难点问题后阐述了具体的需要，也不要径直进入销售展示阶段。继续进行下面的两个步骤，有利于提高成交的可能性。

　　第三步，询问牵连问题，即询问难点问题会带来的后果。例如，销售人员继续追问："小孩出生后，爷爷奶奶会来照顾么？是否会感觉住房太紧张？"在SPIN接近法中，最困难的问题就是牵连问题。引出牵连问题就是为了让潜在顾客意识到现有难点问题所导致的后果将是非常严重的。

　　第四步，询问需求－效益问题，即询问潜在顾客是否有重要的、明确的需求。在牵连问题基础上,询问需求-效益问题实际上是寻求问题解决方案。例如,销售人员问顾客:"如果我向您介绍一套新房型,三室一厅,建筑面积较你目前住房增加10%左右,但总价只多5%左右。它将解决你未来的住房紧张问题,你有兴趣了解吗?"如果潜在顾客对需求-效益问题给予肯定的回答,说明这个方案能够满足顾客的需求。销售人员就可以重复前三步骤,以便充分发掘潜在顾客的所有重要需求。如果回答是否定的,说明这个需求不太重要,销售人员就应该就新的方面重新开始前三步骤,直到确定顾客的重要需求,为顾客提供解决方案。

【案例】

方便食品公司销售人员的 SPIN 接近法

一位方便食品公司的销售人员在晚上八点,依约来到一家便利店,和老板交谈。

销售人员:"温老板,咱这家店开了很多年了吧?"(情景问题)

温老板:"20多年了,你看旁边那些店,很多都换了好几个老板了,我这个店就是一直活到现在,还活得挺好。"

销售人员:"那都是因为您有头脑、有眼光。不说别的,店门前的灯箱就比别家大气,而且店内的灯光也够明亮,吸引力大啊!咱店食品的比例占多少啊?"

温老板:"六成多。最近几年周围白领越来越多,我现在就多进一些新潮的品种。"

销售人员:"现在经营中的困难主要在哪里?"(难点问题)

温老板:"要说困难,房租在涨,员工工资也在涨,还有这几年麦当劳、肯德基以及别的快餐厅越开越多,搞得我们不少食品销量下降,像方便面、火腿肠、八宝粥之类,都卖得比过去少了。"

销售人员:"那,这些快餐厅越开越多,对咱们店影响大不大?"(牵连问题)

温老板:"唉,还是很大的,虽然我现在每月销量能够稳中有升,但是从长远看是不行的,不进则退啊!我现在想开一个柜台,在早晚餐时卖包子、花卷、粽子等。"

销售人员:"那不是要再多请人?这些做早餐还行,做晚餐的话那些白领不一定接受,晚上还是要吃好一点。"

温老板:"你说得也对,但我总得想点办法啊。"

销售人员:"包子、粽子,或者方便面、火腿肠虽然快捷,但是太简单;如果有既快捷、味道和营养也不错的食品,你觉得怎样?"(需求-效益问题)

温老板:"当然好了,所以那些年轻人就去麦当劳那些快餐厅喽。"

销售人员:"快餐厅有快餐厅的问题。虽然麦当劳、肯德基味道和环境好些,但价格也贵些;价格便宜的快餐厅,味道和环境又不太好。来,看看我们'美味来'便当盒,这是照片,酸甜排骨饭、鱼香肉丝饭、红烧肉饭,都是真空包装的。味道和营养都不错,价钱也不贵,买回家微波炉加热一下就行,快捷,在家里吃环境起码不差,怎么样?"

温老板:"嗯,让我仔细看看。"

3. 演示式接近法

运用演示或戏剧性表演来接近潜在顾客是十分有效的,因为这种方法能强烈吸引潜在顾客主动参与到接近中来。演示式接近法主要有两种:产品式接近法和表演式接近法。

(1)产品式接近法。产品式接近法又称实物式接近法,是指销售人员直接利用产品的某些特征来引起顾客注意和兴趣，从而接近顾客的方法。这种方法的特点就是利用产品的魅力来吸引顾客。美国推销员赫亦莱（Heyley）说过："如果您想勾起对方吃牛排的欲望，将牛排放到他面前固然有效，但最令人无法抗拒的是让他听到煎牛排的滋滋声，他会想到牛排正躺在黑色的铁板上，滋滋作响，浑身冒油，香味四溢，不由得咽下口水。"可见，利用产品自身魅力刺激顾客需求和欲望，会收到很好的销售效果。当然，产品式接近法适用于容易携带而且具有特色的产品。此种方法现在较多应用在直播销售中。直播销售人员通过预告产品，来接近进入直播间的消费者。

（2）表演式接近法。表演式接近法，又称戏剧化接近法，是指销售人员利用各种表演活动引起顾客注意从而接近顾客的方法。此法需要销售人员做一些不寻常的事，来引起潜在顾客的注意和兴趣。这个方法应该小心操作，要选择有利时机，表演自然，不要出现产品质量或性能方面的差错。当然，销售人员也应该事先想好万一出现差错时的应急措施，或在操作过程中做到随机应变，将坏事变成好事。另外，表演时倘若能让潜在顾客参与，其效果会更加显著。表演中的道具最好是与销售活动有关的物品，这样更利于顺利转入实质性洽谈。类似地，此种方法在直播销售中也较为常见，但其使用方法应与产品特征相匹配。

【案例】

一位销售人员每走进一家公司的大厅，就将手中的万用表往地上一摔，"铛"的一声，吸引了大厅所有人的注意，人们围观后，他开口说话："这是我们公司的防震万用表。电器修理人员经常不小心将万用表掉在地上，导致万用表损坏，我们的产品却解决了这个难题。"

11.2 销售陈述和销售演示

销售人员在成功接近顾客之后，就进入了销售展示阶段。销售展示是指销售人员利用语言陈述、可视辅助手段和其他各种方式，让顾客充分了解产品外观、操作方法、特有功能以及能给顾客带来的利益，并说服顾客购买的一系列活动过程。一般而言，销售展示主要有两种类型：销售陈述、销售演示。

11.2.1 销售陈述

销售陈述，又称劝导性沟通，是指销售人员向顾客传递信息、沟通思想的过程，是促使顾客产生购买行为的特定过程。销售陈述的方法很多，这里只介绍熟记式陈述、公式式陈述、满足需求式陈述和解决问题式陈述四种。这四种方法的比较见表11-1。

表 11-1 销售陈述方法的比较

销售陈述方法	结构特点	对应的销售模式	合适的销售方式	销售人员控制时间	销售人员控制强度
熟记式	结构化	背解说词	交易式	长	强
公式式	半结构化	爱达、费比	交易式、关系式	较长	较强
满足需求式	没有结构化	迪伯达	关系式、合作式	较短	较弱
解决问题式	定制	—	合作式	短	弱

1. 熟记式陈述

熟记式陈述是指销售人员按照企业预先准备的标准方案进行产品介绍。当销售人员缺乏经验，且所销售的产品和顾客特征没有变化，销售人员能够将事先准备好的产品解说词熟记于心时，常常采用熟记式陈述。

熟记式陈述的优点是：能确保按照逻辑顺序将产品介绍给顾客，避免新手推销时的词不达意。其缺点是：缺少灵活性，销售人员的讲话通常占整个过程的80%～90%，留给潜在顾客参与的机会较少。

2. 公式式陈述

公式式陈述与熟记式陈述较为相似，销售人员可以遵循半结构化的陈述要点提纲，如爱达模式和费比模式，以此进行灵活的陈述。相较于熟记式陈述，公式式陈述相对灵活，其内容结构不像熟记式陈述那么固定。在公式式陈述中，销售人员依然是主导，但需要控制谈话局面。该陈述方式适用于两种顾客：一是最近购买的老顾客；二是销售人员较为了解的潜在顾客。

公式式陈述不仅具备了熟记式陈述的主要优点，而且兼有灵活性。销售人员只要记住销售陈述的主要内容提纲就可以在现场进行具体的陈述与展示，并适当发挥创造。这既保证了销售陈述的要点不会被忽略，还能使双方有合理的时间进行交流。公式式陈述的缺点在于，相对熟记式陈述，销售人员控制谈话的时间较短，强度稍弱，而且需要销售人员必须正确识别出潜在顾客的需要，否则顾客提出异议的可能性在展示初期就会上升。

3. 满足需求式陈述

满足需求式陈述不同于熟记式陈述和公式式陈述，它最具有挑战性也最富有创意，是一种灵活的相互交流式的销售陈述方式。在陈述中，销售人员首先提出一个探究性问题，例如"贵公司需要哪种计算机？"以此讨论潜在顾客的需求。在具体的讨论过程中，销售人员逐步确定提供哪种产品可能是有益的，从哪些方面去陈述产品会更利于顾客接受。如果销售人员对潜在顾客说的一些话不是很理解，那么销售人员可以通过询问或重述潜在顾客的话来进一步弄明白。总之，先提问，倾听顾客的回答后确认其需求，再开始陈述。

满足需求式陈述没有固定的结构模式，要求销售人员积极、主动且灵活地进行销售陈述。满足需求式陈述对销售人员的销售技巧要求较高，销售人员需要在较短时间内通过询问来明确消费者需求。一般情况下，这种陈述方式比较适用于技术复杂、价位高的工业技术产品的销售。

4. 解决问题式陈述

解决问题式陈述是销售人员争取与顾客一起分析问题，并提出解决方案的一种陈述方式。该方式需要销售人员进行更加充分的准备，全面而细致地了解潜在顾客。具体运用时，销售人员通常需要进行多次访问，对潜在顾客的需要情况进行详细分析，然后针对顾客独特的需求，制定详尽的解决方案。

解决问题式陈述是一种更加机动灵活、因人而异的陈述方式，特别适用于销售高度复杂或技术性强的产品，如企业财产保险、工业设备、大型软件系统、办公设备等。

【小贴士】

解决问题式陈述的步骤

美国销售专家查尔斯·M. 福特雷尔认为，解决问题式陈述一般包括六个步骤：

步骤1：说服潜在顾客允许销售人员进行分析（必须让顾客意识到目前可能存在某些问题）。

步骤2：进行精确分析（用真实的数据定性地告知顾客可能存在的问题类型或后果）。

步骤3：就存在什么样的问题达成一致意见，确定潜在顾客的问题（正确描述该问题）。

步骤4：准备解决潜在顾客需求的建议方案（与顾客协商解决该问题的办法，进行定量分析）。

步骤5：根据分析和建议准备销售陈述。

步骤6：进行销售陈述（运用销售技巧告知产品特征、优点和利益等）。

其中，前三个步骤的目的在于与潜在顾客一起明确需求，即存在何种问题；后三个步骤的目的在于提供解决方案，并将产品利益融入其中。

11.2.2 销售演示

销售演示是指销售人员利用顾客的视觉系统，启发诱导顾客购买产品的方法。心理研究表明，在人们所接收的外部信息中，大约87%的信息是通过眼睛接收的，仅13%的信息是通过其他感官接收的。因此销售人员对产品应该进行最大限度的可视化演示，从而真正打动潜在顾客，直接刺激其购买欲望。根据演示对象（即销售工具）的类别，可以将销售演示划分为以下五种。

1. 产品演示

产品演示是指销售人员直接向潜在顾客展示产品本身，以说服购买、达成交易的一种方法。销售人员通过对产品的展示、操作、表演等，将产品的性能、特色、优点等表现出来，让顾客对产品有比较直观的了解。产品演示也是目前直播销售中普遍采用的方法。产品演示有两个方面的优点：一是介绍产品比较形象；二是起到证实作用。在运用该方法时，需要注意，应根据产品特点与顾客特点，选择产品演示的重点，如果能够让顾客参与演示则更好。另外，对于过重、过大、过长、过厚的产品以及服务性产品等，不适合采用实际产品现场演示的，可以采用产品模型或样本演示。

【案例】

华为5G欧洲路演在西班牙启动

华为2018年4月23日在西班牙首都马德里介绍了其5G解决方案的研发成果。这是华为以"5G来了"为主题，开启欧洲10国卡车路演的第一站，无人机、机器人、虚拟现实、无人驾驶车等使用方案格外引人注目。

消费者在华为路演的卡车实验室内戴上特殊的眼镜可以体验在线虚拟现实，有如身临其境，消费者转身，能看到身后虚拟花园里的一切。这归功于在距该实验室几十米远的帕斯特拉纳公爵宫殿花园内安装的360°摄像机和卡车上的接收天线。

2. 行动演示

行动演示是指销售人员利用非语言化的、惹人注目的、夸张的方式向顾客展示产品的优点，以提示顾客采取购买行为的一种方法。行动演示不仅能够吸引顾客的注意和兴趣，而且能够通过现场演示与使用产品，给顾客一种身临其境、真实可信的感觉。行动演示方法能够很直观地暗示与激励顾客采取购买行为。该演示方法只适合那些简单的、便于携带的、便于演示的产品，如口红美妆类、服饰类产品等。

3. 可视辅助工具演示

可视辅助工具演示是指用除了产品本身以外的其他辅助工具来进行展示的方法。这些辅助工具包括文字与图片（产品目录、广告、宣传资料、使用说明书、产品图片或照片等）、光电设备（录像带、DVD、网络视频等）。文字与照片能够做到图文并茂，光电设备可以动静结合。这种方法要求销售人员平时收集好相关产品的文字、图片、视频资料等，做好资料的整理和演示准备工作。

4. 证明演示

证明演示是指利用证明材料来展示产品质量优点的方法。产品的证明材料包括：生产许可证、质量鉴定书、获奖证书、顾客的表扬信、产品消费前后的对比资料和追踪调查统计资料、产品销售证明、企业曾经做的项目清单等。采用此方法要注意：一是销售前收集和准备好具有专业水平的、权威性的、足够的证明资料；二是所有证明资料都必须是真实有效、科学合理的。近年来，很多商家通过展示环保证明、捐赠书等材料来证明企业承担了社会责任，这也是契合顾客绿色消费和可持续发展需求的销售展示，往往也能够带来较好的效果。

5. 顾客参与演示

顾客参与演示是指让顾客参与销售演示的展示方法。通常有四种方式可以诱使顾客参与：①提问；②使用产品；③用可视辅助工具吸引；④参加示范表演。在一个成功的演示中，销售人员要让潜在顾客参与四件事情：①尽量简化潜在顾客参与的事情，避免其在参与时出现差错；②让潜在顾客体验产品的某项重要特性；③让潜在顾客做一些使用该产品时经常要重复的事情；④通过提问或者谈话中的停顿，确定潜在顾客对产品的态度，并让顾客回答问题，为结束销售陈述创造条件。

> **课程思政**

【思政元素】敬业——社会主义核心价值观

敬业意味着热爱、看重自己所从事的工作，为之自豪，并将这种自豪转化成对工作的动力，对生活、集体和国家的热爱。一个伟大的民族是由无数个忠于职守、品格高尚的个体组成的。国民能否兢兢业业、一丝不苟地干好本职工作，不仅关系到自身生存发展，也决定着整个国家的健康发展。

【知识元素】销售接近与销售展示

【思政元素与知识元素的融合】

销售是一个极其复杂的过程，是一个包含寻找客户、接近客户、了解客户需求、销售展示、异议处理、与客户达成交易、售后服务等多项程序的过程。其中，销售接近要突破封闭的自我心理，销售展示要突显热情与真诚，因此销售人员必须具有敬业精神，认同销售工作，热爱销售工作。另外，并非每一个人都胜任销售工作，销售人员要有职业自豪感。

本章小结

销售接近是指在实质性洽谈之前，销售人员运用技巧和智慧与顾客做最直接的面谈，以缩短销售人员与顾客之间的距离。

销售接近的基本策略是：迎合顾客、调整心态、减轻顾客心理压力、控制时间。

销售接近的方法大致可以分为三类：陈述说明式接近法、询问式接近法、演示式接近法。

销售展示是指销售人员利用语言陈述、可视辅助手段和其他各种方式，让顾客充分地了解产品外观、操作方法、特有功能以及能给顾客带来的利益，并说服顾客购买的一系列活动过程。销售展示主要有两种类型：一类是销售陈述，另一类是销售演示。

复习思考题

1. 销售接近的基本任务和策略是什么？
2. 销售接近的方法主要有哪几类？分别又分为哪几种？
3. 简述多项询问式接近法的步骤。
4. 销售陈述的四种方法分别是什么？
5. 简述销售演示的类型及各种演示法的含义。
6. 大数据时代，有哪些新的销售展示方法？

案例分析

一个图书推销员的销售接近

文先生是一名图书推销员，他正拜访刚开业一个月的一家书店的舒经理。

文先生："这真是一家吸引人的书店，装修漂亮、环境幽雅。"

舒经理："谢谢。我们这儿的一切都是为了满足市场需求。"

文先生："你有重点的目标市场客户吗？"

舒经理："主要针对经常光顾书店的女性客户。"

文先生："那你们打算多进哪些类型的图书呢？"

舒经理："我们对小说、散文、菜谱、健身类图书有较大的需求。"

文先生："你们有不想进的图书吗？"

舒经理："一般不进廉价书、库存书、低价幽默类书。"

文先生：（心想：幸亏我没从廉价书和幽默书开始推销。）"你在选择书时还有其他原则吗？"

舒经理："我倾向于带有书评的文学类书籍，另外还根据我的预算来进书。现在，我的预算快花完了，所以要做一些选择。"

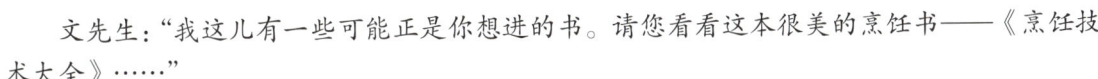

文先生:"我这儿有一些可能正是你想进的书。请您看看这本很美的烹饪书——《烹饪技术大全》……"

(**资料来源:** 马瑞婧. 销售管理 .[M] 重庆：重庆大学出版社，2016.)

案例讨论:

1. 文先生使用了哪些销售接近方法？
2. 你可以进一步完善文先生的销售接近方法吗？

第12章

处理顾客异议

> 上兵伐谋，其次伐交，其次伐兵，其下攻城。
> ——《孙子兵法·谋攻篇》

学习目标

1. 了解顾客异议的类型
2. 理解顾客异议产生的原因
3. 掌握顾客异议处理的原则和时机
4. 掌握处理顾客异议的各种方法

引入案例

导购："您好！韩先生，我是××公司的×××，今天打电话给您，主要是想听听您对上次购买计算机事情的建议。"

顾客："啊，你们那台计算机我看过了，品牌也不错，产品质量也还好，不过我们还需要考虑考虑。"

导购："明白，韩先生，像您这么谨慎的人做事都会考虑得十分周全。只是我想请教一下，你考虑的是哪方面的问题？"

顾客："你们的价格太高了。"

导购："您主要是与什么比呢？"

顾客："你看，你们的产品与×××公司的差不多，价格却比对方高出1000多元钱呢！"

导购："我理解，价格当然很重要。韩先生，除了价格以外，您买计算机还关心什么？"

顾客："当然，买品牌计算机我们还很关心服务。"

导购："我理解，也就是说服务是您目前最关心的一个问题，对吧？"

顾客："对。"

导购："您看，就我们的服务而言……您看我们的服务怎么样？"

顾客："你们的技术支持工程师什么时候下班？"

导购："一般情况下，晚上11点！"

顾客："11点啊。"

导购:"是这样的,也是考虑到商业顾客一般情况下9点都休息了,所以才设置为11点的,您认为怎么样?"

顾客:"还好。"

导购:"韩先生,既然您也认可产品的质量,对服务也满意,您看这次购买是不是就没有什么问题了?"

顾客:"其实吧,我是在考虑买兼容机好一些呢,还是买品牌机好一些,毕竟品牌机太贵了。"

导购:"当然,我理解您这种出于节省成本的想法,这个问题其实又回到我们刚才谈到的服务上。我担心的一个问题是,您买了兼容机回来,万一出了问题,您不能得到很好的售后服务保障的话,到时您面临的可能是更大的麻烦,对吧?"

顾客:"对呀,这也是我为什么想选择品牌机的原因。"

导购:"对、对、对,我完全赞同您的想法,您什么时候打算过来看看呢?"

顾客:"一会吧。"

(**资料来源:** https://nuoha.com/book/chapter/365346/55.html.)

12.1 顾客异议的类型与产生原因

顾客异议,又称销售障碍,是指顾客对销售产品、销售人员以及销售方式和交易条件产生的怀疑、抱怨或反面意见。一般而言,顾客不提出异议就直接购买产品的情况非常少,处理顾客异议往往贯穿于整个销售活动之中。顾客异议既是销售过程中的障碍,也是成交的前奏和机会。妥善处理顾客异议,则是销售人员的基本技能。要有效地处理和转化顾客异议,就需要正确认识异议的类型及其产生的原因,并采取灵活的策略、技巧和方法,最终达成交易。

12.1.1 顾客异议的类型

顾客异议按不同的分类方法有不同的类型,大致可以分为按对购买所起的作用和按产生的原因两类,如图 12-1 所示。

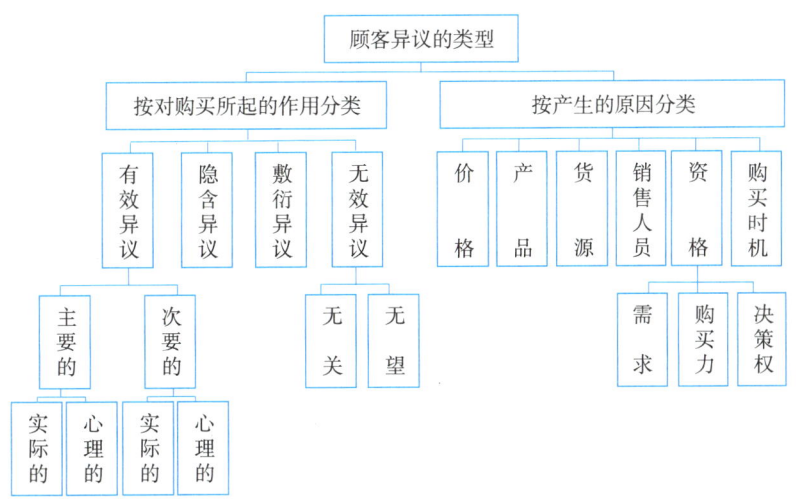

图 12-1 顾客异议的类型

1. 按对购买所起的作用分类

顾客异议的类型，按对购买所起的作用主要分为：有效异议、无效异议、敷衍异议、隐含异议。其中，有效异议和无效异议为真实异议；敷衍异议和隐含异议为虚假异议。

（1）有效异议。有效异议是指顾客的真实异议，也是需要销售人员设法解决或回答的异议。例如，顾客提出商品的价格偏高时，往往会提出对价格的异议，这时销售人员可以从性价比方面给予顾客合理的解释，消除顾客异议。有效异议根据异议的重要程度，可以分为主要异议和次要异议。主要异议是对顾客购买起决定作用的有效异议，不处理好这个异议，顾客就不会购买。次要异议则是对购买起辅助作用的有效异议，销售人员需适当注重。销售人员的工作重点应该放在处理主要的有效异议方面。此外，有效异议也可以分为实际异议和心理异议。无论是主要异议还是次要异议均可分为实际的异议和心理的异议。实际的异议是顾客的客观情况产生的异议，如价格异议或产品异议等。心理的异议是顾客的主观意识造成的。例如，抵制被主宰、先入为主的成见或不喜欢做出购买决定等。

（2）无效异议。无效异议是指那些销售人员无须处理的顾客异议。这是因为，这些异议无论处理或不处理都无法引起顾客的购买行为。无效异议又可分为无关异议和无望异议两种。无关异议是指与销售活动无关的异议，例如，顾客对销售人员说："你们的生产车间为什么离市区这么远？"无望异议是指销售人员根本无法解决的异议，例如，一个顾客对保险推销员说："我昨天刚买了你介绍的保险！"

（3）敷衍异议。敷衍异议是指顾客为了打发销售人员离开而提出的异议。如"下次再说吧""让我想想"。事实上，这样的顾客并没有直接拒绝购买或给出拒绝的原因，而只是因为他们要么是对产品没有兴趣，要么是目前无暇接受拜访而随意给出的借口。这时，销售人员应该想方设法挖掘顾客的有效异议。

【小贴士】

日本推销专家二见道夫曾对378名顾客做了如下调查："当你受到销售人员访问时，你是如何拒绝的？"结果发现：有明确拒绝理由的只有71名，占18.8%；没有明确理由，随便找个理由拒绝的有64名，占16.9%；因为忙碌而拒绝的有26名，占6.9%；不记得是什么理由，好像是凭直觉而拒绝的有178名，占47.1%；其他类型的有39名，占10.3%。这一结果说明，绝大多数顾客并没有明确的理由，只是随便找个理由来反对销售人员的打扰，把销售人员打发走。

（4）隐含异议。隐含异议是指顾客为了掩饰其真实异议而另外提出的一种异议。事实上，顾客对销售人员所推销的产品有异议，但有时候并不会把真正的异议提出来，而是以其他理由掩盖真实想法，目的是要借此假象达成隐含异议解决的有利条件。例如，很多顾客提出价格异议就是希望降价，但又不好意思开口，所以提出其他如对材料、品质、外观、颜色等的异议，以降低产品的价值，从而达成降价的目的。如果顾客提出隐含异议，销售人员就要挖掘其真实异议，并采取应对措施。

> 【小贴士】

处理识别顾客的隐含异议

1. 反问法

反问法是指销售人员来反问顾客，让顾客自己去解决其提出的异议。例如顾客说："你们的产品没有很好的售后服务。"销售人员可以说："那您觉得什么样的售后服务，您能满意呢？"如果客户提出了具体的要求，那么这个异议就是真实的异议。

2. 假设法

假设法是指假设这个异议已经解决了，顾客会不会购买。例如顾客说："你们的产品没有很好的售后服务。"销售人员可以说："如果我们的售后服务令您满意的话，您是不是就决定购买了呢？"如果顾客的回答是肯定的，那么这个异议就是真实的异议。

3. 转化法

转化法是指把顾客提出的异议转化成销售的一个卖点。例如顾客说："你们的产品没有很好的售后服务。"销售人员可以说："您的担心是应该的，我们现在的售后服务确实不是很完善。但是您要知道我们的顾客投诉量是最少的，这就说明我们的质量是最有保证的。质量与售后服务，您会选择哪一个？"如果顾客听到销售人员这样说后点头释然的话，那么这个异议就是真实的异议。

4. 第三方证明法

顾客在产品性能和技术指标方面提出异议时，如果销售人员的回答还不足以使顾客信服，就可以采用第三方证明法，如国家权威机构的检测报告、已使用此产品的顾客名单和联系方法，或者邀请顾客到工厂实地考察等。如果顾客在十分可靠的证明前仍不满意的话，那么很可能还有其他隐情。

2. 按产生的原因分类

顾客异议按产生的原因分类，主要有以下几种：

（1）价格异议。价格异议是指顾客认为产品价格过高或价格与价值不符而提出的异议。例如，"别人的比你们便宜"或"这产品太贵了"。在销售过程中，价格异议是最为常见的顾客异议类型，也是销售人员最常需要解决的异议类型。当然，顾客提出价格异议，也是一种积极的信号，说明顾客对产品的其他方面，如性能、质量、款式等比较满意。因此，销售人员应把握机会，可适当给予优惠（例如，直接折扣、赠送优惠券、赠送小样等），或从性能等方面证明其价格合理，促成交易的达成。

（2）产品异议。产品异议，又称产品质量异议，是指顾客对产品的质量、规格、款式等方面提出的异议。例如，"这件衣服的款式已过时了"。产品异议也是一种常见的顾客异议，其产生的原因非常复杂，也许是因为产品自身存在客观不足，也许是因为顾客自身的主观感受，如消费习惯、个人偏好、知识局限等。产品异议也可能是一种隐含异议，真实异议一般是价格问题。

（3）货源异议。货源异议是指顾客对产品的来源提出异议，这涉及顾客对目前供货商的忠诚问题，但同时这也说明顾客对销售产品是有需求的。例如："我已经和某某公司合作八年了，不想改变合作供应商。"销售人员可以让顾客尝试货比三家后再购买。同时，也可以在各个方面争取做得更好，以获取顾客的青睐。

（4）销售人员异议。销售人员异议是指顾客拒绝接待某一特定销售人员而拒绝购买他所销售的产品。例如，有些顾客可能认为销售人员太年轻，或者没有经验；有些顾客在和素不相识的销售人员打交道时可能感到不舒服，因此对销售人员提出异议。顾客的这一异议，往往使销售人员感到尴尬，而难以进一步开展推销活动。此时，销售人员应该设法消除顾客的各种偏见，正像一位营销大师所说的那样："要推销产品，首先要推销自我。"

（5）资格异议。资格异议是指顾客认为自己并非合格的目标顾客的异议。具体包括需求异议、购买力异议和购买决策权异议。需求异议是指顾客认为自己不需要所销售的产品。比如"我已经买了很多了""我不需要……"；购买力异议是指顾客不具备支付能力，即买不起；购买决策权异议是指顾客没有权力决定购买。因此，销售人员应该根据顾客资格审查内容，认真分析顾客所提的资格异议，并给予合理处理。

（6）购买时机异议。购买时机异议是指顾客对购买产品的时机提出的异议，例如："过两天我再来看看！"或"让我再考虑考虑吧！"这种购买时机异议往往是一种隐含异议，其实是想从销售人员这里获得更多信息，或者在价格、售后服务等方面获得更多让步。此时，销售人员应该重述产品的全部优点，并指出立即购买的好处，或者表明目前是最大优惠等，尽快让顾客做出购买决定。

12.1.2 顾客异议产生的原因

顾客异议产生的原因复杂多样，大致可以从顾客、销售人员以及产品三个方面来分析顾客异议的产生。

1. 顾客方面的原因

（1）理性原因。通常顾客会基于本身的经济状况（例如无支付能力）、使用情况、家庭地位（例如没有购买决策权），以及对同类产品及技术的了解（例如无法满足需求或没有购买意愿）而表达对产品的不认可，如不合适、价格过高、技术落后等，但更多的时候顾客会因为信息不充分或缺乏经验而产生错误的理解，这时候销售人员能否提出真实、有说服力的解释就尤为重要。

（2）感性原因。很多异议都是出于情感和心理上的不满和恐惧，如顾客会在采购过程中在乎周围人（特别是上级和同事）的看法，难以接受的变化（例如消费惯性），购买经验与成见，有固定的采购关系等。

（3）战术性原因。顾客也会寻找不存在的缺陷或夸大微小的不足来进行策略性试探，增加自己手中谈判的砝码，最常见的就是寻求价格上的减让和在谈判中提高自己的位势。

【案例】

一位"吃过亏"的顾客的回答

一位汽车推销员正在电话里同顾客交谈。顾客虽然很有礼貌，但声音显得很强硬。"不，谢谢你啦！我现在不需要购买新汽车，如果需要的话，我自己会找汽车经销商的。记得一年前，我经不起一个推销员的百般劝说，就向他买了一辆小汽车，可是还没用多长时间，那辆汽车就坏了。老实对你说吧，吃亏上当只有一次，我再也不会听你们那套'销售经'了。"

2. 销售人员方面的问题

在销售人员方面让顾客产生异议的原因包括：①销售人员无法赢得顾客好感，如举止态度令顾客反感；②使用过多的专业术语，让顾客无所适从；③夸大其词，以不实的说辞来哄骗顾客；④沟通不当，说得太多或听得太少；⑤姿态过高，处处让顾客词穷；⑥展示失败，让顾客都觉得尴尬；⑦调查不清，顾客都发现了不正确的调查资料。销售人员应在销售接触和展示时，尽量避免以上问题。

3. 产品方面的原因

产品方面让顾客产生异议的原因包括：①产品的用途与顾客需要不相符；②产品质量、功能、品种、价格不适当等；③产品品牌缺乏知名度与美誉度。

12.2 处理顾客异议的原则和方法

美国著名销售大师汤姆·霍普金斯（Tom Hopkins）把顾客的异议比喻为金子："一旦遇到异议，成功的推销员会意识到，他已经到达了金矿；当他开始听到不同意见时，他就是在挖金子了；只有得不到任何不同意见时，他才真正感到担忧，因为没有异议的人一般不会认真地考虑购买。"正如俗话所说的"嫌货才是买货人""褒贬是买主、无声是闲人"。因此，销售人员要欢迎并虚心听取顾客的异议，认真分析顾客异议产生的原因，采取适当的方法处理顾客异议。

12.2.1 处理顾客异议的基本原则

1. 积累经验，做好准备

"未雨绸缪"应该是销售人员处理顾客异议应遵循的首要原则。销售人员需要提前预备顾客可能提出的各种异议，并相应地给出处理方案，以此做到心中有数，从容面对。例如，欧美许多企业经常组织一些专家来收集顾客异议，制定标准应答准则和语言框架，并要求销售人员牢记、运用。

2. 永远不要与顾客争论

争论是销售的第一大忌，因为争吵的胜者必定是生意的败者。也就是说，与顾客争论，往往是在冒犯顾客，失败的永远是销售人员。因此，不管顾客如何批评，提出多少合理或不合理的异议，销售人员永远不要与顾客争论。宁可在顾客的争论中输掉，也要处理好顾客异议，最终把产品销售出去才是关键。

3. 认真倾听顾客异议

顾客提出各种异议时，不应与之争论，而应细心倾听。在销售过程中，认真倾听顾客诉求通常是最有效的沟通方式。通过倾听让顾客释放出负面情绪，一方面表示对顾客的尊重，另一方面能认真分析理解顾客异议，从而妥善处理好顾客异议。

【案例】

美国纽约电信公司曾遇到一个蛮不讲理的顾客，他拒不付电话费，声称电信公司的记录是错的。对此，他暴跳如雷，破口大骂，甚至威胁要砸碎电话机，同时写信给各大报社，向公共服务委员会投诉。为此，他与电信公司打了好几场官司。公司派出好几个人去处理此事都失败了。后来，公司派了最有耐心的乔治去处理此事。在乔治面前，那位顾客没完没了地大发脾气。第一次，乔治静静地听了3h，对顾客所讲的每一点都表示同情。后来又去了三次，静听顾客的抱怨。在第五次时，顾客的态度渐渐地变得友好起来。最后，乔治说服了这位顾客加入他的"电信用户保持协会"，与此同时，顾客付清了全部欠费账单，结束了他的投诉。

4. 要给顾客留足"面子"

顾客的异议无论是对是错，深刻还是幼稚，销售人员都不能轻视，例如轻蔑、走神、东张西望、心不在焉、不耐烦、垂着头等，更不能对顾客直接说"你错了""连这你也不懂"等。这些行为和语言都会挫伤顾客的自尊，要避免此类事情的发生。正确的做法应该是尊重顾客，给顾客留足"面子"。

12.2.2 处理顾客异议的时机选择

美国一家权威机构通过对几千名销售人员的研究发现，优秀销售人员所遇到的顾客严重反对的概率只是普通销售人员的1/10，主要原因在于：优秀的销售人员对顾客的异议不仅能给出圆满的答复，而且能选择恰当的时机进行答复。可以说，懂得在何时回答顾客异议是成功的开始。销售人员处理顾客异议的时机选择主要有以下四类：

1. 预先处理顾客异议

预先处理顾客异议是指在顾客提出异议之前先克服已知的异议。销售人员应该事先预判顾客可能提出的某种异议，而在顾客提出之前就主动提出并给予解释，这有利于销售人员争取主动，做到有备而来，先发制人。

2. 立即处理顾客异议

立即处理顾客异议是指在顾客提出异议之后马上对异议进行处理。在产品销售过程中，对直接影响顾客购买决策的异议，销售人员要及时予以答复，否则顾客会认为销售人员无法解决这些问题，就会对销售人员所提供产品信息的真实程度产生怀疑。很多时候，销售人员能够及时回复其异议，会使顾客感受到被关注和被尊重，对于销售效果非常有帮助。

3. 推迟处理顾客异议

推迟处理顾客异议是指在顾客提出异议后，过一段时间再处理。其目的是避免销售人员立即回答可能造成的顾客强烈抗拒。推迟处理顾客异议，一般适用于无法及时给出回复的情况，或者推迟处理异议能够给顾客带来更好体验的情况。

【小贴士】

推迟处理顾客异议的五种情况

1. 当即不能给出满意答复

不能立即给顾客一个满意的答复，或者没有足够的资料做说服性的回答，应该暂时将顾客异议搁下，等时机成熟时再给予答复。如此处理，销售人员对待顾客异议持谨慎态度，不会影响顾客对销售人员的信任。相反，顾客会认为销售人员稳重、值得信赖。

2. 马上答复对论点不利

如果立即答复顾客异议，会对推销洽谈的说服工作产生不利影响，影响推销计划有步骤地实施。

3. 异议的处理随后将涉及

如果顾客异议会随着推销洽谈的不断深化而逐渐转化、淡化或消失，则没有必要马上回答顾客异议。

4. 离题太远

若顾客异议远离推销主题，或者对这一异议的回答会涉及一些对顾客来说没有任何实际意义的问题时，销售人员可以不立即回答。

5. 策略性安排

如果销售人员预计推迟回答异议，可以降低顾客的抵触情绪，或者顾客会替销售人员回答时，可以不马上答复。

4. 不处理顾客异议

不处理顾客异议是指对顾客所提出的异议不予答复。这种情况一般用于应对顾客所提出的无意义的异议，如无法回答的奇谈怪论。处理这类异议反而容易造成争论的话题、废话，明知故问的发难等。销售人员可以采用以下技巧：沉默、答非所问、转移话题、插科打诨、幽默一下等。

12.2.3 处理顾客异议的方法

优秀的销售人员总是善于在实践中寻找规律，总结与提炼处理顾客异议的各种方法。这些方法如下：

1. 转折处理法

转折处理法是指销售人员首先承认顾客异议有一定的道理，再用事实和理由否定顾客异议的一种方法。例如，顾客问道："这款空调同样是1.5匹的，为什么这么贵？"销售人员说："这款空调比普通空调确实贵了不少，但这是一款变频空调，使用时最低功率才有30W，平均一年至少能省300元电费，您用三年就把这部分费用省出来了，您说是吗？"

事实上，每个人都不喜欢自己的意见被别人否定，尤其是被一个陌生的销售人员直接否定时，内心总会感到不快，甚至很恼火。因此，销售人员最好不要开门见山地直接提出反对意见，而要合理使用这种转折处理法。值得注意的是，在转折处理法中转折词的使用要尽量婉转。心理学研究表明，转折词"但是"的使用，会使顾客感觉不柔和，建议销售人员最好使用"3F法"。所谓"3F法"是指利用感觉、感受、发觉三个词组来转折处理顾客异议的陈述方法。这种方法克服了用"但是"一词的生硬，会使顾客感觉更好，容易获得信任。例如，"我感觉您说得有道理，很多顾客一开始像您一样并没有感受到这种产品的优越性，后来真正购买了这款空调后，才发觉非常省电、非常值得。"

2. 转化处理法

转化处理法，又称利用处理法、自食其果法或太极法，是指销售人员利用顾客异议本身积极的一面来处理异议的方法。"以己之矛攻己之盾"，把顾客拒绝购买的理由转化为说服购买的理由。当顾客提出某些不购买的异议时，销售人员可以立即回复说："这正是我认为您要购买的理由。"例如：一位中年女士来到化妆品柜台前，欲购护肤品，售货员向她推荐一种高级护肤霜。顾客异议："我这个年纪买这么高档的化妆品干什么，我只是想保护皮肤，而不是像年轻人那样要漂亮。"售货员回答:"这种护肤霜的作用就是保护皮肤的。年轻人皮肤嫩,且生命力旺盛,用一些一般的护肤品即可。人上了年纪,皮肤不如年轻时,正需要这种高级一点的护肤霜。"

3. 委婉处理法

销售人员在没有考虑好如何答复顾客的反对意见时,不妨先用委婉的语气把对方的反对意见重复一遍,或用自己的话重复一遍,这样可以削弱对方的气势。有时转换一种说法,会使问题容易回答得多,但销售人员只能减弱而不能改变顾客的看法,否则顾客会因歪曲他的意见而产生不满。销售人员可以在重述之后问一下顾客:"您认为这种说法确切吗?"例如,顾客说:"我不需要这种东西。"销售人员可以回答:"是呀,许多人都认为自己不需要。"销售人员继续问道:"然而您认为自己真的不需要吗?"

4. 反驳处理法

反驳处理法,又称直接否定法,是指销售人员根据有关事实和理由来直接否定顾客异议而进行针锋相对、直接驳斥的一种处理方法。从理论上讲,销售人员应该尽量避免使用反驳处理法,但如果顾客的反对意见是对产品的误解,就不妨直言不讳。该方法特别适用于回答顾客用问句形式提出的顾客异议或不明真相的揣测陈述,而不适用于表达自己的看法或对事实的陈述。例如,顾客问:"这颜色在阳光下会褪色吧?"销售人员回答:"不,绝不会,已试验多次,我可担保。"

5. 沉默处理法

沉默处理法,又称冷处理法、放过处理法、忽略处理法,是指销售人员对于顾客所提意见忽略放过或假装没听见而不予理睬的处理方法。顾客提出的一些异议,并非是真的想要获得解决或讨论,或者说顾客只是随意说说而已,销售人员可以不予答复。这样可以避免可能发生的不愉快,保持良好的洽谈气氛,也可以节省时间,回到销售的关键问题上。例如:"你们公司的化妆品,为什么不请×××来代言?"对于这样与销售不太相关的异议,销售人员可以采取沉默处理法。

6. 询问处理法

询问处理法是指利用顾客异议来追问顾客的一种方法。其目的是将顾客的虚假异议(隐含异议和敷衍异议)转变成真实异议(有效异议或无效异议),或者把一般性顾客异议转化为具体的顾客异议。顾客异议复杂多样,真假难辨,销售人员搞不清顾客的真实意图,无法使用其他处理异议的方法时,只能用询问处理法找出真实有效的主要问题,再配合其他方法进行处理。例如,"您这么说一定是有道理的,我可以问问是什么理由吗?"即使引出的是另一种虚假异议,你也可以按照同样方式询问,然后要对方做出承诺:"若我能解决这个问题,您买吗?"顾客要么同意购买,要么把真实的反对意见告诉销售人员。

7. 补偿处理法

补偿处理法,又称T形法,是指销售人员利用顾客异议以外的所销售产品的其他优点或长处对顾客异议涉及的短处进行补偿或抵消的一种方法。当顾客的异议是有效异议时,例如:"东西好,就是贵了点。"销售人员只能用补偿法,不能用直接反驳、转折、转化等方法。比如:"确实价格有些贵,可是一分钱一分货啊!它的质量比价格便宜一些的同类产品好多了，使用期限也长多了，平均每年的使用成本比廉价的要低。"使用该法时，销售人员应该注意及时提出产品优点和带给顾客的利益作为有效补偿，如果一个优点不够，可以同时用数个优点来补偿或抵消缺点。

【案例】

在某个冰箱展销会上，一位打算购买冰箱的顾客指着不远处一台冰箱对身旁的推销员说："那种 AE 牌的冰箱和你们的这种冰箱同一类型、同一规格、同一星级，可是它的制冷速度要比你们的快，噪声也要小一些，而且冷冻室比你们的大 12L。看来你们的冰箱不如 AE 牌的呀！"推销员回答："是的，你说得不错。我们的冰箱噪声是大点，但仍然在国家标准允许的范围以内，不会影响你家人的生活与健康。我们的冰箱虽然制冷速度慢，但耗电量却比 AE 牌冰箱小得多。我们冰箱的冷冻室小但冷藏室很大，能储藏更多的食物。你一家三口人，每天能有多少东西需要冰冻呢？再说吧，我们的冰箱在价格上要比 AE 牌冰箱便宜 300 元，保修期也要长六年，我们还可以上门维修。"顾客听后，脸上露出欣然之色。

总之，处理顾客异议的方法很多，各种方法均有其特点。处理顾客异议的各种方法本质上是人际沟通的方法，因此，与顾客打交道就是人际的有效沟通，只有设身处地感受顾客异议产生的原因，融会贯通各种处理方法，才能达到成交的目标。销售人员在实际工作中需要根据具体情况灵活处理，注重各种方法的配合使用，还要注重创造新的方法。

课程思政

【思政元素】和平共处五项原则

1953 年 12 月 31 日，周恩来总理在接见印度政府代表团时，首次完整地提出了和平共处五项原则，即互相尊重领土主权（在亚非会议上改为互相尊重主权和领土完整）、互不侵犯、互不干涉内政、平等互惠（在中印、中缅联合声明中改为平等互利）和和平共处，得到了印方的赞同，并写入了 1954 年 4 月 29 日签订的《关于中国西藏地方和印度之间的通商和交通协定》。

【知识元素】处理顾客异议的原则

【思政元素与知识元素的融合】

周总理提出的和平共处五项原则，旨在处理各种社会制度、发展水平、体量规模国家之间的关系。和平共处五项原则作为一个开放包容的国际法原则，集中体现了主权、正义、民主、法治的价值观。顾客的异议是销售过程的障碍，但这也是顾客的权力。销售人员若想成功地销售自己的产品，就必须做好应付和消除顾客异议的准备。在处理顾客异议时，销售人员要避免与顾客争论，且要尊重顾客。

本章小结

顾客异议是指顾客对销售产品、销售人员以及销售方式和交易条件产生的怀疑、抱怨或反面意见。

顾客异议的类型有两类划分法：一类是按对购买所起的作用分类，顾客异议可分为有效异议、无效异议、敷衍异议、隐含异议；另一类是按异议产生的原因分类，顾客异议可分为价格异议、产品异议、货源异议、销售人员异议、资格异议、购买时机异议。

顾客异议产生的原因有三个方面：顾客、销售人员以及产品。

处理顾客异议的基本原则：积累经验，做好准备；永远不要与顾客争论；认真倾听顾客异议；要给顾客留足"面子"。

处理顾客异议的时机包括：预先处理、立即处理、推迟处理、不处理。

处理顾客异议的方法包括：转折处理法、转化处理法、委婉处理法、反驳处理法、沉默处理法、询问处理法、补偿处理法。

复习思考题

1. 什么是顾客异议？
2. 顾客异议有哪些类型？其产生的原因有哪些方面？
3. 处理顾客异议的基本原则有哪些？
4. 处理顾客异议的基本方法有哪些？
5. 请指出下列顾客异议的类型。

1）顾客："嗯，听起来不错，但我店里现在有七个品牌21种型号的牙膏了，没地方放你这个品牌的牙膏了。"

2）顾客："这种鞋设计得太古板，颜色也不好看。"

3）顾客："××公司是我们的老关系户，我们没有理由中断和它的购销关系，转而向你们公司购买这种产品。"

4）顾客："给我10%的折扣，我今天就给你下订单。"

5）顾客："算了，连你（推销员）自己都不明白，我不买了。"

6）顾客（中年女性）："我这把年纪买这么高档的化妆品干什么，一般的护肤品就可以了。"

案例分析

巧妙化解顾客异议

刘平是一位厨房用具的推销员。他在向家庭主妇张惠做了产品介绍后，约好第二天再去拜访她。到了第二天，张惠虽然在家等着他的拜访，但听了他对产品的进一步说明后便说：还要再想一下，这件事还要同丈夫商量之后才能做决定。

这时，刘平虽然知道这次成交的机会不大，但他走前还想要确定张惠是有意拖延，还是确实有理由不买，是真想和丈夫商量，还是想打发他走。于是他说："这很好，我到晚上再来，可以吗？"张惠拖延着不置可否。于是，刘平提出："让我问您一个问题，什么时候您的丈夫带食品回家？"她反问："您这是什么意思？他根本不带食品回来。"刘平问道："那谁买呢？"她说："当然我买。"刘平问："您经常买吗？"她说："当然。"刘平紧接着问："食品很贵吧？一星期的食品将花费您300元或400元，是吗？"她说："什么300元或400元！应当是600元或800元，你大概从来没买过食品吧。"刘平说："是的，让我做保守一点的估计，您每星期花费在食品上至少500元，可以吗？"她说："可以。"

接着，刘平拿出一个笔记本，对张惠说："您每星期花费500元买食品，一年如果按50个星期算，那将花费25000元。你刚才告诉我，你已结婚20年了，这20年来，每年25000元，共花费了500000元，这是您丈夫信任您，让您买的。您总不会每次把食品都给他看吧？"她听完后笑了。刘平说："您丈夫既然信任您用500000元买食品，他肯定会让您再花8000元买厨房用具，以便更好、更节省地烹调下一个500000元的食品吧？"就这样，刘平卖出了一套厨房用具。

（**资料来源：**根据百度文库资料"巧妙地化解顾客异议"改编.）

案例讨论：

1. 张惠所表现出的是什么样的顾客异议？
2. 刘平采取了哪种方法处理顾客异议？

第13章

促成交易与服务跟踪

> 百战百胜，非善之善者也；不战而屈人之兵，善之善者也。
> ——《孙子兵法·谋攻篇》

学习目标

1. 了解促成交易的内涵
2. 掌握促成交易的障碍，能够把握时机
3. 掌握促成交易的策略
4. 掌握促成交易的方法
5. 了解售后服务及销售跟踪

引入案例

煮得八成熟的鸭子居然飞了

小王是某配件生产公司的销售人员，他非常勤奋，沟通能力也相当不错。前不久，公司研发出了一种新型配件，较之过去的配件有很多性能上的优势，价格也不算高。小王立刻联系了他的几个老顾客，这些老顾客也都对该配件产生了浓厚的兴趣。

此时，有一家企业正好需要购进一批这种配件，采购部主任对小王的销售表现得十分热情，反复向小王咨询有关情况。小王详细、耐心地向他解答，对方频频点头。双方聊了两个多小时，十分愉快，但是小王并没有向对方索要订单。他想，对方还没有对自己的产品有透彻的了解，应该多接触几次再索要订单。

几天之后，他再次和对方联系，同时向对方介绍了一些上次所遗漏的优点，对方很高兴，就价格问题和他仔细商谈了一番，并表示一定会购进。这之后，对方多次与小王联络，显得非常有诚意。

为了进一步巩固客户的好感，小王一次又一次地与对方接触，并逐步和对方的主要负责人建立起了良好的关系。他想："这笔单子已经是十拿九稳的了。"

然而，一个星期后，对方的热情却慢慢地降低了，再后来，对方还发现了其产品中的几个小问题。这样拖了近一个月后，这笔快到手的单子就这样黄了。

小王的失败，显然不是因为缺乏毅力或沟通不当，也不是因为该产品缺乏竞争力，而是因为他没有把握好成交的时机。过于追求完美，过于谨慎，让他错失了良机。其实，顾客要购买的产品，并不是最完美的产品，而是他最喜欢、最需要、最感兴趣的产品。一旦这种产品出现，顾客就会表现出极大的热情，销售人员要洞察到顾客的这一反应，在顾客最想购买的时候索要订单。

（**资料来源**：https://baijiahao.baidu.com/s?id=1761193493472322495&wfr=spider&for=pc.）

13.1 促成交易的内涵、障碍与时机

13.1.1 促成交易的内涵

促成交易，简称成交，是指顾客接受销售人员的销售建议及销售演示，并且立即购买销售产品的行动过程。简而言之，就是顾客同意购买并付诸行动。因此成交包含两层含义：一层是肯定和接受；另一层是行动过程。成交有广义和狭义之分：广义的成交包括以上两层含义，既包括顾客产生成交意识和发出成交信号，又包括成交的行动；狭义的成交只包括一层含义，即达成交易的那一刻行动。本书中的成交是指广义的成交。

成功地促成交易所需步骤如图 13-1 所示。首先向顾客介绍产品的优点、特点，然后设法征得顾客对优点的认同，再提出成交要求。一旦提出成交要求，销售人员要保持一段时间的沉默，留出一段时间给顾客。这需要销售人员的勇气，毕竟双方沉默的时候，销售人员是不舒服的，但这对成交是有利的。如果成交失败，销售人员就应该返回第一步，就新的优点和特点进行介绍。然后再次征得认同，提出成交要求，直到促成交易。

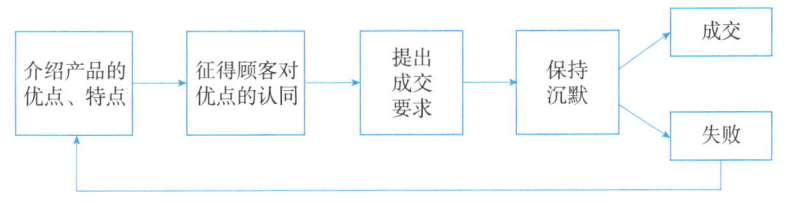

图 13-1 促成交易的步骤

成交是整个销售工作的核心，其他各项工作的最终目的都是为了促成交易。因此，成交是销售流程中最重要、最关键的步骤之一。尽管成交十分重要，但据统计，在美国消费品的销售业务中，有 20% 的消费品是由消费者采取主动而完成的，有 60% 的消费品因销售人员未做"促成交易"而未能完成销售。究其原因是不少销售人员都害怕提出成交要求，越想成交，越害怕提出成交后被拒绝，并且提出的时机也难以把握。因此，分析成交障碍及成交时机就显得尤为重要。

13.1.2 促成交易的障碍

成交是销售人员和顾客之间反复沟通的过程，然而有许多障碍使得销售人员在销售实践中无法最终促成交易。这些障碍尽管比较复杂，但也不是不可消除的，其主要源自顾客和销售人员两个方面。

1. 源自顾客方面的成交障碍

在成交阶段，顾客常常会受到许多因素的影响，例如对产品的怀疑、风险意识等，从而对已做出的购买决策进行修正或推迟，或者干脆取消购买行为，使销售人员的努力付诸东流。顾客可能认为，任何产品都不能保证绝对的优质，任何购买都是有风险的，因为他们无法确定购买行动的后果如何。要降低顾客的风险意识及其他方面的不利因素，就要求销售人员具有极大的耐心，并熟悉顾客的心理、促成交易的策略与方法。

2. 源自销售人员方面的成交障碍

源自销售人员方面的成交障碍主要表现在销售人员的成交心理、态度、沟通与技巧等方面。

（1）害怕失败。有些销售人员缺乏成交经验，没有足够的心理准备，无法坦然接受顾客可能的拒绝，从而在销售工作中处于担心、害怕的状态之中。大量的销售实践证明，并非每一次销售面谈都会导致成交，只有少数能够达成交易。因此，一个成功的销售人员应该：学会应对顾客的拒绝，从屡次失败的经历中取得经验并保持心理平衡；充分认识只有少数销售可能成功的事实，适时调整好自己的状态。

（2）急于成交。销售人员经过接触初访、介绍产品、商洽、议价等阶段，当然期望能够顺利签约。但是如果无法判断各阶段顾客的需求、购买时间，或者对成交操之过急，甚至用威胁性的语言如"不赶快签约，下月就涨价了"等逼迫顾客签约，这种急躁情绪会使顾客感觉不被尊重，甚至开始怀疑产品质量，从而导致交易失败。

（3）等待成交。有些销售人员在成交前期的工作完成得非常出色，而且与顾客谈得比较投机，因而认为成交是水到渠成的事，不去主动促成交易，被动地等待顾客提出交易。事实上，绝大多数顾客是不愿意主动提出的，尤其是顾客抱着可买可不买的心态时更是如此。即使顾客主动购买，如果销售人员不主动提出成交要求，成交也很难达成。

（4）单向沟通。如同播放广告一样，销售人员一个人滔滔不绝，没完没了，没有试探性地询问问题，没有倾听，甚至都没有注意购买信号，这就是所谓的单向沟通。买卖双方缺乏交流，自然就难以达成交易。

（5）方法不当。促成交易是整个销售流程中最具挑战性的步骤，需要销售人员掌握特定的方法和技巧。只有经过大量的实践，并根据具体的环境有针对性地运用恰当的成交方法，才能顺利达成交易。当然，不合适的成交方法往往会断送即将达成的交易。

【小贴士】

如何消除成交的心理障碍

很多销售人员总是在成交之前就失去了签合同的机会，心理有很多顾虑和紧张情绪，这样是极其影响销售结果的。那么，对于销售人员来说，应该如何消除成交的心理障碍呢？

1. 保持自信的心态

在即将与顾客签约时，销售人员总是担心在最后一刻，顾客会放弃与自己签约，导致失去一次成单的机会，其实这样是不对的，保持自信的心态，才是每一个销售人员应该具备的心理素质。

2. 以销售为骄傲

很多人认为销售职业过于简单，对自己的岗位总是觉得很自卑。如果用这种心态和顾客签约，顾客也会不信任销售人员。销售人员应以销售为荣，以自己为荣。

3. 不要过度担心

有些销售人员在遇到主动咨询的顾客时，总是抱着怀疑的态度，觉得顾客只是过来问问，意向并不是很强。过度的担心还可能会导致服务不周到，甚至毁单。

4. 避免过高期望

有些销售人员则拥有过高的成单期望，在面临顾客拒绝签约时，会有很多的心理约束，其实大可放轻松去看待整个签约的过程，毕竟顾客不止一个。

5. 勇于承担风险

在与顾客签约时，对于顾客的要求，销售人员应该做出勇于承担风险的态度，这样才能够让顾客信任你。

13.1.3 促成交易的时机把握

1. 促成交易的时机

促成交易环节非常重要，要善于把握成交的时机。最好的成交时机，是顾客的态度有了变化的时候。如何把握好促成交易的时机非常关键，正所谓"天时地利人和"。

（1）展示完产品后。销售人员展示完产品后，要抓住时机，询问顾客需要的产品型号、数量或颜色等外表特征，这时是提出成交请求的最好时机。

（2）处理完顾客异议后。销售人员处理完顾客异议后，询问顾客是否已完全了解产品说明，是否需要补充。当顾客认可销售人员的说明时，销售人员就要抓住这一有利时机，提出成交请求。

（3）顾客心情非常快乐时。当顾客心情非常快乐、轻松时，销售人员恰到好处地提出成交请求，成交的概率极大。顾客心情愉快时，往往容易做出购买决策。另外，心情愉快也表明顾客没有太多异议，非常认可销售人员的产品。

2. 识别成交信号

成交信号是指顾客在语言、表情、行为等方面所表现出来的打算购买的一切暗示或提示。在实际销售过程中，顾客一般不会主动提出成交，然而，其购买意向往往会有意无意地通过各种方式表现出来。因此，销售人员必须善于观察顾客的言行举止，善于捕捉稍纵即逝的成交信号，抓住时机，促成交易。顾客所表现出来的成交信号主要有语言信号、表情信号、行为信号等。

（1）语言信号。语言信号是指销售人员在与顾客的交谈中发现的顾客某些语言所流露出来的成交信号，这种信号可以从顾客的询问及措辞中觉察到。一般来说，可以把顾客的语言信号总结为以下几类：

1）肯定或赞同产品，对产品表示欣赏。

2）向销售人员提出参考意见。

3）向销售人员请教使用产品的方法。

4）向销售人员打听有关产品的详细情况。

5）提出购买细节问题。

6）和身边的人议论产品。

7）重复问已经问过的问题。

8）询问售后服务问题。

9）询问交货时间和限制条件等。

10）询问产品的使用性能、注意事项和零配件的供应问题等。

11）询问价格折扣问题，开始讨价还价。

12）询问产品的运输、储存、保管与拆装等问题。

13）对产品的一些小问题，如包装、颜色、规格等提出修改意见与要求。

14）用假定的口吻与语气谈及购买，例如，问"要是……"的问题。

总之，顾客的语言信号有很多种，有表示欣赏的，有表示询问的，也有表示反对意见的。应当注意的是，反对意见比较复杂，反对意见中，有些是成交的信号，有些则不是，必须具体情况具体分析，既不能都看成是成交信号，也不能无动于衷。只要销售人员有意捕捉和诱发这些语言信号，就可以顺利地促成交易。

（2）表情信号。表情信号是销售人员在向顾客介绍产品时，从顾客的面部表情和体态中发现的成交信号。人的面部表情不容易捉摸，眼神更难猜测，但经过反复观察与认真思考，销售人员仍然可以从顾客的面部表情中读出以下成交信号：

1）频频下意识地点头或眨眼睛。

2）表现出感兴趣的神情，变得神采奕奕。

3）腮部放松，情绪逐渐变得明朗轻松。

4）表情由冷漠、怀疑、深沉变为自然、大方、随和。

5）眉毛开始上扬。

6）眼睛转动加快。

7）嘴唇开始抿紧，好像在品味着什么。

8）神色变得活跃起来。

9）态度更加友好。

10）原先造作的微笑让位于自然的微笑。

以上这些表情信号都表明顾客已经有了强烈的购买欲望，促成交易的最佳时间已经到来。这时销售人员完全可以大胆地提出成交的要求了。

（3）行为信号。行为信号是销售人员在向顾客推销产品的过程中，从顾客的某些细微行为中发现的成交信号。一旦顾客完成了认识与情感过程，拿定主意要购买产品时，便觉得一个艰苦的心理过程完成了，于是，会做出与听销售人员介绍产品时完全不同的行为，销售人员可以通过观察顾客的行为识别顾客是否有成交的倾向。下面是一些常见的顾客发出成交信号的行为：

1）手动操作产品，仔细端详或触摸产品、翻动产品。

2）身体前倾并靠近销售人员及产品，或身体后仰，或擦脸拢发，或做其他舒展动作。

3）由远到近，多角度观察产品，并翻看说明书。

4）顾客出现找笔、摸口袋、靠近订单、拿订单看等行为。

5）顾客对产品表示点头。

6）顾客摸胡子或捋胡须。

以上行为，或许是顾客想重新考虑推荐产品，或许是购买决心已定，紧张的思想松弛下来，总之，都有可能表示一种"基本接受"的态度。这时，销售人员建议顾客试用，顾客是不会拒绝的，即使顾客的资料中有不利于销售人员产品的东西，也没关系，只要充分展示产品就行了。

13.2 促成交易的策略与方法

为了更有效地促使顾客采取购买行动，销售人员必须掌握成交的策略和方法。成交策略是对成交方法的原则性规定，是销售人员在促成交易的过程中必须遵守的活动准则；成交方法则是用来解决成交中实际问题的各种技术与技巧。

13.2.1 促成交易的策略

1. 善于捕捉成交信号，及时成交

有利的成交机会往往是稍纵即逝的，虽然短暂，但并非无迹可寻。销售人员要善于捕捉各种成交信号，如语言信号、表情信号和行为信号，一旦成交信号出现，就要及时抓住机会，促成交易。

2. 谨慎对待顾客的否定回答

实践证明，一次就成交的成功率是很低的，从另一个方面理解就是销售的成交要求遭到顾客拒绝的可能性很高，甚至高达90%左右。但是，一次成交的失败并不意味着整个成交工作的失败，销售人员还可以通过其他方法与技巧来促成最后的交易。调查研究表明：4～5次成交要求是比较合理的。

3. 充分利用最后的成交机会

大量的销售实践和研究成果表明，许多生意就是在销售人员与顾客即将告别时成交的，尤其当销售人员给顾客留下良好印象时。在销售人员准备告辞时，顾客一方面感觉轻松，另一方面又有歉意，甚至是同情心，销售人员若把握好这最后的机会，成交的概率会有所提高。

4. 保留一定的成交余地

一般情况下，销售人员不要一开始就把交易的条件和盘托出，因为任何交易的达成都必须经历一番讨价还价。因此，销售人员应该讲究一定的策略，留有"撒手锏"，作为最后关键时刻的武器。即使达不成交易，销售人员也要为顾客留有余地，如留下名片和产品目录，并真诚地对顾客说："如果今后有需要，您随时联系我，很愿意为您服务！"事实上，销售人员常常会获得一些回心转意的顾客。

13.2.2 促成交易的方法

国内外销售专家和优秀的销售人员通过对成交过程进行大量的研究，发现了成交活动的基本规律，总结出一些比较有效的促成交易的方法，即成交法。所谓成交法就是销售人员用来促成顾客做出购买决定的销售技术与技巧。一般来讲，促成交易的方法有如下几种：

1. 直接请求成交法

直接请求成交法是一种简单、直接的成交方法，就是用简单明了的语言，向顾客直截了当地提出购买建议。但是，这不等同于销售人员直截了当地问："您想买我们的产品吗？"这样糟糕的成交请求非常不可取，而是要合理地组织语言，例如："既然没有什么问题了，您不

妨买几瓶回去试试。"

直接请求成交法的优点：①可以有效地促使顾客做出购买反应，达成交易；②可以节省销售的时间，提高销售效率；③可以充分利用各种成交机会，有效地促成交易。

直接请求成交法的缺点：①如果销售人员不能把握恰当的成交时机，盲目要求成交，很容易给顾客带来成交压力，从而产生一种抵触情绪，破坏本来很友好的成交氛围；②会使顾客以为销售人员有求于自己，从而使销售人员丧失成交的主动权，造成被动局面；③有可能使顾客对先前达成的条件产生怀疑，从而增加成交的困难，降低成交效率。

直接请求成交法适用于销售人员对最后成交很有把握，或顾客已有购买意向，但因某种原因不便主动开口的情况。当然，如果对方是非常熟悉的老顾客，也可以采用该方法。另外，运用直接请求成交法的关键是把握恰当的时机，注意运用语言技巧，让对方感觉顺理成章，而不要带有勉强之意。

2. 假定成交法

假定成交法，又称假设成交法，是在尚未确定成交，顾客仍持有疑问时，销售人员就假定顾客已接受购买建议而直接要求其购买的一种方法。此时，销售人员不是询问顾客是否购买，而是假定顾客肯定要购买，顾客只是还不能最后确定买多少、何时买等。例如，销售人员认准一位顾客有购买意图，就不失时机地问："你打算一次购买多少？""明天下午交货可以吗？"

假定成交法最大的优点就是节省推销时间，从而可以提高推销效率。这一优点表现在三个方面：①它将洽谈直接带入实质性阶段；②它逐步深入地提问，可以提高顾客的思考效率；③它使顾客不得不做出反应。

假定成交法的缺点在于：销售人员若在把握时机上出现偏差，盲目假定顾客已有了成交意向而直接明示成交，很容易给顾客造成心理压力，从而使销售人员陷于被动，增加成交的难度。

假定成交法适用于老顾客、中间商、决策能力低的顾客和主动表示要购买的顾客，对不太熟悉的顾客要慎用。假定成交法的关键在于：①必须善于分析顾客，对于那些依赖性强的顾客，性格比较随和的顾客，以及一些老顾客可以采用这种方法；②必须发现成交信号，确信顾客有购买意向，才能使用这种方法；③尽量使用自然、温和的语言，创造一个轻松的推销气氛。

3. 选择成交法

选择成交法是销售人员向顾客提供几种可供选择的购买方案来促成交易的方法。这种方法的前提是假定顾客已下决心购买，但尚未确定买哪一个，在这种情况下，销售人员可以提出几种选择，敦促顾客下决心。选择成交法在现实生活中比较常见，例如，顾客在商场挑选衣服时，销售人员常问："您要哪一件，红色的还是黄色的？"

选择成交法的优点：①具有假定成交法的全部优点，而且由于提出多个备选方案，可以使顾客掌握一定的主动权，从而减轻心理压力；②由于把顾客的思维与选择限制在几个有效而有限的成交方案中，无形中使顾客无法拒绝成交。

选择成交法的缺点：①对于那些犹豫不决的顾客，会让他们感到更加无所适从，从而丧失购买的信心，增加新的成交障碍；②有时也会让顾客感到压力，从而产生抵触情绪，并拒绝购买。

4. 小点成交法

小点成交法，也称次要问题成交法、局部成交法或避重就轻成交法，是指顾客似乎已决心购买，但在做最后决策时还有些犹豫不决，此时销售人员通过在一些次要的、小一点的问题上先与顾客达成购买协议或取得一致性看法，再逐步促成交易的一种方法。例如，销售人员说"这件衣服您穿多合适，您看我给您包装好，您就带走吧"，而不去提价格、质量问题。

小点成交法在顾客犹豫不决时不直接请求成交，避免给顾客造成心理压力，而是通过一系列试探性提问逐步消除顾客心中的疑虑，循序渐进、积少成多，逐步接近目标。此外，小点成交法有利于销售人员合理地利用各种成交信号，有效地促成交易。

但是，小点成交法也存在不足，如果使用不当，将提示的小点集中在顾客比较敏感的或比较不满的地方，使顾客将注意力集中在销售人员不希望其注意的地方，很容易使顾客只看到产品缺点或扩大了缺点，不利于成交。如果销售人员急于减轻顾客压力，盲目转移顾客的注意力，很容易引起顾客的误会，不利于双方的沟通。另外，这种方法一般需要多个回合才能解决问题，销售时间较长，往往会降低成交率。

小点成交法适用于以下情况：①顾客不愿直接涉及决策的重大问题，只对成交的某些具体问题产生兴趣；②销售人员已看准成交信号，购买决策的关键只在于某一小点，或款式，或颜色，或交货时间，或付款方式等；③销售人员未发现任何成交信号，必须做出能够避免冷遇或反感的成交尝试；④成交气氛比较紧张，顾客的成交心理压力太大，无法直接促成交易。

5. 总结利益成交法

总结利益成交法是指销售人员将顾客关注的产品的主要特色、优点和利益，在成交中以一种积极的方式加以概括总结，以得到顾客的认同并最终获取订单的成交方法。销售人员以一种积极的态度来总结产品益处，以求得到顾客的认同，然后提出订货要求。当顾客已对销售人员所做的销售展示相当满意时，销售人员应及时促成交易。总结利益成交法可能是要求订货时使用的最普遍的方法，其三个基本步骤为：①在展示中确定顾客感兴趣的产品的主要益处；②总结这些益处；③提出成交建议。例如，销售人员问："刘先生，您对我们产品的毛利率、快速交货和信用政策都非常满意，对吗？"顾客："是的。"销售人员："那么，根据你们商店的顾客数量，按正常营业额推算，我们的产品可以满足你们的实际需求，同时也会使你们的利润增加10%，下一周早些时候我就能把货送到这里！"

总结利益成交法能够使顾客全面了解产品的优点，便于激发顾客的购买兴趣，最大限度地吸引顾客的注意力，使顾客在明确自己既得利益的基础上迅速进行决策。但是采用此法，销售人员必须把握住顾客确实的内在需求，有针对性地汇总阐述产品的优点，不要"眉毛胡子一把抓"，更不能将顾客提出异议的方面作为优点加以阐述，以免遭到顾客的再次反对，使总结利益的劝说达不到效果。

总结利益成交法适用面很广，特别适用于相对复杂的购买决策，如复杂产品的购买或中间商的购买。

6. T形成交法

T形成交法，又称"优点–缺点"成交法，是指通过对产品的优点和缺点进行分析，促成顾客购买的方法。销售人员应该准备一个产品优缺点分析表（两栏），一栏是优点，一栏是缺点（见图13-2）。通过罗列出产品的缺点，销售人员可以使顾客相信其在陈述、展示产品时没有任何偏见，然后再列出更多的优点，最后通过比较优缺点加以总结。

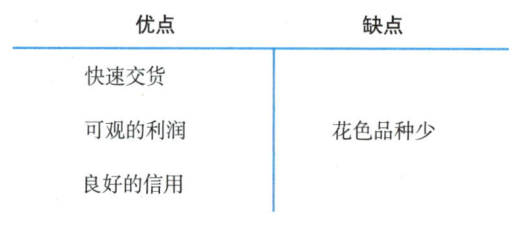

图 13-2　T形图

T形成交法的优点在于可以使顾客更加清楚地认识产品，直接明了地看出产品的优缺点，从而更容易得出结论，是否购买。因此销售人员在罗列的时候应该尽可能详尽地列出产品的优点，但也不能隐瞒产品的缺点。

7. 克服异议成交法

克服异议成交法，又称处理异议成交法或大点成交法，是销售人员利用处理顾客异议的机会直接向顾客提出成交请求，促成顾客交易的一种方法。例如："我们已经提供了您所需要的折扣，可以签合同了吧！"

顾客异议既是成交的障碍，也是成交的明显信号。大多数顾客提出的异议，均是顾客认为比较重要的问题，一旦处理好之后，销售人员马上提出成交请求，往往能起到趁热打铁的作用。

但是克服异议成交法在使用时也存在一些缺点，例如有些异议并不是成交信号，销售人员在处理后马上提出成交请求，往往会给顾客造成极大的心理压力，而不利于达成交易。另外，在顾客异议中，往往真实异议和虚假异议并存，需要去伪存真，以保持和提高销售效率。

8. 最后机会成交法

最后机会成交法，又称无选择成交法、唯一成交法或现在成交法等，是销售人员通过告知顾客现在是最有利的购买时机来促使顾客立即购买的一种方法。最后机会成交法利用了顾客害怕失去获得某种利益机会的心理，将购买时的压力变为成交动力。例如："我们这款机器只剩下三台了，我们最后的优惠时间只有一个星期了，抓紧时间下单吧。"

使用最后机会成交法的关键是要把握有利的时机。如果使用得当，最后机会成交法往往具有很强的说服力，能产生立竿见影的效果，并能节省销售时间，提高销售效率。但是，这种方法最忌讳的就是欺骗顾客。因此，销售人员所选择和利用的机会一定要属实，不能欺骗顾客，应该让顾客认识到销售人员提示最后的机会是在向他提供重要的信息，目的是帮助他做出理智的决定。

9. 优惠成交法

优惠成交法，又称让步成交法，是指销售人员通过提供优惠条件促使顾客立即购买的一种方法。例如："刘总，我们这段时间有一个大酬宾活动，如果您现在购买产品，除了可以获得免费培训外，还有三年免费维修。"

优惠成交法利用顾客的求利心理吸引并招揽顾客，有利于创造良好的成交氛围；利用批量成交优惠条件，还可以促成大批量交易，提高成交的效率。

但是，优惠成交法是通过让利于顾客来促成交易的，这必然增加销售成本。如果没有把握好让利尺度，还会减少销售收益。有时顾客还会产生误解，认为优惠的产品质量不好，从而丧失购买的信心，不利于交易的达成。

10. 保证成交法

保证成交法是销售人员直接向顾客提供成交保证来促使顾客立即购买的一种方法。例如："您放心，这个服务完全由我负责，我在这家公司已经有五年的时间了。有很多顾客都接受我的服务。"

顾客在购买产品时，往往因为害怕上当受骗而心存疑虑，甚至最后放弃购买。保证成交法就是由销售人员向顾客提供某种保证，以解除顾客疑虑，增强其成交信心。另外，如果销售人员能够出示相关的销售证据，就更有利于增强说服力和感染力，促使顾客做出购买决策。

但是，如果销售人员对顾客的疑虑无法做出保证，不但不能达成销售目的，而且容易使顾客产生反感。另外，如果销售人员言而无信，还会失去销售信用，不利于与顾客发展长久的关系。

【小贴士】

促成交易失败后需要注意的事项

销售人员在经过种种销售努力后，并不是每次都会成功，大多数销售努力都是以失败告终的。因此，销售人员不但要学会在促成交易成功情况下的做法，而且要清楚促成交易失败后需要注意的各种事项。

1. 避免失态

交易成功后，销售人员容易做到与顾客再沟通、再交流；而一旦交易不成功，许多销售人员往往草草收场。成功的销售人员一定要做到"买卖不成人情在"，对拒绝自己的顾客依然彬彬有礼，感谢他们给予自己的机会，并向他们致歉——耽误了他们宝贵的时间。一般，销售工作往往要几次上门方能成功，因此销售人员要很有耐心。与顾客保持良好的人际关系也尤为重要，千万别将不能成交的顾客撇开，只顾自己一时痛快。

一般来说，销售人员在成交失败的情况下，难免会有失望沮丧的情绪，但注意不要让这种消极情绪流露出来，更不要对顾客表现出怨恨情绪。要注意保持良好的风度，可适当表示出一点儿遗憾，使对方产生一些悔意，如有可能，要留下些材料或礼品，为再次销售铺路。

2. 请求指点

在费尽九牛二虎之力，但最后仍未成功交易的情况下，销售人员应主动向顾客请教，了解顾客认为自己在销售工作方面或产品方面需要做出哪些改进。

对产品，顾客一般会直言不讳地指出他不满意并希望改进的方面，但对于销售人员的工作，顾客未必想要指手画脚。在这种情况下，销售人员应态度诚恳，表明只是想请顾客以客观的态度来评价自己的工作，从而使自己的工作得到不断的改进。

3. 分析原因，吸取教训

销售失败，尤其是经过一番努力仍以失败告终，对销售人员来说确实是一件令人非常沮丧的事情。但事后，销售人员应仔细回想销售工作的每一个环节以及顾客当时的反应，如表情、语言、行动等，认真分析未能成交的原因。这样做一方面可以积累经验，改进自己以后的工作；另一方面可以在再次拜访顾客时有针对性地解决上次销售中遗留的或潜在的问题，争取达成交易。

在分析原因、总结经验后，最重要的是要从失败的经历中吸取教训，并在以后的工作中避免重蹈覆辙，避免犯类似的错误。

13.3 销售服务与跟踪

"销售活动真正的开始是在成交之后，而不是之前。"这是乔·吉拉德的名言。事实上，销售是一个连续、循环的过程，顾客购买行为发生并不意味着销售过程的结束，销售人员良好的售后服务与跟踪，是顾客再次购买的保证，也是顾客帮助企业传播良好口碑的基础。

13.3.1 售后服务

售后服务是指企业及其销售人员在交易成功后继续提供的各项服务工作。售后服务是销售过程的一个重要组成部分，例如送货上门、安装调试等。当然，售后服务并不是产品发生了故障或问题后才需要，任何产品一经售出，销售人员就应该主动跟踪。一方面，这可以指导顾客更好地使用、保养产品；另一方面，这也可以调查顾客对产品的意见和看法，改善企业与顾客的关系。

目前，售后服务主要包括以下内容：

1. 送货服务

对购买大件产品，或一次购买数量较多、自行携带不便以及有特殊困难的顾客，企业有必要提供送货上门服务。例如冰箱、彩电等大型家电往往是购后送货上门。尤其是在互联网经济时代，顾客往往希望及时达，对于物流服务提出更高的要求，而及时的物流服务能够为企业带来相对竞争优势。

2. 安装服务

有些产品在使用前需要在使用地点进行安装，既可以当场测试，又可以保证产品质量。例如，一般家电企业都为顾客提供免费安装服务。

3. 包装服务

产品包装是指在产品售出后，根据顾客的要求，提供普通包装、礼品包装、组合包装、整件包装等服务。这种服务也是一种重要的广告，如包装上印有企业地址、产品介绍等。

4. "三包"服务

"三包"服务是指对售出产品的包修、包换、包退服务。企业应根据不同产品的特点和不同条件，制定具体的"三包"方法，真正为顾客提供方便。

5. 其他服务

其他服务包括技术指导、产品的升级改造、解答顾客咨询、处理顾客投诉、会员优惠提醒、后续顾客关系管理等。

13.3.2 销售跟踪

销售跟踪是指在成交阶段后（无论成交与否），销售人员对顾客所持的一种态度和进一步提供的服务，以及希望顾客能对销售人员及企业留下美好、深刻的印象，为今后销售成功创造机会的行为过程。也就是说，对于潜在顾客，无论是否达成交易，销售人员都需要进行销售跟踪。销售跟踪，实质上就是维系顾客关系。

销售人员进行销售跟踪，可以从建立顾客资料数据库、制订服务跟踪计划、联络顾客感情、监控顾客满意度和提供最新产品资料等方面进行。

1. 建立顾客资料数据库

进行"销售跟踪"，首先必须建立顾客档案资料，即"档案管理"。档案管理是将顾客的各项资料加以科学化地记录、保存，并分析、整理、应用，借以巩固双方的关系，从而提升销售业绩的管理方法。其中，顾客资料卡是一种很重要的工具（详见第10章第4节）。还需要注意根据情况的变化及时修改与完善顾客资料卡。随着数字化技术的发展，很多企业都对顾客档案进行数字化管理，建立属于自己的顾客资料数据库，这种方式有助于企业及时更新顾客数据，更加方便管理，能够降低人力成本，也有助于顾客关系管理。

2. 制订服务跟踪计划

销售人员较忙，为了做好服务跟踪工作，最好制订一个简单的服务跟踪计划。销售人员周跟踪计划示例见表13-1。顾客都喜欢受到注意和关注。虽然可能只是数月后的电话联系或者一些邮件，但这些接触会给销售带来再次交易的机会，是帮助销售人员跟踪顾客的好办法。

表 13-1　销售人员周跟踪计划示例

时间	联系顾客名称	联系方式（电话、电子邮箱、拜访）
星期一		
星期二		
星期三		
星期四		
星期五		
星期六		
星期日		

3. 联络顾客感情

与顾客联络感情的方法大致有三种：一是拜访，不一定是为了销售，旨在让顾客感觉到销售人员和企业对他/她的关心；二是通过电子信息等联络，如邮件问候、偶尔短信或电话问候、网络平台信息推送等；三是赠送纪念品。

【案例】

据《中国经济时报》报道，武汉景明大楼的业主1998年收到一份来函，告知该楼已超期服役，并提请有关方面注意。谁曾想到这份来函竟是来自远隔万里的英国，一家设计单位在经历了漫长的82年之后，至今仍念念不忘它20世纪初在长江和汉水畔设计的一幢大楼。这幢当初由英国人设计，位于武汉鄱阳街53号的景明大楼建于1917年，共有六层楼，现已被武汉市列为历史优秀建筑保留。英国这家设计单位的做法，给予销售人员很大的启示。"真正的销售始于售后"，销售人员在签完订单后，应该为顾客服务到底。

4. 监控顾客满意度

顾客购买后，其购后感受会各不相同。顾客如果满意，就会成为销售人员的回头客；否则，就会寻找新的企业或销售人员。因此，对于老顾客，销售人员要及时收集顾客的购后感受并及时处理、反馈，尽量做到顾客满意。

5. 提供最新产品资料

在说服顾客购买之前，销售人员常常将产品的简介、使用说明以及相关资料递交给顾客，供其参考，却忽略了在顾客购买之后提供最新资料，这是一种非常不妥的做法。销售人员应向顾客提供最新产品资料，包括产品商情报道资料、产品本身资料等。

课程思政

【思政元素】为人民服务

《为人民服务》是毛泽东主席于1944年9月8日在张思德同志追悼会上的演讲稿。张思德同志在陕西烧炭时，因炭窑倒塌而牺牲。当时，抗日战争正处在十分艰苦的阶段，有许多困难需要克服。毛泽东主席针对这一情况，讲述为人民服务的道理，号召大家学习张思德同志完全、彻底为人民服务的精神，团结起来，打败日本侵略者。

【知识元素】销售服务

【思政元素与知识元素的融合】

服务的开始才是销售的开始，因而销售服务是十分重要的。例如，海尔的服务规定非常详细，甚至包含"该怎么敲用户家门"，对服务的管理则从服务规范、服务礼仪、服务用语、岗位衔接、互动制约，到动态考核、政策激励、等级排序、星级升降等，所有方面都一一规范清楚并严格执行。它的背后是一套庞大而高效的信息化组织作为保障，有管理学家称之为"闭环式服务体系"。全心全意为人民服务是党的优良传统，一个伟大的企业更需要服务好自己的顾客。

本章小结

促成交易，简称成交，是指顾客接受销售人员的销售建议及销售演示，并且立即购买销售产品的行动过程。

促成交易的障碍主要源自顾客和销售人员两方面。

促成交易的时机：展示完产品后；处理完顾客异议后；顾客心情非常快乐时。

成交信号主要有语言信号、表情信号、行为信号三种。

促成交易的策略主要有：善于捕捉成交信号，及时成交；谨慎对待顾客的否定回答；充分利用最后的成交机会；保留一定的成交余地。

促成交易的方法有直接请求成交法、假定成交法、选择成交法、小点成交法、总结利益成交法、T形成交法、克服异议成交法、最后机会成交法、优惠成交法、保证成交法等。

售后服务是指企业及其销售人员在交易成功后继续提供的各项服务工作，其主要包括以下内容：送货服务、安装服务、包装服务、"三包"服务、其他服务。

销售跟踪是指在成交阶段后（无论成交与否），销售人员对顾客所持的一种态度和进一步提供的服务，以及希望顾客能对销售人员及企业留下美好、深刻的印象，为今后销售成功创造机会的行为过程。销售人员进行销售跟踪，可以从建立顾客资料数据库、制订服务跟踪计划、联络顾客感情、监控顾客满意度和提供最新产品资料等方面进行。

复习思考题

1. 什么是促成交易？
2. 促成交易的主要障碍有哪些？
3. 促成交易的策略有哪些？
4. 促成交易的方法有哪些？其优缺点分别如何？
5. 简述售后服务与销售跟踪的内容，以及它们对企业销售的影响。

案例分析

销售人员："您好，我们发现光明牌灯具能给你们的设计者提供高清晰度的颜色输出信号，这种信号能降低视力疲劳和朦胧感。您看是这周安排送货还是下周？"

顾　　客："你说得不错，不过，我仍然不准备买，太贵了。"

销售人员："您是说，您想知道，我们的产品到底有什么样的特殊利益使它的价格略高一些。这样说对吗？"

顾　　客："我想是这样的。"

销售人员："前一段时间，我们发现就延长灯具的使用寿命以及节省能源费用而言，您若使用光明牌灯具来替换现在的灯具，那么您每年一台灯具可以节省200元。这表明我们的产品能省钱，对吗？"

顾　　客："我想你是对的。"

销售人员："太好了！您是想找个周末安装还是下周下班之后呢？"

顾　　客："都不想，我需要再考虑考虑。"

销售人员："您现在犹豫不决一定有充分的理由。如果我问是什么原因，您介意吗？"

顾　　客："我想我们无法一次性支付所有新的照明设备的价款。"

销售人员："除此之外，您有别的原因吗？"

顾　　客："没有。"

销售人员:"假设您能使自己信服成批更换要比少量更换便宜……您想这么做吗?"
顾　　客:"我想会的。"
销售人员:"成批更换并不是必需的,不过,它却能让您马上看到所有设备所实现的能源节约费用。成批更换灯具能节省很多现场更换的劳动成本,因为成批安装灯具拥有生产线的效率。您明白我的意思吗?"
顾　　客:"是的,我明白。"
销售人员:"您觉得是在周一至周五晚上安好还是在周末安好?"
顾　　客:"我还是想考虑一下。"
销售人员:"一定还有别的原因造成您现在的犹豫不决。我想问问,可以吗?"
顾　　客:"我们现在没有预留这种投资款项。"
销售人员:"除此之外,还有别的原因吗?"
顾　　客:"没有。我的上司不让我买任何东西。"
销售人员:"您也同样认为买这些货会给你们公司省钱,对吗?"
顾　　客:"是的。"
销售人员:"好的。我现在去拜访您的上司,怎么样?我会告诉他除了减少你们员工的视力疲劳之外,光明牌灯具还能给公司节省能耗。也许我们两人可以一起去拜访你的上司。"

(**资料来源**:根据国外案例改编.)

案例讨论:

1. 销售人员运用了哪些促成交易的方法?请具体标明。
2. 销售人员在本次销售中存在哪些问题?如何改进?

第5篇 销售控制管理

第14章

销售风险管理

故将有五危,必死可杀,必生可虏,忿速可侮,廉洁可辱,爱民可烦。
凡此五者,将之过也,用兵之灾也。
覆军杀将,必以五危,不可不察也。

——《孙子兵法·九变篇》

学习目标

1. 了解销售风险的内涵
2. 掌握销售风险的种类及其特征
3. 了解销售风险管理的概念
4. 掌握销售风险的应对措施

引入案例

宜家产品召回

宜家(中国)投资有限公司(简称宜家)召回部分梅塔里斯克(METALLISK)意式咖啡壶,这批咖啡壶在2020年10月1日至2021年4月1日期间生产,型号为00360224,生产批次为2040-2204,召回时间在2022年6月8日至2022年9月7日。

召回原因是在产品使用过程中有可能发生胀裂,造成底座和壶体分解,可能会产生烫伤等风险,因此建议消费者立即停止使用,宜家则会为顾客提供全额退货处理。

除了餐具相关产品,据不完全统计,自2016年以来,宜家共召回过16次产品,涉及产品有斗篷、自行车、沙滩椅、抽屉柜、婴儿围嘴、旅行杯、餐桌、灯具等。宜家在2019年至2021年的三年间,分别召回的产品数量为2.2万件、13.42万件、17.36万件。

(资料来源:赵晓娟.宜家又要召回产品了,这次是有烫伤隐患的咖啡壶[EB/OL].(2022-06-10)[2023-05-25]. https://baijiahao.baidu.com/s?id=1735225176363166683&wfr= spider&for=pc.)

14.1 销售风险的概念、种类与特征

销售环境的变化是绝对的,也是客观的,并一直在发生。因而在销售过程中,既充满了销售机会,也充满了各种销售风险。

14.1.1 销售风险的概念

1. 销售风险的定义

销售风险是指销售环境的变化，给销售活动带来各种损失的可能性。也就是说，在企业销售过程中，各种事先无法预料的不确定因素给销售活动带来影响，使企业销售的实际收益与预期收益发生一定的偏差。可见，销售风险本质上是一种不确定性。这种不确定性表现在它既可能给面临风险的人带来损失，也有可能带来巨大的利益。风险报酬与风险程度在一般情况下，是同向递增关系，即你所冒的风险越大，那么你可能获得的风险报酬就越高。

2. 销售风险因素、销售风险事故和销售风险损失三者之间的关系

销售风险与销售风险因素、销售风险事故和销售风险损失密切相关，它们是风险存在的基本条件。为了进一步理解和把握销售风险的本质，就需要清楚这三个概念及其相互关系。

（1）销售风险因素。销售风险因素是指引起或增加、扩大销售风险的条件。这些条件是造成销售损失的间接和内在原因。识别销售风险因素的过程是规避销售风险的关键。例如，销售人员的业务素质对货款损失而言，就是风险因素。

（2）销售风险事故。销售风险事故是指引发销售风险的特定事情或企业经营故障。这些事情或故障会直接或者间接引发销售风险，最终导致企业产生销售损失。例如，产品质量问题、销售货款呆坏、销售人员跳槽等都是销售风险事故。

（3）销售风险损失。销售风险损失是指由销售风险引起而导致企业经济利益受损害的事实结果。这种损失有别于企业固定资产的折旧。这种损失是不可预见的，但是可以用货币来衡量的。与此同时，这种损失也是非故意而为之的，有一定的偶然性。

（4）销售风险因素、销售风险事故、销售风险损失三者的关系。销售风险因素、销售风险事故、销售风险损失三者之间是一种层层递进的关系：销售风险因素引起销售风险事故，销售风险事故导致销售风险损失，这种损失就成为销售风险。例如销售人员的业务素质引起销售货款呆坏，从而导致销售利润下降。这里，销售人员的业务素质是风险因素，销售货款呆坏是风险事故，销售利润下降是风险损失。

14.1.2 销售风险的种类

销售风险各种各样，复杂多变。按照不同的标准，销售风险可以划分为不同的种类。

1. 根据销售风险的性质和原因分类

从销售风险的性质和原因来看，可将其划分为人为风险和自然风险。

（1）人为风险。所谓人为风险，是指政府方针政策，社会团体的宗旨和规定，顾客消费行为和竞争对手的策略等的调整和变化所引起的销售风险。例如由于环保要求的提高，城市禁止摩托车上路，因而给摩托车的销售带来了风险。这种风险有些是可以控制的，有些则是不可避免的，只能采取有效措施，降低销售损失。

（2）自然风险。所谓自然风险，是指自然环境发生重大变化，如地震、海难、旱涝等，形成的人们难以控制并具有极强破坏力的风险。人们一般很难避免这种风险的发生，只能尽力将销售损失降到最小。

2. 根据销售风险的范围及程度分类

从销售风险的范围及程度来看，可将其划分为局部性销售风险和全局性销售风险。

（1）局部性销售风险。局部性销售风险是指给某一部分、某一品类或某一地区的商品销售带来的风险。例如，今年某地夏天气候凉爽，因而影响到当地空调的销售。

（2）全局性销售风险。全局性销售风险则是危及整体、全局商品销售的风险。显然，相比较于局部性销售风险，全局性销售风险给企业带来的损失要大得多，也比较难以控制，企业业务必要注意避免。

3. 根据销售风险可被感知的程度分类

从销售风险可被感知的程度来看，可将其划分为有形风险和无形风险。

（1）有形风险。有形风险是指可按照一定的依据进行判断，按照一定的价值标准评估出损失大小的风险。如商品削价处理、拆迁甩卖、反季节销售、存货损失等均属于此类风险。

（2）无形风险。无形风险则指缺乏依据和价值标准，从而难以判断和评估损失大小的销售风险。这种风险具有持续性、潜在性、隐蔽性的特点，难以被察觉，或者虽知道其存在，却不知道其危害的程度，因而相对来说更加危险。例如员工士气下降、关系不和等给销售带来的损失和风险，是无法估计的。

4. 根据时空分类

从时空上来看，可将其分为时间性风险和空间性风险。

（1）时间性风险。所谓时间性风险，是指销售人员未能及时把握销售时机而带来的销售风险，如流行趋势的改变，季节性的变化等。

（2）空间性风险。空间性风险是指销售环境的地理位置发生变化而带来的销售风险，如各地区风土人情、消费习惯的不同等带来的风险。

5. 从销售风险所致后果分类

从销售风险所致后果来看，可将其划分为纯粹销售风险和投机性销售风险。

（1）纯粹销售风险。纯粹销售风险是指只有损失可能性而无获利可能性的不确定性风险，例如货物破损、坏账等。

（2）投机性销售风险。投机性销售风险是指那些既存在损失可能性，又存在获利可能性的不确定性风险，它所导致的结果有三种：损失、无变化、获利。

另外，从销售的背景变化来看，可分为政治和非政治风险，经济和非经济风险等。

14.1.3 销售风险的特征

由于对销售风险的认识角度不同，销售风险的表现也不同。销售风险的特征可以概括如下：客观性与偶然性、主观性与投机性、可变性。

1. 客观性与偶然性

销售风险具有客观性。自然因素和社会经济因素都会导致销售风险的发生。比如自然资源是有限的，自然资源也存在不可控性，而自然界的运动规律是难以被人为改变的，极端的恶劣天气就可能导致销售风险的发生。另外，社会经济的运行也是处在不断变化当中的，诸如社会需求观念的变化、产品技术的进步、政策分类的出台等，都受社会发展规律的支配，人们可以认识和掌握这种规律，却不能完全消除规律。因此，销售风险具有客观存在性。人们只能采取一定的手段，改变销售风险形成和发展的条件，降低销售风险事故发生的概率，减少损失程度，而不能彻底消除或避免销售风险。

销售风险的发生也可能是偶然的，这就是销售风险的偶然性。这种偶然性是由销售风险事故的随机性决定的，它表现出种种不确定性。其一，销售风险事故发生与否不确定。例如就全社会而言，产品会面临市场淘汰，这使企业面临产品被淘汰的风险，但具体到某一企业，就存在多种可能性。其二，销售风险事故何时发生不确定。众所周知，销售失误是不可避免的，但对每一个人而言，什么时候失误，一般来说是无法预知的。其三，销售风险事故将会怎样发生以及其损失多大均无法确定。例如，许多企业都会面临货款拖欠的问题，但就特定企业而言，货款拖欠在什么时候发生，应收账款有多少，由哪家企业拖欠，什么原因造成拖欠等都是不确定的。

2. 主观性与投机性

销售风险也存在主观性。企业风险管理者的价值观与偏好，对于销售风险的判断具有较大的影响。现实的风险事件的发生及其后果，与人为因素的互动是极为复杂的，不是任何概率运算方式可以完全解释的。个人主观判断是个人风险认知、风险偏好与风险行为的主要依据。心理学认为，客观风险的评估与概率，只有融入个人认知中才有意义，一切不利的后果均应涉及人们的心里的感受，风险真实性的认定以个人认知为基础。

销售风险多数是投机风险，既存在损失可能性，又存在获利可能性。投机性是销售风险最大的特征，因为销售活动本身就具有投机性。这类风险的管理主要依靠人们的管理水平，关键是抓住机会。由于销售风险具有不可保性，因而控制和处理销售风险的难度很大。

3. 可变性

无论是主观发生，还是客观存在，销售风险都是处在变化当中的。世间万物都处于运动、变化之中，风险更是如此，风险的变化有量的增减，也有质的改变，还有旧风险的消亡与新风险的产生。销售风险的变化，主要是由销售风险因素的改变而引起的。例如，在销售活动中，存在的欺骗风险，人们采用信用证制度就可以大大减少销售风险的发生。再如，现代化生产的高度集中，大规模企业林立，使销售风险愈加集中，遭受严重销售风险损失的可能性比任何时候都大得多。因此，销售风险不是一成不变的，旧的风险消失了，新的风险产生了，伴随着现代技术发展而产生的风险，其破坏性更大。

14.2 销售风险管理的概念及应对措施

我国多数企业虽然对销售风险较为重视，但没有从根本上认识销售风险，在出现销售风险后，缺乏一套有效的控制处理机制。所以，加强企业的销售风险管理是实现企业可持续发展的必然选择。

14.2.1 销售风险管理的概念

1. 销售风险管理的定义

销售风险管理是指为了应对销售风险与建构销售风险指标所采用的各类监控方法与过程的统筹。该定义包括三项要素：①销售风险管理的目标；②销售风险信息的搜集与解释；

③影响人们销售行为与调整的系统结构，以及所采取的措施。

这一定义能够体现出现代销售风险管理全方位的思维与内涵。无论是风险的客观实体派还是主观建构派均适用。这是因为，一方面，销售风险具有客观性，无法消除，而且风险中往往还蕴涵着商机。因此，对待销售风险的现实态度应体现为主动积极的风险管理行为，而不是简单规避、被动接受和无所作为。另一方面，由于销售活动存在一定的投机性，受社会文化因素影响较大，人的主观作用经常占主导地位，因此对销售风险的管理用主观构建学派的方法往往也很有效。

2. 销售风险管理与销售战略管理、企业经营管理的关系

（1）销售战略管理。销售战略管理的核心是通过战略分析，制定合理的战略目标，并选择适宜的战略方式，以及制定可行的战略实施方案，以企业总体发展目标为核心，在满足消费者需求和保证社会整体效益的前提下，获取企业的利益，保证企业的发展。销售风险管理的核心是通过风险控制手段的有效组合，避免或降低销售风险，从而减少销售损失。当然，销售战略管理也要考虑风险问题，甚至有人说，企业的销售战略管理其实主要是销售风险管理。

（2）企业经营管理。企业经营管理重在"创业"，销售风险管理则重在"守业"，两者性质不同，不可混淆，也不能相互替代。然而，企业经营管理与销售风险管理殊途同归，两者的最终目的一致，只是出发点和具体形式不同而已。如：企业经营管理的出发点是企业盈利或增值，主要是通过具体经营计划的制订和实施来获得"正效益"；销售风险管理的出发点则侧重在控制和减少损失，增加获利机会上，这主要是通过经济和技术手段，以"负效益"的投入最终产生"正效益"。另外，销售风险管理是企业经营管理活动的一部分，由于销售风险存在于企业经营活动的各个环节，因此销售风险管理贯穿于企业经营过程的始终。

以企业从事新产品研发为例，销售战略管理关注的是新产品的市场需求以及企业目标的达成，企业经营管理关注的是产品如何满足市场需求与目标，而销售风险管理关注的是产品研发与销售过程中存在哪些风险。三者之间虽然有交叉，但各自有着独立的管理目标和内容，其关系如图14-1所示。

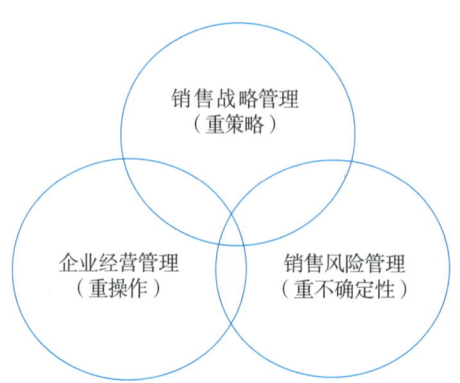

图14-1 销售战略管理、企业经营管理和销售风险管理的关系

14.2.2 销售风险的应对措施

应对销售风险，常用的四种措施：销售风险避免、销售损失控制、销售风险转移以及销

售风险自留。

1. 销售风险避免

（1）销售风险避免的定义。销售风险避免即企业使用控制风险的方法来回避损失发生的可能性，从而规避销售风险。风险避免是企业规避风险时较为保守的处置方案，也是最为简单的规避形式。例如，一个企业为了避免拖欠的风险而拒绝在任何情况下进行信用销售。一种风险被完全地避免后，也就不可能产生损失，因此也就没有必要去阻止风险的发生，减小损失的程度，或为了风险而预备基金。风险被避免后，其损失的可能性即为零。

风险避免有两种比较常见的应用方式：①完全规避将产生特定风险的事件。例如，企业由于害怕新产品研发失败导致的资金风险，可以禁止新产品研发相关的企业活动，从而规避研发失败引发的风险。又如企业决定不上中央电视台做广告，就可以避免因此导致的直接广告费用损失和广告效果不好所带来的无形损失。②在风险出现时，及时放弃引发风险的组织活动。例如，一个经销日常用品的企业在经销某保健食品的过程中发现，该保健食品有缺陷，在某些情况下会导致很大副作用，于是决定终止这种经销活动，以避免销售该产品可能引发的责任索赔案。这两种应用方式可以帮助企业在一定程度上避免销售风险的发生，但并不适用于所有的销售情形，其适用性受到很多方面的限制。如前所述，一个企业为了避免贷款拖欠的风险而拒绝在任何情况下信用销售，但在市场竞争日益激烈的条件下，这是很困难的，你不信用销售别人就信用销售，这样就会失去市场机会。同时即使不信用销售，企业要想占领市场，也会在价格等方面给予折让，这样就会损失利润。事实上一个企业是很难做到一笔信用销售都不发生的。因此，在销售风险应对措施中，销售风险避免是受到最大限度限制的。

（2）销售风险避免的基本方法

1）放弃或终止实施某项销售活动。销售风险避免的一种基本方法是在销售风险尚未实质发生时，考虑及时止损。在销售决策中，对某项销售活动进行论证后，若发现该项销售活动的实施将面临巨大的风险，一旦发生事故，将造成严重的后果，同时又不可能采取控制技术减少其风险，这时就应该考虑放弃这项销售活动的实施，以避免今后可能发生的巨大损失。

2）改变销售活动的性质。销售风险避免的另一种基本方法是在已承担风险的情况下，通过改变销售活动的环境、条件、对象等，来避免未来销售活动中可能发生的销售风险。例如，企业经过内部预算，决定拿出3000万元作为广告费用。按照原来设定的广告媒体，该企业准备在中央电视台黄金广告时段播放用于促销的广告。但由于此时段的广告费用成本高昂，且不一定能达到预期的效果，因此，为了避免在中央电视台做广告的潜在损失，该企业选择在浙江卫视和湖南卫视这两个地方电视台做广告，这样既可以选好的时段，又可以延长广告播放时间。

2. 销售损失控制

（1）销售损失控制的定义。销售损失控制是指企业对不愿放弃也不愿转移的销售风险，通过降低其发生的概率，缩小其损失程度，来达到控制目的的各种控制技术或方法。销售损失控制的目的在于积极改善销售风险单位的特性，使其能为企业所接受，从而使企业不丧失获利机会。因此，销售损失控制相对于销售风险避免而言，不失为一种积极的销售风险应对措施，也是销售风险应对措施中更为重要的一种，同时也是最适用于企业的一种。

(2) 销售损失控制的基本方法

1) 销售损失预防。所谓销售损失预防，是指在销售损失发生前，为了消除或减少可能引起损失的各项因素所采取的具体措施，也就是消除或减少销售风险因素，以便降低损失发生的概率。例如在销售实践中，对客户进行资信调查，并设定资信限度。销售损失预防与销售风险避免的区别在于：销售损失预防不消除销售损失发生的可能性，销售风险避免则使损失发生的概率为零。

2) 销售损失抑制。所谓销售损失抑制，是指销售风险事故发生前或发生后，采取措施缩小损失发生范围或降低损失程度的行为。销售损失抑制与销售损失预防的区别在于：销售损失抑制的重点在于降低损失的程度而不是损失发生的可能性。分清两者之间的区别是提高销售风险管理效果的关键。销售损失抑制措施大体上分为两类：一类是事前措施，即在损失发生前为减小损失所采取的一系列措施，例如在新产品上市时，以快速撇脂策略上市，避免随后其他竞争者加入所带来的市场压力风险；另一类是事后措施，即在损失发生后为降低损失程度而采取的一系列措施。

销售损失抑制的一种有效方式是销售风险隔离。隔离销售风险单位包括分割和复制。分割销售风险单位又包括分离和分散。其中，分离是将企业面临损失的风险单位分离，而不是将它们集中在都可能遭受同样损失的同一地点；分散是将特定的风险在更大的样本空间里进行分散，以此来减少单个风险单位的损失。复制销售风险单位是指再设置一份销售活动所必备的资产或开发储备产品，开拓储备市场以及多储备一批销售人员等。例如，某企业在开发市场时采取占领一个主市场并培育开发一个补充市场的措施，一旦主市场出现问题，就立即启动补充市场。

3. 销售风险转移

与销售风险避免和销售损失控制不同，销售风险转移不是通过回避、抛弃的方法去终止与销售风险的联系，而是将销售风险转移到其他地方。因此，销售风险转移只是间接地达到了降低损失频率和缩小损失幅度的目的。销售风险转移有三种形式：①保险；②销售风险控制型非保险转移；③销售风险财务型非保险转移。由于销售风险的保险多数是对静态资产的保险，而销售活动中更多的是动态的风险，因此下面主要介绍非保险转移。

(1) 销售风险控制型非保险转移。所谓销售风险控制型非保险转移，是通过契约或合同将损失的财务负担和法律责任转移给非保险业的其他人，达到降低风险发生频率和缩小损失幅度的目的。销售风险控制型非保险转移有以下四种具体形式：

1) 出售。通过买卖契约可以将产生销售风险的那部分财产或获得转移给其他人。这时，与所有权有关的一切风险都转移给了新的所有者，减少了销售风险。例如，企业购买了公共汽车站的广告权，而发现效果不太理想，就将这一广告权出售给其他企业，从而也就将由此带来的广告损失风险一起转移出去。

2) 转包或分包。风险单位通过转包或分包，将其认为风险较大的销售业务转移给非保险业的其他人。显然，风险单位通过这种形式的风险转移，减少其承担的风险。例如，某生产企业与外商签订了一批供货合同，因担心这批货供应不及时或质量达不到要求而遭受索赔损失，将这批供货合同全部或部分转包给另一家同行，从而也就将相应的风险全部或部分转移给了这家同行。

3）租赁。出租人通过租赁合同将有形或无形的资产交给承租人使用，承租人交付一定租金，出租物的所有权仍为出租人所有，承租人对所租物只有使用权。这样，出租人将使用这一资产的可能风险转移给承租人。例如，某企业将自己的商场一层租赁给另一企业使用，由此将商场一层经营不善的销售风险转移出去。

4）互换。互换是指销售一方将自己的风险资产或债权与另一企业或组织进行互换，从而降低或消除风险的一种方式。这是因为一种对甲企业而言的风险，对乙企业来说可能不是风险。例如，A企业手中有一批材料出售不出去，面临降价和变质的风险，同时又面临无钱支付B企业设备款而需承担违约责任的风险；B企业因为A企业订制的设备卖不出而要面临制造损失，同时B企业恰好需要A企业的材料，这时双方可以通过互换物资达到降低和消除双方风险的目的。

（2）销售风险财务型非保险转移。销售风险财务型非保险转移是指企业将自己可能的销售风险所致的财务负担转移给保险人以外的其他经济单位的一种风险应对措施，其实质是通过风险的财务转移，使转让人得到外来资金，以补偿风险事故发生所造成的损失。销售风险财务型非保险转移有以下四种形式：

1）中和。中和是将损失机会与获利机会平衡的一种方法，通常被用于处理投机风险。例如，有一面粉商于2023年6月1日购买一批小麦，总价格100万元，小麦制成面粉后，预期于当年12月1日出售，届时可得150万元，因此可以赚取合理的利润。然而，由于小麦价格波动会影响面粉的价格，所以利润不是确定的，也就是说，该面粉商可能因小麦价格下跌而蒙受损失，也可能因小麦价格上涨而获得超额利润。为了避免小麦跌价导致损失，面粉商在2023年6月1购买小麦的同时，签订了12月1日亦以同样的价格出售小麦的合同。这样做，可以中和未来价格波动的风险，面粉商虽然失去可能因小麦价格上涨而获超额利润的机会，却免除了因小麦价格下跌而蒙受损失的可能。

2）免责约定。免责约定是指合同的一方通过合同条款，对合同中发生的对他人人身伤害和财产损失的责任转移给另一方承担，即通过主要针对其他事项的合同中的条款来实现风险转移。例如，根据一则房屋租赁合同，房东可以将没有这则合同时他对第三者遭受的人身伤害与财产损失的经济责任转移给承租人。需要指出的是，免责约定不同于责任保险：免责约定所转移风险的受让人不是保险人，而且所提到的财产损失责任是以合同责任下的损失为限的。

3）保证书。保证书是指保证人对被保证人因其行为不忠实或不履行某种明确的义务而导致的权利人损失予以赔偿的一种书面合同。这里有保证人、被保证人和权利人三位当事人，借助保证书，权利人可将被保证人违约的风险转移给保证人。保证的目的在于担保被保证人对权利人的忠实和有关义务的履行，否则由保证人赔偿损失。

4）公司化。有的企业通过发行公司股票，将公司经营的风险转移给多数股东承担。这种转移实际上只是分散了原有股东的风险，增强了公司抵抗销售风险的能力，并不能转移公司遇到的具体销售风险。

4. 销售风险自留

销售风险自留，又称销售风险承担，是指企业自己承担销售风险事故所造成的损失。这是一种重要的财务型销售风险应对措施，其实质在于，当销售风险事故发生并造成一定的损失之后，企业通过内部资金的融通，来弥补该损失。与其他财务型风险应对措施一样，它是在损失后提供财务保险的，但这不是把销售风险转移给别的经济单位，而是留给自己承担。销售风险自留是处理残余风险的一种技术措施，故有人称之为残余技术。通常情况下，销售风险自留有四种具体措施：

（1）将损失摊入经营成本。将损失摊入经营成本，是指在销售风险事故发生时，企业把意外的损失计入当期损益，即吸收于短期（通常不超过三个月）的现金流通之中。可见，这种办法只适用于处理那些损失概率大、损失程度较小的风险，这些风险损失似乎成为企业不可避免的经常性支出，因此只要那些小风险被识别，损失数额便能进入预算。例如，一般企业都能承受价格下降、合同不能兑现、一定的货款拖欠、产品不合格、偷窃或销售不忠诚行为等的损失。

（2）建立意外损失基金。意外损失基金又称为自保基金或应急基金，是企业基于对所面临风险的识别和评价，并根据本身的财务能力预先提取，用以补偿风险事故所致损失的一种基金。建立意外损失基金是一种自保行为，即自己为自己保险。通常，这种办法适用于处理那些可能引起较大损失，但这一损失又无法直接摊入经营成本的风险，如坏账准备金。

（3）借款。有些企业，特别是一些大企业，可能会选择借款作为处理自留风险的手段，即在风险事故发生后，企业通过筹借资金来补偿风险事故所造成的损失。采用这种办法，企业在风险事故发生前不需要有任何的实际支出，既不必缴纳保险费，又不需要支付补偿基金的分摊，只在损失形成以后，据实确定损失情况并以借款筹得资金补偿即可。所借款项在以后较长的一个时期内均匀分摊，逐步偿还。借款通常有三个渠道：①从集中的基金中借款来补偿某一个分支部门所遭受的意外损失；②从外部取得各种特别贷款；③在损失发生以前筹集各种应急贷款。

（4）自负额保险。绝大多数企业的销售风险是不可保风险，但也有些销售风险可以投保。销售风险的保险以企业的风险决策为基础，是若干销售风险应对措施的组合或选择的结果。企业决定的投保程度，即安排部分保险，从本质上说，是销售风险转移与销售风险自留的结合。这种结合有一种重要的方式，那就是自负额保险。所谓自负额保险，由自负额条款来完成，它要求企业自行先承担一小部分风险损失，而大部分风险责任由保险公司承担。采取自负额保险，既可以节省保险费，又可以获得较高的保障。

课程思政

【思政元素】增强忧患意识，做到居安思危

备预不虞，为国常道。2014年4月15日，习近平总书记主持召开的中央国家安全委员会第一次会议上创造性地提出总体国家安全观。

【知识元素】销售风险及其管理

【思政元素与知识元素的融合】

风险是人类社会所面临的最普遍现象之一。从个体到社会，从自然灾害到金融危机，损失的不确定性渗透在经济社会的各个环节和各个领域，在经济运行过程的各个层面上均有所体现。马克思在《资本论》中写道：商品到货币是一次惊险的跳跃；如果掉下去，那么摔碎的不仅是商品，而且是商品的所有者。销售风险就是惊险的跳跃风险，能否理性认知风险和科学应对风险，决定了企业能否得到高质量与可持续的发展，也进而会影响到社会总体的繁荣与福利。为此，企业需要增强忧患意识，做到居安思危。

本章小结

销售风险是指销售环境的变化，给销售活动带来各种损失的可能性。销售风险因素引起销售风险事故，销售风险事故导致销售风险损失。

销售风险各种各样，如人为风险和自然风险、局部性销售风险和全局性销售风险、有形风险和无形风险、时间性风险和空间性风险、纯粹销售风险和投机性销售风险等。

销售风险的特征可以概括为：客观性与偶然性，主观性与投机性，可变性。

销售风险管理是指为了应对销售风险与建构销售风险指标所采用的各类监控方法与过程的统筹。

应对销售风险常用的四种措施：销售风险避免、销售损失控制、销售风险转移以及销售风险自留。

复习思考题

1. 销售风险的内涵是什么？
2. 销售风险按不同的标准划分，可以分为哪些类型？
3. 销售风险有哪些特征？
4. 什么是销售风险管理？
5. 应对销售风险通常有哪些措施？

案例分析

酒鬼酒陷"甜蜜素"风波

2019年12月下旬，因"甜蜜素"酒鬼酒被推上了风口浪尖。举报人与厂商双方一来一回的强硬声明，更让事实扑朔迷离。

2019年12月17日，酒鬼酒供销有限责任公司（简称酒鬼酒供销公司）"54度500mL老酒鬼酒"总代理法定代表人石某实名举报，称其仓库里封存了5万瓶老酒鬼酒，被检出添加了"甜蜜素"，不敢流向市场，但酒鬼酒又不肯赔偿损失。

2019年12月22日，酒鬼酒再发澄清公告，正面否认曾采购并向涉事白酒中添加"甜蜜素"，并指认"54°500mL老酒鬼酒"总代理商石某利用媒体炒作，意图侵害上市公司利益，酒鬼酒表示"绝不向任何要挟、勒索妥协"。

2019年12月24日，湖南省市场监管局委托湖南省食品质量监督检验研究院，随机对长沙3家酒鬼酒门店进行抽样，现场抽样了11批次酒鬼酒产品。

2019年12月25日，湘西州市场监管局已清点并监督查封"酒鬼酒非法添加甜蜜素"举报人石某名下仓库中的全部"54°500mL老酒鬼酒"。

当日，湖南省市场监管局公布对长株潭市场上 30 批次酒鬼酒的抽检结果。结果显示，该局按照国家法律法规和抽样要求在流通市场上通过购买的方式随机进行抽样，共计抽取了酒鬼酒生产的产品 30 批次，涉及 6 家经销单位。经检验，本次专项抽检的 30 批次酒鬼酒产品均未检出甜蜜素（定量限 0.0001g/kg），符合标准要求。

（**资料来源：**究竟是"甜"还是"苦"？酒鬼酒深陷甜蜜素风波 [N]. 人民日报，2019-12-25.）

案例讨论：

1. 该案例中包含哪些销售风险？
2. 面对销售风险，酒鬼酒应该如何应对？

第 15 章

销售信用管理

> 主孰有道？将孰有能？天地孰得？法令孰行？
> 兵众孰强？士卒孰练？赏罚孰明？吾以此知胜负矣。
> ——《孙子兵法·计篇》

学习目标

1. 了解信用销售的内涵及其作用
2. 了解传统的信用管理模式及科学的信用管理机制
3. 掌握信用政策的构成要素
4. 掌握客户信用要素"5C"分析法
5. 掌握应收账款的追收方法

引入案例

25 岁康师傅"未老先衰"：应收账款暴增 45%

2017 年是康师傅创立 25 周年，你还记得那个胖胖的厨师形象吗？康师傅的发展贯穿了很多人的成长记忆，但这几年，它的发展却并不尽如人意。最新数据显示，"未老先衰"的康师傅面临诸多困境，其中就有应收账款暴增 45%。

2017 年 11 月 13 日，康师傅披露第三季度业绩公告。第三季度业绩公告显示，康师傅第三季度实现营收 196.87 亿元，同比增长 8.49%；净利润 18.83 亿元，同比增长 27.93%。前三季度合计实现营收 482.54 亿元，净利润 27.63 亿元，同比分别增长 5.91%、33.87%。

营收和净利增长的同时，康师傅应收账款也大幅增加。第三季度业绩公告显示，截至 2017 年 9 月 30 日，康师傅应收账款为 23.07 亿元，比 2016 年年底增长 45.12%。

一边是应收账款大幅增长，另一边是负债率攀升。第三季度业绩公告显示，截至 2017 年 9 月 30 日，康师傅总负债为 364.04 亿元，较去年年底增加 39.84 亿元；负债比率为 61.84%，较 2016 年年底上升 4.48 个百分点。

（资料来源：https://www.sohu.com/a/205403635_436021.）

15.1 信用管理概述

随着市场经济的发展，我国大部分商品市场已经由卖方市场转变为买方市场。在买方市场条件下，市场竞争日益激烈。企业为了提高竞争能力，扩大市场份额，越来越多地采用信用销售方式销售商品。然而，信用销售是一把双刃剑，它在为顾客提供一定资金融通实惠之时，也使企业面临应收账款收不回的风险。为此，企业需要做好销售信用管理。

15.1.1 信用管理相关概念

信用是社会经济发展的必然产物，是市场竞争中非常重要的无形资产。因此，以资信、产品质量、服务为主体的企业信用体系，已经成为现代企业生存和发展的必要条件。在当今企业的发展过程中，企业的信誉逐渐成为重要的发展保障，也是资源配置的重要载体。

1. 信用

信用是一种建立在信任基础上的能力。凭借这种能力，企业不用马上支付现款，就可以获得物资、产品与服务。这种能力的形成存在一个现实的情境：受益方必须在承诺的时间期限内为所获得的物资、产品与服务付款，且供给方必须认可这一时间期限。然而，在这种交易过程中永远存在一定程度的风险。《中国大百科全书》将信用解释为：借贷活动，以偿还为条件的价值运动的特殊形式。在商品交换和货币流通存在的条件下，债权人以有条件让渡形式贷出货币或赊销商品，债务人则按约定的日期偿还借贷或偿还贷款，并支付利息。

2. 信用销售

信用销售，又称赊销，是指企业在与购货客户签订购销协议以后，让购货客户将企业生产的产品先提走（国内有些生产厂家也会直接配送货物），购货客户则按照购销协议规定的付款日期付款或以分期付款形式逐渐付清货款。在信用销售中，企业的货款回收是有延时的，不能立即收回，它是客户短期占用销货企业资金的销售形式。信用销售包括两个要素：所期望的未来付款和对客户的信任。

一般而言，为了赢得市场竞争，现代化企业在管理过程中开始将信用销售列入它们的销售政策。信用销售之所以具有销售性质，是因为企业向客户提供了实质的产品或服务，以信用换货物则为客户提供了短期融资。虽然信用销售只是扩大销售的手段之一，但在银根紧缩、市场疲软、竞争对手众多、资金匮乏等情况下，其促销作用是十分明显的。

【案例】

"老干妈"的"奇葩"经营模式

第一，不做推销，不打广告，没有促销，坐在家门口，经销商就来抢货。

第二，不上市、不贷款、不融资。别的企业到处找贷款，拉融资，想上市，老干妈却多次拒绝政府的融资建议。

第三，现款现货，经销商要先打款才发货，现金流充足得令人结舌。

当然，在现实中真正能够做到现款现货，不进行信用销售的企业很少。

3. 信用管理

信用管理是企业依据信用政策制定的一系列风险管理措施。企业信用管理的内容主要有制定信用政策、管理客户资信和管理应收账款。一个企业良好的财务状况有赖于良好而有效的信用管理。信用决策必须依据客观的、无形的客户信用及财务状况，也应考察授信者的市场地位及销售量，生产能力是否全部启用，现金赊销水平以及产品的性质。例如，在信用决策与管理应收账款的组合中，企业需要谨慎地思考并决策：放任而没有限制的信用政策也许可以促进销售额增加及提供有力的营销工具，但也可能导致拖延应收账款，造成极高的坏账损失率；采用严格限制的信用政策的企业，可能提高竞争对手的市场占有率。

本章节将围绕这些内容展开详细讨论。事实上，无论企业的信用政策多么完美，对客户的资信了解得多么详细，只要企业采用信用销售的方式，就会存在应收账款，因此，如何管理应收账款，从而让应收账款变成企业真正的现金收入，是企业信用管理中的一个关键问题。

15.1.2 信用管理的目标

企业的目标是追求股东利益最大化，让投资者的投资利益最大化。因此，企业信用管理的目标也必须与此一致。信用管理是从企业经营风险的角度，专注于保护企业在债务方面的投资，旨在最终达到企业经营现金流量最大化的目标。在实际的企业管理工作中，信用管理的功能基本上围绕信用销售工作而展开，其核心目的是做好信用销售工作，控制信用销售风险。具体而言，应该包括：

1. 降低信用销售风险

企业营销部门最求销售额的最大化，财务管理部门关注资金价值最大化，信用管理部门则需要权衡销售额与资金价值，实现企业利润最大化。信用管理要预计信用销售的风险，控制信用的额度和方式，跟踪信用的执行情况，评价客户信用状况，将企业的应收账款持有水平控制在合理的限度内。

2. 加速资金周转

应收账款可以帮助企业刺激销售增长，减少现有库存。但是如果应收账款不能收回，那么价值增值就无法实现。这个周转机制必须是迅速的，只有迅速地周转，企业才能获得更多的利润，提升竞争地位。衡量这个周转速度的一个有效的指标是资金积压期间。

$$资金积压期间 = 库存周转期 + 应收账款周转期 - 应付账款周转期$$

这个公式表明，要加快资金周转速度，有效的途径是减少库存，减少应收账款，增加应付账款。戴尔电脑和康柏电脑相比，两者的库存周转期和应付账款周转期相差无几，但是由于戴尔电脑采取了直销的方式，应收账款周转期甚至为负，这就导致了戴尔电脑的资金积压期仅为康柏电脑的1/2，表现在市场上，戴尔电脑的股价是康柏的两倍。

销售变现天数（Days Sales Outstanding, DSO）是西方企业衡量信用销售工作最重要的指标。DSO指标表现了企业的平均收账期，即把信用销售收入转化为现金所需的时间，是企业衡量应收账款水平的重要指标。

DSO 的计算通常采用季度平均法，公式如下：

$$DSO = \frac{企业当月的应收账款余额}{前三个月的销售额} \times 90$$

信用管理的重要职责就是将 DSO 控制在一个合理的水平，减少应收账款对资金的占用，减少利息成本，以加速资金周转。

15.1.3 建立科学的信用管理机制

1. 企业信用销售的组织与职能分析

在传统的信用销售过程中，主要职能部门各行其是，没有指定具体由哪个部门对应收账款负责。企业无须过多地考虑相互间的信用关系和账款拖欠的风险，在管理职能方面也没有十分明确的规定，应收账款基本上仅仅作为一项会计科目进行简单的记账式管理。

随着市场经济快速发展，由于企业间交易关系的变化以及信用管理风险的急剧增大，这种管理模式在应收账款管理方面便形成了巨大的真空。逾期应收账款居高不下，前清后欠，屡禁不绝。于是产生了以下两种管理模式：

（1）由销售部门承担应收收款职责。某些企业实行的销售承包制或销售买断制，就反映了销售部门对应收账款的职责。这种模式虽然改变了应收账款无人管理的状况，实际上却给企业带来了更大的管理风险：应收账款非但没有得到控制，反而在高报酬的销售激励机制的带动下，销售人员拥有更大的销售自主权，会形成更为严重的拖欠。

从专业化角度看，应收账款管理是一项技术性很强的工作，包括客户分析、信用信息管理、账款控制、收款等工作。从管理目标看，销售部门以销售业绩为导向，而应收账款的管理目标是追求经营利润；从职能方面看，销售人员的主要任务是争取订单，卖出产品。因此，销售部门是不能很好地承担起管理应收账款职责的。

（2）由财务部门控制信用销售和应收账款。这是一些企业针对上一种管理模式的不足而采取的另一种风险控制方式。从管理目标来看，财务部门的确更加重视企业的现金流量和经营利润，然而在实践中财务部门却很难起到期望的作用，甚至造成销售部门与财务部门的冲突，要么影响正常的销售工作，要么对应收账款失去控制，拖欠仍会大量发生。

实践证明，仅靠财务部门并不能有效地控制信用风险，这是因为财务部门并不了解客户背景和交易状况，无法对信用风险做出准确的判断，也无力承担收款的工作。而且，一般财务人员的日常工作以会计核算为主，在信用管理和风险控制上缺乏专业知识和经验。

2. 科学的信用管理机制的建立

企业必须增加信用管理的职能部门，使应收账款管理科学化和系统化。只有建立一个科学、规范的信用管理机制，才能走出拖欠和经营亏损的困境。

20 世纪六七十年代，当美国刚刚度过经济危机，步入繁荣的时候，美国企业也面临高坏账率、高逾期账款率的风险，很多企业因此破产或倒闭。也正是从那时起，企业信用管理得到了高度重视。众多美国企业都忙于建立科学的信用管理机制，成立了信用管理部门，规范信用销售行为。不到五年时间，美国企业的平均坏账率和预期账款率就大幅下降。

合理的经营管理机制要求企业必须建立健全专门的信用管理职能，建立信用管理部门，专业化地承担客户风险控制和应收账款管理的责任。科学的信用管理机制如图 15-1 所示。

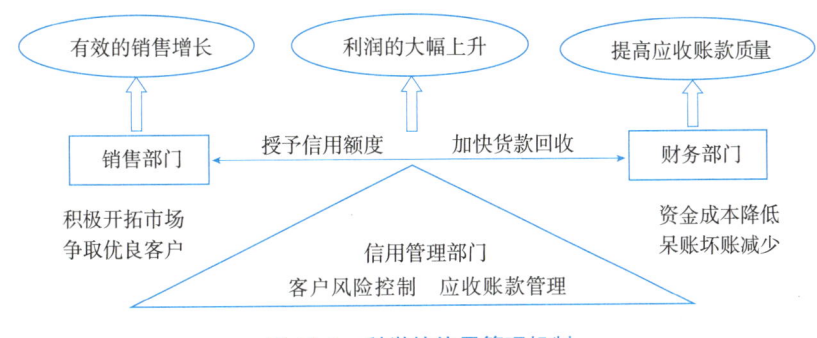

图 15-1 科学的信用管理机制

3. 企业信用管理部门的职能

信用管理部门对信用销售工作的管理功能，主要体现在客户档案管理、客户授信、应收账款管理、拖欠追收和利用征信数据库开拓市场五个方面，具体描述如下：

1）对新客户进行信用审查，收集客户的重要资料和信息，对可能产生信用风险的相关内容要重点关注，必要时可以采取尽职调查。

2）客户档案的维护和管理，并将客户资信状况变化的信息及时通报给企业其他相关部门及其经理人员。保存和检查客户合同、往来记录，监管债务凭证。

3）控制企业应收账款平均持有水平，将 DSO 指标降到同行业竞争者水平之下。日常分析和监控应收账款的账龄，检查应收账款的准确性，及时对客户发货进行控制，防范逾期应收账款的发生。制定标准的催收程序，建立一支工作效率高的追账队伍，及时制定出逾期应收账款处理方案，并组织有效的追账，将追账成本降至最低。

4）积极配合销售部门的工作，帮助销售部门使销售变现，利用征信数据库的资源，帮助销售部门开拓市场。随时监督企业库存量，积极掌握信用政策的松紧度。

5）保持与专业信用管理类企业的广泛联系，并选择最合适的信用管理顾问，及时了解信用管理手段、工具、信用产品和服务的发展动态。

15.2 制定信用政策

企业要实行信用销售，就必须制定相应的信用政策。信用政策是指在特定的市场环境下，企业权衡了与应收账款有关的效益与成本后，为指导本企业信用管理部门处理应收账款及执行收账措施而制定的一系列政策。企业信用政策的构成要素主要包括信用标准、信用条件、信用额度等。

15.2.1 信用标准

信用标准是指当企业给予客户信用时，对客户资信要求的最低标准，通常以预期的 DSO 和坏账损失率作为判别标准。因为信用标准的设置直接影响到对客户信用申请的审批，所以根据本企业自身的资金情况和当时的市场环境确定适宜的信用标准，也是企业制定信用管理政策过程中的重要一环。

企业要制定一个与自身发展以及内部资源现状相匹配的信用标准。确定信用标准的主要因素应该包括同行业竞争对手的信用标准、目标客户的情况分析、企业自身的市场战略、库存水平、历史经验等。一个企业的信用标准应该是在认真权衡收入和成本的基础上慎重确定的，过严或过松的信用标准都不是明智之举，而且企业信用标准也需要随企业、行业、市场情况的变化而不断修订。如果较为严格的信用标准会使损失的销售毛利大于企业所希望避免的应收账款持有成本，企业就应该适当放松信用标准；反之，如果较为宽松的信用标准会使应收账款持有成本高于取得的销售毛利，企业就应执行较为严格的信用标准。

15.2.2 信用条件

信用条件是企业执行信用销售前规定的最低客户要求。这些规定最关键的内容是要求客户支付信用销售货款的期限以及企业提供的现金折扣。在实践中，经常使用诸如 1/12、n/30 等销售专业术语来表示企业的信用条件。其中，1 表明企业提供 1% 的现金折扣，但客户必须在 12 天内付款；超过期限以后，客户的现金折扣就没有了（None），且必须在 30 天以内付款。12 和 30 都是时间要求，1 则是折扣规定。

一般来讲，企业的信用条件是遵循本行业的惯例，基于企业内部资源与外部市场环境，在充分考虑本企业实力的前提下，本着提高最终效益和增强竞争力的指导思想确定的。给客户的信用条件如何，可以直接影响甚至决定企业的应收账款持有水平和规模。

1. 信用期限

信用期限，又称付款期限，是指企业允许符合信用标准的客户赊欠账款的最长时间限制。信用期限一般有 10 天、15 天、30 天以及 3 个月至 6 个月不等，确定恰当的信用期限是企业制定信用政策时首先需要考虑的问题。信用期限越长，给客户以更优厚的信用条件和使 DSO 变长，可能会刺激客户的购货热情，实现更高的销售额。应收账款水平的提高，既给企业带来扩大市场份额和增加销售额的好处，也给企业带来风险，即产生更高的与应收账款持有相关的管理成本、机会成本和坏账风险，特别是可能导致机会成本的增加。相反，信用期限缩短，虽然减少了与应收账款持有相关的成本，但直接影响到企业的销售规模，增加了库存压力，长此以往，如果竞争对手的信用期限比较灵活而且信用管理水平较高，可能会使本企业在市场竞争中失败。合理的信用期限应当着眼于使企业的总收益达到最大，理论上的信用期限最低点应该是损益平衡点。

信用期限与企业的经营战略密切相关，主要受以下因素影响：①企业的市场营销战略；②行业普遍的信用期限；③客户的资信水平和信用等级；④企业本身的资金状况。

在实际操作中，企业可根据行业平均 DSO，结合企业本身的市场竞争态势设定自己的 DSO 目标，然后再根据客户的信用等级授予客户信用期限。可以利用以下公式计算：

客户信用期限 = 行业平均 DSO × 企业修正系数 × 客户信用等级系数

例如，行业的平均 DSO 与企业修正系数已确定的情况下，A 企业在行业竞争中又处于强势状态，则可以通过参考客户信用等级系数表，决定采用较紧的信用政策。客户信用等级系数可参考表 15-1。

表 15-1 客户信用等级系数表

风险等级	加权分值	风险程度
CA1	4.1～5.0	较低
CA2	3.1～4.0	较低

（续）

风险等级	加权分值	风险程度
CA3	2.1～3.0	中等
CA4	1.1～2.0	较高
CA5	0.0～1.0	很高

另外，企业也可根据盈亏分析理论进行边际分析。边际分析法的基本思路是：以本企业上一年度的信用期限、本行业的平均信用期限、假定信用期限为定值的假设为基础，做出适当延长或缩短信用期限的不同方案，分别计算出各方案相较于基准信用期限的边际成本和边际收益。在边际收益大于边际成本的原则下，选择边际净收益最高的方案中所设定的信用期限作为信用期限的最佳备选，待信用政策中的其他因素确定后再决定。

假设不同的信用期限方案会带来不同的销售收入，同时也会给企业增加相应的应收账款成本，这时，可对其进行边际分析：

边际收益 = 边际收入 - 边际成本 = Δ销售收入 - Δ（机会成本 + 管理成本 + 坏账损失）

若边际收益大于0，则方案可行；反之，则不可行。

2. 现金折扣

现金折扣是企业信用条件中的另一个重要组成部分。现金折扣是在信用销售情境下，企业对那些在规定的较短期限内完成付款的客户，所给予的发票金额的折扣，以鼓励客户及早偿还货款。企业信用管理部门给予客户的现金折扣中包含两个要素：折扣期限和折扣率。折扣期限指客户享受折扣优惠的货款偿还时间区间；折扣率则是对应折扣期限内给予客户的折扣比率。例如，7/15、n/45 的现金折扣政策表明，如果客户能够在 15 天之内付清全部货款，将从厂家获得销售总额的 7% 的折扣优惠，且客户必须在 45 天以内付清全部货款，如果在第 45 天还没有偿还货款，则视为客户违约。在美国，贷款偿还时间的认定有两种不同的方式，即客户可选择派人将付款支票送达卖主的会计部门而取得收款收据的日期，将付款支票寄出时的邮戳日期，这两个日期都是可以被卖主接受的。在我国由于支票不能在全国流通，且银行不接受被折叠的支票，因此没有人采用邮寄支票的方式付货款。

现金折扣的政策是相对灵活的。企业既可以为客户制定单一折扣期限，也可以采取多种折扣期限。例如信用管理部门在制定现金折扣规定时，可以提出 7/10、5/20、n/60 的现金折扣规定。该规定表明：客户履约的最迟付款期为 60 天；如果客户能够在 10 天内付清货款，可享受 7% 的现金折扣；如果客户能够在 20 天内付清货款，则可享受 5% 的现金折扣。给予客户的现金折扣率大小应该与折扣期长短成反比例关系：折扣期越短，现金折扣率越高；反之，折扣期越长，现金折扣率越低。这种做法充分反映了现金折扣政策的基本目的——鼓励客户尽快付款。

现金折扣也与销售额和应收账款持有的规模有密切的联系。给予客户一定的现金折扣，是吸引客户的重要方式之一。现金折扣条件越优惠，销售额增加得越快，应收账款持有水平就越高。现金折扣率越高，越能鼓励客户尽早全额付清货款，这会在一定程度上缩小应收账款的持有规模。另外，现金折扣期限也会影响应收账款的持有规模，较长的折扣期将会延长收款的时间。

现金折扣这种信用政策之所以较为流行，是因为其能给客户带来实质性好处。诸多企业的实践表明，现金流是企业的重要财务保障，因此企业对现金折扣比较看重。然而，现金折扣也存在风险和成本，企业制定此信用政策会减让货款。因此，合理使用现金折扣，可以给销货企业带来有利的效果，但这是需要一定操作技巧的。如果操作不当，很容易给销货企业带来损失。因此，企业信用管理部门必须认真测算，综合考虑有利因素和不利因素，权衡收益与损失。

15.2.3　信用额度

信用额度是企业信用政策的重要组成部分。企业的客户总体是相对稳定的，既要给客户群制定一个总的信用额度，也要为个别客户制定单独的信用额度。就企业总体而言，信用额度是指企业基于自身的资金实力、销售政策、最佳生产规模、库存量以及外部竞争压力等因素，确定的可对客户发放的信用限额。企业应该通过认真地计算并参考以往的经验，确定一个科学的总体信用额度，并以此指导和控制企业的信用销售和应收账款持有水平。

企业信用管理部门的日常工作之一就是采用信用销售方式开拓市场。信用额度确定之后，就是给目标客户发放信用额度，也就是批准客户的信用申请并赋予相应的额度。信用额度在一定程度上代表企业的实力，反映其资金能力以及对客户承担的机会成本和坏账风险。信用额度过低将影响企业的销售规模，并相应增加与客户的交易次数，从而增加企业的交易费用。但是，发放给客户的总信用额度过高会增加企业的信用销售成本和风险。因此，企业信用管理部门应根据企业自身的情况和市场环境，合理地确定信用额度。确定信用额度的关键在于：科学地确定发放给每个合格客户的信用额度；对比竞争对手的信用额度，给予客户更优惠的条件；增加销售收入。

可以采取多种方法确定信用额度，常用的方法有以下三种：

（1）根据对等原则确定。根据客户全年采购数量可以测算出对其采取信用销售的收益额。这种收益额的大小也就意味着信用销售风险的大小。根据收益与风险对等的原则，将信用销售的收益额作为客户的信用额度。

（2）根据营运资金净额原则确定。根据客户营运资金净额的一定比例确定发放给其的信用额度。在一定的生产经营规模下，客户的流动资产扣除流动负债后的营运资金净额也是大致稳定的。由于客户的营运资金可以看作快速偿债的保证，因此企业可以根据客户的营运资金规模，考虑客户从本企业的采购在其购货总额中的比重，以客户营运资金净额的一定比例作为本企业为客户设定的信用额度。

（3）根据清算价值原则确定。根据客户清算价值的一定比例确定发放给客户的信用额度。清算价值指的是客户因无力偿债或其他某种原因进行破产清算时的资产可变现价值，客户的清算价值可视为其还款的最后保证。如果客户的清算价值减去现有负债后尚有剩余，企业可以批准客户的信用申请，信用额度可按客户清算价值的一定比例确定。

销售变现天数通常在每个月底按倒推法计算，即用总应收货款（当前的、过期的和未决算的）减去总的月销售额，逐月算回去直到总应收货款数字减至零。

客户的信用额度不仅应该反映客户的偿付能力，而且应该反映客户偿付的意愿，需要考虑的因素包括：客户预期销售额、付款期限和盈利程度。

客户信用额度一般可采用以下公式计算：

$$最大信用额度 = \frac{客户预计年销售额}{360} \times 信用期限$$

$$信用额度 = 最大信用额度 \times 风险回报系数$$

风险回报系数根据客户的信用评级来确定，一般大于0，小于1。

$$客户最大风险 = 信用额度 \times (1-销售毛利率)$$

设定客户信用额度还应满足以下条件：

1）信用额度不应超出客户净资产，以防客户无力偿还债务，而且大多数情况下，信用额度应为客户净资产的一小部分。

2）信用额度不应超出客户的流动资金，如果客户流动资金不足，必须对客户的净资产进行分析评估。

15.3 客户资信管理

随着市场经济的快速发展，信用销售变得更为普遍。信用销售比例和范围的扩大，给交易双方带来了更大的不确定性，这就是信用风险。为此，企业必须加强客户资信管理。

15.3.1 客户资信调查

1. 客户资信调查的方式

（1）外部调查方式

1）委托金融机构开展调查。企业的资信管理人员向金融机构提出委托申请，由业务银行协助调查。这种方式的可信度比较高、费用少，但难以掌握客户的全部资产情况及具体细节，且会因客户的业务银行不同而导致调查时间较长。

2）委托专业机构进行调查。资信管理人员可以委托专业的资信调查机构去获取目标客户的资信状况。这种方式能够在短期内完成调查，但经费支出较大。调查人员的素质和能力对调查结果影响很大，所以应选择声誉好、能力强的资信调查机构。

（2）内部调查方式

1）通过客户或行业组织进行调查。企业通过自身的客户与行业关系对客户开展资信调查。这种方式可以进行深入、具体的调查，但受到地域限制，难以把握整体信息，并且难辨真伪。

2）询问同事或委托同事了解客户的信用状况，或从本公司派出机构、新闻报道中获取客户的有关信用情况。

2. 调查时应注意的事项

1）应该对客户经营者的个性、家庭、经营理念开展调查，对照是否有下列情形：有赌博、酗酒等不良嗜好；家庭气氛和店铺内气氛冷淡；所作所为有悖于企业的理念；夫妻关系紧张；对工作放任自流；三心二意；没有明确的经营方针；经营者之间存在争权夺利的情况；高高在上，只管发号施令；颠三倒四，朝令夕改；行踪飘忽不定；整日面容憔悴、疲惫不堪；经常窃窃私语、神秘兮兮；不拘小节、放荡不羁。

2）应该对客户的内部经营状况开展调查，对照是否存在以下情况：职工不团结；职工不能做到令行禁止；职工不能按时、按质完成工作任务；职工流动率居高不下；职工纪律松懈；职工向企业外部人员发牢骚；办公场地杂乱无章；职工整日看报喝茶，无所事事；职工有化公为私之举；职工违反规定，低价出售，中饱私囊；库存量急剧增减；与主要客户的关系不稳固；领导不在时，职工兴高采烈。

3）应该对客户的资金现状开展调查，注意是否存在以下情况：手持现金不足，提前收回货款；将票据贴现；延期支付债务；出现预收款融资票据和借入性融通票据；为筹资而低价抛售；提前回收赊销款；开始利用高息贷款；开始躲债；与业务银行关系紧张；经营者经常奔走于各类金融机构之间；听说其他债权者无法索回货款；其票据被银行拒付；银行账户被冻结。

4）应该对客户支付情况开展调查，注意是否存在以下情况：不能如约付款；推迟现金支付日；推迟签发票据；要求票据延期；推说本企业的付款通知书未到；开始进行小额融资；对催付货款搪塞应付；连小额货款都不能支付；票据被银行拒付；要求延长全部票据的支付期限。

3. 调查结果的处理

调查结束以后，资信管理部门应编写客户信用调查报告。因为对客户的管理是一个动态的过程，所以要定期写成书面的客户信用调查报告，及时报告给主管领导。平时还要进行口头的日常报告和紧急报告。

调查报告既要确定时间，也要依客户类型分门别类。对于关键类客户（规模大、信誉好、资金雄厚、属超一流公司）每半年一次；对于重点类客户（信用状况一般、信誉较好）每三个月一次；对于普通类客户（中小客户、新客户、口碑不佳的客户）每月报告一次。

调查报告需要在指定的时间内提交给主管领导，按照企业统一规定的格式和要求编写。调查报告应力戒主观臆断，要用事实说话，但又不能罗列数字，调查项目应尽量保证准确全面。

15.3.2 客户财务状况分析

信用分析的关键在于准确评估客户的还款能力。通过对企业财务状况，特别是偿付能力和流动性的分析，可以对客户的资信有定量化的评价。

财务报表是企业财务状况的集中体现与重要依据。其主要包括：①企业的月报、季报、中期报表和年度报表；②企业内部管理报表；③预算报表或年度计划；④项目投资分析和可行性分析。按照现行的规定，上市公司的财务报表要每季度报送，并且向公众披露，比较容易获得。相比之下，其他公司的财务报表一般不公开，比较难获取，但通过征信公司可以获得一些财务报表信息。

企业资信管理人员应该就搜集到的财务报表进行分析并寻找关键信息，且必须标明目标企业能否产生按时还款所需的足够现金。在分析企业财务状况时一般要关注以下四个方面：①总收入、成本和利润；②现金流量；③资产以及资产的潜在价值；④短期财务和其他债务，如应付账款。收入和利润率指标反映了企业的盈利能力；然而盈利的企业可能缺乏流动资金，不能产生足够的现金，现金流量则能够准确地反映企业的流动性和信用风险；特别是短期信用风险；企业资产指标也非常重要。下面就一些主要项目展开说明。

1. 资产项目分析

（1）现金。现金是流动性最好的资产，反映企业的短期偿债能力。

（2）应收账款。应收账款代表最近的现金来源，可成为偿还短期债务的主要资金来源。应收账款的数额、到期日、客户分布是重点考察项目。

（3）存货和短期投资。存货和短期投资也反映企业的短期偿债能力，但流动性相对较差。

2. 负债项目分析

负债体现了客户的已有债务以及可能的偿债能力。对负债项目的分析旨在揭示客户已有负债及期限结构。如果客户已有大量的负债，且偿还期限分布集中，其偿债能力就值得怀疑了。同时还应注意客户的或有负债，它可能在没有任何预警的情况下突然转化为负债，极易影响客户的偿债能力。

3. 股东权益分析

股东权益反映了客户的资本、留存收益等状况，不但可以显示客户的实力和未来经营策略，而且也是显示客户偿债能力的一个重要标志。

4. 利润表分析

客户的利润表反映资产负债表所报告资产的质量以及经营的稳定程度和管理效率。客户申请贷款的信用期限越长，利润表分析越重要。

5. 现金流量分析

现金流量是企业短期偿债能力的重要体现，也能侧面反映企业的经营现状。现金的增加或减少，是评估客户短期信用贷款偿还能力的重要依据。客户的偿债能力会随着现金的来源不同而发生变化。如果客户的现金来自净收入增加，这种净收入又是由投资规模的扩大、存货的提高以及管理效率的提高带来的，那么这种现金流动形势是可靠的，它能实实在在地提高企业偿债能力。相反，如果其现金来自应付账款和应付票据，或来自短期贷款，信用分析人员就应该质疑客户现金流动的真实状况并做进一步偿债能力分析。

6. 财务比率分析

财务比率分析是根据财务报表提供的有关信息，计算出各种不同的比率，以揭示企业经营状况的一种分析方法，它是信用分析中技术性最强的部分。正确的比率分析能够精确地揭示出企业的经营状况并借此预测其未来经营趋势。比率分析中最常用的比率有四种，即流动性比率、作业比率、财务杠杆比率以及盈利能力比率，每一种比率又包括若干比率，如图15-2所示。

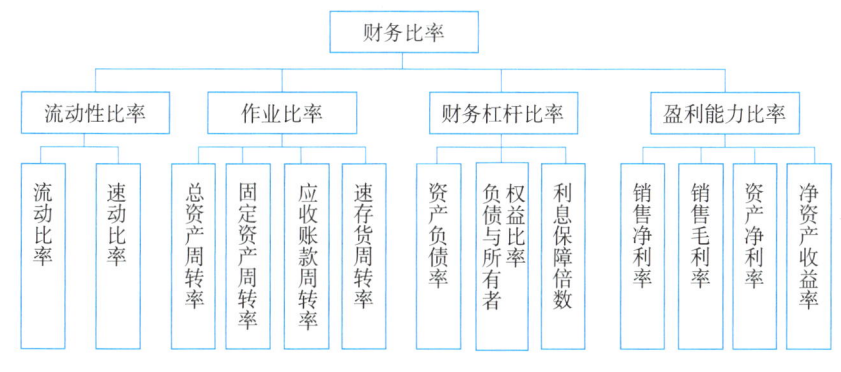

图15-2 财务比率构成

15.3.3 客户信用要素分析

企业信用管理需要对客户进行深入分析。除了客户的财务状况外，客户的信用性质和特征也很重要。在诸多国内外有关客户信用分析的理论中，最具有代表性的是企业信用要素学说，该学说认为可以从代表一个企业信用特质的方面入手，逐步开展深入分析。信用要素的分析方法，为企业（授信者）从客观的角度判断客户的资信状况和信用能力提供了基本的思路和方向。

5C学说是美国银行家爱德华（Edward）1943年在3C和4C学说的基础上提出的。它认为企业信用分析的五个要素是品质（Character）、能力（Capacity）、资本（Capital）、担保品（Collateral）和环境（Condition）。

1. 品质

客户是法人实体时，其在经营管理活动中表现出的信用行为特征，可以视为一种品质。具体可由以下几个方面的因素进行判断：①客户基本情况；②客户历史；③经营管理者个人情况；④客户经营战略和方针；⑤客户的组织管理状况；⑥银行往来；⑦信用评价。

品质是客户信用评估的重要方面。因为客户是否愿意尽自己的最大努力来按照承诺付清货款，直接影响应收账款的回收速度、额度和收账成本。生产企业信用管理部门应该从众多的客户信用申请中找出高品质客户，向其提供信用销售。有经验的信用管理经理人员普遍认为，客户的品质要素应该放在信用申请审批过程中的首位进行考虑。客户品质的好坏，主要根据其过去的信用记录来确定。在标准的企业资信调查报告中，客户过去的付款记录项和征信企业对它的信用评级都能够说明客户品质的好坏。

2. 能力

客户的信用能力可以通过其经营活动进行评估。具体可以依据以下因素进行衡量：①经营者能力；②基础设施条件；③客户的企业规模与设备条件；④员工能力；⑤生产能力；⑥销售能力。

能力主要根据客户的经营状况和资产状况来判断。具有较好的经营业绩、较强资本实力和合理现金流量的客户，会表现出良好的偿付能力。在标准的企业资信调查报告中，客户的经营状况变化和它的固定资产情况可以说明其能力。经营状况趋好的客户，一般偿还货款的能力较强。管理素质较高的客户，一般愿意取得生产企业提供的现金折扣。

3. 资本

资本主要是指客户在经营管理活动中的财务支付能力特征，可以由以下一些因素来衡量：①资本构成；②资本关系；③增资能力；④财务状况。

依据客户的财务报表和比率分析可以得到了解其资本状况。资本既与能力相关联，又有自己的特殊意义。在标准的客户资信调查报告中，可以看到客户的上一期财务报表和重要的比率。但是，企业想要监控核心客户，标准版本的客户资信调查报告的财务分析内容可能不够，可以通过征信企业的深层次客户资信调查取得包括资产历史遗留问题的内部资产情况分析。

4. 担保品

担保品主要是指客户在接受信用融资时，可以提供的足以偿还授予信用价值的担保品情况，包括以下因素：①授信状态；②担保品状况。

对于有资产抵押的客户，信用条件可以适当地放宽。对于没有信用记录和有不良信用记录的客户来说，以一定的合法资产作为抵押是必要的。

5. 环境

环境主要是指影响客户经营管理状况的外部环境特征，包括以下因素：①政府鼓励与限制政策；②行业发展状况；③市场供需状况；④客户在行业中的地位；⑤行业竞争状况。

以上要素集中体现了客户的信用状况。这些要素既可独立分析，也可相互关联分析，而这些都应该建立在全面、详细、具体收集客户信息的基础之上。每个信用要素都应当从客户的实际经营管理活动中获得，并加以说明或测量。比如可以通过对客户以往交易（付款）行为的考察，来对其信誉或偿付能力做出判断。一般来说，一个在以往交易历史中有过拖欠行为的客户，其风险要比从来没有发生过拖欠行为的客户大得多。另外，客户的交易信用也可以从该客户与其他合作伙伴的交易中得到验证。这些方面的信息可以由行业间的交流和信息沟通、专业信用记录、银行记录、诉讼记录等各种渠道获得。

15.3.4 客户信用评价及风险分类

1. 客户信用评价

在完成客户信用分析之后，就应该开展客户信用评价工作。客户信用评价的方法主要分为定性和定量两种。基于客户财务状况分析和信用要素分析可建立客户信用评价的指标体系。下面以中小企业为例说明，中小企业信用评价指标体系见表 15-2。

表 15-2　中小企业信用评价指标体系

	关键指标	分值			权重（%）
		0.0～2.0	2.0～4.0	4.0～5.0	
定性指标	初步印象				3
	关键责任人简历				2
	市场竞争性				3
	产品及市场				5
	厂房所有权				2
	供应商评价				3
	过往付款记录				8
	组织管理				5
	发展前景				4
	地区信用状况				2
	付款担保				10
	可替代性				3
小计					50

（续）

关键指标		分值			权重（%）
		0.0～2.0	2.0～4.0	4.0～5.0	
定量指标	经营时间（年）	<2	2～10	>10	3
	雇员人数（人）	<200	200～1000	>1000	3
	流动比率	<1.8	1.8～2.2	>2.2	8
	速动比率	<0.8	0.8～1.2	>1.2	8
	流动资金（万元）	<100	100～1000	>1000	5
	资产负债率	>1.3	0.7～1.3	<0.7	5
	净资产（万元）	<500	500～5000	>5000	5
	销售收入（万元）	<1000	1000～10000	>10000	2
	应收账款周转率	<6	6～12	>12	3
	存货周转率	<3	3～8	>8	2
	资本收益率（%）	<5	5～10	>10	3
	赚取利息次数	<2	2～8	>8	3
小计					50
合计					100

信用评价指标体系只适用于多数中小企业，而且这种信用评价指标体系随着行业的变化以及企业实践的变革，在对具体企业使用时，应当调整或者给部分指标重新赋权重。需要特别指出的是，在评价客户信用时要关注客户某些重要信息的披露、突发事件、法律纠纷等，注意分析客户的潜在危机，及时调整客户的风险评级。

2. 客户风险分类

客户信用评价之后，企业应根据客户的风险程度采取对应的信用政策，见表15-3。

表15-3 客户风险分类及对策

风险等级	加权分值	风险程度	信用对策
CA1	4.1～5.0	很低	进行信用交易，放宽付款条件
CA2	3.1～4.0	较低	进行信用交易
CA3	2.1～3.0	中等	进行信用交易，加强监控
CA4	1.1～2.0	较高	进行信用交易，严格控制额度
CA5	0.0～1.0	很高	现金交易

（1）CA1、CA2级客户的特点及信用对策。特点：这两个级别的客户一般实力雄厚，规模较大，可能占本企业业务相当大的一部分。这类客户的长期交易前景都非常好，且信誉优良，可以放心地与之交易，信用额度不必给太大的限制。

信用对策：企业对这两类客户在信用上应采取较为宽松的政策，并努力使这两类客户不流失；建立经常性的联系和沟通，是维护与这两类客户良好业务关系的必要手段；企业也应当定期地了解这些客户的情况，作为正常的信息沟通。

（2）CA3级客户的特点及信用对策。特点：这个级别的客户具有较大的交易价值，没有太大的缺点，也不存在破产征兆，可以长期与之交易，也可以适当地超过信用额度进行交易。

信用对策：企业对这类客户在信用上应做适当的控制，基本上应以信用额度为准；这类客户往往数量比较大，企业应努力争取与其建立良好的客户关系并不断加深了解；对这类客户定期地进行信息搜集是必要的，尤其应当注意其经营状况和产品市场状况的变化。

（3）CA4级客户的特点及信用对策。特点：这类客户一般对企业吸引力较低；其交易价值带有偶然性，一般是新客户或交易时间不长的客户，企业未掌握全面的信息。通常企业不会与这类客户交易，一旦需要与其交易，应严格限制在信用额度之内，而且可能会寻求一些额外的担保。

信用对策：对这类客户，在信用管理上要更加严格，应对其核定的信用额度打一些折扣；维护与这类客户的正常业务关系难度较大，但应当关注新客户，争取发展长远的合作关系；对这类客户的调查了解应当更加仔细。在业务交往中除了要求其出具合法的文件之外，需要进行一些专门调查，如实地考察或委托专业机构调查，增进了解。

（4）CA5级客户的特点及信用对策。特点：这类客户信用较差，或者其很多信息都难以得到，交易价值很小。与这类客户交易的可能性很小。

信用对策：对这类客户，企业应尽量避免与之交易，即使交易，也应以现金结算方式为主，不应采用信用方式；这类客户不应成为企业客户资源的重点，有些甚至可以放弃；企业可以保留这些客户的资料，但不应投入过多人力和财力来收集这些客户的信息，在急需了解的情况下，可以委托一家专业服务机构进行调查。

上述以信用评价为基础进行的客户风险等级分类和信用对策管理仅仅是概括性的介绍，企业在实际运用这一方法时，应当加以具体化，根据企业自身的情况及总体信用政策，制定更加详细的管理办法。

15.4 应收账款管理

对于一个企业而言应收账款至关重要，它是企业流动资金的重要组成部分。首先，应收账款所占的比重最大，而且近年来，随着市场经济的发展，商业信用的推广，大多数企业应收账款的数额明显增加。其次，应收账款的风险最大。在工商企业的债权中，应收票据的风险较小，特别是银行承兑汇票，基本上没有风险；预付账款需要对方用商品和劳务来偿还，因而其风险也相对较小；应收账款则不同，付款方资金周转困难或者有意拖欠，很容易造成应收账款长期收不回来，甚至成为坏账。因此，加强对应收账款的管理是企业债权管理的重点，也是销售风险管理的核心。

15.4.1 应收账款的功能与成本

企业提供商业信用，采取赊销、分销付款等销售方式，扩大销售，增加利润，同时也造成资金成本、坏账损失等费用的增加。应收账款管理的基本目标就是在充分发挥应收账款功能的基础上，降低应收账款的成本，使得提供商业信用、扩大销售所增加的收益大于有关各项费用之和。

1. 应收账款的功能

（1）促进销售，提升企业竞争力。当企业面对激烈的市场竞争环境时，应收账款是促进销售的一种重要方式。作为一种信用销售，购买方既能立即取得其生产经营所需的材料物资和劳务，又无须立即支付材料物资和劳务的价款，可以缓解资金周转的困难，也可以用这笔资金进行其他方面的投资，为自己创造更多的效益，因而购买方总是乐于接受信用销售。

（2）减少库存，降低存货风险。如果不采用信用销售，企业销售量就会大大降低，相应地存货就会增加。企业对存货要追加管理费、仓储费和保险费等开支，而只有应收账款，则不需要上述开支。因而许多企业更愿意采用信用销售方式，把存货转化为应收账款，减少产品存货，节约相关的开支。

2. 应收账款的成本

虽然应收账款具有促进销售和减少库存的作用，但持有应收账款也增加了企业成本，这些成本主要体现在以下三个方面：

（1）机会成本。信用政策一旦实施，就意味着企业被占据了一笔资金。货款长时间不能回笼，企业就得为这笔资金付出成本。这笔资金丧失可盈利机会，便产生了应收账款的机会成本，这个成本一般按有价证券的利息率来计算。

（2）管理费用。为了以赊销形式销售产品并将风险控制在可承受范围内，企业需要对客户的资信情况进行调查、管理，因而会产生调查客户资信情况的费用、收集信息的费用、收账费用、账簿记录和保管费用等。

（3）坏账成本。实行赊销，不可避免地会出现一定比例的坏账，应收账款因故不能收回而发生的成本成为坏账成本，包括本金和利息。此项成本一般与应收账款的规模具有一定的比例关系。

15.4.2 应收账款管理的目的、意义及其措施

1. 应收账款管理的目的

企业应收账款管理的基本目的是降低应收账款的成本，使企业因使用信用销售手段而增加的销售收益大于持有应收账款而产生的所有费用。

企业如果能够全部实现产品的现金销售是最好不过的，但这几乎是不可能的，特别是在市场上同类产品和替代产品种类比较多，以及产品处于供大于求状态或饱和状态的情况下。一般来说，持有销售应收账款会给企业带来明显的销售收入增加，但持有应收账款也是有成本的。应收账款管理应该同时考虑到资金的流动性和效益性。

2. 应收账款管理的意义

应收账款管理的意义分企业内部控制、外部形象塑造和融资能力两个方面。在企业内部控制方面，应收账款管理的意义是保证企业有合理的现金流量和销售利润。从企业外部形象塑造和融资能力来讲，管理好应收账款会对国际和国内企业资信评级有影响。

3. 应收账款管理的措施

应收账款是有"生命周期"的，一旦批准客户的信用请求，并向客户提供服务或将信用

销售的产品移交客户，一笔应收账款就产生了。应收账款的完整生命周期还包括：企业正常收账管理、企业催账、委托专业征信公司追账、付诸法律追账或坏账注销。但是，应收账款的生命周期并不是周而复始循环的，它的生命周期可能在任何一个环节上结束。而且，企业信用管理部门总是希望尽早结束其生命周期，即尽快收回货款。但是，无论企业销售部门和财会部门多么希望看到应收账款转为现金或现汇，都不可能阻止应收账款发生。

企业信用管理部门对应收账款的管理应该包括：

1）根据企业的实际情况和市场环境，制定科学的信用政策，以此指导企业的信用销售和应收账款管理。

2）控制应收账款的发生规模，使企业持有应收账款总额保持最佳水平。同时，认真审查客户信用，确保应收账款及时足额回收。

3）配合企业财会部门，加强对应收账款的日常监督和分析，以便随时掌握企业持有应收账款的基本情况，便于做出适时的决策。

4）采取有力措施，加强应收账款的收款管理。对于确实无法收回的应收账款，建立坏账注销制度。

15.4.3 应收账款的追收方法

应收账款一旦无法按期收回，企业就必须采取恰当的方法进行追收，尽可能地较少损失。应收账款追收的方法有以下四种：

1. 企业自行追账

企业自行追账通常利用函电追账、面访追账和电子追账三种方式。函电追账是指企业自身的追账员通过电话、传真、信函等方式向债务人发送付款通知。该方式简便、易行，企业可以委派内部人员独立操作，无须经过仲裁或司法程序，可以省去一定的时间和费用；但力度较小，不易引起重视。面访追账是指企业自身的追账员通过上门访问，直接与债务人交涉还款问题，了解拖欠原因。该方式属于比较正规、有力的追讨方式，但耗时长，费用高，异地追账不宜采用。电子追账是指企业利用电子邮件向债务人发送追讨函，或与其交流意见。该方式速度快，费用低，可以双向交流，是未来追账的优先选择。另外，这三种追账方式的共同特点是可及时解决债务纠纷，避免产生长期拖欠，而且气氛比较友好，有利于双方今后合作关系的发展。

一般情况下，企业自行追账还需要采用一些辅助方法，例如收取罚款利息、停止供货、取消信用额度等。

2. 委托专业机构追账

债务纠纷发生后，企业可将逾期账款追收的权力交给专业收账机构，由其代理完成向债务人的追收工作。目前，国际上的欠款追收大都是依靠各国收账机构相互代理、协助完成的，比例达 60% 以上。

委托专业机构追账有四种方式：一是专业追账员追账。专业机构接受企业的委托后，首先要对该债务进行调查核实，制定相关的追讨策略；然后由追账员与债务人直接接触、商洽，并通过多种途径向其施加压力。二是律师协助非诉讼追账。律师作为法律顾问参与追账，负责与债务人律师的交涉和重要文件的起草工作。三是诉讼追账。专业机构可以协助企业采取法律行动,一般由专业机构的长期签约律师受理案件,这些律师有着良好的信誉和丰富的工作经验,而且部分律师可以免收或事后收取调查费。四是申请执行仲裁裁决。专业机构可以协助企业向法院申请执行仲裁裁决。

委托专业机构追账追收力度大。专业机构大都由自身的专业追账员或代理机构在债务人当地进行追讨,无论是从追收形式、效果,还是从对债务人的心理压力来看,都远远好于企业自行追讨。专业机构处理案件专业化。专业机构在处理债务问题方面具有相当丰富的经验和知识,对于每一个拖欠案件,都会制定一套包含多种手段的追讨方案,包括对案件的分析评估,与债务人的直接接触、协商,通过多种途径施加各种压力,如律师协助追讨、代理诉讼、申请执行仲裁裁决。委托专业机构追账可以节约追账成本。在自行追讨无法取得实际效果时,如果直接诉诸法律,一般费用较高,程序复杂而且耗时很长,即使胜诉也不易执行,因此企业较少采用。专业机构一般采取"不成功不收取佣金"的政策,可以最大限度地为企业承担追账风险,减小损失。委托专业机构追账可以缩短追讨时间。企业自行追讨时,由于不熟悉债务人当地的法律和有关商业惯例,往往费时费力却收效甚微。专业机构一般委托债务人当地的追账员或代理机构进行追讨,他们熟悉当地法律法规,与债务人没有语言文化的障碍,便于沟通和协调,能够提高追讨效率,较快收回欠款。

委托专业机构追账的步骤如下:

1) 选择资信状况良好的专业机构。详细了解专业机构的注册背景、注册资本、行业资格以及追账网络。

2) 向专业机构提供案件介绍,包括债务人的名称、地址、目前经营状况,债务的金额、时间及案件经过。

3) 听取专业机构对案件的分析评估及处理建议。专业机构根据企业提供的案件介绍,运用债务分析技术对案件进行分析评估,并向企业解释分析结果,提供适合该案件的追讨建议。如果企业对债务人的现状不了解,或欠款金额较大,可以先委托专业机构做一次债务人偿债能力的专项调查。

4) 协商佣金比例。专业机构根据债务的金额、账龄、地点及综合评价结果核算佣金比例,与企业协商确定佣金比例。

5) 办理委托手续。委托双方签署《商账追收委托协议》和《授权委托书》,企业预付一定的立案服务费。

6) 向专业机构提交债权文件。企业向专业机构提交有关债权的证明文件,如合同、发票、提单、往来函电、债务人签署的付款协议等。

7) 根据专业公司的进展报告,及时予以配合。随着追讨过程的推进,专业机构定期向企业汇报进展并征求意见,企业及时做出追讨指示。委托双方保持沟通,积极配合,适当调整追讨策略,以实现成功收款的目的。

8) 结算。追回欠款后,委托双方应及时结算。还款直接汇到专业机构账户的,专业机构扣留佣金,余额应在10个工作日之内向企业汇出;还款直接汇到企业账户的,企业应在10个工作日之内将佣金向专业机构汇出。

9) 结案。追回欠款,或经双方同意终止委托协议后,专业机构应向企业提交正式的结案报告。

3. 仲裁

债权债务双方根据债务纠纷发生前或发生后双方达成的书面协议，自愿将争议交给双方都同意的仲裁机构，由仲裁机构根据双方协议的授权审理争议，并做出对双方均有约束力的裁决。仲裁虽不具有诉讼的属性，但它也是解决经济纠纷的重要手段。

仲裁是以双方当事人的自愿约定为基础的，如果债权债务双方没有仲裁协议，仲裁程序不可能发生。仲裁机构是民间的组织，不是国家的行政机关或司法机关，它对商务纠纷案件没有强制管辖权。需要注意的是，仲裁裁决具有终局性，对双方当事人都有约束力，任何一方不得就同一标的或事由向仲裁机构再申请仲裁。

仲裁的具体程序如下：一是仲裁的申请和受理，包括申请、受理、答辩和反请求、财产保全、委托代理人。二是组成仲裁庭，包括仲裁庭的组成、仲裁员的回避。三是仲裁审理与裁决，包括开庭审理、证据的收集和调查、证据的保全、辩论、和解、调解、裁决、仲裁笔录。四是裁决的执行，仲裁裁决一经做出，当事人应当依照裁决规定的期限和内容自动履行。如果一方当事人逾期不履行，另一方当事人即申请人可以向被申请人住所或者财产所在地的中级人民法院申请强制执行；如果被执行的财产在国外，申请人可以委托专业机构或律师，向被执行财产当地的法院申请执行。1987年4月22日，《纽约公约》正式对我国生效，因此，我国涉外仲裁机构做出的裁决可以在世界上已加入该公约的成员方得到承认和执行，这为解决国际债务纠纷提供了便利条件。五是仲裁裁决的司法审查，包括仲裁裁决的撤销、仲裁裁决的不予执行。

4. 诉讼

债务纠纷发生后，债权人或债务人中的一方向法院提出诉讼请求，由法院根据诉讼程序和有关法律规定审理案件，并做出对双方具有法律强制执行力的判决。

诉讼必须是因自身的权利受到侵犯或因债权债务关系与客户发生争议，或原告要与本案有直接利害关系。诉讼要有明确的被告，以及具体的诉讼请求和事实、理由。当然，诉讼的必须是属于法院管辖范围的案件。

诉讼的具体程序如下：一是起诉与受理。二是审理前的准备，包括：向当事人送达起诉状副本和答辩状副本；告知当事人有关的诉讼权利义务和合议庭的组成人员；认真审核诉讼材料，调查收集必要的证据；追加当事人。三是开庭审理，包括开庭前的准备、法庭调查、法庭辩论、评议和审判、按期限审结。四是执行。

课程思政

【思政元素】诚信者，天下之结也

《管子》有云：非诚贾不得食于贾，非诚工不得食于工，非诚农不得食于农，非信士不得立于朝。在管子看来，士、农、工、商都应讲诚信，"诚信者，天下之结也"，讲诚信是天下行为准则的关键。诚信之于己，是坦荡磊落、真诚无伪；诚信之于人，是言出必行、行必有果。

【知识元素】信用销售

【思政元素与知识元素的融合】

信用是社会经济发展的必然产物，是市场竞争中非常重要的无形资产。企业为了提高竞争能力，扩大市场份额，越来越多地采用信用销售方式销售商品。然而，信用销售是一把双刃剑，它在为客户提供一定资金融通实惠之时，也使企业面临应收账款收不回的风险。诚信者，天下之结也。企业在做好信用销售的同时，也需要建立科学的信用管理机制。

本章小结

　　信用销售，又称赊销，是指企业在与购货客户签订购销协议以后，让购货客户将企业生产的产品先提走（国内有些生产厂家也会直接配送货物），购货客户则按照购销协议规定的付款日期付款或以分期付款形式逐渐付清货款。
　　信用管理的目标：降低信用销售风险；加速资金周转。
　　科学的信用管理机制的建立及其职能：企业成立信用管理部门，规范信用销售行为。信用管理部门对信用销售工作的管理功能主要体现在客户档案管理、客户授信、应收账款管理、拖欠追收和利用征信数据库开拓市场五个方面。
　　企业信用政策的构成要素主要包括信用标准、信用条件、信用额度等。
　　客户资信调查的方式及注意事项：客户资信调查的方式分为外部调查和内部调查两种，具体调查时需要注意各种具体事项。
　　5C学说认为企业信用分析的五个要素是品质、能力、资本、担保品和环境。
　　客户信用评价的五个风险等级及对其采用的信用对策：客户风险等级包括CA1、CA2、CA3、CA4和CA5；不同等级需要采用相应的信用对策。
　　应收账款的功能：促进销售，提升企业竞争力；减少库存，降低存货风险。
　　应收账款的成本：机会成本、管理费用、坏账成本。
　　应收账款的追收方法：企业自行追账、委托专业机构追账、仲裁、诉讼。

复习思考题

1. 什么是信用销售？
2. 信用管理的目标是什么？
3. 企业信用政策由哪些要素构成？
4. 客户信用要素5C分析的内容有哪些？
5. 应收账款有哪些成本？
6. 追收应收账款有哪些基本方法？

案例分析

海尔供应链金融模式

　　为了解决经销商的财务问题，海尔推出了货押模式和信用模式两种供应链金融模式。"货押模式"是针对经销商大批量采购中所出现的财务问题而设计的金融解决方案，这其中包括但不限于节日促销、火爆产品的抢购、经销商举办的一些活动等。"信用模式"是经销商的销售量比较固定并且有比较稳定规律的日常采购出现财务问题的解决方案。

在货押模式的操作中，首先经销商需要根据自己的订单，把订单总额的30%当作预付款付给合作银行。随后经销商在巨商汇平台向海尔申请货押融资，海尔经评估后，在货押融资符合要求之后将信息传递到银行。银行根据巨商汇平台对经销商进行评估审核，在经销商的申请通过以后，将融资额存入经销商受海尔监管下的银行账户。经销商通过巨商汇平台将融资额的70%付给海尔，海尔将订单信息下发给工厂，工厂根据订单开始生产。工厂将成品通过特定的日日顺物流公司发货至日日顺的仓库，此时的货物处于质押状态。当经销商有订单需要出货时，通过巨商汇平台提出申请，然后将剩余的货款归还给合作银行，银行将还款信息反馈给到巨商汇平台，货物解除质押，由日日顺物流公司将货物配送至经销商。

海尔供应链金融的信用模式是海尔和合作银行针对海尔的规模相对较大的经销商开发的。信用模式是海尔根据过去经销商的销售规模、信用状况等的综合评价对经销商进行评估，以判断其是否符合融资要求。信用模式的具体操作：合作银行根据经销商等级提供相匹配的资金，并且将资金存入受海尔监管的指定账户内。经销商下订单并把订单金额从指定账户转到海尔，海尔公司根据订单开始生产，并且将产品配送至经销商，经销商出货，将贷款还给银行。信用模式对经销商的要求更高，对巨商汇平台的要求也更高，因为海尔、合作银行要通过经销商的以往资质对其进行评估，并且对以后的交易进行实时监控，随着交易次数的增加，数据得以不断积累，使合作银行和海尔对经销商的评估更加准确。

（资料来源：https://zhidao.baidu.com/question/336639422179826165.html．）

案例讨论：
1. 海尔供应链金融模式的优点有哪些？
2. 海尔推出的货押模式和信用模式两种供应链金融模式有什么异同点？

第16章

销售诊断与分析

> 夫兵久而国利者，未之有也。
> ——《孙子兵法·作战篇》

学习目标

1. 了解销售诊断的概念及步骤
2. 掌握销售诊断的内容
3. 了解销售活动分析的程序
4. 掌握销售活动分析方法与内容
5. 熟悉销售活动分析报告的撰写

引入案例

比亚迪销量暴增原因以及产品力解析

2022年8月，在《财富》杂志公布的2022年世界500强名单中，比亚迪赫然在列。虽然500强榜单中不乏中国车企的身影，但是以全线新能源车型进入榜单的中国车企，比亚迪是第一且唯一。相比其他车企，在向新能源转型的路上，比亚迪已经脱颖而出。回看比亚迪近些年的发展，可以说这是比亚迪厚积薄发、水到渠成的结果。

就2022年7月份销售数据来看，比亚迪共售出汽车162530辆，同比增长183.1%，其中乘用车销售162214辆，同比增长184.7%。2022年7月"汉家族"销售25849辆，累计销售超28万辆，"汉DM"同比增长387.3%。"唐家族"销售11788辆，累计销售超36万辆，"唐EV"同比增长305.6%。"宋家族"销售38697辆，累计销售超125万辆，"宋DM"系列同比增长355.3%。"秦家族"销售34114辆，累计销售超69万辆，"秦PLUS EV"同比增长104.2%。"元家族"销售22172辆，累计销售超33万辆，"元PLUS"环比增长18%。"海豚"销售21005辆，累计销售超10万辆，环比增长102.4%。"驱逐舰05"销售7548辆。

可以说，经过近20年的坚守，比亚迪凭借刀片电池、DM-i超级混动、e平台3.0和CTB电池车身一体化等颠覆性技术，实现了厚积薄发的大发展，已在全球率先宣布从2022年3月起停产燃油汽车，专注于纯电动和插电混动汽车业务。2022年上半年，比亚迪新能源车（含乘用车、商用车）销售突破64万辆，同比增长315%。目前，比亚迪新能源汽车运营足迹已遍及全球六大洲、70多个国家和地区、400多个城市。从1995年至2022年，这27年的栉风沐雨和坚持自研，让比亚迪形成了除包含汽车领域外，还包含轨道交通领域、新能源领域和电子领域的全产业链生态闭环。

从全球范围来看，应对气候变化，实现碳达峰、碳中和是全球共识，全球各国禁售燃油车时间表也在陆续敲定与施行。特别是在最近三年的欧洲，新能源汽车发展突飞猛进，2022年12月，冰岛已实现了新车全面电动化，挪威渗透率已高达90%，荷兰、瑞典渗透率也超过了60%，德国的渗透率超过了35%。在我国，2022年6月新能源车零售渗透率达27.4%，相比2021年6月14.6%的渗透率提升了12.8个百分点。

（资料来源：https://www.dongchedi.com/article/7130510743258071585，有改动.）

16.1 销售诊断

在经营管理过程中，企业或多或少都会遇到这样一些销售方面的困扰——销售人员情绪低落、销售人员陆续流失、销售渠道窜货等，致使企业无法有效地进行销售决策，销售业绩也大起大落。因此，企业有必要对自己的销售现状进行诊断。

销售诊断是企业全面经营诊断的一个重要组成部分，是指在企业目前的条件以及竞争环境下，通过全面的检查发现所存在的销售问题，并找到解决方案的过程。

事实上，销售诊断借用了医疗领域的一个名词，非常形象地诠释了企业的这一经营活动。当销售业绩停滞不前甚至一路下滑时，或者希望自己的业绩进一步提升但又找不到良方时，企业就需要借助营销专家进行销售诊断。销售诊断就是给企业"看病"，找出症结所在并对症下药，帮助企业恢复健康，正常经营。

16.1.1 销售诊断的步骤

销售诊断是一项系统且复杂的整体性工程，涉及企业销售的各个方面。一般而言，销售诊断分为预诊断和正式诊断两个阶段。

1. 预诊断阶段

预诊断是指诊断人员听取销售高管介绍本企业的销售情况，视察辖区销售现场，进行销售人员调查，深入了解销售状况等活动。在预诊断阶段，诊断人员的首要任务是初步找出企业销售活动中存在的各种问题，在此基础上确定诊断的重点方向及其关联课题，以便制订出切实可行的诊断计划，为正式诊断做好准备。

预诊断阶段的具体步骤如下：

1）诊断小组人员要详细听取企业内部销售情况的汇报，整理和分析所获取的数据资料。在这一过程中，企业销售高管应向诊断小组介绍企业的销售战略、产品结构、产品销售状况等。同时，销售高管应向诊断小组人员说明企业内部对诊断的安排情况、联络人员和有关管理人员，并且将已经准备好的数据资料递交给诊断小组。

2）在此之后，诊断小组应当亲临销售现场，按照销售流程，对企业进行有目的、有针对性的现场考察。在这一过程中，诊断小组需要捕捉到销售中存在的关键问题，为选定销售诊断课题提供依据。

3）采用调查问卷法、小组访谈法、深度访谈法等方法开展调查，了解销售人员的真实想法和意见，进一步全面了解企业销售现状及销售人员的思想动态。

4）确定诊断课题。诊断小组要将销售中最为关键、最为迫切的问题作为企业诊断的重点，设立正式的诊断目标，确定诊断课题。

5）最后组成课题小组、制订诊断计划。当确定的课题相对复杂时，需要组成课题小组。为使工作顺利进行，则需要制订正式的诊断计划。诊断小组拟订诊断计划后，需要与企业进一步沟通，双方达成共识。

2. 正式诊断阶段

正式诊断是整个销售诊断工作中极其重要且关键的阶段。它是深入研究探讨企业销售活动的操作化过程，需要改善甚至重新制定销售方案。正式诊断的工作面广、工作量大，更主要的是这个过程实际上是在努力寻找和挖掘最根本的东西，诊断者必须具有敏锐的思维和善于发现问题的眼光，随时发现和抓住一些关键问题。

正式诊断阶段的具体步骤如下：

1）课题调查分析。诊断小组根据已确定的课题，深入销售活动现场调研，进行定量解析和实际测定工作，为诊断报告的形成提供充实的客观依据。课题调查分析的具体项目可根据诊断目标设立，如产品或服务、促销渠道等。

2）综合分析。这是整个诊断过程的核心部分，其质量的好坏直接决定整个诊断水平。综合分析一般是在课题调查分析的基础上，由企业的特点和诊断的范围决定的。

3）制定改善方案。诊断小组在进行课题综合分析后，基本掌握了企业的销售状况，明确了改进方向。在此基础上，要研究和制定企业的改善方案。

4）筛选最佳改善方案的依据。诊断小组在制定改善方案的基础上，还要进一步提供方便企业销售经理筛选的依据，依据应该包括方案目标、预期效果、成本因素、可行性、优缺点。

5）撰写诊断报告。对经过论证、修改并征得企业同意后的诊断方案，要认真进行文字整理，写成销售诊断报告。

16.1.2 销售诊断的内容

销售诊断的内容往往包括市场战略诊断、销售组织诊断、营销组合诊断等。

1. 市场战略诊断

市场战略是指企业在激烈竞争的环境中，为达到扩大市场和促进企业发展这一战略目的，从长远、全面的利益出发而制定的方针、政策和计划。企业性质、经营环境及竞争状况不同，市场战略的具体表现形式也不相同。市场战略是决定企业未来发展的大政方针和远景规划，因此市场战略诊断是企业极其重要的工作内容。

（1）市场战略的主要内容。市场战略主要由下述三个方面内容构成：①确定目标市场。它是把具有某种同类性质的消费集团或单位，从整体市场中分离出来的具体市场。这些具体市场就是本企业产品的销售场所、对象和目标。②确定市场营销组合。为了有效地进入目标市场，必须制定一定的策略，如产品策略、渠道策略、价格策略、促销策略等。这些策略综合在一起就是市场营销组合。③确定销售组织。销售组织是为了有效地协调市场销售活动而设置的机构，是保证实现市场战略而采取的组织措施。总之，上述内容都是从长远、全面的利益出发所制定的策略、计划与措施,因而都是市场战略中不可缺少的重要内容。

(2)市场战略诊断的着眼点。根据市场战略的主要内容,诊断时必须抓住下列问题:消费者至上思想是否真正落到实处?尤其是企业最高经营者与销售经理,在制定市场战略时,是否以消费者主权为基础?企业在处理消费者利益与企业利益的关系上,是否做得正确?销售成本是否过高?处于市场战略关键地位的销售计划、销售组织、销售财务及人力资源安排等的结构是否适当?为适应市场环境变化和竞争变化而制定的政策(从长远观点看)是否适当?

2. 销售组织诊断

销售组织是为有效地完成各项市场销售活动而设立的组织机构。它是为确保市场战略的实现和监督日常工作的顺利进行而规定的业务分工、人员配备和责任权限。做好这一诊断具有重要意义。

(1)销售组织的主要形式与基本功能。由于企业形态、产品性质、生产规模、销售策略及经营战略等条件的不同,各企业所采取的具体销售组织形式也不相同。例如:按不同功能确定的组织,按不同产品确定的组织,按不同顾客确定的组织,以及按不同地区确定的组织等。

但是,不论采取哪种组织形式,销售组织均应该具有下列基本功能:①关于组织化方面的功能,如市场销售组织计划;②关于产品方面的功能,如产品分析、新产品研制、产品新用途分析、产品价格、包装计划;③关于市场方面的功能,如市场调查、市场分析、竞争分析;④关于计划和编制方面的功能,如销售分析、销售计划、销售预算编制、销售分配;⑤关于销售监督及销售人员管理方面的功能,如销售人员的选择、销售人员的报酬、销售人员报告书分析、销售产品的准备和奖励制度的制定等;⑥关于顾客管理的功能,如信用管理、信用调查、销售辖区管理;⑦关于销售促进方面的功能,如广告宣传、销售竞赛计划、处理索赔、橱窗陈列计划。

(2)销售组织诊断的着眼点。根据销售组织的形式与功能,进行诊断时必须抓住以下问题:受诊企业所选择的销售组织的具体形式是否合适?权限与责任是否明确?权限与责任是否相适应?生产执行部门与辅助职能部门的关系是否得到了正确处理?情报交流是否畅通?涉及全局的市场销售业务是否实现了集权化?专门辅助职能人才是否有所增加?较大的决策权是否授予下级管理者?制订长期计划的部门是否独立?

3. 营销组合诊断

(1)产品诊断的着眼点。根据产品策略的主要内容,进行产品诊断时必须抓住以下问题:产品的销售量是否在逐渐减少?生产设备是否运作良好?产品的原材料供应是否发生变化?产品的成本是否在上涨?推出的改良品是否成功?产品的市场占有率是否下降?季节变化是否会缩减销售量?现有产品的品质是否比竞争对手有优势?竞争对手是否推出改良产品?产品的经销商是否提出要求?

(2)价格诊断的着眼点。根据价格策略的主要内容,进行价格诊断时必须抓住以下问题:价格决定权属于谁?定价充分考虑成本因素了吗?定价充分考虑竞争因素了吗?定价充分考虑消费者心理因素了吗?新产品的定价是否有完整而科学的程序?采用了哪些定价技巧?定价时,是否考虑了产品的生命周期?定价的依据是什么?销售打折是否考虑了购买数量的多寡？价格是否随淡旺季的变动而有适当的伸缩？价格体现地区及销售情况差别了吗？产品的价格是否因货款支付周期的长短而异？是否有减价制度？在什么条件下实施价格变动？如何实施价格变动？

（3）渠道诊断的着眼点。根据渠道策略的主要内容，进行渠道诊断时必须抓住以下问题：销售渠道是怎么定的？是依据经验、习惯，还是依据战略的考虑？假如销售渠道是依据战略考虑的，那么，是依据什么战略？销售渠道的合理性如何？销售渠道的层次有几个？与销售商的关系是什么样的？长期合作还是相机而动的？如何激励销售商？如何控制销售商？销售渠道是否与经营品种相适应？供货速度怎么样？是否需要开发更有力的销售渠道？有多少个销售点？各销售点的平均成绩如何？各销售点店员的平均年龄、销售能力如何？现有销售渠道有无可能扩大市场？现有渠道是否完善？

（4）促销诊断的着眼点。根据促销策略的主要内容，进行促销诊断时必须抓住以下问题：是否制订了广告计划？是否因产品特性以及消费者而选定某种广告工具？广告的重点在哪里？是否有专门负责广告的部门？广告计划是否已下达到销售部门？是否制定了用于广告的预算？销售人员的基本素养如何？如何选用销售人员？如何激励销售人员？销售人员有没有受到良好的培训？推销工作是按什么方式组织的？是按销售辖区、产品种类，还是消费者组成？经常倾听销售人员的反馈吗？是否制订了年度促销计划？有无宣传计划？是否周密地制订了日常计划和费用计划？对消费者采用了何种促销方法？对中间商采用了何种促销方法？促销计划的预算是怎样计算的？是否会因市场状况或季节变动而举行促销活动？

16.2 销售活动分析

销售活动分析的目的在于控制销售业务的开展，保证销售活动正常有序地进行，从而提高销售效率。一个企业如果不能经常检查和分析企业的实际绩效与计划目标之间的偏差，就会使企业的销售陷于盲目，或使销售活动失去控制，无法完成销售任务和提高销售效率，妨碍销售业务的发展。

16.2.1 销售活动分析的意义

现代商品市场瞬息万变，竞争异常激烈，企业为了销售活动能够健康发展，就必须对销售活动加以分析，不断发现问题、解决问题。

1. 销售活动分析有利于促进销售人员的成长

销售活动分析，可以为销售人员的自我管理提供帮助。这是因为在对销售活动进行分析和评价时，也可以分析销售人员在销售活动中存在的问题和需要改进的地方，进而使销售人员意识到自身的不足，不断提高自身的销售能力。

2. 销售活动分析有利于提高销售管理水平

销售活动分析作为了解营销实践的重要方法，可以帮助销售管理者正确认识各项销售活动的内在联系，明确影响销售活动的各种原因，找出销售活动中存在的关键问题，为销售措施的改进和新销售战略的制定提供科学依据。在销售战略的实施过程中进行销售活动分析与评价，既可监督、检查战略的实施情况，又能考察销售战略是否符合实际和有效。

3. 销售活动分析有利于达成销售目标

企业在根据市场需要确定销售战略目标后，就要将销售战略目标在企业内部进行指标分解，实行目标管理，做到"人人有事做，事事有人做"，不能出现人浮于事或者无人做事的现象。企业在实行目标管理的过程中，离不开销售活动分析与评价，需要经常检查计划目标的完成情况，分析影响计划目标完成的原因，找出有利于计划目标完成的积极因素和阻碍计划目标完成的消极因素，正确评价企业的各项销售工作，从而为制定改进措施或调整计划目标提供依据。同时，开展销售活动分析能把影响销售活动的主客观原因区分开来，查清各责任单位对销售成果的影响，从而分清责任与贡献大小，有利于把经济责任与经济利益结合起来。

4. 销售活动分析有利于目标利润的实现

企业以目标市场需求为中心，不断满足消费者需要，其目的在于扩大销售、获取利润。企业开展销售活动分析，通过对影响利润形成的各种因素的分析和比较，衡量企业销售活动取得的经济效益水平以及其与目标存在的差距，判断各项销售措施的得失。同时，通过对人力、物力、财力等资源利用情况的分析，可以找出实现资源利用最佳组合的方法。这对企业不断提高经济效益、实现预期利润具有重要作用。

16.2.2 销售活动分析的程序

销售活动分析作为销售工作的重要一环，要有组织、有秩序地进行。为此，应遵循一定的程序。

1. 确定分析目标

为了提高销售活动分析的准确度，销售分析应有计划地进行。分析计划中要确定分析的目的和要求、分析的内容和范围、分析工作的组织和分工、分析的资料来源、分析的方法等。在分析计划的执行过程中，如果出现新问题、新情况，应及时加以补充和修改，以确保分析工作正常进行，提高分析效果。

2. 收集分析资料

分析资料是进行销售活动分析的重要依据，分析人员应全面、系统、完整地收集各方面的资料。一般来说，分析资料主要包括：各项销售计划、预算、定额、责任指标等计划资料，各项业务核算资料，各种内外部报表资料，同行业有关资料，有关合同、协议、决议等的文件报告资料，以及有关各种环境状况、市场状况、客户意见等的销售调查资料。

3. 研究分析内容

对收集的资料要进行整理、分析和研究。对不正确的或失实的资料，应剔除；对不可比的资料，要予以调查或淘汰。对符合实际、有用的资料，应进行归纳、分类、整理，运用不同的分析方法进行比较分析，找出实际与计划、与上期、与先进水平的差异，确定研究的重点问题。然后，分析形成差异的各种原因，分清主次，测定各项因素的影响程度，以找到问题的关键，最终为解决问题提供思路。

4. 做出分析结论

进行销售活动分析主要是为了肯定成绩、总结经验、发现问题、吸取教训，以挖掘潜力，制定最佳销售组合，实现更多的利润。在做出分析结论时，对各项销售业绩的评价应当切合实际，并对其中的问题提出切实可行的改进措施、建议和实施方案。同时，还应对以往分析结论中提出的改进措施、建议和实施方案的实行效果做出分析、评价和结论。

5. 撰写销售活动分析报告

销售活动分析报告是向销售主管部门、销售人员以及有关领导汇报分析情况的全面的书面资料。分析报告的撰写因分析内容不同而有所区别，如有的是全面分析，有的是专题分析，有的是定期分析，有的是日常分析，但其基本要求是一致的。具体要求包括：实事求是、客观而全面；重点突出，防止面面俱到；对情况的说明要真实、准确，做出结论要有依据，避免主观臆断；提出的改进措施、意见和方案要具体、可行；文字力求简明扼要，图表力求清晰易懂。另外，销售活动分析报告应及时送达有关部门和人员，真正为提高销售管理水平、扩大销售业绩做贡献。

16.2.3 销售活动分析的方法

销售活动分析的方法很多，这里仅选择几种常用的分析方法进行说明。

1. 绝对分析法

绝对分析法是通过对比销售指标绝对值来确定数量差异的一种方法。这种方法在管理实践中应用得最为广泛，其相对客观且容易操作。

依据分析的不同要求，主要可以进行以下三种比较分析：

（1）与计划资料对比。与计划资料对比，可以找出实际与计划的差异，说明计划完成的情况，为进一步分析指明方向。比如计划2022年5月，企业完成销售额50万元，而实际完成了51万元，这就说明实际的情况比计划的好。

（2）与前期资料对比。与前期资料对比，如与上月、上季、上年同期对比，可反映销售活动的发展动态，考察销售活动的进步情况。

（3）与先进指标对比。与先进指标对比，可以找出与先进水平的差距，有利于吸收和推广先进经验，挖掘潜力，提高工作效率和利润水平。

绝对分析法在应用时，主要需要可比较性，双方的指标内容、计算方法、采用的计价标准和时间单位应当一致。在与其他企业或者其他行业进行比较时，则需要考虑不同的影响因素，需要去除一些特异性因素的干扰。

2. 相对分析法

相对分析法是指计算相对数差异的一种分析方法。依据不同的计算比率，实现对比不同条件的指标。

这些比率主要是与销售相关的指标：

（1）相关比率分析。这是将两个性质不同而又相关的指标的数值相比，求出比率，从销售活动的客观联系中进行研究分析，也就是用某一指标的数值除以另一性质不同却有联系的指标的数值。例如将销售费用与销售收入额相比，求出销售费用率等。

（2）构成比率分析。这是计算某项销售指标占总体的比重，分析其构成比率的变化，掌握该项销售指标的变化情况。如将某种产品的销售额与企业总的销售额相比，求出它的构成比率，然后将它的各期构成比率与其他产品相应的构成比率对比，从而发现它的变化情况和变化趋势。

（3）动态比率分析。这是将某项销售指标不同时期的数值相比，求出比率，以观察动态变化过程和增减变化的速度。由于采用的基期数值不一样，因此计算出的动态比率有两种，即定基动态比率和环比动态比率。定基动态比率是将某一时期的数值固定为基期数值而计算的动态比率。计算公式为

$$定基动态比率 = \frac{比较期数值}{固定基期数据}$$

环比动态比率是指以每一比较期的前期数值为基期数值而计算的动态比率。计算公式为

$$环比动态比率 = \frac{比较期数值}{前期数值}$$

3. 因素替代法

因素替代法是指通过逐个替代因素，计算几个相互联系的因素对经济指标变动的影响程度的一种分析方法。下面举例说明因素替代法的应用。

假定某销售部门每月计划以单价 1 元的价格销售某种小商品 4000 件，销售额为 4000 元。实际上，到了月末，只以单价 0.8 元售出 3000 件，销售额为 2400 元，销售实绩与计划差额为 1600 元，只完成了计划的 60%。那么，销售实绩的差额有多少是降价所引起的？有多少是销售量下降所引起的？运用因素替代法进行分析，见表 16-1。

表 16-1 销售额变动因素替代分析表

计算顺序	替换因素	影响因素		销售额（元）	与前一次计算的差异（元）	各因素的影响程度
		销售（件）	单价（元）			
计划数	—	4000	1	4000	—	—
第一次替代	销量	3000	1	3000	−1000	62.5%
第二次替代	单价	3000	0.8	2400	−600	37.5%
合计					−1600	100%

由表 16-1 可见，销售额的下降有 62.5% 是销售量的目标没有达成所造成的，有 37.5% 是降价所引起的。企业销售部门应详细调查销售量没有完成的原因。

在运用因素替代法时要保持严格的因素替代顺序，不能随意改变。分析前必须研究各因素的相互依存关系。一般来说，若涉及实物量指标和货币量指标，应先替换实物量指标，后替换货币量指标。这是因为实物量指标的增减变化一般会导致货币量指标的变化。若涉及数量指标和质量指标，应先替换数量指标，后替换质量指标。这是因为，在其他条件不变的情况下，数量指标的增减变化一般不会导致质量指标的变化。如果同类指标中有各种因素，则应分清主要因素和次要因素，依据其依存关系确定替代顺序，这样有利于分清各个因素对销售指标变动的影响程度，判断有关方面的经济责任，公正地评价销售管理部门的工作。

4. 量本利分析法

量本利分析法，也就是企业分析生产成本、销售收入和销售利润三者的关系，掌握盈亏变化的规律。其全称为产量成本利润分析，也叫保本分析或盈亏平衡分析，旨在指导企业选择能够以最小的成本生产最多产品并可使企业获得最大利润的经营方案。

利用量本利分析法可以计算出组织的盈亏平衡点（又称为保本点、盈亏临界点、损益分歧点、收益转折点等）。其分析原理是：当产量增加时，销售收入成正比增加，但固定成本不增加，只是变动成本随产量的增加而增加。

量本利分析是以成本形态分析和变动成本分析为基础的。基于变动成本，利润可用以下公式计算：

$$\text{利润} = \text{销售收入} - \text{变动成本} - \text{固定成本}$$

盈亏平衡点就是利润为 0 的销售量，即

$$\text{销售收入} = \text{盈亏平衡点的变动成本} + \text{固定成本}$$

或

$$\text{销售量} \times \text{单价} = \text{销售量} \times \text{单位变动成本} + \text{固定成本}$$

这就是盈亏平衡点的基本计算模型。

该公式可以演变为

$$Q_0 = \frac{FC}{SP - VC}$$

式中　Q_0——盈亏平衡点销售量；
　　　SP——单位产品价格；
　　　VC——单位产品变动成本；
　　　FC——固定成本总额。

例如：某企业生产和销售某种产品，该产品的单价为 50 元，单位变动成本为 30 元，固定成本总额为 50000 元。根据量本利分析法，可计算出盈亏平衡点的销售量：

$$Q_0 = \frac{FC}{SP - VC} = \frac{50000}{50 - 30} = 2500 (\text{件})$$

而当企业的销售量超出盈亏平衡点时，就可以实现利润。此时：

$$Q_t = \frac{P_t + FC}{SP - VC}$$

式中　Q_t——实现目标利润的销售量；
　　　P_t——目标利润。

例如：某企业生产和销售某种产品，该产品的单价为 50 元，单位变动成本为 25 元，固定成本总额为 50000 元，目标利润为 40000 元。可计算实现目标利润的销售量：

$$Q_t = \frac{P_t + FC}{SP - VC} = \frac{40000 + 50000}{50 - 25} = 3600 (\text{件})$$

16.2.4 销售活动分析的内容

销售活动分析的内容主要包括销售额、经营成本和投资回报率分析，这些分析在营销管理和实践当中被广泛使用。

1. 销售额分析

销售部门所使用的数据大多来自会计部门，但这些数据可能并不是我们想直接使用的，如果将这些会计数据重新组合，我们可以得出销售报告中的几个常用的分类分析：

（1）销售总额分析。销售总额分析即企业将其在所有地区针对不同客户销售的所有产品的销售额进行统计分析。对于管理者而言，销售总额分析不能停留在当年销售的一个数字上，应该看到企业近几年的销售额变化趋势，同时还要看到企业在其所属行业中市场份额的变化趋势。所以，销售额分析主要看两个数据：一是过去几年企业的年度销售额数据；二是企业所在销售地区的行业年度销售额数据，进而从这些数据中分析出企业的发展状况。下面以甲企业为例说明，甲企业销售总额与份额分析见表 16-2。

表 16-2 甲企业销售总额与份额分析

年份	销售总额（万元）	行业销售总额（万元）	企业所占市场份额（%）
2022	18.9	252	7.5
2021	17.6	273	6.4
2020	16.4	252	6.5
2019	14.3	204	7.0
2018	14.7	180	8.2

从表 16-2 可见，除 2019 年外，企业的销售总额是在逐年上升的，这一点是企业所乐于见到的。但同时与行业数据对比分析可知，2018—2021 年企业每年的销售总额增长速度小于行业平均值，所以企业的市场份额在不断下降。

企业管理者通过对销售总额的分析发现了问题，但想要知道具体原因是什么，还需要展开进一步的分析。有可能是由于企业管理或产品存在问题，也有可能是由于对手变得更加强大而导致的。

（2）地区销售额分析。销售总额分析给管理者提供的是对销售情况的整体描述，但它并不能反映企业各个部分的情况。通过适当的分类，管理者能够更确切地了解企业销售的实际情况，即哪一部分做得好，哪一部分可能需要适当改进。

企业可以通过以下四个步骤简单而有效地分析一个地区的销售额：

1）选择一个适当的百分比数值，即通过各种数据（如购买力），来确定一个地区的销售额应占企业销售总额的百分比。

2）确定企业在一段时间内（如一年）的实际销售总额。

3）用第一步得出的百分比乘以企业销售总额，得出该地区的目标销售额。

4）比较该地区的实际销售额与目标销售额之间的差距，并进一步分析产生这种差距的原因。

下面来看看乙企业的例子，2022 年乙企业五个地区销售额的分析见表 16-3。

表 16-3　2022 年乙企业五个地区销售额的分析

地区	购买力指数（%）	目标销售额（万元）	实际销售额（万元）	业绩百分比	销售额偏差（万元）
A	27	2551	1890	74%	−661
B	22	2079	2583	124%	504
C	15	1418	1739	123%	321
D	20	1890	1789	95%	−101
E	16	1512	1449	96%	−63
总计	100	9450	9450		

从表 16-3 可知，乙企业在 2022 年的销售总额为 9450 万元，先根据购买力指数分别得出五个地区的目标销售额，如 A 地区为 2551 万元，B 地区为 2079 万元，再根据实际销售额得出业绩百分比和销售额偏差。

在业绩百分比一列，超过 100% 为完成销售目标。由此可知，在 2022 年只有 B 地区和 C 地区完成了销售目标。A 地区与目标的差距比较大。在看业绩百分比的同时还要看销售额偏差，因为如果一个地区的销售量很大，即使业绩百分比很小，也会有很大的销售额偏差，甚至可能对企业总体销售额产生至关重要的影响。

与目标销售额差距较大的是 A 地区。通常情况下，企业下一阶段的重点将会放在 A 地区。因为较大的差距意味着较大的潜力，如果对 A 地区和 B 地区付出同样的努力，一般情况下 A 地区会取得更明显的效果。

（3）产品销售额分析。出于多方面的考虑，一些企业可能销售一个系列、多个系列甚至很多不相关的产品，然而这些产品对企业的贡献是不尽相同的。有的产品可能销售额很大，同时也贡献很多的利润；有的产品无论是销售额还是利润都很少。但需要明确的一点是：销售额与利润之间没有必然的联系，有的产品可能销售额很大，但利润却很少。

对于产品进行销售额分析的最简单方法就是将销售总额分到单个产品或者系列，之后再进一步分析。对于一些产品类别众多、品种繁杂的企业来说，也可以首先将成百上千种产品归入几个大类，再对产品大类进行分析。每个产品系列的销售额可以与其他产品系列进行比较分析，也可以与本产品系列以前的情况进行比较分析。如果可以得到其他行业的数据，还可以将企业的数据与行业数据进行对比，从而分析出本企业产品系列的销售业绩。

继续分析乙企业的例子，乙企业两地区产品销售额分析见表 16-4。

从表 16-4 中可知，A 地区实际销售额比目标销售额少了 661 万元，该偏差主要是由于产品 3 和产品 4 两种产品引起的，实际上产品 1 是超过销售目标的，因此对管理者而言，下一阶段的重点销售对象是产品 3 和产品 4。B 地区虽然在整体上超过了销售目标，但是产品 4 并没有完成目标，所以在 B 地区，产品 4 依然有提升的空间。无论是在 A 地区还是 B 地区，产品 4 都没有完成预定的销售目标，这也在一定程度上说明了问题，管理者可能需要对产品 4 展开进一步的分析和思考。

表 16-4　乙企业两地区产品销售额分析

产品	A 地区（万元）			B 地区（万元）		
	目标销售额	实际销售额	销售额偏差	目标销售额	实际销售额	销售额偏差
产品 1	1140	1197	+57	884	1134	+250
产品 2	189	164	−25	155	252	+97
产品 3	630	252	−378	536	756	+220
产品 4	592	277	−315	504	441	−63
合计	2551	1890	−661	2079	2583	+504

（4）客户销售额分析。如同对产品进行分类分析一样，企业对客户进行分类分析可以得到更多的信息，并分析出对其盈利贡献最多的客户群，从而采取有针对性的措施以增加企业利润。

通常情况下有几种对客户分类的方法：一是根据客户所在的行业分类；二是按分销渠道的不同分类，如将客户分为批发商、零售商、直销客户等；三是直接按客户分类，如按客户年龄、受教育程度等分类。

2. 经营成本分析

经营成本分析是另一种非常有效的销售绩效考核方法。它通过与销售预算中的计划成本相比较，来判断实际费用与预算之间产生差别的原因。通常采用的分析方法如下：

（1）分类账费用分析。最简单的成本分析就是对会计记录中的分类账户（如销售人员薪水、办公室租金、出差费用、管理费用）进行分析研究。管理者可以将实际费用与预算费用、当期费用与以往同期费用进行比较，或者将企业费用与行业平均费用进行比较，来分析企业各种销售成本情况。

（2）职能费用分析。通过会计记录的分类账户进行分析十分便捷，但为了更有效地分析经营成本，销售主管通常会对各种费用进行重新分类，将与特定职能（如人员销售、广告、行政等）相关的费用合并进行分析。

在进行职能费用分析时，首先要选择合适的职能分类。不同的企业对职能的分类是不同的，但是在成本分析中典型的职能费用有人员销售费用、广告和促销费用、仓储和运输费用、订单处理费用及行政费用等。

其次要将分类账户中的费用分摊到各项职能活动中。某些费用是对特定职能的直接花费，所以要把其全部费用分摊到对应职能活动成本中，比如销售人员工资和佣金全部分摊到人员销售项目即可。一些间接费用必须分摊到不同的职能活动成本中。间接费用的分摊最重要的就是要选择合适的标准。将所有费用分摊完毕后即可进行汇总，从而得出每一项职能的费用总额。将得出的结果与往年的数据相比较或者与行业中其他相似企业相比较,进而得出企业在哪些方面做得出色,在哪些方面有待改进。这种分析方法也可以与地区分析和产品分析相结合,为管理者提供更加具体的数据。

(3)细分市场成本分析。企业可以将一个整体市场按地区、产品或客户等,划分为细分市场。通过分析细分市场的销售额与成本,发现业绩优异、有潜力的细分市场以及一些需要改进的市场。

在分析细分市场的过程中,我们可以采用与职能费用分析相同的方法,即将各种活动费用的总额以适当的标准分摊到各个细分市场。再通过当年与往年的数据相比较,以及与行业中其他企业相比较,为管理者提供决策依据。

3. 投资回报率分析

销售额和销售成本的分析对企业都是非常有益的,然而并不是十分全面,因为其中没有考虑净利润的问题。投资回报率分析是在考虑净利润的基础上对销售绩效进行评估的有效手段。

$$投资回报率 = 销售利润率 \times 资产周转率$$
$$= \frac{净利润}{销售额} \times \frac{销售额}{投入资产}$$

公式中的净利润和销售额可以从会计报表中直接得到数据,投入资产则包括存货、应收账款或销售组织层的其他资产。

继续来看乙企业的例子,乙企业四地区投资回报率分析见表16-5。

表16-5　乙企业四地区投资回报率分析

项目	A地区(万元)	B地区(万元)	C地区(万元)	D地区(万元)
销售额	14400	14400	14400	14400
售出商品成本	7200	7200	7200	7200
毛利	7200	7200	7200	7200
直接推销成本	4320	5760	3120	5280
净利润	2880	1440	2880	720
应收账款	4800	2400	9600	2400
存货	4800	2400	9600	2400
投入资产	9600	4800	19200	4800
销售利润率	20%	10%	20%	5%
资产周转率	1.5	3.0	0.75	3.0
投资回报率	30%	30%	15%	15%

由表16-5可知,A地区和B地区有相同的投资回报率,且都相对较高,但它们却是通过不同的方式获得的。A地区靠的是较高的销售利润率,B地区靠的则是较高的资产周转

率。相比之下，C 地区和 D 地区的投资回报率都不高，原因也各不相同。由表 16-5 中数据可知，C 地区主要是由于资产周转率低，较低的资产周转率可能出于存货或账户支付的问题。D 地区主要是由于销售利润率低，较低的销售利润率可能出于较低的推销价格或较高的销售费用。

16.2.5 销售活动分析报告的撰写

销售活动分析是管理人员认识企业经营的重要途径，也是销售管理中非常重要的分析手段。销售分析报告则是企业根据销售活动的各项计划指标、销售活动开展的实际情况的各种统计资料、会计核算资料以及调查研究所掌握的情况，对本企业的销售活动状况进行分析、评价而撰写的书面报告。

1. 销售活动分析报告的作用

销售活动分析报告对于企业开展实际工作存在三个方面的作用：

（1）促进销售计划的完成。企业将销售活动分析报告的结果，用于销售计划执行进度和结果的检查，评价计划指标完成的好坏。根据检查的结果，从薄弱环节入手，进一步加强工作，从而全面促进各项销售计划的顺利完成。

（2）为提高经济效益服务。企业在经营管理中的经验与教训在分析报告中也要通过具体的事实和分析反映出来。这样，企业就可以针对经验与教训，进一步研究提高经营管理水平的手段，充分挖掘潜力，调动各方面的积极性，有效地使用人力、物力和财力，不断提高经济效益。

（3）为制订新的销售计划提供依据。销售活动分析报告不仅能够反映计划指标的完成情况，而且能够反映促进计划完成的积极因素和阻碍计划完成的消极因素，反映进一步开展销售活动的新问题、新情况，特别是能够反映进一步开展销售活动的新意见、新措施，这就为管理者制订新的销售计划，发掘市场机会，提供重要的依据。

2. 销售活动分析报告的特点

（1）专业性。销售活动分析报告主要由销售人员撰写。在撰写报告的过程中，销售人员需要根据所掌握的销售指标、各类业务报表，结合自己的业务工作，以及调查材料进行编写。因而，销售活动分析报告具有一定的专业性，不具体从事这一方面的业务工作，是难以写好此类报告的。

（2）定期性。销售活动分析报告常常要作为定期的报告资料上报。当销售活动进行到一定时期，比如一个月、一季度或一年，就要及时写出这一时期的分析报告，以便上级部门及时了解情况。

（3）注重数量描述。销售活动分析报告非常注重使用数字，往往要引用相当多的数据对销售状况进行定量分析或定性分析，有时为了更清楚地说明问题，还采用数据表格的形式。

3. 销售活动分析报告的结构与写法

（1）标题。标题应尽量简明扼要，能够让阅读者快速理解报告的主题。一般要写明分析的单位、分析的时限和分析的内容，最后加上"分析"或"分析报告"等字样，如"2022 年某地区灯具销售情况分析报告"。有时，也可省略分析的单位和分析的时限，突出分析报告的主要内容。

（2）正文。正文一般包括销售活动情况概述、销售活动状况分析和改进工作的意见三方面内容。

1）销售活动情况概述是分析报告的开头，一般要针对分析的对象，列举主要指标完成情况，概述说明销售活动的基本情况，说明该系统、该部门、该单位经营管理的效果。有的分析报告还要说明分析的目的。

2）销售活动状况分析是分析报告的主体部分。这部分要对开头概述的情况加以分解，进一步针对分析对象，运用数据、资料和事实，展开具体分析。

这部分要根据分析的目的和报告的种类灵活安排分析的内容。综合分析报告，应对各项主要销售指标的完成情况逐项进行分析；专题分析报告，则要针对专门分析的问题从不同方面、不同角度展开分析；简要分析报告，应抓住几个主要指标或一两个重点问题加以分析。

一般情况下，分析时既要分析销售活动的成效，又要揭示问题。当然，有的专题分析报告可以专门对问题进行分析。在分析论证时，还要分清主次，突出分析的重点。

文字表达形式，包括列举数据和文字分析两种。列举数据在分析报告中一般都占有相当的比例，它能够从量的角度说明销售活动状况的优劣。文字分析，是指对销售活动效果的主客观因素及相互关系，对不同管理手段优劣的探究。

分析销售活动，还用灵活运用不同的分析方法，比如对比分析法、因素分析法和动态分析法等。

3）改进工作的意见是分析报告的结尾。销售活动的开展，不可能十全十美，总会有所不足。这些不足，在分析中应明确地指出来。但是指出问题不是最终目的，而是要改进工作，推动销售活动进一步展开。因此，分析报告的结尾往往要提出改进工作的意见和建议。

（3）署名和填写日期。在正文右下方写上作者（单位或个人）的姓名（名称），然后填上日期。

课程思政

【思政元素】生于忧患，死于安乐

"生于忧患，死于安乐"出自先秦佚名的《孟子·告子下》，是指一个国家在国内如果没有坚持法度的世臣和辅佐君主的贤士，在国外如果没有敌对国家和外患，那么这个国家常常会灭亡。它告诉人们，在忧患的环境里可以生存发展，在安乐的条件下会衰亡。

【知识元素】销售诊断与分析

【思政元素与知识元素的融合】

销售诊断不是亡羊补牢，也就是说，销售诊断不是在企业销售出现问题后才去找问题、找答案。企业应该具有"生于忧患，死于安乐"的意识，做好未雨绸缪，定期展开销售诊断与分析，以实现持续健康发展。

本章小结

销售诊断是企业全面经营诊断的一个重要组成部分，是指在企业目前的条件以及竞争环境下，通过全面的检查发现所存在的销售问题，并找到解决方案的过程。

销售诊断是一项系统且复杂的整体性工程，涉及企业销售的各个方面。一般而言，销售诊断分为预诊断和正式诊断两个阶段。

销售诊断的内容往往包括市场战略诊断、销售组织诊断、产品诊断、价格诊断、渠道诊断以及促销诊断等。

销售活动分析的意义：销售活动分析有利于促进销售人员的成长；销售活动分析有利于销售管理水平的提高；销售活动分析有利于达成销售目标；销售活动分析有利于目标利润的实现。

销售活动分析作为销售工作的重要一环，要有组织、有秩序地进行。为此，应遵循一定的程序，具体程序如下：确定分析目标；收集分析资料；研究分析内容；做出分析结论；撰写销售活动分析报告。

销售活动分析的方法：绝对分析法、相对分析法、因素替代法和量本利分析法。

销售活动分析的内容：销售额分析、经营成本分析和投资回报率分析。

销售活动分析报告的作用：促进销售计划的完成；为提高经济效益服务；为制订新的销售计划提供依据。

销售活动分析报告的结构包括：标题、正文、署名和填写日期。

复习思考题

1. 什么是销售诊断？销售诊断分哪两个阶段？
2. 销售诊断包括哪些内容？
3. 销售活动分析的意义何在？
4. 销售活动分析有哪些方法？
5. 销售活动分析的内容有哪些？

案例分析

诊断生奇效，滞销变热销

江西省宜黄县地处江西省中部偏东、抚州市南部。境内山峦秀丽、森林茂密。小竹笋是宜黄县的一大特产，因肉嫩味鲜，香脆爽口，营养丰富，而备受人们喜爱。

为了占领城市市场，宜黄县Z食品厂开发出260g小包装的小竹笋，确定市场零售价格为5.50元，并想借道大型超市进入城市居民餐桌。没想到，事与愿违——一个月下来，全部营业额竟不抵超市进场费、上架费、条码费。

为了扭转被动局面，宜黄县Z食品厂委托Y咨询公司为其诊断。接受委托后，Y咨询公司资深经营管理咨询师深入市场进行调研，发现导致产品滞销的直接原因是零售价格偏高——在同一超市，生产于江西省吉安市永丰县的上海某食品公司同规格产品，市场零售价仅为5元，低于宜黄县Z食品厂产品的价格。

于是，Y咨询公司咨询师建议宜黄县Z食品厂将产品定位于——来自虎啸山庄的天然绿色食品，并在超市相应位置悬挂醒目的"天然绿色食品，来自虎啸山庄"大红条幅展开营业推广活动。于是，市场情况迅速转变，不但产品由滞销变热销，而且有效地避免了价格战的恶性竞争。

案例讨论：

1. 案例中通过销售诊断发现了什么问题？是如何解决的？
2. 除此之外，销售诊断还包括哪些内容？

参考文献

[1] 安贺新. 销售管理实务 [M]. 3 版. 北京：清华大学出版社，2021.
[2] 富特雷尔. 销售 ABC：第 11 版 [M]. 刘宝成，刘远，译. 北京：中国人民大学出版社，2013.
[3] 蔡瑞林，张洪峰. 销售管理实务 [M]. 2 版. 北京：人民邮电出版社，2015.
[4] 曹守金. 高成交销售心理学 [M]. 贵阳：贵州人民出版社，2019.
[5] 陈宁. 创业公司的销售团队该招什么样的人？[J]. 销售与市场（营销版），2021（9）：82-85.
[6] 崔建中. 价值型销售：技能篇 [M]. 北京：北京时代华文书局，2018.
[7] 崔自三. 促销都做不好，还干什么销售 [J]. 销售与市场（营销版），2019（8）：84-85.
[8] 陈军. 销售团队就该这样管：五星评定销售管理实战指南 [M]. 北京：中信出版集团股份有限公司，2021.
[9] 陈涛，孙伟. 销售管理 [M]. 北京：机械工业出版社，2016.
[10] 乔布，兰开斯特. 推销与销售管理 [M]. 俞利军，译. 北京：中国人民大学出版社，2007.
[11] 杜琳，刘洋. 销售管理 [M]. 北京：清华大学出版社，2011.
[12] 杜琳，邹惠芬，卢晶，等. 销售管理实务 [M]. 北京：清华大学出版社，2019.
[13] 范厚华. 华为铁三角工作法：成就华为 8900 亿战绩的销售管理法则 [M]. 北京：中信出版集团股份有限公司，2021.
[14] 方亮，唐琦，杨学分. 销售管理 [M]. 青岛：中国海洋大学出版社，2018.
[15] 付遥. 漫画销售方法论 [M]. 北京：机械工业出版社，2018.
[16] 高朴，李晏墅. 销售管理启示录 [M]. 南京：南京师范大学出版社，1998.
[17] 卡登. 没有干不好的销售 [M]. 北京：中国友谊出版公司，2018.
[18] 龚荒. 现代推销学 [M]. 北京：人民邮电出版社，2015.
[19] 高尚，滕春贤，孙嘉轶. 不同主导力量下基于捆绑销售的旅游供应链决策分析 [J]. 中国软科学，2016（7）：155-161.
[20] 龚其形. 新一年的销售目标如何顺利完成？[J]. 销售与市场（营销版），2020（1）：90-95.
[21] 官子力，张旭梅，但斌. 需求不确定下制造商服务投入影响销售的供应链信息共享与激励 [J]. 中国管理科学，2019，27（10）：56-65.
[22] 顾金兰，肖萍，尚德萍. 销售管理 [M]. 大连：东北财经大学出版社，2019.
[23] 关家驹. 如何让客户秒下单 [M]. 北京：台海出版社，2021.
[24] 黄迪祺. 销售运营管理：世界 500 强如何运筹帷幄、决胜市场 [M]. 北京：中华工商联合出版社，2018.
[25] 何安琪，漆煜琦，叶一铄，等. 服务品牌内化影响品牌资产的内在机制研究 [J]. 现代营销（上旬刊），2023（1）：160-162.
[26] 胡超. 人人都是销售高手 [M]. 北京：电子工业出版社，2022.
[27] 胡红青，张雄林，朱德明. 销售管理 [M]. 2 版. 大连：大连理工大学出版社，2018.
[28] 黄德华，张大亮. 销售队伍管理 [M]. 北京：清华大学出版社，2014.
[29] 吉特默. 销售圣经：Ⅱ 销售之神的 21.5 条销售法则 [M]. 姜奕晖，译. 北京：中信出版社，2015.
[30] 吉特默. 销售圣经 [M]. 张桦，译. 北京：电子工业出版社，2005.
[31] 曼宁，里斯. 销售学：创造顾客价值 [M]. 陈露蓉，译. 北京：北京大学出版社，2009.
[32] 曼宁，阿亨，里斯. 现代销售学：伙伴关系创造价值 [M]. 欧阳小珍，童建农，译. 北京：中国人民

大学出版社，2013.

[33] 江帆，谭宇均. 现代销售技术 [M]. 北京：机械工业出版社，2021.

[34] 金明华. 销售管理实务 [M]. 北京：科学出版社，2022.

[35] 考拉看看. 阿里巴巴销售法 [M]. 北京：机械工业出版社，2021.

[36] 黎建新，刘浩，何昊，等. 员工顾客导向、商业友谊与顾客忠诚的关系研究 [J]. 商业经济与管理，2016（1）：62-70；80.

[37] 李昊轩. 销售心理学 [M]. 天津：天津科学技术出版社，2019.

[38] 李金旺. 销售从入门到精通 [M]. 北京：北京大学出版社，2022.

[39] 李俊杰，蔡涛涛. 销售管理：知识、方法、工具与案例大全 [M]. 北京：企业管理出版社，2011.

[40] 李先国. 销售管理教程 [M]. 5 版. 北京：中国人民大学出版社，2019.

[41] 李玉潭. 日本市场销售诊断 [J]. 现代日本经济，1982（3）：36-41.

[42] 李治江. 销售的常识：回归销售的本质，重构你的销售思维 [M]. 北京：北京联合出版公司，2020.

[43] 李祖武. 销售管理 [M]. 2 版. 北京：清华大学出版社，2015.

[44] 林有田. 不懂销售，你就自己跑断腿 [M]. 北京：北京联合出版公司，2017.

[45] 刘洪深，陈阳. 市场营销学 [M]. 4 版. 北京：北京大学出版社，2020.

[46] 刘洪深. 供电服务"四心"模式 [J]. 中国电力企业管理，2010（11）：24.

[47] 刘洪深，杨智，黄智慧. 顾客组织社会化对服务绩效的影响机制研究：基于顾客和员工双重视角 [J]. 财经理论与实践，2021，42（4）：110-115.

[48] 刘祖友. 销售漏斗与销售管理：提升销售机会与销售效率的管理模型精解 [M]. 2 版. 北京：中华工商联合出版社，2021.

[49] 西奥迪尼. 影响力：第 5 版 [M]. 闾佳，译. 北京：北京联合出版公司，2021.

[50] 罗伯逊. 销售秘籍 101：大幅提升销售绩效的 101 条秘籍 [M]. 季林，董才枪，马环宇，译. 北京：企业管理出版社，2008.

[51] 约翰逊，林奇. 现代销售之父帕特森的销售策略 [M]. 陈叙，译. 北京：中国人民大学出版社，2007.

[52] 马驰. 销售管理实用制度与表格范例：图解版 [M]. 北京：化学工业出版社，2021.

[53] 多诺罗. 销售绩效与薪酬奖励体系设计全书 [M]. 王尔笙，译. 北京：中国人民大学出版社，2018.

[54] 马瑞婧. 销售管理 [M]. 重庆：重庆大学出版社，2016.

[55] 拿破仑·希尔协会. 成交法则：大师的成功销售课 [M]. 张大川，译. 广州：广东经济出版社，2022.

[56] 雷克汉姆，德文森蒂斯. 销售的革命 [M]. 陈叙，译. 北京：中国人民大学出版社，2009.

[57] 雷克汉姆. 销售巨人：大订单销售训练手册（理论篇＋实践篇）全新升级版 [M]. 石晓军，译. 北京：中华工商联合出版社，2010.

[58] 欧阳小珍. 销售管理 [M]. 武汉：武汉大学出版社，2003.

[59] 秦毅. 有效管控销售队伍 [M]. 北京：北京大学出版社，2013.

[60] 青木毅. 销售就是会提问：90% 的订单都是问出来的! [M]. 肖辉，刘舒悦，译. 天津：天津人民出版社，2021.

[61] 任广新. 销售管理：技能与实务 [M]. 北京：北京大学出版社，2013.

[62] 任学武. 销售陌生拜访训练手册 [M]. 北京：中国铁道出版社，2019.

[63] 泇冰. 直播三力：表达力 说服力 变现力 [M]. 北京：人民邮电出版社，2023.

[64] 绳鹏，陈伯成，李应博，等. 基于销售理论构建企业销售信息系统的探讨 [J]. 中国软科学，2005(11)：136-142.

[65] 石江华. 销售管理 [M]. 成都：西南财经大学出版社，2011.

[66] 宋晓宇. 销售管理 [M]. 北京：中国法制出版社，2015.

[67] 宋犀堃. 销售就是要会聊天 [M]. 北京：北京联合出版公司，2017.

[68] 孙路弘. 用脑拿订单 2.0[M]. 北京：北京联合出版公司，2016.

[69] 孙向阳. 高利润销售：颠覆移动互联网时代的营销秘籍 [M]. 北京：机械工业出版社，2016.

[70] 孙月，邱若臻. 交叉销售下基于支持向量聚类的数据驱动多产品库存鲁棒优化模型 [J]. 中国管理科学，2022，30（2）：156-158.

[71] 索贝尔，帕纳斯. 提问的艺术：为什么你该这样问 [M]. 陈艳，译. 北京：中国人民大学出版社，2014.

[72] 坦纳，霍尼克特，厄夫迈耶. 销售管理：塑造未来的销售领导者 [M]. 陶向南，译. 北京：中国人民大学出版社，2010.

[73] 谭小豪，罗冉冉，陶铸钢，等. 销售人员情商对销售绩效影响机制的研究 [J]. 现代营销（经营版），2021（1）：32-33.

[74] 唐朝. 引爆销售 [M]. 北京：机械工业出版社，2011.

[75] 英格拉姆，拉福格，阿维拉，等. 销售管理：分析与决策 [M]. 李桂华，译. 北京：电子工业出版社，2009.

[76] 王海滋，赵霞. 销售管理 [M]. 武汉：武汉理工大学出版社，2014.

[77] 王尚. 汽车顾问式销售 [M]. 北京：机械工业出版社，2023.

[78] 王基道. 销售管理三驾马车 [M]. 北京：经济管理出版社，2016.

[79] 王科. 逆向思维做销售 [M]. 北京：地震出版社，2020.

[80] 汪涛. 组织市场营销 [M]. 北京：清华大学出版社，2005.

[81] 汪涛，崔楠. 国外交叉销售研究综述 [J]. 外国经济与管理，2005（4）：43-49；65.

[82] 汪秀英. 销售管理学 [M]. 2 版. 北京：中国人民大学出版社，2019.

[83] 科恩，德卡罗. 销售管理：第 10 版 [M]. 刘宝成，李霄松，译. 北京：中国人民大学出版社，2017.

[84] 肖剑. 销售管理：必备制度与表格范例 [M]. 北京：中国友谊出版社，2018.

[85] 肖有为. 销售破局攻略：加减乘除法则 [J]. 销售与市场（营销版），2022（2）：49-51.

[86] 谢夫曼. 销售的第一修炼：电话销售与成交技巧 [M]. 籍琰，译，北京：电子工业出版社，2003.

[87] 熊银解，富特雷尔，张广玲. 销售管理 [M]. 3 版. 北京：高等教育出版社，2010.

[88] 熊万晓，左莉，李卫. 销售管理 [M]. 北京：清华大学出版社，2009.

[89] 徐敏亚，马力，王为久. 数字化时代销售人员自我领导行为对离职的影响 [J]. 外国经济与管理，2021，43（11）：26-40.

[90] 雪梨卷. 这样销售很高级：每个人都需要懂点销售 [M]. 北京：中国法制出版社，2022.

[91] 杨东旭，胡小华，吕亦方. 销售管理实务 [M]. 杭州：浙江工商大学出版社，2013.

[92] 姚飞. 客户关系管理：销售的视角 [M]. 北京：机械工业出版社，2014.

[93] 叶巍岭，石鑫，张晓雨，等. 混合销售控制系统对员工感知服务氛围的影响：能力控制与顾客管家控制的三重交互作用 [J]. 南开管理评论，2022，25（4）：178-189；198.

[94] 易正伟，敖旭鹏. 销售管理原理与实务 [M]. 北京：中国水利水电出版社，2011.

[95] 米尔斯. 高绩效销售的 5 大习惯 [M]. 洪云，何世玉，译. 北京：中国友谊出版公司，2019.

[96] 于洁，杨顺勇. 销售管理理论与实训 [M]. 上海：复旦大学出版社，2010.

[97] 袁靖波，周志民，周南，等. 管制放松后的企业竞争行动、竞争对手分类与销售绩效 [J]. 管理世界，

2019，35（16）：179-192；196.

[98] 张启杰. 销售管理 [M]. 4 版. 北京：电子工业出版社，2018.

[99] 张晓娟，李桂陵. 销售管理 [M]. 上海：华东师范大学出版社，2013.

[100] 张雁白，陈焕明. 现代推销学 [M]. 2 版. 北京：中国人民大学出版社，2014.

[101] 张云起. 销售风险管理 [M]. 北京：经济管理出版社，2010.

[102] 郑鑫，叶明海. 跨边界协同激励对销售人员绩效的影响机制研究 [J]. 管理世界，2015（11）：184-185.

[103] 周洁如. 现代客户关系管理 [M]. 上海：上海交通大学出版社，2014.

[104] 张友林. 销售过程控制 [M]. 北京：化学工业出版社，2012.

[105] 祝向军，王成辉. 基于现代风险管理理念的团体保险销售服务创新研究 [J]. 南开管理评论，2005(6)：63-67.

[106] BRUNO L，HARTMANN N N. How psychological resourcefulness increases salesperson's sales performance and the satisfaction of their customers：exploring the mediating role of customer-oriented behaviors[J]. Journal of Industrial Marketing Management，2017,62：160-170.

[107] VARGHESE J，EDWARD M，AMMA K. Perceived organizational influences on customer orientation and sales performance：a financial services industry perspective[J]. Journal of Marketing and Management，2015,6（2）：11-21.